先秦法家

董金社 ◎ 著

中国出版集团　现代出版社

图书在版编目(CIP)数据

先秦法家 / 董金社著. —北京：现代出版社，2021.10
ISBN 978-7-5143-9350-7

Ⅰ.①先… Ⅱ.①董… Ⅲ.①法家-名人-列传-中国-先秦时代 Ⅳ.①B226.9

中国版本图书馆CIP数据核字（2021）第151833号

先秦法家

著　　者	董金社
责任编辑	张　霆　姚冬霞
出版发行	现代出版社
通信地址	北京市安定门外安华里504号
邮政编码	100011
电　　话	010-64267325　64245264（传真）
网　　址	www.1980xd.com
电子邮箱	xiandai@vip.sina.com
印　　刷	三河市宏盛印务有限公司
开　　本	710 mm×1000 mm　1/16
印　　张	26.75
字　　数	410千
版　　次	2021年10月第1版　2021年10月第1次印刷
书　　号	ISBN 978-7-5143-9350-7
定　　价	65.00元

版权所有，翻印必究；未经许可，不得转载

推荐序

十余年来,学术界在法家学术研究方面,取得了可喜的成就,主要表现在如下几个方面。

第一,在法家"法治"思想研究方面,学者更倾向于从"法治"世界史的视野来看待法家的"法治"。法家以"尊君尚法"为基础的"法治",被纳入"法治"诸类型之中,获得一席之地,学者称为"工具主义的法治""最低限度的法治""初级形态的法治"等。这种观点,相对于那种认为"法治"就是民主制度产物、没有民主就没有法治的见解,显然更为客观,就好像将"服装"定义为"西装革履",而中国的"长袍马褂"算不上"服装"。

第二,在法家学术和儒家学术的关系方面,有学者关注法家和儒家的师承关系,勾勒出法家源于儒家而独立的思想路径。"礼法"概念的提出,对"礼"与"法"这两种既有差别又有同一性的行为规范的深层次剖析,及其在中国古代法史中发挥的作用,似乎更准确地抓住了儒、法学术关系的本质内容。

第三,在儒家、法家学术在中国古代法中的地位方面,学术界对影响颇巨的"中国法律儒家化"命题提出商榷,认为此命题的主要不足是忽视了法家学术对中国古代法的不可或缺的影响。在杨一凡先生首倡的"重述中国法律史"的视野中,重新评价并肯定法家学术的历史作用自然成为"重述"的内容之一。

第四，在法家学术研究方面，在诸如法家著作、法家基本主张、法家历史地位、法家与诸家思想联系等方面，都取得了引人瞩目的成果。

第五，近年出版的大量法史史料，对客观再现中国古代法律实践活动提供了新的依据。比如，长期以来就存在一种意见，认为中国古代法只是刑法，而且是严刑酷法，这些特征都是法家学术影响的产物。其结论是，今天的"法治"只能批判而不能借鉴古代法的成果，只能效法西方的"法治"经验。当面对浩瀚的法史材料，我们会为古代法治的广博研究所震撼，还会从中发现能为当今法治建设汲取的营养。客观评价法家学术的历史经历，为当今提供有益的启示，正是学者研究法家学术的价值所在。我们相信，今后的法家学术研究还会向纵深发展，以期取得更多成就。

董金社先生和我是在文章交流中相识的。我在山东大学学报上发表了《法家的师承——出乎儒反乎儒》一文。他对文中曾子、吴起的生平事迹提出了不同意见，将意见寄给学校编辑部。我认为他的意见很有见地，同时发现他对法史比较感兴趣，便邀请他参加在石家庄召开的中国法律思想史专业委员会年会。我们在那次会上第一次见面。他本来的专业是地理，后又从事房地产业。他出于个人爱好，对先秦诸子进行研究，实属可贵。2019年夏天，董金社先生来函，说准备出版一本关于法家的书，希望我能给他写个序。我欣然应诺。

纵览书稿，我感觉此著有以下几个特点。

第一，以地域文化为研究视角。运用地域文化研究先秦诸子思想，此方法盖始于傅斯年、蒙文通先生，此后亦为学界所继承。本书以地缘政治角度分析先秦地缘及诸侯国之间的关系，在地理演变格局中解释历史事件和历史人物之事功，颇具新意。

第二，以人物事功为主要脉络，就一般中国法律思想史教材而言，大多过于关注诸家思想内容本身，而相对忽略历史人物的个体特质。本书以人物为主线，依次叙述法家人物的事功与思想主张，颇具立体感。

第三，注重思想观念的相互关联。本书通过儒、道、名、黄老之学的梳理，探索法家思想的产生、发展的基本线索，颇具综合观。

当然本书也有很多不足，例如有些地方还是太繁，略有不平衡感。有些史事尚须进一步研究。但是，纵观此书，足见作者的确潜心故纸堆，善于发现和总结。本书堪称一部虽通俗却不失专业水准的中国法史著作。

是为序！

武树臣

自序：为变法家谱写颂歌

（一）"空间转向"中的历史解释

笔者专业是地理学，长期在房地产行业工作，对空间概念有一种先天的敏感。自20世纪中叶以来，戴维·威廉将"空间概念"导入社会分析，形成社会、文化、制度、艺术分析的"空间转向"。认为空间不是空洞的虚伪物，而是有生动丰富含义的生存的环境，人从中获得意义和价值。空间有不同的尺度，如家庭、村庄、乡党、县乡、国鄙，人在不同的人生阶段与不同尺度的空间发生关系，从而相互赋予其意义和价值。这一点，在中国文化语境里面特别重要。例如，我们与陌生人见面，恐怕前三句话中出现频率最高的问题是"你是哪里人"。你是山东人、河南人，还是上海人、北京人，一经了解，立马建立印象。为什么？因为"空间"本质上是意义和价值的代名词，决定着交往的行为方式，从而影响着历史事件的演变过程。"空间"是各种环境要素的同时在场，相互影响而形成的场域，场域中形成精神力量。

这种学术的"空间转向"使地理学的区域和空间观念进入了分析的核心，从而打开了新学术分析的视野，进入中国传统史学的场域。中国史学，从来就是"时空共同呈现、同时在场"的学问。任何人物、事件都离不开展演的"空间"。儒家倡导的"修身、齐家、治国、平天下"，没有一样能离开

"空间"而独存，人生天地间，在家庭、故乡的环境中长大，在祖国的怀抱里成长，追求天人合一的圣贤境界，都离不开空间。由此，地理学在诠释中国历史、人物、事件方面，应该发挥更大的作用，历史叙事离不开"空间"。而历史学者向"空间转向"，也能发现空间所施与的意义和价值，从而对历史有新的解读。此方法被认为是"历史地理唯物主义"，即用唯物主义的观念，在时间和空间共同在场的情况下，分析人物和事件，给予立体的、全面的、综合的解析，从而得到公允的、客观的认识。不然，我们难免产生片面的看法，从而误解我们的祖先，误解我们的传统文化，以至于误解我们经历过和正在经历的种种事件。

所以，我在分析"废封建、行郡县"的历史过程时，非常重视"封建的地缘政治本质"，认为不同政治集团、部落邦国为争夺空间而产生的空间震荡和倾轧，是政治、文化、个体行为的原动力之一，也是诸子百家殚精竭虑思考的对象，从不同角度提出解决方案。法家，即是诸子百家中最符合地缘关系走向的思想学派，故而历史选择了法家。

正因为有这种学术背景，我做出尝试，解读法家人物，或赞或叹，或褒或贬，或刺或扬，以展现各类人物的张力。

（二）法家人物的命运解读

我国历史上的法家人物，好像都肇自天下危难之际，社会普遍需要振弊起衰的人物出现，以摆脱社会整体沉沦的时势。所以，他们的任务天然就是发展经济，富国强兵，内向凝聚，外抗四夷。为此，强化君权，崇君抑臣，推崇中央集权体制是他们的必然选择。因此，对法家人物的认识，必须自当时的时势出发，结合他们自身的生命历程、"时空"基因，才能有立体、完善、符合实情的解读。

书中对法家人物的解读，皆以历史材料为本，并对历史材料的可用性、依凭性做出评价。笔者力求这样做，但毕竟不是学问家，没有坐冷板凳的耐心，难免有错误。这点请读者见谅。在大背景中，推出人物履历，然后在时空中追寻人物的作为，展示他们纵横捭阖，玩弄天下于股掌之间，以及他们被天下大势戏弄、玩耍，以致身死族灭的悲惨结局。而伴随着他们身死的，是国家的强大、社会的安定，这大概是他们成圣的颂歌。

法家人物，如吴起、商鞅、李斯、韩非，命运多舛，难以善终，不得良死。他们和既得利益者集团在战斗，在搏杀，以自己的血证明了思想的光辉，证明了旧士族权贵的龌龊，证明了他们人生之路的坎坷，足以警示后人。所以，法家人物有太多的内在矛盾性，人格上的冲突时时存在，这让我们看着过瘾，好像看精彩的小说，一个情节接着一个情节，跌宕起伏，云谲波诡。故事的主人翁，是编剧，又是演员，是波澜壮阔历史的书写者。

夢

目 录

绪　言 //001

一、法与先秦法家简说 //001

二、法家产生的时间维度：春秋战国分期 //004

三、法家产生的空间维度：地缘力量及"台球解释模型" //009

四、法家思想的大事因缘：思想的交融 //015

五、本书结构 //020

第一章　管仲：法家先驱，千古一相 //023

一、"管鲍之交"，决定毕生命运的交友 //028

二、说齐桓公以霸术 //033

三、佐齐桓公修内政、霸诸侯 //043

四、扛起"尊王攘夷"的大旗 //052

五、以法治国理政的辩证法：轻重之战和权谋之用 //069

六、《管子》的思想：道与法 //073

第二章　子产与邓析：刑书斗法，孕育华夏法制 //077

一、郑国乱局，子产脱颖而出 //080

二、子产救世：都鄙有章，作丘赋，铸刑鼎 //096

三、邓析的"竹刑"与律师生涯 //112

第三章　李悝：富国强兵，变法第一人 //121

一、地缘、人缘和思想源流 //123

二、李悝的好主子：魏文侯及其变法动力 //139

三、李悝还是李克：人生轨迹漫画 //142

四、变法与治国：首开法家思想先河 //154

第四章　吴起：殉道变法的兵家和儒者 //161

一、千金之家的败落 //163

二、儒门肄业，转学兵法 //164

三、杀妻求将，助鲁胜齐 //166

四、佐魏文侯，军事才能爆发 //168

五、儒家本色 //174

六、尽职西河守 //182

七、变法强楚，用兵若神 //189

八、《吴子》思想概述 //202

第五章　商鞅：作法自毙的大秦帝国奠基人 //211

一、身世之谜和思想溯源 //213

二、大靠山秦孝公 //218

三、变法三步走 //222

四、商鞅谋"弱魏" //231

五、作法自毙仍英豪 //235

六、商鞅思想简论 //243

第六章　申不害：以术治国存弱韩 //255

一、关于韩国 //256

二、申不害以"术"佐韩昭侯 //266

三、申不害的术治思想 //273

第七章　慎到：道法合流的权势派宗师 //281

一、慎到的人生轨迹 //283

二、慎到思想的基础 //292

三、慎到思想的特征：尚法与势治 //299

四、慎到法学理论的创新性发展 //307

第八章　李斯：崇尚"老鼠哲学"的实践派 //311

一、秦国因变法而强 //313

二、儒者李斯变身法家 //315

三、李斯的思想推动法家走向极端 //332

四、余论 //354

第九章　韩非子：法家思想的集大成者 //357

　　一、韩非子的国事和家事 //359

　　二、集大成的韩非子法家思想 //363

　　三、韩非子之死，谁之过 //386

尾　声　秦帝国崩溃与法家思想的关系 //395

　　一、秦帝国建立了完善的法律制度 //396

　　二、学界探讨秦帝国轰然倒塌的原因 //398

　　三、善始而不能善终的秦始皇 //399

　　四、沙丘之谋，斩断了秦立国的根基 //402

　　五、胡亥对法家思想理解片面 //403

　　六、法律被曲解为杀人弄权的工具 //405

　　七、李斯的《行督责书》，在秦帝国的棺材盖上又钉一枚钉子 //407

　　八、秦二世胡亥德不配位 //408

后　记 //411

绪　言

一、法与先秦法家简说

　　法，甲骨文尚未发现此字，商末金文写作"灋"，西周金文写作"灋"，增加"去"字。东汉时出现简化字"法"。东汉许慎《说文解字》说："灋，刑也。平之如水，从水；廌，所以触不直者；去之，从去。"将"灋"字形拆开解析，则能比较容易理解"法"的古义。

　　"廌"即獬豸，古代的一种独角兽，传说它看见世间不平事，就用角抵去之。后来引申为断案法官，公平执法，成为后世法官的代表性符号和图腾。

　　偏旁"氵"，表示"像水一样公平如镜，公开、公平"，一碗水端平。从原生态意义上看，"法"具有如下特征。第一，法即刑，法具有强制性，来源于"刑"，刑通过设定行为规范，违者必受处罚（刀）。第二，表示公平，从制定法律、审案到定谳，每个环节贯彻公平原则。第三，表示"去除，清除"，即根据公平原则，清除不公平的事或人。简写的"法"，自东汉始用，综合理解为"用公平的方法清除不平事，以恢复公平状态"。

　　古代的"法"，还有一个异体字"佱"，上"仝"下"止"。"仝"即"令"，两个人抵足而眠，意思是"相人耦"，男女合欢，意味着家庭如何做好后代生育与后代培养，延伸出"行，当有所为，有所不为"，知道什么该做，什么不该做，是文明进步的表现的含义。

武树臣先生据此认为，在原始社会部落联盟的背景中，"法"是社会权威机构通过裁判而宣示的行为规范，它适用于不同的氏族部落，有超血缘、超地缘的含义，以强制力为根据实现公平。"金"是血缘氏族集团内部适用的靠宗教禁忌、自我约束来保证实施的行为规范，即后世的"同姓不婚""男女之大防"，旨在维持种族的绵延和健康发展[1]。据此，似乎可以说，"金"近乎礼，父子有亲，兄弟有悌，君臣有义，尊尊亲亲，是家族、氏族部落内部的行为规范集合。"法"近乎刑，一碗水端平，是对付"非我族类"的行为规范。当氏族解体，原生社会向次生社会演进，礼的规范就逐步向"法"的规范让路，是符合历史发展事实的。

因此，我国在法家进路上，大体经过了从"礼、刑"组合治理，到"德、法"治理的阶段。在第一阶段，社会基于《诗》《书》，执《礼》以治，社会秩序、人伦规范都在礼的范畴内决定。礼本人道人性而起，旨在养人欲。养人欲必据其中正，即让人的欲望得到满足，又要通过制度条约束缚，使其不能过分淫逸。司马迁《史记·礼书》说："人道经纬万端，规矩无所不贯，诱进以仁义，束缚以刑罚，故德厚者位尊，禄重者宠荣，所以总一海内而整齐万民也。"礼，是人道规矩，既有仁义的诱导，又含刑罚之束缚，德者尊，禄者荣，这是治理天下的准则。对于"非我族类"的犯罪行为，则以五刑伺候。公元前3000年，周穆王为安定天下秩序、消除不稳定因素，命司寇吕侯制定刑法《尚书·吕刑》。它分轻典、中典、重典三部分，刑罚计有三千条，但其立法精神是"明德慎罚"，通过道德引领，减少犯罪行为，在处罚方面也遵循谨慎原则，善待各类人等，显然是一大进步。这构成了礼主刑辅的社会治理结构。

随着时代发展、社会结构变化，尤其是进入春秋中后期，"礼"的规范被反复踩踏，功能逐渐弱化，各诸侯国需要新的治理方式以富国强兵，政理黎庶。法，登上舞台，法律面前人人平等，打破庶民和贵族的界限，权力平等对待。刑和礼的一部分，转变为法律规范，如此，社会转变为"德法合治"的阶

---

[1] 武树臣：《中国法律文化通论》，商务印书馆，2017年，第53页。

段。"德",既有儒家思想的底蕴,也有道家思想的演绎,是形而上道体的显示。在这个过程中,法家厥功至伟。

"法家"一词,最早出现于《孟子·告子下》:"入则无法家拂士,出则无敌国外患者,国恒亡。"法家,是之法度之大臣,遵守、执行法度的人物;拂士,是辅佐贤良之臣。"法家"作为学术派别,被历史首次承认,则是在《史记·太史公自序》中。司马谈在《六家之要旨》指出:"法家严而少恩,然其正君臣上下之分,不可改矣。"东汉班固《汉书·艺文志》说:"法家者流,盖出于理官,信赏必罚,以辅礼制。"法起初是礼的辅助。

结合前论,法家所执掌者,是"法"的含义,追求超血缘、超地缘的公平、公正,主张一视同仁,法律面前人人平等。"严而少恩"是对贵族政体和礼制治理的摒弃,主张贵族和平民平等对待。"正君臣上下之分"是将贵族政体一转为"君主领导下的官僚政体",将君臣关系视为关注和思考的中心。

实际上,这种转变与春秋时期的社会变革关系密切。封建贵族政体进入春秋时期,越来越不适应社会变革的需要,自身的发展不断蚕食自己的正当性,原因是贵族群体下降,而平民社会的兴起。贵族群体层层代代分蘖(niè),亲属关系疏远,庶孽子孙繁衍不绝,越来越视同陌路。可他们(庶民阶层)却在社会下层表现出强大的生命力,成为推动社会变革的强大力量,争取政治、经济、法律等方面的权利势所必然。他们要求不能再以血缘身份、地缘关系决定人生命运,而是按照人的功劳成就分配社会财富和权利,以超血缘的君主制国家取代宗法贵族政体,君主通过官僚团队建立社会治理框架。他们争取与贵族的同等权利,或者打倒贵族,建立一种新的公平制度。这种社会变革的潮流叠加春秋战国时期诸侯间的地缘冲突,催生了一批思想家和实践者。他们抱持社会进化论的观点,认为社会不断进步,必须采取新的方法才能满足和因应社会变革的需要。他们冲破重重阻力,上下求索,锐意改革,推动社会的车轮滚滚向前。这就是先秦时期的法家群体形象。

法家,首先是我国先秦时期的政治学,既有理论家,也有实践家,或二者兼具。冯友兰先生指出:我们不能看见"法家"就望文生义,就以为法家主张

"法学"，与现代法律等同，甚至以当代"法学"等同于"法家"。法家主张，是一套天下、国家治理的理论体系，是一套组织领导的理论和方法，近乎政治学范畴，法律只是其一种治国理政的工具。[①]若以富国强兵的宗旨看，则有政治经济学的强烈味道。当然，现代意义的法律是其重要组成部分。所以，我国古代的法家人物，首先是政治家，出将入相，用自己的一套理论体系治平国内和天下。这是我们在理解法家时尤其要注意的。

二、法家产生的时间维度：春秋战国分期

法家主要产生在春秋战国时期，但与西周的分封制有深远的关系，需要从宏观维度来认识。

1.周代分期。周武王伐灭商纣王而得天下共主地位，确立周朝。有周一朝，分西周和东周两期。

西周（前1046—前771）由周文王[②]之子周武王灭商纣王后所肇启，至公元前771年周幽王为犬戎所弑，平王东迁止，共经历十一代十二王，凡二百七十五年。其先后定都于镐京和丰京（今陕西西安西南），成王五年营建东都成周洛邑（今河南洛阳）。西周发展至周厉王、周幽王时，贪利止谤，放荡淫逸，妇寺干政，以致国势倾危。周幽王更弄烽火戏诸侯，废嫡立庶，致为申侯（周平王宜臼外公）勾结犬戎所弑。申侯联合虢（guó）、郑、秦等立故太子宜臼。但请神容易送神难，犬戎来而不去，诸侯又不能制，周平王不得不东迁洛邑，开启东周时代。

东周自公元前770年至公元前256年为秦所灭，历时五百一十五年。

[①] 冯友兰：《中国哲学简史》，新世界出版社，2004年，第138页。
[②] 本书提及周文王、周武王、周桓王、周赧王、齐桓公、鲁隐公、晋出公、晋幽公、魏文侯等，第一个字是国号，中间的字是"谥号"，第三个字是爵位。帝王、诸侯、卿大夫、大臣等死后，朝廷根据其生前事迹及品德，给予评定性的称号以示表彰或批评，始于西周中叶稍后。谥法，帝王特点最准确。秦始皇统一天下，恶"子议父，臣议上"，改为"一世、二世、三世，以至万世"。秦亡，谥法于汉初恢复，如汉高祖、汉文帝、汉景帝、汉武帝等。

2.春秋分期。孔子作《春秋》，为中国第一部完整的编年史，后世因名其记载之历史阶段为"春秋时期"，自周平王四十九年（鲁隐公元年，公元前722年）始，到鲁哀公十四年（前481），历时二百四十二年。《左传》更为详细明确，将记事延长至鲁哀公二十七年（前468），则历时二百五十五年。若再往前加上平王东迁时间，共历时三百零三年（公元前468年止）。因划分标准不同，春秋持续时间有别。

据钱穆《国史大纲》，周平王东迁至鲁哀公二十七年，分为三个阶段：霸政前期、霸政时期和霸政衰微时期。

周室东迁，引起的第一个后果是，共主周天子衰微，王命不行，天子说话不灵光了。例如，周平王驾崩，同为姬姓诸侯，亲如一家的鲁侯，竟不奔丧。这相当于砍掉了宗法制度的一大支柱。周桓王继位，竟五次请鲁国结欢，试图冰释前嫌。接着，桓王与郑关系闹僵，以致"周郑交质"，郑庄公率军对抗周室大军，手下大将射中桓王肩，附近姬姓诸侯联手讨伐郑而再败，王室威信更加扫地。第二个后果是诸侯兼并。《春秋》记载的诸侯国有五十多个，加上《左传》记载，有一百七十多个诸侯国，其中一百三十九个诸侯国能知其方位，三十一个无法定位，其中较大的诸侯国也就十多个。据春秋大事统计，楚兼并四十二个，晋兼并十八个，齐兼并十个，鲁兼并九个，宋兼并六个。[①]第三个后果，诸夏内斗，戎狄横行，严重威胁华夏的安全稳定。本来周天子分封乃武力的空间投射，各个据点间有大量的空白区域，这些区域原为戎狄蛮夷占据，或渔或猎，形成华夷杂处的格局。时机成熟，他们也会扩张地盘，攻击耕稼城邦诸侯。如此，便形成"南夷与北狄交，中国不绝如线"的危险局面。

这样的日子过了八十五年，诸夏大的诸侯国，率领嫡系诸侯国，结成联合阵线，设立同盟，抗击蛮夷，霸业继起，天下进入"霸政时期"，自鲁庄公九年（齐桓公元年，公元前685年）起，至鲁襄公十五年（前558），共一百二十七年。管仲辅佐齐桓公成为春秋首霸。管仲是齐法家思想的开创者、

[①] 钱穆：《国史大纲》，商务印书馆，2010年。

法家的先驱人物。齐桓公后，晋文公接棒维持中原诸夏的安全和团结，然后楚庄王熊侣、吴王阖闾、越王勾践等相继称霸[①]，观兵耀武于中原。霸政时期的特点是"尊王攘夷，禁抑篡弑，裁制兼并"。尊王的本质是维持封建宗法制度，以团结华夏诸侯国，挟天子以令诸侯，获得"无形道义"的力量。"攘夷"则是共同对付夹杂在诸夏侯国之间和周围的蛮夷部落。其中以太行山中及两侧的山戎人等势力最大。如卫懿公（？—前660）时，犬戎部落几乎把卫国人杀光，只剩七百三十人渡河而南。齐桓公派兵包围，再给他们增加人口至五千人，寄居于曹国，在齐桓公的帮助下复立。当时，只有齐桓公在管仲的襄助下，能阻挡戎狄部落进攻黄河以南。晋文公接过霸业接力棒，打击北部、太行山的戎狄部落，又联合诸夏抗击楚国的进攻。楚国为子爵，五爵中排第四，自谓蛮夷，但很快变强，进攻宋、陈、蔡、鲁等南部诸侯国。晋国击败楚国（如城濮之战），维持了中国诸夏的政治局面。楚国也逐步文明化，加入诸夏的文明系统。然后吴变强，击败楚国，成为春秋一霸。越王勾践卧薪尝胆，击败吴王夫差，也称霸一时。如此先后跟着诸夏文明。最后进入文明大家庭的，是偏居关中平原以西的嬴姓之秦。

霸政衰微时期，历时九十一年。这个时期的典型特点是"大夫执政"。一方面，它是封建制度继续推进所产出的，是制度变迁的必然结果；另一方面，封建制度自养掘墓人。权力格局发生颠倒：王权衰落，政在诸侯；国君衰落，政在大夫；大夫衰落，权在士人；上层衰乱，下层翻身，权力不断分散下移。这昭示一种新生的力量结构逐渐形成，底部的力量和上层的力量形成冲撞之局，谁能把控局面，谁就能成为王者。历史在这里进入大分化、大组合和大变局。

法家先驱人物子产，该时期代表人物之一，其思想有晋法家思想的影子。

3.战国分期。战国时期，是中国制度变迁和形成的集中时期，自周贞定王二年（鲁悼公元年，公元前467年）至秦始皇二十六年（前221）统一天下，共二百四十六年。春秋和战国的划分时间是公元前468年，是按《左传》记载

---

① 关于春秋五霸，本书采纳荀子之说。

的收尾年份，但主流观点是公元前476年，即周元王元年。

战国时期，按主要矛盾的性质，可分为前后两期。前期以宗法封建国家衰弱为标志。齐国、晋国作为霸政时期的带头大哥，因卿大夫专权，国君被逐见弑，领土转眼间成为异姓执政卿的囊中物。韩、赵、魏三家分晋，姬姓诸侯失去江山社稷，韩、魏、赵与其他姬姓诸侯国已非兄弟之国，魏虽姬姓，但也不是始封之国。齐国也由"姜齐"变"田齐"，同姓是兄弟，异姓便是敌人，相互攻击如寇仇，打架自然毫无顾忌。所以，战国后期，各诸侯国的混战更加惨烈、血腥。

战国前期可分为两个阶段：第一阶段为越国称霸阶段，实际是霸政的收尾阶段；第二阶段为三家分晋，魏文侯带领魏国雄起的阶段。

三家分晋是历史发展的标志性事件，有人认为这是春秋和战国的分界。"三家"指晋国的三卿家族韩、赵、魏氏。晋国由霸国逐步走向分裂，是历史演变的必然结果，根源是晋献公驱逐群公子，晋文公出走后返晋执政，任用异姓六卿执政。晋顷公十二年（前514），晋王室公族祁侯之孙（祁氏），叔向之子（羊舌氏），在晋君面前互相诋毁。六卿想借机削弱国君力量，便依刑法诛杀晋公族人等，分其封邑为十县，各派子弟任大夫加以统治。晋出公十七年（前458），智伯（荀瑶）与赵鞅、韩不信、魏侈伐灭范氏、中行氏，共同瓜分范吉射、中行寅的领地。智伯担当执政卿后，欲强公室，复兴晋国霸业，带头捐献土地、人民给公室。韩、魏不得不捐献土地给公室，独赵不从，智伯联合韩、魏攻伐赵晋阳（今山西太原），久攻不下。韩、魏、赵私下勾结，智伯被击败，族灭。韩、赵、魏三家瓜分其地。公元前403年，韩、赵、魏三家打发使者去洛邑见周威烈王，要求周天子将三家封为诸侯。周威烈王做了个顺水人情，封三家为诸侯。三家早在公元前453年就瓜分了晋，只差一枚橡皮图章盖章而已。

战国后期是新军国各自独立发展强大的相互争斗期，可分为四个阶段。

第一阶段是梁惠王（一般称魏惠王，因由安邑迁都至梁，故改称梁惠王）称霸时期，历时三十七年。梁惠王继承祖父魏文侯、父亲魏武侯的遗产，在中原地区大力发展经济和军事，魏国一时成为天下强国，东与齐国比权量力，西与秦国筑长城固守，力争地盘，北攻赵扩张。梁惠王在商鞅的"忽悠"下，和齐国一道在徐州称"王"，成为众矢之的，为服四邻而穷兵黩武，兵屡败然后衰。魏文侯在法家代表人物李悝、吴起的辅佐下强大，奠定了魏国强大的根基。

第二阶段是齐威王、宣王、湣王三世称霸时期，历时四十八年。典型特点是齐、秦争强。中国呈现东西震荡的大格局，西之秦向东发展，东之齐向西抵抗，合纵连横，游说纵横之士络绎于途，夹在两国之间的国家选边站。稷下学宫盛于齐威王、齐宣王时，齐法家慎到、荀子等人物争鸣，成为法家发展的标志。

第三阶段为秦昭王时期，历时二十九年。秦将白起率军攻打楚国，拔鄢郢，楚被迫迁都至陈。后秦、赵对抗，长平之战，白起坑杀降卒四十万人，赵从此一蹶不振，后秦围邯郸不下，遂解去（公元前257年）。

本来，齐国为东方大国，齐宣王伐燕，打破了暂时稳定的国际格局，天下为之大惊，齐湣王受苏秦蛊惑灭宋，扩地千里，但也越来越骄横，成为矢众之的，诸侯国欲置之死地。燕昭王发誓报仇雪恨，联合诸侯国伐齐。燕军在大将乐毅的率领下，指挥五国之兵横扫齐七十余城。湣王败走莒邑，为楚将淖齿所杀。齐旦夕间从天堂掉入地狱。齐国落幕，赵国复强，成为秦国东出称霸天下的最大障碍。赵因贪图上党之利，得罪秦国，引火烧身。长平一战，使国力衰微，气息奄奄，难再复兴。因此，秦国已经具备了吞并天下的条件。

第四阶段是秦灭六国时期。秦解邯郸之围到秦始皇二十六年（前221），历时三十六年。东部诸侯国颇已衰弱不堪，强秦虎狼之师让东方诸侯国闻风丧胆。秦始皇在曾祖父秦昭王的基础上，得吕不韦倾心辅佐，摧枯拉朽，横扫东方诸国，最后灭齐，建立统一大帝国。

秦统一天下十五年后，帮助秦国打下天下的法家代表人物李斯被杀。公元前206年，秦灭。先秦法家人物走进了历史。

三、法家产生的空间维度：地缘力量及"台球解释模型"

我国先秦法家人物及其思想的产生，与诸侯争霸、天下体系动荡关系甚紧。缺乏空间维度的解读，则失去至少一半的历史真实。

20世纪中叶以来，戴维·威廉将"空间概念"导入社会分析，形成社会、文化、制度、艺术等分析领域"空间转向"思潮，认为空间不是空洞的虚伪物，而是有生动丰富含义的生存环境，人从中获得意义和价值。空间有不同的尺度，如家庭、村庄、乡党、县乡、国鄙等，人从中被赋予意义和价值。"空间"是意义和价值的代名词，决定着人们的交往、行为方式，从而影响着历史事件的演变过程。"空间"是各种环境要素的同时在场，相互影响而形成的场域，场域中形成精神力量，从而使"空间"内的要素团成一体。在中国文化语境里，"空间转向"应是向"血缘"和"地缘"的回溯。血缘即地缘，地缘亦血缘，从部落邦国的血缘与地缘的一体，到家天下的"封邦建国"，形塑着中国的空间结构和文化品格。

"空间转向"有助于我们发现空间所施与的意义和价值，对历史有新的解读。此方法被认为是"历史地理唯物主义"，即用唯物主义的观念，在时间和空间共同在场的情况下，分析人物和事件，给予立体、全面、综合的解析，从而得到公允、客观的认识。基于此，本书提出"地缘政治体台球解释模型"，以解释春秋战国时的社会变革。

我们把一个个地缘利益共同体（如部落、邦国、诸侯国、王国）称为"地缘政治体"，由首领统合域内力量，制定规则，向域内百姓提供安全、秩序服务，进而提供文化、教育等公共服务。在其发育初始阶段，这些地缘政治体，人口稀少，土地相对丰富，并不接壤，鸡犬之声相闻，老死不相往来。当承平日久，人口繁盛，扩张生存空间，彼此之间接壤，生活物资越来越匮乏，自然会发生争夺、战争。战争会导致部分"地缘政治体"消失，部分变得更强大，甚至取代原主导性地缘政治体，形成新的地缘政治体形态。若我们把"台球"视为"地缘政治体"，将天下分合视为"中式台球"游戏，那么，先秦时期的天下变迁能获得十分形象的解释。

中国式台球，是台球娱乐游戏之一种，大街小巷都有台案供玩耍。案台上共有15球，其中8号黑球居于中心，其余球分成两类，每类7个，游戏双方选择一类同色球击打入袋，己方同色球清台后，才能击打黑球，谁先把黑球击打入袋，谁就获胜（图2）。黑球，居于中央，相当于封建体制下的"天子、皇帝"，其他球相当于"诸侯、封疆大吏"，周天子居于天下之中，诸侯分散在天下四方，夹辅拱卫周室。台面上的第十六球——白球，代表外面的打击力量（四夷），是藏在台面之外的"鬼魅力量"，神出鬼没，算计着如何击打台面中央抱团的"15个球"，甚至将黑球击打入袋，清台而自立。图1是春秋末期战国早期天下的"台球案台"，各诸侯国犬牙交错，紧密团成一体，一动俱动。

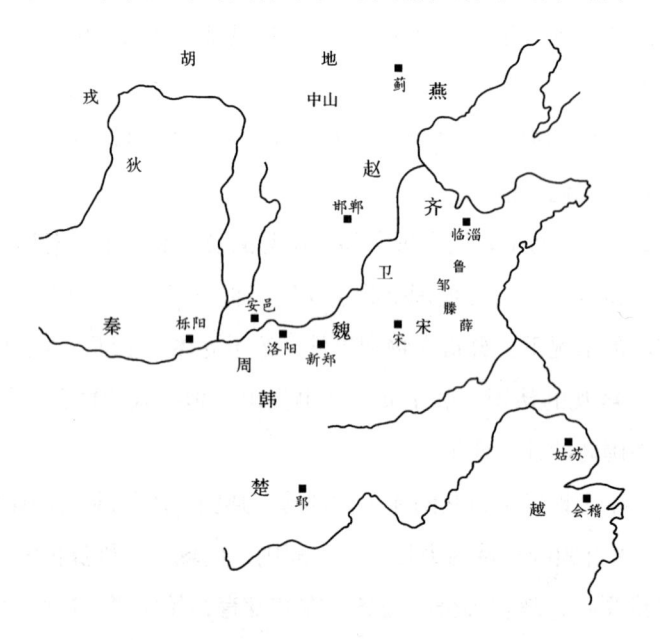

图1　春秋末期战国早期天下形势图

依据"台球解释模型"，我们结合图1、图2、图3，分析西周至战国时期天下地缘政治体相互影响和作用过程，将春秋战国时期划分为三个连续的阶段（见图3）。

图2　台球开盘布局样式

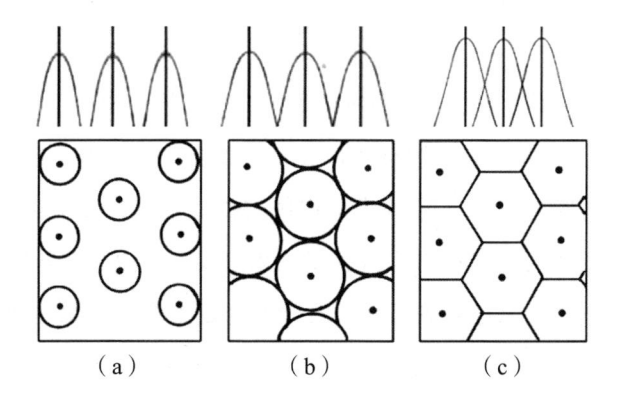

图3　西周至战国时期的天下地缘政治空间生长和诸侯争霸模型

第一阶段是西周封建期（图3a）。周室强大，分封诸侯力量弱小，在蛮夷环境中立足，靠自己的打拼和相互帮助，逐渐变强。此时，天子之地千里，各诸侯国范围不过百里，其财获以自用和供奉天子、祭祀之用（《孟子·万章下》）。图3方框图上部的曲线，表示诸侯对周边地域的控制力随与都城的距离增加而迅速衰减，形成"国—郊—野—鄙"的空间结构。"野、鄙"空间是诸侯，卿、大夫难以控制的区域。在西周天子的护佑下，各诸侯国通过兼并扩张,卿、大夫、士层层分封,不断拓殖,各自在和周边蛮夷戎狄的抗争中取得胜利,渔猎之民被农耕文化同化,诸侯国越来越强大。

本阶段,诸侯之间尚不搭界,风马牛不相及,井水不犯河水,各自独立发展。周王室掌控天下的武器是宗法血缘关系,诸侯国之间通过婚丧嫁娶、结盟等发生关联,亲如一家。所以,春秋时期,诸侯间战争因领土而起者少,因违反宗法礼制、讨伐不轨者多。一旦违制犯禁的诸侯服软,同意尊奉周天子,依礼而行,则马上息兵偃武,把酒言欢。

第二阶段是霸政时期(图3b)。这时,各诸侯国通过兼并和层层分封,地盘不断扩大,相互之间本由夷人占领的地域逐步被填充完毕,大诸侯国之间的地界开始相接,鸡犬之声相闻了。只要一方挑起战争,兄弟之间也难免兵戈相见。在周天子衰弱的情势下,一种替代天子行事的霸主同盟体系出现:天下大事由老大哥主导,方伯、连帅挟天子以令诸侯。在兄弟大国的监督、压制下抱团,尊王攘夷,抗击戎狄蛮夷,抑制篡弑,征讨不享。对外则针锋相对,联手追杀蛮夷戎狄。这样,形成"诸夏抱团取暖,集体抗击四夷"的局面。

图3b显示,诸侯国的占领空间扩大,但相互之间还有一定的缝隙或缓冲空间。缓冲空间是尚未被占领的渔猎之民占据的地域,即华夷杂处之局面尚未完全消解。彼此的空间权力(占有权、赋税权、统治权)开始了无缝对接,缓冲地带越来越小。反过来说,相互之间的力量重叠,若无理想的解决办法,只有通过战争来解决。先秦时期,诸子百家大多为解决这样的地缘冲突而立论设想。

第三阶段是战国时期(图3c)。诸侯国边界重叠,控制力量越过国界,踏入"别国的地盘",侵占别国的"权力空间"。各国为争夺空间控制权而激烈争斗,使刚性"台球"相互冲撞、变形,相互消耗能量,甚至被击打出局。此时,周王室卑小如诸侯,霸政时期的霸国也衰落不堪。诸侯国弱者求自保,强者想称霸,甚至一统天下,各怀鬼胎,难以结成切实可信的同盟。天下进入相互冲撞、倾轧,你死我活的地缘斗争阶段。

在丛林法则下,任何一个空间,其权力只能设定一个,且不能共享。某地要么被甲占有，要么被乙占有，不可能被两者共享。纵使两者暂时达成一致，订立协议，也会随着双方力量的此消彼长、外力挤压，力量平衡被打破，协议就会被撕毁。以力量打破稳定之局的规则的行为一旦发生，就为激起整个地缘体系的相互冲撞。

就充分弹性和不易变形性，地缘政治体与台球相似。若要台球变形，必须施加强大的外力。这相当于说，任一地缘政治体皆有刚性，难以变形。若外力强制变形，必然会引起激烈的反弹，要么反作用于冲击方，要么将力量转移给第二方、第三方，一个受难，全盘不安。它还有保持、复原的强烈意愿，所谓"君子报仇，十年不晚"，只要该地缘政治体不被彻底消灭或者击垮，总有反击的弹性。地缘政治体的刚性特征是战国时期天下混战不止的重要原因之一（如齐伐燕，燕报仇几乎灭齐）。在激烈的生存竞争中，地缘政治体有扩张疆域的强烈倾向，一旦扩张形成，很难复原。

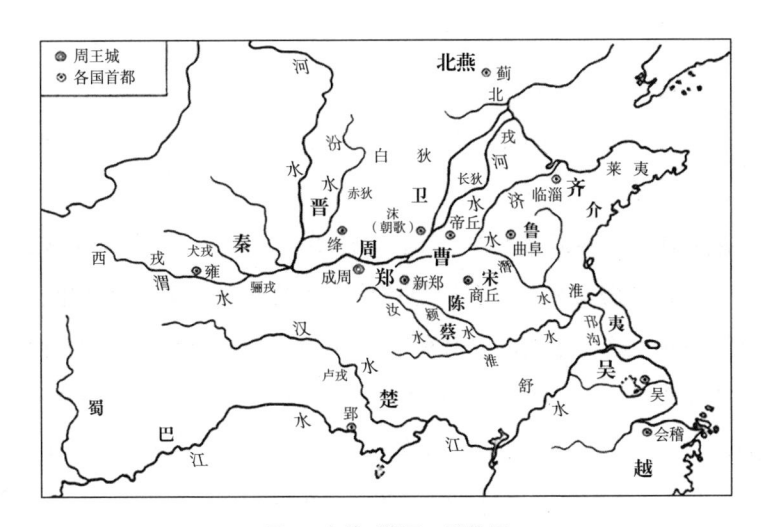

图4 春秋时期天下形势图

从图2和图3比较看，当天下稳定时，各地缘政治体各自发展，相安无事。但就怕外力打击，导致稳定体系解体；或者内部地缘政治体挑事，一个晃动，导致全局动荡，相互冲撞。春秋战国时期，这两种状态并存。既有四夷之民的侵扰，也有内部诸侯的"不老实"，欺压兄弟诸侯。王政衰微后，霸政继起，诸侯中实力最强的站出来，带头维护天下秩序。当王政、霸政都衰落时，天下没有主心骨，无法维护秩序，定分息争，天下诸侯则如案台上的台球，相互撞击消耗。各诸侯国为在体系动荡中自存，必须让自己的"台球"更大、更坚硬，不得不采取如下策略。

第一，通过变革土地制度，废井田，开阡陌封疆，改革税制和户籍制度，调动平民的积极性，富国强兵，通过强大自身来对抗外来打击。

第二，加强国家内部力量建设。因应时代需要，调动平民力量，贬抑贵族力量，减少封建贵族，增设郡县之制，扶植官僚力量，将人力、物力和财力聚集于国君一人，形成强大合力，应对外来冲击，并主动对外发动攻击；郡县制的增加和官僚力量的强大，使国君将关注的重点转向如何处理与统治官僚集团的关系。申不害、慎到等的术、势思想即为解决这个问题而生。

第三，通过战争扩张地盘，增加人口和财富力量，进一步增强军事实力。军事力量增强后，再对外扩张地盘，增加人口，如此，形成国家力量的正向反馈，国家力量越来越强大。

第四，双边或者多边结盟，合纵连横，形成综合实力，避免内部的力量冲撞和消耗，对抗外力打击。

第五，随着诸侯国疆域扩大，社会交往增多，商品交换越来越频繁，必须打破社会交往、经济交易、社会价值评价方面的壁垒，实现标准化、统一化，一把尺子量到底，这样才能形成财富生产的良性循环。财富生产的良性循环还必须以财产权的确认为基础，定分才能息争，息争之后才有时间和精力考虑生产更多的财富。因此，这是生产关系的大调整，如平民和贵族在法律之下的平等，度量衡的统一，财富、人身权利得到法律承认和尊重。

第六，贵族阶层的衰落，促进平民阶层跃上历史舞台，平民阶层成为生产力的代表者和社会财富的创造者，也成为战争力量的主体。在贵族和平民之间就需要一种公平、公正、公开的价值尺度，在贵族和平民之间形成一种良性互动的组织制度和法律制度，以调动平民的积极性。春秋时期开启后，传统贵族尊崇的"礼"的道德约束功能下降，社会一时缺乏可靠有效的制度体系，以迎合社会变革之需要。社会呼唤"法治",在法律面前一律平等,不再有身份的区别,"礼"不能实现的,以"刑"补足,"德"不达者,以"法"规范。

上述策略,是诸侯国内政和外交的全面变革,非有系统性思考、周密部署、强力推行不可。在诸子百家之中,法家应时代需求而生,向天下提供了现实主义的解决方案。

四、法家思想的大事因缘:思想的交融

冯友兰先生的《中国哲学简史·韩非子与法家》指出,西周封建社会的运转,依靠两项权力原则:礼和刑。礼包括仪文、礼节、举止规定,以及社会习俗构成的不成文法。可只限于贵族,称为"君子"(君王之子,有君王举止、有文化教养者),是道德模范。刑即惩罚,适用于百姓,即庶人或小人。《礼记》中称"礼不下庶人,刑不上大夫"。这是因为,大夫以上者是周室分封的同姓族人或功臣子弟,分散到四方,居于国都,"藩屏"周室,对这些人,以礼教化,即使犯错,也以礼处罚。而庶人、小人,则为异姓人,为保持统治安定局面,必须严刑治之,五刑伺候。按《白虎通义》的解释,礼不下庶人,是说对"士"以上人等的品德要求高,必须依礼而行,而普通百姓则不作要求。但如果他们犯了刑,则逃免不掉。大夫是比士还要高一等的官员,劳苦功高,是可以免刑的。总之,等级观念是"礼治"的核心,以立尊尊亲亲,建立社会秩序。

西周封建社会的结构相对简单,类似图3a阶段。天子、诸侯、大夫之间,通过血缘和姻亲关系联结一起。理论上,天下所有权归周天子,诸侯国从属天子,在诸侯国内小贵族又从属王侯大贵族,如此层层分封,层层从属。可天长日久,代代相沿,嫡庶相分,代代分蘖,诸侯和大小贵族的关系日益疏远(庶民大概是庶孽之民,是分封贵族的庶孽后代与王室疏远,失去贵族身份,成为平民)。周天子得以维持天下秩序的"宗法血缘"力量衰微。诸侯国向着相对独立的方向发展,在诸侯国内部,国君和卿、大夫的关系也日益疏远,处于半独立状态。天子、诸侯处在金字塔的顶端,和庶民、小人无直接沟通,通过

卿、大夫之类的小贵族维护天下安定和有效治理。

周天子控制天下秩序的有效权力结构逐渐崩解，诸侯挑战王室权威，卿、大夫挑战国君权威，篡弑多发，秩序被颠覆，王、侯、君子和庶民、小人的社会分野逐渐模糊。贵族位势降乎上，小人、平民位势起乎下，在"礼"上日益平等化。贵族和平民上下涌动交流，平民争权，贵族也不能独享"刑不上大夫"的特权，必须和平民一样，法律面前一律平等。那么，过去"礼刑制度"就不再符合社会的需要，社会需要建立新的权力秩序。

同时必须注意，王纲解纽和社会关系的变革，带来的不仅仅是天下统治制度本身的变革，还带来了地缘政治体系的动荡。若没有地缘政治体系的动荡、诸侯国之间的碰撞，仅仅制度本身，还比较容易解决——变法即可。可是，由于地缘政治体系的共振，情况异常复杂。如何解决这个问题？诸子百家奔走呼号，穷尽智谋，各唱其说，以治平天下。

以孔子为代表的儒家提出了比较系统的解决办法，阐扬仁义，崇奉忠恕之道，主张仁政，克己复礼，复周公之之礼，以"礼制"治平天下。可孔子主张的"礼制"仍具有封建贵族特色，是周天子借以管控天下体系的抓手。可惜，正如前文所说，春秋乱局一开，不仅仅是礼乐制度被废，更重要的是天下体系动荡。各诸侯国在没有强大力量干预以恢复天下秩序之前，必须采取措施以自保。所以，孔子的学说往往被认为不切实际，在诸侯国得不到积极响应。孔子讲述的是天子之事，可天子名存实亡。他游走诸侯国，奔走呼号，木铎天下。可诸侯国君认为天子之事与己何干，平天下靠实力，礼乐制度迂阔高远，离于实情。故孔子郁郁不得志，累累若丧家之犬。但在应对社会大变革方面，孔子将贵族之礼向平民社会传播，打击了贵族，抬升了平民。

其一，孔子将"礼"向庶民阶层传播，将贵族学向平民学转变，有教无类，广教平民子弟，认为在"仁、礼、义、信"等方面，君子、小人、贵族、庶民应该一视同仁，不应有所区别。这相当于贬低了贵族身份，抬高了庶民地位，让不少平民弟子出将入相，取得很大的事功（如子路、冉求）。可是，孔子始终得不到重用。他骨子里有为庶民谋利益的倾向，梦想回归仁政的本质，诸侯国君依靠祖先的荫庇享受荣华富贵，如何容得下要革其命的人？从表面看，孔子祖述尧舜、宪章文武，有复古倾向，不合时代脉搏，实际上他骨子里有变革倾向，只是不愿与乱臣贼子同谋，不愿在社会正道上再踏上一脚，故其理想难得实现。

其二，孔子晚年归鲁，著《春秋》，为后世治平天下立法。"孔子知言之不用，道之不行也，是非二百四十二年之中，以为天下仪表，贬天子，退诸侯，讨大夫，以达王事而已矣。子曰：'我欲载之空言，不如见之于行事之深切著明也。'夫《春秋》，上明三王之道，下辨人事之纪，别嫌疑，明是非，定犹豫，善善恶恶，贤贤贱不肖，存亡国，继绝世，补弊起废，王道之大者也。"（《史记·太史公自序》）这表明，孔子晚年已知天下大势，按照自己原来的思路已不可救，必须采取新的方法和措施。《春秋》贬天子，就是对自己以前立志恢复的礼乐制度的反思，认为"王不王"，以致天下大乱。"退诸侯"即指责诸侯国君"僭越、冲撞、侵略"的行为，让其守本分。"讨大夫"是对大夫僭越礼制进行无情批判。由此，孔子重新建立一套王道理想。

这套王道理想被其弟子、再传弟子发扬光大。他们推儒家思想入政治领域，或落脚各地，与丰富的地域文化和实践结合，燃起文明的星星之火（如曾子、子夏、子张、闵子骞等）。而其积极用世、参与社会实践的一脉，绵延流传，高举《春秋》大旗，绳墨天下，退削诸侯，讥刺时事，培养了一大批人才，参与轰轰烈烈的变法运动，如李悝、吴起、商鞅、慎到、李斯、韩非子等。我们称这一过程为"儒家的法家化"。他们以儒家为本，一旦与社会实践结合，就转向法家路线，成就的还是儒家的理想。法史学家武树臣认为，"法家是出乎儒，反乎儒"，出发点是儒家，终点也是儒家。考诸孔子思想，我们甚至认为，法家思想正是孔子儒家应有之义，是孔子想做，而为维护仅存的社会正义没有做的一面。

从图3的"地缘政治体"扩大和交界并引起冲突的角度看，孔子思想处在图3b的阶段，向往用图3a的政治原则来解决图3c的问题，显然是不合时宜的。礼不能再涵盖社会生活的全部，必须增加新的游戏规则。新的游戏规则大概是孔子著《春秋》所要表达的思想，可惜思孟一派没有沿这条道路走下去，而是让以子夏为代表的一脉继承流传，成为法家思想的渊薮。

法家的另一个思想来源是道家，道家的代表人物是老子和庄子。法家用以证明治国之道的天道性和自然性，道自然而然运行的要求，可以收无为而治之功效。司马迁《史记·老子韩非列传》将老子、庄子、申不害、韩非子并论，以明道德之学，延伸发展至刑名法术之学，商鞅、申不害和韩非子皆好刑名之学，韩非子甚至明言自己的理论基础是《道德经》，著有《解老》《喻老》两篇。道家思想与法家思想相杂糅，可能是黄老之学的渊薮。关于道家和法家的关系，司马迁总结说："老子所贵道，虚无，因应变化于无为，故著书辞称微妙难识。庄子散道德，放论，要亦归之自然。申子卑卑，施之于名实。韩子引绳墨，切事情，明是非，其极惨礉少恩。皆原于道德之意，而老子深远矣。"

结合图3，道家思想用以治国，会有两个截然相反的行动方针。一个行动方针是无为而治，什么也不做，天下就太平了。老子说"鸡犬之声相闻，老死不相往来"，相当于处在图3b的阶段。天下大乱，你争我夺，让社会返回图3a，不让百姓相互接触，列国也解除相互交往，这样就不会有争执，不会有流血牺牲。天下晏然，国君高枕无忧。另一个行动方针是积极作为，努力工作，等将天下混乱的病源彻底扫除，让天下恢复秩序，享受太平，再来享受无为的喜悦。积极有为，以道家的观点，就是"据于道，依于德"，根据道德原则制定执政方针政策、法律制度，达到"诸产得宜，各有法式"，万事万物都有法可依、有章可循、有令可行，才是真正的无为，即"为无为"。在老子、庄子的境界中，无为和为无为有同样的意义，但在未明上乘智慧者，还是要分开层次，才能有准确把握。古代帝王，有些信奉第一种思想（无为），大多败国灭家，信奉第二种的（为无为），准确把握天下治理之枢要，采取措施贯彻执行，则大多是圣主明君。

法家的另一个思想来源是名家。"刑名之学"自然少不了名家的滋养。名家是以辩论名实等思辨问题为中心，以善辩成名的一个学派，又称"辩者""刑（形）名家"。"名"就是指称事物的名称，就是"概念"；"实"就是

"名"所指称的事物。之所以被称为名家，就是因为他们在"思以其道易天下"的过程中，为了播其声、扬其道、释其理，最先围绕"刑名"问题，以研究刑法概念著称。以后逐渐从"刑名"研究，延伸到"名实"研究。围绕"名"和"实"的关系问题，展开论辩并提出见解。但由于他们的研究方法奇特，按司马谈所言，是"控名指实""参伍不失"。虽然名家擅长论辩，但其论辩又流于"苛察缴绕"，诡谲奇异，所以历史上一直名声不好。例如"白马非马""合同异""离坚白""至大无外，至小无内"，让人难以理解。这个学派的思想促进了立法和司法实践。例如，判定犯法，刑法的法条（名）和犯人的事实（实）要对上号，两者逻辑上的内涵和外延要相等，不相等的不能判案定罪。如"白马非马"，就是外延不相等，两者不能画等号。申不害的"术治"思想，借鉴了名家思想，提出"循名责实，因任授官"。

法家还有一个思想来源是墨家。墨子在《尚同》篇中提出天下需要天子，执掌天下，强调"上同下不比"原则，对上要事事同意，但不要跟随下边的人。同时，要"一同国之义"，一个国家只能有一个是非标准且标准的制定权在国家，不然国家又会回到自然状态，争斗不休。这进一步引申出君主集权专制思想。法家进一步发挥了这个思想，使之成为治平之枢要。

总之，法家思想，作为春秋战国时期的政治学思想，来源复杂，是先秦时期各种思想的结晶。《庄子·天道》有言："是故古之明大道者，先明天而道德次之，道德已明而仁义次之，仁义已明而分守次之，分守已明而形名次之，形名已明而因任次之，因任已明而原省次之，原省已明而是非次之，是非已明而赏罚次之。赏罚已明而愚知处宜，贵贱履位，仁贤不肖袭情。必分其能，必由其名。以此事上，以此畜下，以此治物，以此修身；知谋不用，必归其天，此之谓太平，治之至也。"这段话把道家、儒家、法家的术治、法治、势治融合了起来。意思是，古代明白天下治理大道者，必先了解上天的运行规律，然后明白道德法则，再明白仁义之法则，明白职责、权利和义务，明白人在社会的名分和作用，根据这个人的才能授官荐职，接着对他进行督责考核，根据考核结果决定赏罚。如此，人各有其用，各安其位，才能实现天下大治。

这非常接近韩非子的法家大成思想。法家如何吸收先秦诸子思想，本书将详细解读。

五、本书结构

我国历史上的法家人物，好像都肇自天下危难之际，社会普遍需要振弊起衰的人物出现，以摆脱社会整体沉沦的时势。如吴起、商鞅、李斯、韩非，命运多舛，难以善终。我们在宏阔的时空中，追忆他们的事功，展示他们玩弄天下于股掌之间，以及他们被天下大势戏弄而身死族灭的悲惨结局。他们有的辅佐君王，富国强兵，尽享天年；有的助国强盛，建章立制，却因触犯贵族利益而惨遭屠戮，甚至三族被灭；有的立志学问，著书立说而遁于江湖，却能寿终正寝；有的明知不可为而为之，却被疑、被逐、被杀。他们有太多的内在矛盾性，内心产生着激烈的人格冲突。他们的人生命运，好像精彩的小说，情节跌宕起伏，剧情云谲波诡。他们是故事的主人翁，是编剧，又是演员，是波澜壮阔的历史的书写者。

本书就我国历史上公认的法家典型代表人物，做一番全景式的刻画。第一章、第二章主要分析法家先驱人物管仲和子产，此时法家还处在萌芽状态，以礼、刑为治理之要。第三章至第九章，集中解析春秋末期至秦统一天下时典型的法家人物。李悝著《法经》，法家作为一个独立的学问和社会实践横空出世。

第一章注视管仲。管仲是华夏第一贤相，辅佐齐桓公富国强兵，以至于"九合诸侯，一匡天下"，成就第一霸业。其跌宕命运，坎坷人生，功过是非，一一呈现。

第二章是关于郑国子产和邓析的情景剧。子产在郑国内外交困的情况下被委以重任，执掌郑国，以"苟利社稷，生死以之"的气概，实行一系列政治改革，使蕞尔之郑在周边大国的环伺中站稳脚跟。邓析根据子产刑鼎公开的法律，私刻竹刑，操两可之说，帮百姓打官司，因惹恼当权者而被杀。

第三章讲述变法第一人李悝。他著《法经》，尽地力之教，善平籴，富国强兵，助力魏文侯雄起。其《法经》对吴起、商鞅的变法产生了深远的影响。

第四章讲述吴起的跌宕人生。吴起是个非常复杂的历史人物，以兵圣为后人称道，其变法思想、儒家本色、骑士色彩、机变能力也堪称楷模。在楚国变法不到三年，刚有成效，却被失势贵族射杀。因此楚国变法失败，难以复起。

第五章讲述缘法而治的商鞅。商鞅依据法律治秦，振弊起衰，废井田、开阡陌，富国强兵，确立了秦帝国的立国思想根基和经济、军事能力。秦孝公死后，商鞅被以谋反罪名追捕，逃跑路上，寻旅店住宿而不得，反秦被抓，车裂于市。商鞅奠定了秦帝国强大的法家基因。

第六章讲述法家代表人物申不害。申不害是法家术治派的宗师，善用权术以考课群臣，督责官僚，崇君抑臣，为韩国周旋列国自存立下了汗马功劳。

第七章叙述法家"势治"理论宗师慎到的生平和学术思想。慎到精于黄老刑名之学，不治而议论，执势柄以转动乾坤，是君主集权专制的鼓吹者。

第八章叙述李斯跌宕起伏的一生。李斯是"老鼠哲学"的信奉者，从平头百姓变成大秦帝国的丞相，最后沦落到"牵黄犬游于东门而不得"，三族被灭。其变法思想和人生阅历让人唏嘘不已。

第九章讲述法家思想和理论学术的集大成者韩非子。韩非子口吃而不善言辩，著《韩非子》五十五篇，散发着思想的熠熠光辉。其悲惨命运是值得大书特书的人生之镜。

总之，本书力图通过人物的生平和学术思想，立体地展示法家人物的精神面貌，以期帮助读者理解先秦法家的法治精神。

是为绪言。

第一章
管仲：法家先驱，千古一相

据《史记·管晏列传》，管仲（前723—约前645），姬姓[①]，名夷吾，字仲，被谥号"敬"，颍上（今安徽颍上）人。周平王宜臼东迁开启东周是在公元前770年，管仲出生在公元前723年，处于东周前期，而孔子《春秋》的起始年是鲁隐公元年（前722）。

管仲辅佐齐桓公"九合诸侯，一匡天下"，被称为华夏第一名相，诸子百家之首，军事家，被誉为"法家先驱"，集各种美誉于一身。孔子称赞说："管仲相桓公，霸诸侯，一匡天下，民到于今受其赐。微管仲，吾其被发左衽也！"（《论语·宪问》）管仲辅佐齐桓公，称霸诸侯，匡扶天下，积极主张并带领军队抵抗戎狄蛮夷的侵略，保障了诸侯国的安全，即使到了孔子生活的时代，也能享受到他的恩惠。多亏了管仲，不然我们就会变成夷人了。"左衽"指衣襟向左掩。上古时代，中原民族尚右，右为尊，就把上衣襟向右掩，束发，将头发梳理得井井有条。周边的蛮夷尚左，把衣襟向左掩，头发散乱。

亚圣孟子也非常佩服管仲，说："舜发于畎亩之中，傅说举于版筑之间，胶鬲举于鱼盐之中，管夷吾举于士，孙叔敖举于海，百里奚举于市……入则无法家拂士，出则无敌国外患者，国恒亡。然后知生于忧患而死于安乐也！"（《孟子·告子下》）。原来，舜是农夫，傅说是建筑工人，胶鬲是打鱼晒盐的，管仲是监狱的犯人，孙叔敖自海边被选拔上位，百里奚是从市场上用五张公羊

[①] 古代中国人的姓名非常复杂。姓，是人的血缘关系的表达，用以区别血缘远近，确定亲亲、尊尊关系，防止同姓婚姻。但家族不断分裂，子孙被分封各处，封地之人就以"父亲"的字为名，被称为"氏"，父辈之后，则叫"公孙×，×氏"，三代以后，就把"氏"名变为"姓"，如此不断分裂，才有现在的百家姓（当然，姓有很多来源）。古代，婴儿出生三个月后由父亲命"名"（小名，乳名），男子二十岁举行冠礼并取"字"，女子十五岁举行笄礼并取"字"。"号"则是同辈之间的称呼，表明本人志向或特点。

第一章　管仲：法家先驱，千古一相

皮换来的。这些人都辅佐国君和诸侯治平天下，立下赫赫功勋。法家拂士，是指遵守法度的大臣和辅弼国君的贤能人士。这些"法家拂士"，在思想上与战国时代的法家有很大的不同，他们遵守的法，是以周礼为基础的"法度"、规则和制度。

2012年，《清华大学藏战国竹简（叁）》识读出一篇《良臣》，记载的是从上古黄帝到春秋时代最晚的鲁哀公、越王勾践期间的忠臣良将，治国能臣。[①]其中就有齐桓公的手下能臣——管夷吾、宾须无和隰朋，后两者还是管仲举荐的人才，可见在战国时代，管仲在华夏政治史上的地位就得到了确认。

历史上，能臣良将大都出现在天下昏乱时期，太平盛世很难出现惊世骇俗的大人物。管仲能立下盖世功业，是大时代的需要。那么，管仲生活的时代，乱到什么程度，天下大势是怎么样的呢？

那时，周天子力量式微，礼崩乐坏刚刚开始，诸侯力量开始坐大，外围压力增加。周室东迁的原因，是周幽王听褒姒的妖言，阴谋废嫡立庶。太子姬宜臼的外公申侯咽不下这口气，勾结鄫国和犬戎，攻入镐京，杀死周幽王，掠走褒姒，拥立外甥践位，是为周平王。犬戎在镐京肆意劫掠，贪得无厌。平王实在无法应付，就在申侯、秦襄公、郑武公等的护佑下，东迁都洛邑，将西边的烂摊子交给嬴姓秦人。此前称为西周，此后开启东周时代。

公元前720年，周平王认为郑武公、郑庄公长期在朝，权力太大，就想分权给虢公忌父。郑庄公知道后，认为平王怀疑自己，就想撂挑子。平王又矢口否认有此私意。为此，双方达成妥协，交换太子做人质，以保持双方继续合作的局面。堂堂天子，竟然拿太子和诸侯的嫡子交换做人质，因此威信扫地，失尊严于天下诸侯。天下大乱的礼崩乐坏的苗头出现了。此时，管仲还是个五岁的儿童。

管仲生活的时代，周天子开始失去对诸侯的宰制，周桓王三年（前717）[②]，

[①] 李学勤：《清华大学藏战国竹简（叁）》，中西书局，2012年，第156页。
[②] 桓王三年，指周桓王即位后三年。以君王即位时间为纪年时间，是我国历史的一大特色。

郑庄公前来朝见，桓王不依礼节接待。周桓王五年（前715），郑因怨恨桓王，私下和鲁国调换了"许田"（天子用之祀泰山）。周桓王八年（前712），鲁国人杀掉隐公，拥立桓公。周桓王十三年（前707），周桓王征伐郑国，郑军将领祝聃射伤桓王，桓王就此撤军。虽然郑庄公让祝聃上门赔礼道歉，但周天子的威信扫地。

周桓王二十三年（前697），桓王去世，儿子姬佗（tuó）登位，为周庄王。周庄王四年（前693），周公黑肩想杀掉庄王拥立王子克。辛伯把这个消息报告给庄王，庄王杀掉周公，王子克逃往燕国。

周庄王十五年（前682），庄王去世。儿子姬胡齐继位，为周釐王。周釐王三年（前679），齐桓公开始称霸诸侯。

周天子式微，权力秩序被打破，天下缺乏"定海神针"，礼乐秩序受到空前挑战，以致天下诸侯无人管理，丛林法则又兴起。此时，各诸侯国内部也乱如麻。公元前712年，鲁国隐公被杀，对鲁国的政局产生了持久而深远的冲击。公元前696年，卫国发生君位争夺战。公元前694年，齐襄公派公子彭生杀害鲁桓公。同年七月，齐襄公以郑君无礼的借口，杀害前来访问的郑君子亹（wěi）。公元前684年，齐襄公被公孙无知等联手杀害……总之，这个时期先表现为诸侯国内部的君位争夺战，然后是外部引起诸侯国之间的征讨战。诸夏内部争斗，引起戎狄人的觊觎和入侵，混乱呈现弥漫化、扩大化的态势。

再来纵向比较。孔子出生在公元前551年，比管仲晚了一百七十二年，或者说，管仲死后九十四年，孔子才出生。由此可见，管仲在经济、政治、军事等方面都是开拓者、创新者，他既是理论家，又是实践家。

总之，外部则诸侯不断坐大，天下的权力结构面临重构。齐桓公和管仲联手强齐，执行"尊王攘夷"战略，成就"九合诸侯，一匡天下"的千秋伟业。

"霸"即"伯"，兄弟间的"老大"，当天下老大（王），没有两把刷子根本不行。"老大"须具备四种战略力量。第一，财富力量。国家和百姓手里得有钱，君王聚敛有方，赋税衰征恰到好处，国库充盈。第二，军事力量。手中要有军队，来之能战，战之能胜，令兄弟诸侯信服，戎狄闻风丧胆，对不服

第一章　管仲：法家先驱，千古一相

气、不听话的诸侯，有出兵征讨荡平的手段。第三，道德力量。一个国家不能总是靠拳头称大，久暴兵国必亡，得用软实力。国际交往中，讲究道德力量的运用，重信修睦，尊王攘夷，一切按照周天子的礼法办事，绝不僭越。第四，文化力量。管仲帮助齐桓公制定的治国方略、政治制度、法律规范、用人制度等，继承了齐国的文化传统，有开创性，切合当世之情，解当世之难。

管仲的思想和行为，是法家尽地力之教、富国强兵、依法治国、尊王抑蕃的原始起点。《史记·太史公自序》引司马谈《论六家之要旨》："法家严而少恩；然其正君臣上下之分，不可改矣……法家不别亲疏，不殊贵贱，一断于法，则亲亲尊尊之恩绝矣。可以行一时之计，而不可长用也，故曰'严而少恩'。若尊主卑臣，明分职不得相逾越，虽百家弗能改也。"这段话实际上是对"法家"的狭义解释，"法"成了君王统治臣下的手段，适用于一时，不可久用。这种判断显然受秦帝国灭亡的影响。管仲依法治国、富国强兵的思想体系，宏大广博，是各种思想的源头活水，是法家思想的第一声啼哭。

中国古代的法家思想分为两个流派——齐法家和晋法家。管仲是齐法家的开创者，主张德、法兼治，以仁德为本，德主刑辅。晋法家认为人皆"趋利而避害"，用法律遏制其"避害"一面，阻其不敢为非作歹。所以，以刑去刑，重罚轻赏；治理手段上强调尊君抑臣，执势而任术，君主始终站在道德的制高点，善用六柄（生杀、贫富、贵贱）和四位（文、武、威、刑）以控制官僚集团运作。

孔子说："道之以政，齐之以刑，民免而无耻。道之以德，齐之以礼，有耻且格。"（《论语·为政》）前三句是法治，社会以吏为师，一切听政府官员的，各方面的行为用刑罚来约束、规范，如此，百姓就会变得无羞耻心，想办法逃避法律制裁。后三句就是德治，君王用道德力量引导百姓，向社会输入正能量，用礼义规范百姓的行为，那么，百姓就会有羞耻心，做人做事就会讲规矩。法治是利用外在的强制力量使人屈服，使人压制私欲，否则就会受到惩罚。而德治则靠发自内心的自觉行为。理论上，德法兼治，是最好的治国理政的方式，一个人只要有良好的品德修养，就会按照礼义的要求施为。只有当自己的内心实在不能控制私欲而逾越法律规定，才会受到法律的打击。

晋法家在规范人们的社会行为时，倾向于外在强制力的运用。他们不相信或没有时间培养百姓内心的善性。"不相信"，是指性本恶学说，认为人性本质上是恶的，必须由外力加以限制。"没有时间"，是指法家诞生的时代，社会失序，人与人之间缺乏信任，社会动荡不安，外在表现就是"恶性大发"，社会没有时间静下心来培养人们的善性，有善性的百姓往往受到欺辱。另外，三晋（韩、赵、魏）和秦当时地偏西域，与戎狄接壤，征战苦多，民风剽悍，野性未驯，不易管制。各国为富国强兵，争霸天下，纷纷采取法家路线，催生了一大批法家人物，主张不别亲疏，一断于法，立足于君王集权专制，富国强兵，将国家打造成一个战争机器。法家第一人李悝是魏国人，吴起又是为魏国效力，商鞅也是从自卫入魏，自魏西入秦求职，申不害为韩重用，皆表明法家思想渊源在晋。

管仲的总体目标是建立天下霸权，行霸政。他强调先富民强国，增加齐国的财富力量，寓军令于政令之中，军政合一，军民合一，将整个国家打造成一部战争机器。他对外用力，重视诚信和道义，获得周边诸侯国的认可和襄助，在对抗蛮夷戎狄方面，尊王攘夷，敢于冲锋陷阵，当带头大哥。在治国方面，他强调道德的基础性力量，同时制定法律制度，规范社会行为，使齐国迅速地强大起来。当然，管仲在维护齐桓公的威信和权威方面也很到位。

管仲具体如何做到德法兼治，协助齐桓公建立霸业，其法家思想如何付诸实施？下面就让我们走近管仲。

一、"管鲍之交"，决定毕生命运的交友

"管鲍之交"，说的是管仲和鲍叔牙交朋友的事。

鲍叔牙（前723或前716—前644），姒姓，鲍氏，名叔牙，是齐国大夫鲍叔敬的儿子，颍上人，与管仲是同乡。两人生卒年月接近。他们自青年时就是

莫逆之交，是"死党"。

由于父亲是齐国大夫，鲍叔牙是个官二代，吃喝不愁。而管仲是个平民子弟，排行老二，家境贫困。《史记·管晏列传》载，管仲青年时代和鲍叔做买卖，分利时自己多拿一点儿，鲍叔却不嫌他贪，知道他家里穷。管仲曾替鲍叔出谋划策，弄得一塌糊涂，自己也更穷困潦倒，鲍叔并不认为他愚笨，认为时机不利罢了。管仲屡次做官当差，又屡次被国君辞退，鲍叔并不认为管仲无能，认为时运不济而已。管仲数次参与作战，每战必早撤退，鲍叔不以为管仲胆小，知道他家中还有老母需要赡养。公子纠争王位失败之后，召忽为君殉死，而管仲被五花大绑，忍辱苟活，鲍叔不以为他无耻，知他不为失小节而羞耻，却为功名不显耀于天下而耻。管仲感叹地说："生我者父母，知我者鲍叔。"

据《战国策·秦五》，秦始皇任用的大臣姚贾说："管仲不过是齐国边邑的商贩，在南阳穷困潦倒，在鲁国时曾被囚禁，齐桓公任用他就建立了霸业。"可见管仲做买卖也是一步步地从边境城市进入国都。南阳，不是现在的河南南阳，而是在泰山以南。他在这些地方做买卖，弄得穷困潦倒。这是旁证。

管仲的命运因鲍叔而彻底改变，鲍叔将管仲从死囚托举到宰相的高位，名垂千古。这是怎么回事呢？

齐国是太公姜尚的封国，姜太公是周成王（？—前1021）的外公，战功赫赫，被分封到东夷人势力强大的地方——齐（今山东临淄），以控制盘踞在山东半岛的东夷人。姜太公及其子孙到了齐国，因其俗，简其礼，因地制宜，发展工商业，发挥靠海的优势兴渔盐之利。周公旦举兵荡平奄（今山东曲阜）、淮夷（今江苏徐州一带）叛乱，授权齐人说："东至海，西至河，南至穆陵，北至无棣。五侯九伯，实得征之。"（《史记·齐太公世家》）这个范围有多大呢？成康时代，黄河从太行山东麓向东北方向流，经沧州、天津一带入海，无棣即今山东无棣县一带，向北即海陆相交的潟卤地，南至穆陵（大概在湖北麻城穆陵关），可见宗周授权齐国管辖地域之广。该授权成为齐国率兵讨伐诸侯的尚方宝剑，是"九合诸侯，一匡天下"霸政事业的重大历史因缘。

公元前770年，周平王东迁，时值齐庄公二十五年。公元前731年，齐庄公卒，他的儿子禄甫立，是为齐釐公。齐釐公有个同母弟，早亡，留下个男孩儿叫公孙无知。釐公把侄儿视为亲子，善加抚养，与太子诸儿待遇相同。因此，公孙无知和诸儿这对堂兄弟争风吃醋，结下梁子。齐釐公薨，太子诸儿立为国君，是为齐襄公。齐国的悲剧由此拉开序幕。

齐襄公爱好打猎、宴饮，还好色，竟然和妹妹文姜私通。文姜嫁给了鲁桓公为嫡夫人。公元前695年，齐襄公邀请鲁桓公来齐国做客，会于洛水（今山东小清河），文姜也随同回娘家省亲（违反当时礼制）。齐襄公和文姜旧情复燃。天下没有不透风的墙，鲁桓公知悉，打骂文姜，对文姜说：我的儿子"同"（鲁庄公）好像不是我的儿子，是"诸儿"（齐襄公）的（据《公羊春秋》）。文姜如实告知齐襄公。齐襄公大怒，决定寻机报复。

一天，齐襄公设局宴请鲁桓公，将鲁桓公灌得酩酊大醉，不省人事。齐襄公嘱咐公子彭生将鲁桓公抱到车上，将他杀掉。据说是将肋骨折断，拉杀而亡。国君不明不白地客死于齐，鲁国人面对百般辩解，要兴师问罪。齐襄公就找了个理由杀掉了公子彭生。

《尚书·太甲》说："天作孽，犹可违；自作孽，不可活。"鲁桓公事件后，齐襄公在"作死"的道路上继续狂奔。这次，他又得罪了守边将领。原来，他派大将连称、管至父驻防葵丘（今河南民权县境），约定"瓜时而往，及瓜而代"，瓜熟时去戍边，第二年瓜再熟时换防。可一年到期，军人请求换防，襄公食言不准。连称、管至父二人怀恨在心，周密谋划，与公孙无知联手，杀了齐襄公，立公孙无知为君。

齐襄公的弟弟们看他这么胡作非为，早觉察到了危险，纷纷避祸他国。公元前692年，二弟公子纠逃去母舅之国鲁国。管仲和召忽为傅，是左膀右臂，也陪同前往。三弟公子小白则避难奔莒（今山东莒县，齐国南），鲍叔鞍前马后辅佐。小白的母亲是卫人，深受齐釐公宠爱。小白为人处世谨慎、谦卑，从小就和齐国大夫高傒结交，关系亲善。

高氏听说公孙无知为大夫雍廪弑杀（公元前685年），立刻与国氏合谋，派人去莒请公子小白回来继位。高氏、国氏乃齐公族的大族，有议立新君的巨大能力。与此同时，鲁人也加紧发兵攻齐，欲送公子纠回国践位。这是公元前685年夏天发生的事。

鲁国一边发兵，一边派遣管仲去半路截击公子小白，阻止他先回国。此时，鲍叔和公子小白正急匆匆地返齐。杀手小分队在半道上截到了公子小白，管仲张弓搭箭，狠狠地射去。公子小白应声落马，装出口吐鲜血的样子。管仲认为公子小白必死无疑，便收兵返回。其实，管仲只射中了公子小白的衣带钩，公子小白急中生智，顺势落马，坠地诈死。待管仲退去，他便坐辒车（一种可以载棺材的封闭的卧车）向齐疾奔，提前赶到齐都临淄。高傒等唯恐有变，立即迎立小白为齐君。他就是春秋首霸齐桓公（前716—前643）。

公子小白差点被管仲射杀，本是冤家仇人，两人怎么又以君臣相称？原来，鲍叔辅佐公子小白践位有功，小白要拜鲍叔为宰相，鲍叔想到了管仲，便设计好套路，要大胆举荐管仲。

这年秋，齐桓公一边办理丧事，一边按鲍叔的计划攻打鲁国。两军战于乾时，鲁军大败，鲁庄公仓皇逃走。齐发最后通牒给鲁说："公子纠与我是兄弟，实在不忍杀之，请您帮忙杀掉。召忽和管仲与我不共戴天，我要活口，吃他们的心肝肉酱。不然，我就要包围鲁国，不谓言之不预也。"这可给鲁庄公出了个难题。

其实，这些都是鲍叔的计谋。鲍叔和管仲、召忽实为知己。鲍叔要救他们回齐，共同辅佐齐桓公。给鲁国国君下通牒，实为诓骗鲁庄公放他们归齐。此中因缘，还得插播一段故事，方得明白。

据《管子·大匡》记载，公元前697年，齐釐公指派召忽做公子纠的师傅，并让鲍叔辅佐公子小白。鲍叔认为公子小白无出头之日，称疾不出。管仲与召忽去见鲍叔。召忽说："吾三人者之于齐国也，譬之犹鼎之有足也，去一焉，则必不立矣。吾观小白，必不为后矣。"意思是，咱们三个人是齐国的鼎足之臣，缺一个也办不成大事。公子小白，我看他成不了大器，鲍叔辅佐他，简直瞎子点灯——白费蜡。管仲说："夫国人憎恶纠之母，以及纠之身，而怜小白之无母也。诸儿长而贱，事未可知也。夫所以定齐国者，非此二公子者，将无已也。"意思是，国人非常憎恶公子纠之母，公子纠没戏。公子小白幼年丧母，国人很同情他，他也结交了不少名门大族，关系亲善，不可小觑。我们不如一人辅佐他，另外两人辅佐公子纠，两边押注，总能押中一个。公子小白最有条件为齐君。召忽说："百岁之后，吾君下世，犯吾君命，而废吾所立，夺吾纠也，虽得天下吾不生也。"在忠君与忠国的关系上，管仲与召忽的观点不同。管仲认为应"奉社稷，以持宗庙，岂死一纠哉"，着眼于社稷安危的高度，认识生死的价值，不在乎谁当国君。而召忽则忠君到底，与君同进退，共生死。鲍叔最后听从管仲的意见，辅佐小白。管仲和召忽辅佐公子纠。

因此，鲍叔不可能不管他们。此时，齐桓公思贤若渴，想拜鲍叔为宰。据《国语·齐语》，鲍叔说，我是您的庸臣，让我有吃有喝，穿得暖，睡得香，就是最大的恩惠了。但是，如果让我治理国家，治平天下，我力不能及。如果您一定要治理好咱们齐国，非管夷吾不可。他具有五种优秀品质，而我没有。第一，宽惠柔民，对百姓宽厚慈爱，视之若父母。第二，国家不失治理的手段，有办法调理国家事务。第三，对百姓讲诚信，以心相交于民，上下同心者胜。第四，制定礼义规章，可以放之四海而皆准，平定天下。第五，前线指挥打仗，鼓励百姓英勇杀敌，他比我强。如果您想治理齐国，让齐国民殷国富，我和高傒就足够了。如果您想称霸天下，发号施令于诸侯，非管夷吾不可。他辅佐哪个国家，哪个国家就强大，这样的人才去哪儿找啊？

心腹之臣推心置腹的话，打动了齐桓公。齐桓公对鲍叔说："管夷吾射中了寡人的衣带钩，就这一条，就是死罪。扒皮吃肉也解不了我的恨。"鲍叔说："他那是为主子卖命，是忠臣啊！换位思考一下，您也会这么干。"齐桓公被说服了："话说到这个份儿上，就听你的，那怎么把他救回来？"鲍叔说："从鲁国把他请回来。"齐桓公说："鲁庄公手下有个谋臣，叫施伯，足智多谋，他如果知道管夷吾回来是假的，管夷吾性命堪忧。"鲍叔说他有办法。如此这般一说，他就给鲁庄公修书一封。以防万一，鲍叔还派遣使者前去交涉。使者叫隰朋，也是一位能臣。管仲临终时向齐桓公推荐的接班人，就是隰朋。

鲁庄公接到烫手的山芋，赶紧和施伯商量。施伯一眼就看穿了诡计："哪里是让管仲回去受死？摆明要重用。管仲是能臣，在哪个国家做事，哪个国家就强大。管仲被齐重用，鲁不就遭殃啦？干脆，还是咱们杀掉，让使者捧尸以还。"鲁庄公正要杀管仲，隰朋跑到刑场阻拦说："我国君想食肝喝血，如果不留活口，后果你们承担得起吗？我齐国非活口不要，不谓言之不预也。"鲁庄公被吓得浑身筛糠，施伯也胆小怕事，极不情愿地交出管仲和召忽。

《左传·庄公九年》载："鲍叔帅师来言曰：'子纠，亲也，请君讨之。管、召，仇也，请受而甘心焉。'乃杀子纠于生窦。召忽死之。管仲请囚。"公子纠一看形势不妙，赶紧向西逃窜，但鲁国还是在生窦这个地方把他杀了。召忽自杀。管仲的囚车发往齐国，鲍叔亲自到边境迎接，打开囚笼，为管仲解去枷锁，让管仲"三浴三涂，衣冠袍笏"后才拜见齐桓公。鲍叔说，管仲之才和高傒相侔，我把他交给您，保准能使齐国富兵强，称霸天下。

鲍叔自推荐了管仲当宰相，自己甘愿在管仲手下任事。管仲是幸运的，他交了这么好的朋友，还遇到了心胸宽广，不计前嫌，敢于任用仇敌的公子小白。公子小白也是幸运的，他遇到了治理天下的贤臣良将。他们都是幸运的，赶上了可以大显身手，施展抱负和才华的春秋乱局。

二、说齐桓公以霸术

管仲入齐，桓公郊迎。两人见面，简单寒暄，马上进入角色，打开天窗说亮话。此时，齐桓公大约三十一岁，管仲三十八岁左右。从这个时候开始，管仲全力辅佐齐桓公，长达四十年。

治理天下的总路线

齐桓公说："我老兄襄公筑台造宫，田猎毕弋，游手好闲，不听国政，诋毁圣人，侮辱贤士，贪好女色，宫中九妃六嫔，纳妾数百，夜夜笙歌，淫乱胡作,非精米鱼肉不食,非彩衣绣服不穿。将士挨冻受饿,军车以二手游乐车充当,士兵吃侍妾的残羹冷炙以充腹。亲伶人倡优,远贤才高士。齐国因而不能日有所进,月有所益。长此以往,恐怕宗庙将无人清扫,社稷也无人祭祀。我新继位,想振弊起衰,请先生教我,齐国该怎么办?"

管仲回答:

> 昔吾先王昭王、穆王,世法文、武远绩以成名,合群叟,比校民之有道者,设象以为民纪,式权以相应,比缀以度,缚(zhuǎn)本肇末,劝之以赏赐,纠之以刑罚,班序颠毛,以为民纪统。(《国语·齐语》)

这段话是管仲法家思想的总基调。他说,我们要效法文王、武王的执政理念,才能重现周昭王、周穆王的功业,成就美名,继承周礼的精神。我们要依靠众长老,考察拔擢德行卓越的人。要制定并在城门颁布法令,告知天下以为民则,为百姓(此时奴隶、自耕农、庶民都没有姓,谈不上是"百姓",此为读者便于理解)树立榜样,建立共同的价值追求。要将百姓分类编排,各有职分,考评功劳,择能而任。农业("本")要实现平等,商业("末")要活跃,农商并进。以赏赐鼓励百姓正道而行,惩恶罚罪,严防恶人造祸。国家务使夫妇有亲,长幼有序,制定行为准则,为百姓立下规矩。

"国之四维"与仓廪实而知礼节

管仲治国理政的哲学,在《管子·牧民》有淋漓尽致的发挥:

> 凡有地牧民者,务在四时,守在仓廪。国多财,则远者来;地辟举,则民留处;仓廪实,则知礼节;衣食足,则知荣辱;上服度,则六亲固;四维张,则君令行。故省刑之要,在禁文巧;守国之度,在饰四维;顺民之经,在明鬼神、祗山川、敬宗庙、恭祖旧。不务天时,则财不生;不务

地利，则仓廪不盈。野芜旷，则民乃菅；上无量，则民乃妄。文巧不禁，则民乃淫；不璋两原，则刑乃繁。不明鬼神，则陋民不悟；不祇山川，则威令不闻；不敬宗庙，则民乃上校；不恭祖旧，则孝悌不备。四维不张，国乃灭亡。

牧民，就是管理百姓。在古代，君王和百姓的关系好像放牧，百姓是贵族的家产，与牲畜一样。这段话，有如下几个紧要处。

第一，就是发展生产力，多生产粮食，让百姓吃得饱，穿得暖。这样，他们才通情达理，知道遵守礼节，有荣辱感、羞耻心。这是典型的历史唯物主义，物质决定意识，没有物质丰富做基础，外地百姓不会来，偏远的地方也无人耕种。一句话，发展生产力才是硬道理。"仓廪实而知礼节，衣食足则知荣辱"成为千古名言，是思想的光辉，照亮了亘古和未来。

第二，论述德刑之间的关系。管仲认为，减少刑罚（"省刑"）的关键，就是全面禁止纹饰、巧诈的行为；巩固国家的准则在于坚持"四维"（礼、义、廉、耻）的原则不动摇，在任何情况下都不能玷污其严肃性、纯洁性。君主遵守法度，六亲关系稳固。全社会都弘扬并遵守礼义廉耻的行为规范，那么君主的命令才能得到贯彻执行。安顺百姓的根本方法，在于鬼神崇拜，敬天法祖，目的是使百姓明白事理，心有敬畏，知礼义孝悌，否则，即使苛政繁刑，也无法禁奸遏诈，更无法实现有效的社会管理。由此可见，管仲的思想是德主刑辅，以德政优先，再考虑刑禁。为此，他进一步阐述"国之四维"的重要性。

第三，国家的四大支柱（"维"）是"礼、义、廉、耻"，缺一维，国家就倾斜；缺了两维，国家就危险；缺了三维，国家就颠覆；缺了四维，国家就会灭亡。有礼，人们就不会超越应守的规范；有义，就不会妄自求进；有廉，就不会掩饰过错；有耻，就不会趋从坏人。如此，全社会充满了积极向上的正能量，国家就会安定有序，百姓安心耕作，刑罚自然少用。孔子说："听讼，吾犹人也，其必也无讼乎？"当法官听审断案，我孔丘和别人无异，我和别人不同的是，我会想办法不让诉讼发生。儒家学派主张以德治国，养成人的善性美德，可以说，孔子继承了管仲的思想并发扬光大。

第四，禁文巧诈伪，明山川鬼神，敬宗庙社稷等上层建筑，一定要向一个方向去努力，形成集体合力。后世法家在统一意识形态，培养朴实民风，禁止文巧虚饰方面用功颇勤，甚至实行愚民政策、文化专制（如焚书坑儒）。管仲提了出来，还有办法付诸实行。

士、农、工、商各安其业

管仲治国理政的根本方法，是先行叁伍之制，再将工、商提高到与士、农平等的地位，将"比缀以度，薄本肇末"具体化，同时"慎用六柄"。

管仲说："过去圣王治理天下的办法是，把国分为三区，将郊野划分为五区以定百姓住所（'叁其国而伍其鄙'），使他们各安其业，划定墓地以定其葬，形成稳定的耕作和生活区域，同时，圣王还谨慎小心地运用六柄，役使天下百姓。""国"是指国都及其郊区，是诸侯控制的田土附庸。在国都之外，则是"鄙"，是农渔业区域。按《管子·小匡》，"六柄"是指"生、杀、富、贵、贫、贱"六种权力，是国君掌握并调控百姓命运的手段。

齐桓公一听，管仲学问果然了得，鲍叔诚不欺我。他接着问："怎样使百姓各就其业呢？"

管仲侃侃而谈："首先，我们不能让士、农、工、商杂住，这样不利于他们安心本职，也不利于经验交流，不利于社会管理，更不利于战斗力的形成。"

齐桓公说："说得有道理，具体怎么办？"

管仲分析说："圣王之法，士人择静处以居，工匠处官府以住，商贾集居于市场，农民则旁居田野以近耕。士人聚居，闲则父辈高谈礼义，子侄之辈阔论孝道，侍君之臣思虑职守，年幼者追求兄弟和睦。因自幼熏习，其思想即安定不移。如此，士人之后恒为士，国之栋梁稳定不变。工匠聚居，会了解不同季节的产品需要，辨别质量优劣，衡量器材用处，选用合适的材料。他们朝夕不易地工作，产品行用于四方，传授技艺于子弟。因自幼熏陶浸染，思想就会安定不变了。父兄之教不督而行，子弟不严而学。如此一来，工匠之后恒为工匠，技艺传授不绝。"对于专业分工和区域专业化管理，管仲有很深的思考。

管仲接着说："商人集中居住，便于了解不同季节的营销需要，熟悉本地货源，掌握市场行情。贩贱卖贵，互通有无。朝夕熏习，传教后代，切磋琢磨生财之道。自幼浸染成习，思想难以迁移变动。故父兄教诲不督而行，子弟不教而得，商者恒为商。农民聚集居住，知因时而兴，因作而备具。至冬，整修田地以待春耕；春则深耕细耙以待雨降。劳动时脱去上衣，头戴草帽，身穿蓑衣，全身沾满泥土，太阳暴晒皮肤，尽力种田。自幼熏陶修习，思想安定不移。故父兄之教不严而学，子弟不费而得。这样，农世代为农，其思不变不迁。他们居住在郊野，不染恶习，其有能入仕做官的优秀者，一定足以信赖。有关官员遇良才而不举，必受五刑之罚。他们必须推荐贤才，才可谓之称职。"五刑是指古代的墨、劓、刖、宫、大辟之刑。

齐桓公问："怎样来确定百姓的住地呢？"

管仲的设计是，把全国划分为二十一个乡：工匠和商人的乡有六个，士人和农民的乡有十五个，由国君掌管五个乡，国子掌管五个乡，高（傒）子掌管五个乡。分国事为三大类，各行官职也各设置三名：设三卿主管群臣，设三族主管工匠，设三乡主管商人，设三虞主管川泽，设三衡主管山林。

管仲的这套思想，用今天的话说，就是专业化分工，形成大规模管理士人、农业、工业和商业的综合能力。同时，国家统一领导，统一调度，将政府的管理深入基层，形成上下一体的作战能力。我们可以称之为"君主集权专制的早期形态"。这和战国法家在理念上有很多共同点。

安定国家之法

齐桓公非常满意管仲的战略设计，觉得国内万事大吉。他接着问："周天子力量萎缩，王命不行，天下大乱，君不君，臣不臣，作为姜太公的后代，周天子的辅弼诸侯，不能坐看天下继续这么沉沦，我想在诸侯中做一番事业，你看能行吗？"

管仲回答："不行。国内不安，不能外争，攘外必先安内，自己内部安定了，才有资格去安天下。"

齐桓公说："你说得对。那么，怎样来安定国家呢？"

管仲说："整理旧法，合宜者修订后颁行。想办法增加人口，扶危救困，鳏寡孤独各有所养，如此国家自然安定。"

齐桓公说："好，就这么办。国家安定后，可以有所作为了吧？"

管仲说："还不行。还得隐忍一段时间，内修甲兵，外示弱于诸侯。你想啊，咱们大张旗鼓地整顿军队、修造盔甲兵器，其他大国也跟着学，咱们就无优势可言。我们制造进攻兵器，小国诸侯据此防御，咱们也很难攻破。想迅速达到目标，就应该韬光养晦，隐藏战略意图，明修栈道，暗度陈仓。"

齐桓公问："你这个办法好，那么，怎样去做呢？"

管仲说："搞军政合一，在整顿内政中寄寓军令，打造军国体制。"

齐桓公说："很好。请问具体怎么办？"

管仲说："我的设想是：五家为一轨，设轨长一；十轨为一里，里设有司；四里为一连，连设连长；十连为一乡，乡设良人。其中所寄寓的军令是：五家一轨，所以五人为一伍，由轨长统率；十轨一里，所以五十人为小戎，由里的有司统率；四里一连，所以二百人为一卒，由连长统率；十连一乡，所以二千人为一旅，由乡的良人统率；五个乡是一帅，所以正好是一万人，编成一个军，由卿来统率。全国可编为三军，所以有国君亲自统率的中军的旗鼓，有国子（懿仲）的旗鼓，有高子（高傒）的旗鼓。春天以春猎之名整编军队，秋天以秋狩之名操练军队。按此法，卒、伍一级的小队伍成编在'里'中。军、旅一级的大兵团在郊野中成列。内政中既已包含了军事组织，就命令百姓不得随便迁徙，必须共同迁移。同一个队伍的人祭祀时，同享酒肉，死丧时大家哀伤，有灾祸共担。人与人相伴，家与家相随，世代同住一地，从小一起游戏。所以夜间作战能听到声音，不会误会；白天作战能相互看见，足以辨认同伴。

那种同袍情谊，使他们拼死互助。在家时共同欢乐，行军时融洽无间，战死则共同哀伤。若能拥有三万名虎贲兵士，命之讨伐无道，保卫王室，诸侯蛮夷谁敢造次，谁敢不听？"

齐桓公说："怪不得鲍叔力荐你。咱们一笑泯恩仇，共同干大事业，如何？"

管仲说："感谢你的不杀之恩。我将鞠躬尽瘁，死而后已，全力报效。"

为政之道

齐桓公还有很多疑问："你说'薄本肇末'，我还是有点不清楚。农业如何平等？商业怎样启动，使之活跃？"

管仲回答："一句话，相地而衰征，根据土地肥瘠和远近确定缴纳赋税的等级。拥有肥沃土地的，要多交赋税。土地差的，则赋税少。这才叫公平。赋税公平后，不论土地好坏，都会有人耕种。如果不加分别，不分土地等级，对百姓不公平，就无法调动其积极性。百姓也会挑肥拣瘦，到处乱窜，居无定所，怎么能管理好呢？"

齐桓公说："你分析得很对。旧法不息，百姓难安。贵族也得动脑筋，调动百姓的积极性。那么，你说的'伍鄙'，不只种田这么简单吧？"

管仲回答说："为政不抛弃先君故旧，百姓就不会苟且从事；山林河泽依照时令开放或封禁，百姓就不会随意出入砍柴捕猎；陆地、土山、井田等分配均平，百姓就不会怨恨；不侵夺农时贻误农事，百姓就能富足；祭祀用的牲畜不过度屠杀，牛羊就能繁殖增加。"

齐桓公问："怎样划定百姓的居处？"

管仲回答说："建立郊野之政。规定郊野三十家为一邑，邑设主管；十邑为一卒，由卒帅领导；十卒为一乡，由乡帅领导；三乡为一县，由县帅领导；十县为一属，由大夫领导。全国共分五属，所以共设五位大夫，让他们各自治理一属的政事；另外再设五位政长，让他们各自监察一属的政事。所以五位政长的职责就是监察五位大夫的治理情况，五位大夫的职责就是监察县帅的治理情况，县帅的政务是听取乡帅的治理情况。"

齐桓公说："意思是，让各级官员各自保证治理好一亩三分地，不得有放纵懈怠和不服从治理的刁民。我要是选拔官员，治理群臣，有什么高招？"

管仲回答说："第一个是察贤举能，让各级官员举荐，如果各级官员埋没人才，要五刑伺候。"

齐桓公说："经你这么点拨，我明白了。"

每年正月初一朝见的时候，乡长们汇报工作。齐桓公亲自咨问他们："在你的乡里，发现平日好学、孝敬父母、聪明仁惠、名显乡里者，须向上级举荐。有贤才不报告，就是埋没贤明，要受五刑（墨、劓、刖、宫、大辟）之罪"，"在你的乡里，发现勇敢强健、力气出众者，须向上级报告。有此等人才隐瞒不报，叫埋没贤能，要判五刑之罪"，"在你的乡里，发现不孝敬父母、不友爱兄弟、骄横暴戾、不服从君长命令的人，就应向上级报告。有此等贱人不举告，叫包庇坏人，要判五刑之罪"。

齐桓公令乡长每年记录有功之臣，以便上报备案，从中遴选贤能者提拔使用。所以，百姓中凡有才能者，均得推举；百姓中凡有奸宄者，尽受诛罚。政令定，人在乡里不得逾越长幼的次序，朝中不得逾越爵位等级，凡无德行男子不得入伍，无德行女子不得外嫁，百姓因此都努力向善。百姓不敢图一时便宜，都有一年之长计；不敢满足于一年计划，皆有终生立功的盘算。

管仲的"隆中对"

齐桓公想在"国际"间有一番作为，有称霸的野心，便向管仲求高招。管仲顺势给他设计了完整的路线图。

齐桓公问："我想让诸侯服服帖帖，听从我的号令，能做到吗？"

管仲回答说："邻国还不亲附，对我们有戒心，有怨恨。感觉火候不到。如果您想号令天下诸侯，就得想办法亲近邻国，与邻为善，与邻为伴。"

齐桓公问："那我该怎么办呢？"

管仲回答说:"勘定国界,归还侵占的土地;划定诸侯国的疆界,承认邻国疆界的合法性,不占邻国的便宜;还要多多赠给邻国礼物,派出使者经常到周边邻国亲善访问,使他们感到安定,周边邻国自然亲近。我们选派长于外交的游说之士八十人,带着车马、衣裘和足够的钱财,游说四方,重往而薄来,笼络和招纳天下的贤能之士。皮毛、币帛和玩赏之物,让百姓贩卖到各地,以此观察各国朝野爱好和愿望,然后选择腐化淫乱者,首先征伐。"

齐桓公问:"按照你的设计,军令寓于政令之中,可我国缺兵少将,盔甲兵器严重不足,怎么解决这个问题?"

管仲回答说:"让犯法者以兵器盔甲抵罪,贡献多的,减刑多。"

齐桓公问:"你这想法倒很新颖,详细说说。"

管仲回答说:"让那些犯了死罪的用犀甲和重戟赎罪。罪行轻的,罚钱。打官司的,递交诉状时要考虑清楚方可立案,交一束箭做诉讼费。贵金属(主要是铜)用来铸造刀枪剑戟,用狗马测试锋利程度。劣质金属,制作农具。这样,齐国不愁甲兵了。犯罪的人也会少,人口大量增加。"

齐桓公问:"我想南讨诸侯,应找谁做战略合作伙伴?"

管仲回答说:"鲁国啊,它做东道主。我们归还侵占它的棠和潜两地,使我们的军队于海边有依托隐蔽之地,在海湾可停驻,在山区有牲畜的肉可吃。"

齐桓公说:"我打算征伐西方,谁可做东道主供给我们军用?"

管仲回答说:"卫国莫属。我们归还台、原、姑和漆里四地,使我们的军队在海边有依托隐蔽之地,在海湾可停驻,在山区有牲畜的肉可吃。"

齐桓公说:"我打算征伐北方,哪个国家可以做东道主供给我们军用?"

管仲回答说:"用燕国做东道主。我们归还侵占它的柴夫和吠狗两个地方,使我们的军队在海边有依托隐蔽的地方,在海湾可以停驻,在山区有牲畜的肉可吃。"

这就是找战略盟友,给齐国找争霸天下的战略支撑点。在地缘战略思想和实践方面,先人早已形成系统的理论并深入实践。

组建执政团队

据《管子·小匡》，齐桓公和管仲有了第一次对话，坚定了齐桓公重用管仲的决心，他打算拜管仲为宰相。

管仲说："我是有罪之身，头还能挂在脖子上，简直烧了八辈子高香。管理国家政事，我怕不能胜任。"

齐桓公说："您接受国家政事，我就胜任；您不接受，我怕是要垮台。"

原来，齐桓公问管仲"社稷能安定吗"，管仲回答"您当霸王，社稷就定，不当霸王，天下难安"。管仲这么说，是有道理的，天下散乱，王命不听，诸侯国各自为战，蛮夷戎狄交相侵，齐国想独立自安，怎么可能呢？用孔子的话说，当时"南夷与北狄交，中国不绝若线"，想在乱世中找一片安静的天空，岂可得乎？

齐桓公闻听，你这理想也太宏大了吧，就齐国这个样子，自保不暇，还想当霸王。管仲解释说：让我当宰相，仅仅把齐国治理好，我可不干。若如此，我还不如与召忽一起死节，在九泉之下陪公子纠。我苟活，就想成威名于天下，为"江山社稷"出谋划策。齐桓公思考了一阵才答应了管仲的要求。管仲才许诺以驱驰，三拜而接受相位。

三天后，齐桓公又给管仲出难题，说："我有三大缺点，还能把国家搞好吗？"

管仲说："您竟然有三大缺点？"

齐桓公说："我不幸嗜好田猎，昏夜还要到薮泽野地，直到田野静寞不见野禽才回来，诸侯使者不得当面致意，百官也无从当面报告。"

管仲说："这虽然不是件好事，但还不是最要紧的。"

齐桓公说："我不幸嗜好饮酒，夜以继日，诸侯使者不得当面致意，百官无从当面报告。"

管仲说："这也不是好事，但是也不是最要紧的。"

齐桓公说："我还有一件污行，就是不幸而好女色，连表姐都不嫁于人。"

管仲说:"这也不是好事,但还不是最要紧的。"

齐桓公作色,说:"这三者都可以,难道还有什么不可以的事情吗?"

管仲回答说:"人君唯有优柔寡断和不奋发图强为不可以。优柔寡断则无人拥护,不奋发图强则不能成事。"

齐桓公说:"好。您请先回去,改日再来同您详谈。"

管仲说:"此时就可以谈,何必改日呢?"

齐桓公说:"我们该怎么办?"

管仲说:"公子举为人见闻广博而知礼,好学而语言谦逊,请派他出使鲁国,以结国交。公子开方为人机变而锐利,可出使卫国,以结国交。曹孙宿,他的为人有小廉又有小明,十分谦恭而善于辞令,正合乎荆楚的风格,请派他去那里,以结国交。"这样,立刻打发了三位使者,而后管仲才告退。

管仲为相三月,请与齐桓公共同评论百官。

管仲说:"升降揖让有礼,进退熟悉礼节,说词刚柔有度,我不如隰朋,请封他为'大行'。开发荒地使之成为城邑,开辟土地使之增产粮食,增加人口,尽土地之利,我不如甯戚,请封他为'大司田'。在平原广郊之上,使战车不乱,战士不退,鼓声一起而三军视死如归,我不如王子城父,请封他为'大司马'。审判案件,调解纷争,不妄杀无辜的人,不妄诬无罪的人,我不如宾胥无,请封他为'大司理'。敢于冒犯君主的颜色,进谏必忠,不怕死,不贪图富贵,我不如东郭牙,请立他为'大谏'。这五个人,我一个都比不上,但是用来同我管夷吾去换,我是不干的。君上您想要治国强兵,有此五人就够了;若想图霸王之业,则有管夷吾在此。"

仅仅三个月,管仲就将人事安排停当。

三、佐齐桓公修内政、霸诸侯

《诗经·小雅·棠棣》有言:"兄弟阋于墙,外御其侮。"周武王、成王、周公封兄弟亲戚到各地建立诸侯国,本意就是兄弟抱团儿,共同保持天下的和平稳定，共同藩屏周王室。"兄弟阋于墙"是指兄弟在墙内吵架，诸夏内部的兄弟诸侯国闹成一团，攻来打去。齐桓公应时代之所需，在管仲的辅佐下，会盟诸侯凡九次，史称"九合诸侯"，算是平抑了诸侯内部的矛盾，我们称为"尊王称霸"。"外御其侮"，是说兄弟诸侯国抱团儿，高举周天子大旗，联手抗击夷人的挑衅，史称"尊王攘夷"。

齐桓公从登基到公元前679年第二次北杏（juàn）之会，历经六年，成了诸侯国的"老大"，被周天子承认，此为"尊王称霸"阶段。此后又延续了近十年，继续对不遵王命、违反盟约的诸侯国制裁或者讨伐，使华夏内部的统合完成。"尊王称霸"阶段过后，内部团成一体，诸夏外部压力陡升，华夷矛盾上升为主要矛盾，形成若孔子形容的"南蛮与北狄交，中国不绝若线"的危险局面。因为当时在周天子分封的诸侯国之间，都是渔猎部族，对文明诸夏造成实实在在的威胁。此时，齐国及时调整战略，举起"尊王攘夷"的大旗，"存亡国，继绝祀，抗蛮夷"，南征北战，四处救火，将危若累卵的东周天下团结在一起。此为"尊王攘夷"阶段。

据《管子》记载，管仲当上宰相不久，齐桓公就想整备甲兵，动用军队征伐。管仲认为，齐刚稳定，百姓未富，民心不稳，此时举兵，会打乱战略部署，于齐国无益。齐桓公思量再三，就放下了。齐桓公二年（前684），齐桓公要兴兵伐宋[①]，各诸侯兴兵救宋，把齐军打得大败。

这口气，齐桓公怎能咽得下？齐桓公对管仲说："你赶紧练军备甲，必须给先出兵救宋的鲁国点儿颜色瞧瞧。"

管仲反对说："万万使不得，如此，咱齐国可就危殆了。国内与百姓争夺钱粮，饱学之士、管理团队也被灌输穷兵黩武的精神，会引火烧身的！对外挑衅，侵犯诸侯，无事生非，百姓也心生抱怨。忠良才士都不来齐，齐想求太

[①]《管子》记载，齐桓公与宋夫人在船中饮酒，宋夫人摇荡船只，吓唬他。齐桓公休了宋夫人，宋国把宋夫人再嫁给蔡侯。齐桓公就出兵讨伐宋国。各诸侯兴兵救宋，把齐军打得大败。《左传》和《史记》记载了情节相似的事，是在齐桓公二十九年，蔡姬引起伐蔡。据长沙马王堆汉墓出土帛书《春秋事语》等文献，这一年，齐桓公没有伐宋。

平，犹抱薪救火，怎么可能？"

鲍叔牙也出来说话："管仲说得在理，忠言逆耳利于行啊！"

齐桓公仍固执己见，下达命令说：国境之内整修甲兵，做好军事准备。征收关税和市场交易税，大举聚敛，并且，按照军功和士兵战绩封官晋爵。

情势若此，鲍叔牙也忧心忡忡，对管仲说："从前，桓公曾同意您兴举霸业，国家却越来越乱，您有什么好办法？"

管仲说："国君性子急，硬拦无益，等他自己觉悟吧！"

鲍叔说："等他撞南墙？国家损失不就放大了吗？"

管仲说："怎么会呢？国家政事，我还在暗中办理，混乱一些，还有时间挽救。再说，国外诸侯的大臣，才能不及你我，谁敢来犯？"

据《左传》记载："十年春王正月，公败齐师于长勺。二月，公侵宋。三月，宋人迁宿。夏六月，齐师、宋师次于郎。公败宋师于乘丘。"

周庄王十三年（齐桓公二年，鲁庄公十年，公元前684年），齐桓公命令鲍叔牙发兵鲁国，两军战于长勺（今山东莱芜苗山）。鲁庄公苦于无将可用，曹刿毛遂自荐，随军参谋，被庄公看中。战场上，曹刿临阵机断，采取"一鼓作气，再而衰，三而竭"策略，让鲁军在齐军三鼓时发起总攻，把齐军打得落花流水，还斩杀了桓公公子雍。长勺之战确立了齐鲁两国长期的格局。

打了败仗，丧失爱子，齐桓公羞愧难当，却对管仲说，"我们兵甲少，继续招兵买马，我的兵马三倍于他，看看谁能阻挡？此仇必报。"

齐桓公继续修治军备，齐整的甲士有十万人，兵车有五千乘。齐桓公自信心爆棚，对管仲说："征服鲁国的时机到了。大军出动，分分钟踏平鲁国。"

管仲深深地叹息："齐国刚见起色，又危险了。因为您不努力于德政而努力于甲兵。天下各国拥兵十万的不少，我们要发动小的兵力征服大的兵力，国内脱离民众，国外诸侯戒备，我们自己只好行诈，国家想不危险都难了。"

六月，齐国联合宋国进攻鲁国，于郎（今山东鱼台西）地排开战阵。可鲁耍计谋，集中兵力攻宋，宋不支，败于乘丘（今山东巨野西）。鲁大胜，齐被迫收兵。

公元前682年，周庄王病逝，太子姬胡齐即位，是周釐王。周釐王派人讣告各路诸侯。恰在此时，宋桓公御说当上了国君，根基浅薄，亟待诸侯政治上承认、军事上支持。管仲建议抓住机会，设法获得周天子的授权，以便干预宋国朝政。

原来，乘丘一战，宋国大败，但鲁国大力士南宫长万被活捉。宋闵公与南宫长万打猎，两人争猎物，宋闵公羞辱他。南宫长万找了个机会，杀了宋闵公和大夫仇牧、太宰华督，改立公子游为君，史称宋前废公。宋国的几位公子都逃到萧邑，宋闵公的弟弟公子御说逃到亳邑（今安徽亳州）。南宫长万之弟南宫牛领兵包围亳邑。萧邑的大夫与宋国的公子击杀了南宫牛和宋前废公，立公子御说，是为宋桓公（？—前651，前681年立）。宋桓公承继大位，恰似天上掉下了馅儿饼，他不得不从国际上找靠山。

周釐王为父亲的丧事忙得一塌糊涂，无力干预诸侯国的烂摊子。齐使来奔丧吊唁，请求干预宋政。他慷慨地授权齐国打头，召集诸侯国会盟，派出使者全程监督，负责盖"橡皮图章"。这大概是"挟天子以令诸侯"的先例。

公元前681年正月，齐桓公以周天子的名义向宋、鲁、陈、卫、蔡、郑、曹、邾、遂等国发通知，三月于北杏（今山东东阿境内）会盟。三月，齐桓公本想带上军队去参加，管仲阻止他，说："君上奉周王之命，与诸侯会盟，这乃是布衣之会。如果带上军队，实在不妥。"齐桓公简装出发。

会盟当天，只来了宋、陈、蔡、邾四个诸侯，其他诸侯（鲁、蔡、郑等）不屑与会。齐桓公不带兵车参与会盟，把与会各国诸侯感动得眼泪哗哗地流，齐国的威望因此提高。

北杏会盟，虽只五国参加，不带军队，仪式简单，齐、陈、蔡、邾四国承认宋桓公，盟约会于北杏，共扶王室，抵御外侮，济弱扶倾。若有违反盟约者，列国共伐之。此次会盟，是首次由诸侯身份担当盟主，主持盟会，开启了齐国四十年称霸的时代。齐桓公会盟诸侯，有两种类型。一类叫"乘车之会"，不带军队的会盟，一共有三次。其余六次，称"兵车之会"，诸侯带领军队参加。实际上，会盟的次数不止九次，只是其他的会盟影响较小罢了。

第一章　　管仲：法家先驱，千古一相

北杏会盟之后，紧接着是更精彩的柯地会盟（公元前681年）。遂国（今山东肥城南）是鲁国的附庸国（诸侯分封时，会划分一些部族给大些的诸侯国，这些部族发展壮大，相对独立，但毕竟弱小，总是附在大国的羽翼下生存，叫附庸），不参加北杏会盟。齐桓公派兵荡平遂国，向鲁国施加压力。管仲此前曾巧妙地缓和了直接攻鲁，这次鲁国不来参加会议，让齐桓公找到了借口，他决定兴师伐鲁。鲁国不敢迎战，只在离国都五十里处，设关防守。鲁国请求让出汶阳之田（汶河北的土地），服从齐国，要求齐国不再进攻。齐桓公许诺了，相约到柯地会盟。鲁国说："鲁是小国，仍然是乘车之会，若带兵会盟，是以战争状态传闻诸侯，名声不好。这次会盟请免带兵器。"

桓公想得简单，说："可以。"

管仲反对说："不行。各诸侯国忌恨您，您还是见好就收。您真的借盟会弱鲁，各诸侯国会把'贪'名加在您的头上。如此，小国愈加顽抗，大国加强防范，于齐国没好处。"桓公不听。

管仲又谏，说："您千万别亲自去。鲁国人的话您也相信？他们怎么可能不带兵器？想想以前齐、鲁两国交往，尔虞我诈都成了家常便饭。"桓公根本听不进去。

会盟时，鲁庄公和齐桓公登台，鲁庄公的随从曹沫[①]怀中带剑，快步上台，没等管仲反应过来，便拔剑挟持齐桓公，说："鲁国边境，离国都只五十里了。齐国这几年一直压着我鲁国打，我鲁国三战皆败，割地求饶，还是逃不掉齐国的魔掌，你们简直欺人太甚。今天必须归还宰割我们鲁国的土地，否则，咱们一块儿死，谁也别想活。"

管仲眼看形势危急，赶紧对桓公说，答应他们的条件，以汶水为界，确定两国的边界。齐桓公许诺了，歃血而盟，签字画押，才被放归。

曹沫是鲁国的一名战将，可惜三战皆败于齐，心头窝火。会盟时，他主动请缨护佑鲁庄公，怀必死之心以雪前耻。这次，他通过在台上挟持齐桓公，不

[①] 有不少史书载，此曹沫就是长勺之战的曹刿。

费刀枪，将鲁国失去的土地索回，终于留取丹心照汗青。

齐桓公获释就要反悔。管仲连忙说，千万使不得，诸侯相交，当以诚信为本，这可是我们取信天下诸侯的大好机会。果然，齐国因为讲信用，在诸侯国的信誉飞升。曹国因此派人要求加入会盟大家庭。齐桓公在霸权的道路上又向前一大步。

经过几年折腾，齐桓公终于佩服管仲的见解，至此，齐桓公真正认识到了称霸的本质，对管仲拥有了一种铭心刻骨的信任，拜管仲为"仲父"。这时管仲大约四十五岁，齐桓公大约三十七岁。

公元前680年，柯地会盟不久，齐桓公与管仲又率师会同陈、曹两国伐宋，因为宋国违背了北杏之盟。原来，宋桓公的爵位高（公爵），北杏会盟确立了齐桓公的地位后，宋桓公看到比自己爵位低一等（侯爵）的齐桓公当了盟主，非常不爽。会盟完毕，他在半夜不辞而别。他还违背盟约，发兵攻杞。盟约上白纸黑字，不准攻击兄弟之国。在诸侯国的襄助下，宋桓公屁股刚刚坐稳，就敢违背盟约。

宋国是商朝后裔的封地，在今河南商丘一带。周公讨伐武庚禄父后，将以微子启为首的殷商遗民安置在宋地（富商大户、贵族则被驱赶到洛阳东，监视起来）。孔子就是商人之后，祖父是宋国大夫，自称为"殷人"，以商文化的继承者自居。杞国是大禹后裔的封地，始封在今河南杞县境内，后东迁山东泰安境，后又多迁变。这样的圣人后裔之国，宋桓公都敢攻伐。

齐桓公对管仲和鲍叔说："杞国是伟大君主的后代，目前宋国攻打它，我想去救，能行吗？"

管仲说："不行。我认为自己内政不修，向外举兵行义，就无人信服。"

齐桓公说："此时不救，以后将无借口了。"

管仲说："作为君主，执政出发点不是贪求疆土，贪求的话，就得整天打仗兴兵，整天打仗必然劳民伤财，百姓困乏，那么君主只有多行诡诈。若行事机密，对敌人行诈，是可打胜仗的；但对民行诈，就失信于民。失信于民则必然动乱，危及自身。所以，懂得先王之道者，不可动辄言刀兵。"

齐桓公说："那么该怎么办呢？"

管仲说："依我之见，不如派人以重礼去宋国交涉，交涉不成，咱们就收留杞君并加封赐。没有必要和宋国拼个你死我活。"

齐桓公问鲍叔说："管仲的主意如何？"

鲍叔说："您可以按夷吾的意见行事。"

齐桓公便派遣曹孙宿出使宋国，好说善言，劝宋罢手。宋国不听，继续伐杞。齐国被迫出手伐宋。在伐宋途中，遇卫人甯戚，管仲荐之齐桓公，齐桓公拜甯戚为大夫。甯戚赴宋，说服宋国求和。宋国服软，答应尊崇王道，以周天子为宗主，不再侵犯周边诸侯国。为了表达对杞国的尊重，齐桓公便修筑缘陵之城封赐给杞君，还送予兵车百乘，甲士千人。

齐桓公六年（前680），鲁、宋、陈、蔡、卫先后屈服于齐国，谭、遂两国早已消灭，只有郑国还在内乱。管仲因此建议齐桓公出面调解郑国内乱，以提高齐国的地位，成就霸主之愿。

郑国的内乱是怎么回事呢？且从头讲来。与周初封建诸侯相比，郑晚300多年才列为诸侯。其先人为郑桓公（名友），周厉王的小儿子，宣王的庶弟。郑桓公始封地在陕西凤翔一带，后迁到华山一带（今陕西渭南华州区华州街道附近）。郑桓公辅佐周幽王，任司徒，负责文教。眼看周幽王废嫡立庶，不会有好下场，他向私交甚笃的周太史伯请教将族人安置在何处能得久安。太史伯建议他到洛阳以东落脚，该地周边十余个小诸侯国（虢、郐、鄢、蔽、补、丹、依、𪨗、历、莘）力弱，易立足，除此之外，国都南、北、西三个方向都不合适。郑桓公请封，被批准。他便先实施"桓公寄帑"战略，将财产、人员迁移到"京"地（郐、虢之间）。

不久，郑桓公和周幽王一起被犬戎杀害。公元前770年，其子郑武公掘突（？—前744）立，他是周幽王的堂弟，和晋侯、秦伯、卫侯、申侯等护送周平王东迁成周（洛阳）。他继续父亲制定的东扩战略，于武公二年（前769），占领郐国都城制邑（今河南新密曲梁乡大樊庄），灭郐国。武公四年（前767），郑武公占领东虢国都城（今河南荥阳广武平城），灭东虢国，然后横扫周边鄢、蔽、补、丹、依、𦞼、历、莘八邑，最后将国都定于溱、洧水之间（今河南新郑）。同时，他采取了解放并利用商人（殷商后裔）的措施，发展生产力。

武王灭商，为管控商人，周人将商部族里的贵族、富豪集中在洛阳以东到荥阳一带，定为世袭奴隶，派兵监护。郑武公认为殷商后裔是发展生产力不可忽视的力量，让他们开发滩涂荒地，扩建包括虎牢城在内的城池，经商做买卖。这成了此后郑、韩社会变革的底层力量。

郑武公娶申女（申侯为平王外公），生了寤生和共叔段。申后非常厌恶大儿子，心急火燎地要立小儿子共叔段。郑武公认为违背祖制，坚决不同意。寤生被立为郑庄公（前757—前701）。据《清华大学藏春秋战国简（陆）》中的《郑武夫人规孺子》篇，申后以规诫儿子向祖父、父亲学习为名，行架空郑庄公之实，为立小儿子共叔段铺路。她说："邦将有大事，必再三进大夫与之谐图。"郑庄公也不是等闲之辈，用祭仲、高渠弥一类的青年才俊。申后不肯罢休，想方设法为共叔段夺位铺路。郑庄公就坡下驴，故意让共叔段造反夺位而杀之（《左传·郑伯克段于鄢》），消除了竞争对手。孔子认为此举有违"兄弟孝悌"，故《春秋》书曰："郑伯克段于鄢。""克"是敌我战争时用的词，孔子以此讽刺他不尽兄弟之义。

郑国从西向东迁移，恰好进入诸夏的中心地带。天下之中，东是齐、鲁、宋，西是秦，北是晋、卫，南是楚蛮，西、南、北各种力量交汇的枢纽地带，南北通衢，东西关塞，是自古以来的四战之地。这是郑国的荣幸，什么好事都少不了它，但同时，不论什么坏事，它躲都没处躲。平原和山地的交错地带，是各种力量的交界面，这决定了郑人的命运。到了子产生活的时代，郑国位置的弊端就显现了出来。

郑庄公有三个儿子，太子忽（周郑交质的那位太子）被祭仲辅佐得立，为郑昭公（？—前695）。二弟突是宋外甥。宋人要阴谋抓住祭仲，威逼祭仲将昭公赶走，让突回国践位，这就是郑厉公（前701—前697年在位，前680—前673年在位）。

郑厉公第一阶段在位四年。祭仲一手遮天，大权独揽，专权跋扈日甚，郑厉公就想除之。可他竟然让祭仲的女婿雍纠当刺客。雍纠行事不密，让夫人知悉。夫人权衡夫和父的轻重，在母亲的劝说下向父告密。祭仲接报，不忍心杀害郑厉公，就先杀了女婿雍纠。郑厉公一看不妙，马上脚底抹油，拉着雍纠的尸体遁逃之栎（郑国和宋国交界），一待就是17年。

祭仲复立郑昭公。两年光景，又出乱子了。原来，高渠弥和郑昭公有旧怨，恐被灭族，便趁打猎时先下手为强，射弑郑昭公，立其弟子亹为君。八个月后，子亹不听祭仲的劝谏，执意到齐国。齐襄公原来和他有旧仇，便以举止无礼的借口，伏甲杀掉了子亹。祭仲和高渠弥立其弟郑子婴（名子仪）为君。郑子婴在位十四年，政治上倒向南方的楚国。在华夏诸国看来，楚国是夷人，郑怎么能投敌？

此时，管仲给齐桓公出主意，以"以弟篡兄，犯分逆伦"之名，扶立郑突（郑厉公）复位。齐派宾须无去栎城，联络郑突。郑突得知齐要助己复位，速经宾须无向齐表白归顺之心。他诱捕了大夫甫假，胁迫甫假助其复位。甫假满口答应，回国杀了郑子婴和他的两个儿子，迎立郑厉公复位。

郑厉公回国不久就杀了子仪，又杀了恩人甫假，又以忠孝的名义逼死其伯父原繁。他为巩固政权，想联合齐国，加入华夏大家庭。周釐王二年（前680）春，管仲建议齐桓公联合宋、卫、郑三国，又邀请周王室参加，周王朝卿士单伯参加，冬月于鄄（今山东鄄城西北）会盟。

齐桓公七年（前679），管仲让齐桓公以自己的名义召集宋、陈、卫、郑，在鄄会盟。从此，齐桓公成为公认的霸主。《史记》载："（周）釐王三年，齐桓公始霸。"注意，这里是以自己的名义，表明齐桓公已经获得与"天子"相似的权力。这被认为是"尊王称霸"的第一阶段完成的标志性事件。

此后，齐桓公在管仲的帮助下，为了维护"国际关系秩序"，确立"盟约"的有效性，既当立法官（替代天子事），又当司法官，还当执行官：不听话的讨之，无章法的就"会盟"确定之。

公元前678年，郑国违背鄄地之盟，齐桓公与宋、卫之师讨伐，促成了幽地会盟。郑厉公有一半的宋国血脉,能当上国君和再返郑国上位,少不了宋国的扶持。但是,宋国仗着对郑厉公有恩,索要无度。郑厉公复位的第三年,宋国联合列国多次讨伐。与此同时,楚人也发兵攻郑。面对楚国的咄咄逼人,郑厉公向"同姓"诸侯妥协,派使臣往齐求助。齐桓公审时度势,为展现团结,向楚国示威,便在幽地会盟。

还有如下会盟,不再详述:公元前675年,齐桓公会同宋、陈之师,讨伐鲁国;公元前671年,齐桓公与鲁庄公会盟于扈地;公元前668年,齐、宋、鲁三国之师讨伐徐国。上述会盟,是齐桓公在管仲的辅佐之下,团结诸夏部落的重要政治实践,是霸业的标志性事件。

四、扛起"尊王攘夷"的大旗

从"尊王称霸"到"尊王攘夷"

先说"王道"和"霸道"。

> 霸王之形;象天则地,化人易代,创制天下,等列诸侯,宾属四海,时匡天下;大国小之,曲国正之,强国弱之,重国轻之;乱国并之,暴工残之:僇其罪,卑其列,维其民,然后王之。夫丰国之谓霸,兼正之国之谓王。夫王者有所独明。德共者不取也,道同者不王也。夫争天下者,以威易危暴,王之常也。君人者有道,霸王者有时。国修而邻国无道,霸王之资也。(《管子·霸言》)

在管仲的思想体系中,霸道和王道是一体两面,不可分割。要想成就王道,必须经由霸道阶段,按照天地运行的规律,为天下立法度,确定诸侯秩序等列,适时匡正天下,削弱强大的诸侯国,扶正走歪路的诸侯国,兼并混乱之国,吊民伐罪,然后达到"王天下"的目标。为此,必须先富国强兵,通过兼并等方式走正确的王道治理方法。不攻同德之国，不干涉同道之邦。争夺天下，以威力推翻危乱的暴君，是王者之常道。统治人民必须有道，称王称霸必须合于时机。

管仲的霸道寓于王道之中。孔子评价管仲助齐桓公成霸业，使天下百姓免于战乱之苦，乃莫大之恩惠，并称他为仁者，"管仲相桓公，霸诸侯，一匡天下，民到于今受其赐。微管仲，吾其被发左衽矣"，"桓公九合诸侯，不以兵车，管仲之力也。如其仁，如其仁"（《论语·宪问》）。孔子主张为政以德，追慕盛赞尧舜禹之治，向往"一日克己复礼，天下归仁焉"（《论语·颜渊》）的王道政治，然而，他对于管仲之霸道还是给予了很高的评价。王道与霸道，在孔子的思想中还没有形成尖锐的对立。

天下经历了春秋和战国的洗礼，王道和霸道就两分了。孟子认为：

以力假仁者霸，霸必有大国；以德行仁者王，王不待大，汤以七十里，文王以百里。以力服人者，非心服也，力不赡也；以德服人者，中心悦而诚服也。（《孟子·公孙丑上》）

凭借武力，假行仁义以征服别人的统治方法，不能使人心悦诚服。霸道必须国强，王道以仁德不以力，故不在大小。孟子提倡王道，反对霸道。但历史按着霸道的路线在狂奔。

"尊王攘夷"最早见于《春秋公羊传》，本义为"尊勤君王，攘斥外夷"。钱穆在《国史大纲》中形象地说，中西文明的一大区别就是中国的天下，中间的灯灭了，周边的灯会亮起来，齐桓公首先站出来，照亮东方的天空，其次是晋文公，再次是楚庄王（称王）、吴、越，到最后，由秦统一天下。西方则不同，中间的灯灭了，周边没有诸侯国将它点亮，从而出现断层，以至于长期处在黑暗时代。这方面，齐桓公开了个好头，是中华文明绵延不断的首要功臣。

何为"夷"？从世界文明发祥地的地理分布格局上看，北回归线（北纬23.5°）和北纬35°之间是农耕文明孕育的广阔空间，而在北纬35°以北，则是游牧民族分布的广阔土壤。两者的地理分界线大约相当于400mm等雨量线，半湿润区和半干旱区的分界线，在这个降水量以南，可以耕种，以北则只适合放牧。在我国，自东北向西南的一条等雨量线，从大兴安岭以西，经河套平原、黄土高原（和长城的走向大体一致）。因此，来自西北方向的不同文明之间的对生存空间的争夺构成了历史的主旋律。

具体到诸夏的生存环境。范文澜在《中国通史》中说："西周最紧急的外患是西北方戎狄族的入侵。戎狄族散布地域很广，陕西西部和北部，山西、河北极大部分都是戎狄族居住地。商周人称他们为戎狄，又称为鬼方、混夷、犬戎、犬夷、獯鬻（xūn yù）、玁狁（xiǎn yǔn），表示对他们的憎恶。"先秦史料中有关于殷高宗伐鬼方、季历伐鬼戎、太王事獯鬻、文王事昆夷、宣王伐玁狁的记载。例如，周祖先后稷居邰。公刘居豳。太王居岐，开始称周。王季居程（今陕西咸阳）。文王居丰（今陕西长安）。武王居镐（hào）。丰邑在丰水西，镐京在丰水东，称为宗周。成王造洛邑，称为东都。这种转变的关键力量就是戎狄人对农耕社会形成了严重的威胁，带来了破坏性的灾难。

《诗经·小雅·采薇》曰："靡室靡家，玁狁之故。不遑启居，玁狁之故。"西周与戎狄之间的冲突持续了数百年，西周王朝的最后一个统治者周幽王被戎狄杀于骊山之下。周被迫东迁，开启东周时代（渭河流域又有秦人奋发图强，将它点亮，接着又向东发展）。春秋战国时期，戎狄与华夏列国多次交锋，齐桓公凭借强大的国力抵抗戎狄，晋、秦等国也和戎狄展开抗争并发展壮大。秦始皇统一六国，为防御戎狄进犯，在列国北部旧城墙的基础上修筑了万里长城，不断徙谪戍边，以实边塞，构成了阻止戎狄南犯狂潮的坚固屏障。

管仲生活的时代，号称"东夷、西戎、北狄、南蛮"，交相侵凌"中国"，"中国不绝若线"，命悬一线。此时，东夷如莱、莒，差不多被齐国摆平，南边主要是楚国、越国。因文化落后，楚国、越国被称为蛮族，对周天子不是心悦诚服，时时有僭越、问鼎中原的不臣之心。而戎狄之人，则更不可以道理计，中原文明的温文尔雅之人和靠蛮力打天下的戎狄之人无法讲理，只有战场上论输赢。戎狄人和诸夏侯国犬牙交错。注意，周灭商后，分封天下的一个重要目的就是分

第一章　管仲：法家先驱，千古一相

封亲族子弟功臣硕勋到四方，以"夹辅周室"。"夹辅"就是占领地缘政治的枢纽位置，稳定天下局面，那些周人占据不了的地方，仍为渔猎的夷人占领。

公元前680年，周庄王崩，其子周釐王继位。齐桓公摆平了宋桓公，天子得尊，可惜五年而崩，其嫡子惠王阆（前676—前652年在位）继位。

周惠王贪婪成性，屁股还未坐稳，就开始夺占大夫的财产。他霸占了芍国的菜园来畜养野兽，强取周朝大夫边伯靠近王宫的房舍，夺取周朝大夫子禽、祝跪和詹父的土地田产，取消了膳夫石速的俸禄，因此引起以芍国为首的五大夫以及石速的强烈不满。

芍国是周惠王的叔叔王子颓的师傅，王子颓深受惠王爷爷的宠爱，本来就有和周釐王争夺王位的资本，一直想找机会篡夺大位。得罪了芍国，后果很严重。五大夫联手作乱，召集燕、卫之师攻打惠王。惠王不支，逃到温邑（今河南温县），后移居郑的栎邑（郑、宋交界，被郑厉公保护）。边伯等大夫和燕、卫联合攻入都城，拥立王子颓。这帮人整天花天酒地，狂歌纵情。

公元前673年，郑、虢发兵王都，弑周王颓，复立惠王。周惠王因功封赏，就将虎牢关以东的土地封赏给郑，将陕西酒泉周边的土地赏赐给虢。封来赏去，周王的地盘更小了，力量进一步衰落。不久，郑厉公去世，郑文公踕继位。由此可知，周天子根本不像天下的定海神针，诸侯一怒而天子惧色。刘向《说苑》曰："及周惠王，以遭乱世。继先王之体，而强楚称王，诸侯背叛。"但周惠王活的时间挺久，在位二十五年。

楚国是蛮夷，诸侯又不听使唤，背叛周天子，西北方向的戎狄蠢蠢欲动，此时，齐桓公和管仲审时度势，做出重大战略调整，变"尊王称霸"为"尊王攘夷"。齐桓公十九年（前667）夏天，齐、鲁、宋、陈、郑的国君相会于幽，共推齐桓公为诸侯长。冬天，周惠王派卿士召伯廖赴齐，赐命齐桓公为侯伯（诸侯之长），正式承认齐国的霸主地位。同时，周惠王还命齐桓公讨伐卫国协助王子颓叛乱的罪行。齐桓公与鲁庄公在城濮（今山东鄄城西南）相会，商讨伐卫之事。次年二月，齐国以周天子之命讨伐卫国，责备卫国协助叛乱之罪，卫军败，卫惠公纳赂求和。

北伐山戎、孤竹

燕国先分封在易水流域，后迁移到蓟，燕山是北界。燕国延续八百余年，其演进有三个特点。

第一，国运长久。《史记·燕召公世家》："社稷血食者八九百岁，于姬姓独后亡。"第二，国力弱小。《战国策·赵策二》："燕固弱国，不足畏也。"《史记·燕召公世家》曰："燕迫蛮貊，内措齐、晋，崎岖强国之间，最为弱小，几灭者数矣。"有好几次差点灭亡绝祀。第三，民族杂居。《史记·匈奴列传》："燕北有东胡山戎。"《战国策·燕策一》记，燕易王自云："寡人蛮夷辟处。"用现代的话说，叫"文明的过渡地带"，或者"华夏文明扩展的前沿阵地"。犬牙交错，杂居相望，可见，形势非常紧张。

春秋时期，山戎强盛一时，杂居于燕、齐、鲁之间，不断兵锋南向。孤竹、令支一度成为山戎的同盟。燕国孤悬北方，经常遭受山戎的掳掠和骚扰。据《史记·匈奴列传》，周平王东迁洛邑后六十五年，山戎越燕而伐齐，齐釐公与战于齐郊，其后四十四年（公元前664年），山戎伐燕，燕告急于齐，哭喊着求救兵。

救不救燕国，的确是个大问题。齐桓公认为，楚国攻城略地，并吞无厌，是中原诸侯国的大敌，出兵救燕不是当务之急。但管仲认为，诸夏中原周边，南有楚蛮，北有山戎，西有狄，东有夷，均是祸患。若要南向伐楚，必先攻残山戎，方可专心一意南征。若举兵救燕，必得兄弟盟国的襄助。齐桓公深以为然，遂兴兵北向。

公元前664年冬，齐桓公意欲联合鲁国，共同进兵而北上救燕，于是年冬与鲁庄公遇于鲁济，共谋伐戎大事，口头承诺出兵相助。齐万事俱备，要出发时，鲁庄公食言不发兵。齐只好独挑重担，勇敢前行。齐国经过辛苦的跋涉，主动寻敌，连续激战，于公元前663年春天取胜，班师。

燕庄公感激不尽，陪伴齐桓公归国，不知不觉深入齐地五十里。齐桓公说："非天子，诸侯相送不出境，吾不可以无礼于燕。"于是，齐桓公割燕庄公所至

第一章　　管仲：法家先驱，千古一相

之地给燕国。燕国设立标志，名曰"燕留"。至今，两者分手的地方还有遗迹，在今河北沧州北。齐桓公同时命令燕君复修召公之政，向周天子缴纳贡赋，和成王、康王时代的做法一样，以礼行事。

齐桓公班师，本欲移兵加于鲁，后为管仲劝止。齐桓公意犹未尽，特意至鲁，向周公之庙献上战利品。

兵援邢、卫

周惠王十七年，齐桓公二十六年（前660），齐国北伐孤竹回国才三年，燕国安稳。在齐国的干预下，鲁国内乱也刚刚平息，鲁国的祸根庆父也被铲除，齐桓公忍痛送那淫乱的哀姜下黄泉。突然，邢国（今河北邢台及其周边）使者急匆匆来到，请求齐国马上出兵，抵抗山戎。不然，邢国就完了！

邢国原来是周公旦第四子西周邢侯（邢靖渊）的封地，姬姓，和齐、鲁、燕、卫等都是一家人。但邢国是个小国，诸侯会盟之类根本不带它玩。

齐桓公拿捏不准，下其议于朝臣。其实，齐桓公想休养生息一段时间，不少大臣也不同意出兵。管仲则认为，不救邢国，谈何"尊王攘夷"。

> 狄人伐邢。管敬仲言于齐侯曰："戎狄豺狼，不可厌也。诸夏亲昵，不可弃也。宴安鸩毒，不可怀也。"（《左传·闵公元年》）

夷狄与我文化有别，是异族豺狼，贪得无厌，贪欲根本无法满足。若苟且让步，那诸夏就彻底沉沦了。"诸夏亲昵"，就是在黄河中下游两岸、华北平原以及江汉一带西周分封的大大小小的同姓、异姓诸侯，历史记载，武王和成王的亲戚被封的达五十五个。诸夏血缘相同，信仰一致，文化相同，有共同的语言，共同的价值观、生活观，甚至情感无差别，天下一家人，怎可相互抛弃？贪图安逸，就像喝毒酒，饮鸩止渴，千万不能贪图，不然，我们的幸福生活没人保证。

"诸夏亲昵"是尊王攘夷的原动力，管仲提出"诸夏亲昵"，相当于挑破了历史的沉闷，高举大旗，天下化成一家。《管子·霸形》还记载，齐桓公悬钟磬之乐，管仲借机说，周边有诸侯之乱，外有夷狄之侵凌，何乐之有，天下太平，才是真正的快乐。齐桓公决定起兵救诸侯兄弟于水火。

齐桓公出兵，狄人将邢国洗劫一空，望风披靡。邢国得救了。狄人转而攻击卫国国都朝歌（今河南鹤壁），大肆劫掠。卫国国君是卫懿公，名赤，世称公子赤（？—前660）。他痴迷于养鹤，宫廷苑囿内，丹顶仙鹤充斥，翩翩翔舞。卫懿公把鹤编队起名，指派专人训练鹤鸣、鹤舞，为鹤封官晋爵，俸禄优养，等同大夫，惠及上下侍从，靡费巨万，加赋百姓，百姓怨声载道。每逢出游，其鹤也分班随从，前呼后拥，有的鹤还乘豪华的轿车。卫懿公喜欢高贵典雅的仙鹤，本来无可厚非，但因此荒废朝政，不问民情，横征暴敛，难免招来灾祸。周惠王十七年（前660）冬，北狄人聚大军，直逼卫国都城。

此时，卫懿公正欲载鹤出游，闻听敌军天降，惊恐万状，急忙调遣兵马抵抗。百姓一边躲避奔逃，一边揶揄说："君主起用一种东西，就足以抵御狄兵了，哪里用得着我们？"

卫懿公问："什么东西？"

众人齐声说："鹤。"

卫懿公说："鹤怎么能打仗御敌呢？"

众人说："鹤既然不能打仗，无用，为什么加封供俸，却不存恤百姓呢？"

卫懿公悔恨地说："我知错了。"

卫懿公令遣散鹤，才勉强聚集一批兵马。卫懿公把玉块交给大夫石祁子，委托他与大夫甯速守城，亲自披挂带领将士北上迎敌。但毕竟军心涣散，缺乏战斗力，到了荥泽（朝歌北），又中了北狄的埋伏，很快就全军覆没，卫懿公被砍成肉泥。狄人攻占了朝歌城，石祁子等人护着公子申向东逃到漕邑（今河南滑县境内），立公子申为卫戴公。

卫国被狄人驱赶过黄河，极其凄惨。史载，宋国出兵救出卫国百姓七百三十人，加上共、滕两邑的居民，一共五千人。卫戴公关键时刻掉链子，继位不久即薨。

此时，逃到齐国的公子毁归来，被立为卫君，是为卫文公。卫懿公之妹（许穆公的夫人，世称许穆夫人，据说《载驰》为其所作，其母为宣姜，宣姜为卫宣公姬）从许国赶来援助，向诸侯大国奔走呼号。齐桓公考虑要重新建国，派公子无亏率兵助卫击败狄人，便于公元前658年在楚丘（今河南滑县东）新建卫都，卫国得以复国。

再说邢国，刚刚被劫掠，还未恢复，狄人又来第二次洗劫。齐桓公二十七年（前659），狄人攻邢，形势十分严重。齐桓公和管仲立即联合宋、曹、鲁、邾救邢。在救邢国的问题上，管仲又耍了大智谋。他对齐桓公说："当下，狄人士气最盛，我们此时出兵，唯恐牺牲太大，还不能保证胜利。不如我们传令邢国，先奋力抵抗，等援军聚齐，充分准备后，再向狄人亮剑。"

邢人闻言，知有援军相助，便勠力抵抗，坚持两个多月。这时，援军才向一线开拔。精疲力竭的狄人无心恋战，劫掠而去。外逃的邢国百姓被援军接纳，齐桓公说："实在对不起，我来晚了，让你们受苦遭难。"百姓大都聚集在夷仪（今山东聊城西南），这里靠近齐国，较为安全。齐桓公便让各国援军帮助邢人再次造城，建立宗庙房屋，安置邢人，使破乱的邢国得到安定。

齐桓公又对宋、曹援军说："帮助邢国，不能不帮卫国啊，都是亲兄弟，我们拿着器具，去帮助卫国造城。"这样，卫国的新国都楚丘很快建成了。

伐蔡威楚

公元前656年，齐桓公和蔡姬乘船游玩。蔡姬使劲摇晃船，吓得齐桓公脸色都白了，赶紧制止。可蔡姬觉得好玩，仍不罢手，这彻底惹恼了齐桓公。他一气之下，将蔡姬赶回娘家，但不休妻。蔡缪侯闻听妹妹被撵了回来，一气之下，又将妹妹嫁了出去。齐桓公闻听，气得半死，非要出兵攻伐蔡国，拿小小的蔡穆侯问罪不可。

无巧不成书，南方楚成王对齐桓公是羡慕、嫉妒、恨，一心想学齐桓公当霸王。原来，楚成王恽即位后，布德施惠，结盟好与诸侯，派遣官员入献天子。天子赐胙并下诏说："你就负责管理好南方的夷越之乱,不要到中原捣乱。"这相当于授权楚国在南方兼并,但不能掺和中原的事。

可这怎么能限制楚国的野心呢?经过十二年的经营,楚国已经有能力和齐桓公掰手腕了。楚成王对令仪子文说："齐侯沽名钓誉,人心都归他了。他名扬天下,楚国却无籍籍名,真是寡人之耻啊!"

子文对曰:"咱们一时还真不能和齐侯比高下,得慢慢来。郑国居于中原,南北屏障。您若要图霸中原,非先拿下郑国,据而有之不可。"

楚成王派大夫鬬章率军攻郑。郑向齐求救,言辞恳切。

管仲见时机已到,便建议说:"是时候号召天下诸侯,发动兵马,修理楚国了。但是,若要救郑,不如伐楚。伐楚,天下诸侯会群集响应。"

齐桓公说:"召集诸侯,楚国必定防备,奈何?"

管仲说:"蔡、楚相邻,以为主君除怨的名义伐蔡,聚集大军。然后突然挥军攻楚,出其不意,攻其不备,必定成功。"

齐桓公三十年(前656),约鲁、宋、陈、卫、郑、许、曹等八国组成联军南下,三下五除二,就攻破了蔡,活捉蔡缪侯,剑锋忽然直指楚国。楚国在大军压境的形势下,派使臣屈完议和。

屈完见到齐桓公就问:"你们住在北海,我们住在南海,相隔千里,风马牛不相及。贵方到我们边境,所为何事?"

管仲回答说:"从前召康公奉周王令,曾对我们祖先太公嘱托,五等侯九级伯,如不守法,你们都可以去征讨。东到海,西到河,南到穆陵,北到无棣,都在你们的征讨范围内。你们不向周王进贡用于祭祀的滤酒的苞茅,公然违反王礼。还有昭王南征,至今未回,这事也与你们脱不了干系。我等兴师来此,正是讨伐有罪。"

屈完回答说:"数年苞茅不贡,确实是寡君之过。至于昭王南征未回,发生在汉水,请你们在汉水两岸寻找吧!"

齐桓公见楚使屈完不软不硬,就命令在陉(今河南郾城南)驻扎。南北两军相峙,从春到夏历时半载。楚国又派屈完和齐桓公、管仲谈判。

齐桓公为了炫耀兵力，就请屈完来到军中，与他同车观看军队。

齐桓公指着军队，对屈完说："指挥这样的军队去打仗，什么样的敌人能抵抗得了？指挥这样的军队去夹攻城寨，有什么样的城寨攻克不下呢？"

屈完很沉静地回答："国君，你若用德义来安抚天下诸侯，谁敢不服从呢？如果只凭武力，那么我们楚国可以把方城山当城，把汉水当池，城这么高，池这么深，你的兵再多，恐怕也无济于事。"此番回答委婉有力。方城正是楚国国都所在地。

根据管仲的霸政原则，不流血能达到目的最好。既然楚国求和，何乐而不为？齐桓公答应与楚国结盟，结束长期对峙的局面。然后，将军队开到召陵，在这个地方与楚国会盟，史称召陵之盟。

楚成王派屈完带十车苞茅、金帛，向周惠王进贡，表示归顺。周惠王大喜。屈完前脚刚走，齐桓公派遣的使臣隰朋就到了，向天子通报与楚国达成的和解协议。在周惠王隆礼接见的时候，隰朋发现了惊天的秘密。

首止会盟

本来，周惠王深受叔叔王子颓之害，却不吸取教训，越老越昏。他晚年娶陈女惠后，生庶子带，宠爱有加，打算废掉太子郑，改立子带。太子郑是周惠王的正妻齐后所生，齐后早亡，太子势单力孤，地位岌岌可危。

公元前656年，齐国与楚国在召陵结盟罢兵，以楚国臣服周室结束。齐桓公就派隰朋向周惠王汇报。周惠王重礼相待，隰朋请求拜见太子。周惠王面有不喜之色，命人召次子带与太子郑共同相见。隰朋察觉到周惠王有废立之秘，返齐后即刻向齐桓公报告。

齐桓公于是召来管仲商议。

管仲说："太子郑失宠，是由于他在朝中势单力孤，现在我们可向周天子上表说：'各国诸侯想见太子，请让太子出朝与诸侯相会。'太子出台相会，与我们的君臣名分就定立了，周天子即使想废也难办。"

隰朋再次赶到周朝，告诉周天子说："为表明对周王的尊重，诸侯想与太子相会。"周惠王本来不想让太子郑离国，但惧齐，又因诸侯此举名正言顺，实在难以拒绝，只好应允。

公元前655年，齐桓公传檄天下，宋桓公、鲁僖公、陈宣公、卫文公、郑文公、许僖公、曹昭公在卫国的首止（今河南睢县）会盟，发表联合声明，宣布支持太子郑为嗣君。盟词是："凡我同盟，共翼王储，匡靖王室，有背盟者，神明殛之。"仪式完毕，太子郑拱手相谢，说道："诸君不忘周室，我也绝不敢忘诸君的恩德。"第二天，太子郑归周，各国纷纷派出车仗护送，齐桓公与卫文公亲自将太子送出卫境，太子垂泪而别。郑文公竟然偷偷逃跑，不参与会盟。

原来，周惠王因传位部署彻底落空，恼羞成怒，竟暗中拉拢晋、秦，给郑文公撑腰打气。郑文公是墙头草，是看风使舵的人物。有周惠王在背后撑腰，他就从会盟地溜走了。周惠王又指派郑文公找楚国帮忙，并和晋国联合，希望结成周、郑、楚、晋的大联盟，共同对抗齐国联盟。

宁母会盟

公元前653年，齐桓公获悉郑国背盟，便与鲁、宋、陈、郑于宁母（鲁邑，今山东鱼台）会盟，召集宋国君主及陈、郑两国的世子，商讨出兵攻伐郑国的事宜。郑国的世子，也就是太子，名华，本来是郑文公派来议和的，竟然和齐国联盟，攻打老父亲。原来，郑文公妻妾成群，庶子众多。太子华的生母是郑文公的嫡夫人陈妫，但她去世早，太子华失去了郑文公的宠爱和支持，恐怕失去太子之位，便产生了夺取君位的想法。

此时，郑国听闻大军压境，围绕投降和战争问题，发生激烈争论。

孔叔对郑文公说："俗话说：'心志若不坚强，又怕屈辱管什么用？'强硬不起，软弱不能，只有死路一条。郑国危若累卵，旦夕之间，请您委屈点儿，以挽救咱们郑国吧！"孔叔是郑国三大公族之一，掌握大权。

郑文公说："他们兴师动众，目的我很清楚，稍等，容我安排。"孔叔说：

"危在旦夕，不容拖延了。"夏，郑文公杀死申侯以讨好齐国。

而在齐国阵营，郑太子华对齐桓公说："郑国的问题实出在泄氏、孔氏、子人氏三族身上，他们不听从您的命令。您如果除掉他们而和敝国讲和，将来，我就是您的内臣，一家人不说两家话，对您没有什么不利的地方。"这是典型的借刀杀人之计，想杀掉郑文公的支柱，他想借机把老父亲废掉。

齐桓公准备答应他。

管仲闻听，反对说："这怎么能行呢？万万使不得。咱们齐国千里迢迢以礼义和诚信会合诸侯，却用邪恶来结束，有违初心啊！父子不离心背德才叫作礼，机敏不辱君命叫作信。违礼背信，还有比这更邪恶的吗？不行啊！"

齐桓公说："咱们攻打郑国没有获胜，现在幸而有机可乘，郑太子把肉送到咱嘴边，咱们吃一口，不亦可乎？"

管仲回答说："若咱们用德义安抚、训诫，他们还是不同意，再率诸侯之兵压境不迟；郑有旦夕之祸，还不恐惧害怕？到时，咱们就可以签订城下之盟了。若领着他们的仇人发兵攻打，郑国就会理直气壮，还有什么可惧怕的呢？本来，诸侯会盟是为尊崇德行，不是为见奸邪小人。如果会盟让奸邪之人位列国君之侧，怎么向后人交代？诸侯会见，德行、刑罚、礼仪、道义都会被史官记录在案，洗刷不掉的[①]。若史官记录说，咱们齐国让邪恶之人位列诸侯国君（指太子华继位），您辛辛苦苦订立的各类盟约就等同废纸了。事行而不敢书，非崇高之德。咱们还是同意为好。我判断，郑定会接受盟约。子华既是太子，而外凭借大国谋削弱母国，一定难脱祸患。郑国有叔詹、堵叔、师叔三个贤明的人执政，怎么会有空子可钻？"

齐桓公于是辞谢了子华。

郑文公得知太子竟然背后下毒手，干这么龌龊的勾当，气得七窍冒烟，便"虎毒食子"，杀了太子华和太子华同母弟公子藏。他又怕儿子们生乱夺权，便

[①] 有周一朝，各诸侯国的史官，尤其是太史，统一由天子委派，以记录各诸侯国君言行，接受天子的检查。类似当今的垂直管理体系。

又杀了几个，其余的逐出国门。公子兰逃亡到晋国。冬天，郑文公派遣使者到齐国请求订立盟约，重新回到了"齐桓公阵营"。

这场由周惠王设计的废长立幼的大戏，以郑国的反水，彻底演砸了。公元前652年冬，周惠王崩，姬郑继位，为周襄王。

葵丘之盟

周惠王驾崩后，齐桓公约集鲁、宋、卫、许、曹等国君主及陈国世子在洮地（今山东菏泽鄄城县西南）会盟，正式将王太子姬郑扶上天子之位，是为周襄王。本次会盟，郑文公请求参加盟会，以表示顺服。这周襄王就是在齐桓公的奋力拼搏下方得登基，君临天下，自然要感恩戴德。

周襄王元年（前651），齐桓公在宋国的葵丘（今河南兰考东北）召集鲁僖公、宋襄公、卫文公、郑文公、许僖公、曹共公等君主会盟，齐桓公为主盟。这时，在位三十一年的宋桓公，于春三月卒，还未发丧。宋襄公参与会盟。《史记·宋微子世家》记载："三十一年春，桓公卒，太子兹甫立，是为襄公。以其庶兄目夷为相。"宋襄公就是泓水之战中坚持"君子仁义之战，不鼓不成列"的宋国君。这一年，齐桓公在位三十五年了。

姬郑为感谢齐桓公对他的支持，特地派周公宰孔参加大会说："余一人之命有事于文武。使宰孔致胙。"将周天子祭祀祖先的祭肉、红色的弓箭和天子之车赏赐给齐桓公，并命令说："以尔自卑劳，实谓尔伯舅，无下拜。"意思是您劳苦功高，我称您为伯舅，不需下拜。此时，齐桓公已经六十三岁了，管仲七十岁，在古代已经是高寿了。齐桓公还真的不想跪拜，但还是请大臣商量，管仲说："天下大乱的根本原因是国君不像国君，大臣不像大臣，不安己位，不行应当。"齐桓公闻听，还非常不服气，认为自己劳苦功高，不跪也是应该的："余乘车之会三，兵车之会六，九合诸侯，一匡天下。北至于孤竹、山戎、秽貉、拘秦夏；西至流沙、西虞；南至吴、越、巴、牂牁、不庾、雕题、黑齿。荆夷之国，莫违寡人之命，而中国卑我，昔三代之受命者，其异于此乎？"

天下都被我征服了，没有不听寡人话的，只有周天子看不起我，难道三代受天下大命的，和我这么大的功劳有什么不同吗？

管仲奉劝说："夫凤凰鸾鸟不降，而鹰隼鸱枭丰，庶神不格，守龟不兆，握粟而筮者屡中。时雨甘露不降，飘风暴雨数臻。五谷不蕃，六畜不育，而蓬蒿藜藋并兴。夫凤凰之文，前德义，后日昌，昔人之受命者，龙龟假，河出图，雒出书，地出乘黄。今三祥未见有者，虽曰受命，无乃失诸乎？"承受大命，现在还不是时机，凤凰不降，龙马、神龟两不见，河不出图，洛不出书，大自然尚未出现黄色御马，这些祥瑞都不见，虽然说承受大命，这种说法难道没有过失吗？

齐桓公害怕了，畏天命，畏大人，畏圣人之言，马上对天子代表说："天子的威严离我不到咫尺之间，我小白岂敢接受天子'不必下拜'的命令，这样恐怕我会犯过失，给天子带来耻辱。"于是，他下阶再拜稽首，才登堂接受胙肉。这一招，将齐桓公推到历史的巅峰状态，天下诸侯无不佩服。

这年秋天，齐桓公又召集诸侯于葵丘会盟。有了上次的天子嘉奖，他更有骄色，瞧不起其他诸侯。诸侯甚至有反叛的。这一次，周襄王还是派宰孔与会，宰孔明显感受到齐桓公的骄傲自大。返回的路上，宰孔遇到迟到的晋献公，就劝他返回。晋献公就坡下驴，折返了。

但是，这总体上不影响历史给齐桓公的评价。孔子说："晋文公谲而不正，齐桓公正而不谲。"齐桓公不搞欺骗，不耍滑头，从内心里是正直的。他讲诚信，自己承诺的事坚决奉行，对曾经的仇人管仲，也是容纳得下，言听计从。最主要的是，他尊王攘夷，是发自内心地为天下着想，没有考虑太多自己的利益。但晋文公重耳，在某些事上做得过头，以诸侯的名义招呼周天子参加会盟，气得孔子在《春秋》上写"狩于河阳"。

平叔带之乱

周襄王三年（前649），周王室又出乱子了。原来，争取大位不成的惠后和叔带，心存不甘，勾结王都周围的戎狄部落，大举进攻王城，焚烧王城东门。周襄王下令固守，同时向各国求援。秦、晋两国率兵讨伐群戎以救周。晋侯想让群戎与周襄王达成和解，但未获成功。公元前648年，齐桓公指派管仲带着兵马赶来。天下霸主出场，群戎害怕了。管仲责备戎主事者，群戎向管仲谢罪，坦白是惠后联合叔带让他们干的。周惠王闻听，异常愤怒，下令捕杀叔带。叔带望风而逃，避难齐国。这样，周襄王和群戎达成和解。

危机解除，周襄王破格以上卿礼招待管仲。管仲立马推辞说："臣乃地位卑贱的官员（齐国三卿，管仲为下卿），在我之上，齐国还有天子任命的守国重臣国子、高子二上卿呢。假如按季节轮回，春秋之时，他们还要朝见，您用什么礼节招待他们呢？这样的礼节我是万万不敢当。"此时，管仲已经是七十七岁，虑事仍然深刻周到。

周襄王不高兴了，说："我该叫您舅舅，我是奖励您的功劳，千万不要违抗朕命。"即使如此，管仲仍不同意，受下卿之礼而还归。

举荐接班人

周襄王七年（前645），管仲患了重病，恐怕要命归西天。齐桓公去探望他，询问他谁可以接班。管仲在病榻上，气息奄奄地说："国君应该是最了解自己的臣下的。"

齐桓公问："鲍叔牙怎么样？"其实，齐桓公揣着明白装糊涂。

管仲诚恳地说："鲍叔牙是个君子，但他善恶过于分明，见人之一恶，终身不忘，此种秉性者是不可为相。"

齐桓公又问："你看易牙怎么样？"

管仲说："易牙为了满足国君的要求，不惜烹了自己的儿子以讨好国君，没有人性，不可为相。"易牙是御厨，将自己的四岁儿子烹成肉汤，献给齐桓公。烹子献糜，毫无人性。

齐桓公又问："开方如何？"开方为卫懿公的庶长子，因到齐国赔罪，滞留不归，长达十五年。

管仲摇头说："此人舍弃千乘之国太子之位，屈就国君十五年，父亲去世都不奔丧，如此无父子情，焉能真心忠于国君？他心中所求，必超过千乘之封。您应疏远他，更不能授之以相国大权。"

齐桓公又问："他们都不行，那么竖刁怎样？他宁愿自残身躯来侍奉寡人，这样的人难道还会对我不忠吗？"竖刁，为了表示对齐桓公的忠心，自行阉割，是个宦寺。

管仲还是摇摇头："不爱惜自己的身体，是违反人情的，这样的人又怎么能真心忠于您呢？请国君务必疏远这三个人，宠信他们，国家必乱。"

管仲说罢，见齐桓公面露难色，便向他推荐了隰朋："他为人忠厚，不耻下问，居家不忘公事。只有隰朋才可以帮助国君管理国政。"

易牙听说齐桓公与管仲的这段对话，便去挑拨鲍叔牙，说管仲阻止齐桓公任命鲍叔牙。

鲍叔牙笑道："管仲举荐隰朋，说明他一心为社稷宗庙考虑，不存私心偏爱友人。现在我做司寇，驱逐佞臣，正合我意。如果让我当政，哪里还会有你们这种人的容身之处？"易牙讨了个没趣，暗自感叹管仲交友之密，知人之深，于是灰溜溜地走了。

可齐桓公并没有听进管仲的话。管仲去世后，齐桓公仍重用了易牙等三人。两年后，齐桓公病重。易牙、竖刁开始堵塞宫门，假传君命，不许任何人进去。有宫女越墙进入内宫。齐桓公正饿得发慌，见有人过来，便连喊："稀饭、稀饭。"但宫女只找到一点儿水。齐桓公喝了水，稍有些精神，便问外面的情况。宫女就把易牙、竖刁合伙作乱的情况，一一告诉了齐桓公。

齐桓公仰天长叹，懊悔地说："如死者有知，我有什么面目去见仲父啊？"说罢，他用衣袖遮住脸，活活地饿死了。

齐桓公死后，他的儿子们大打出手，争夺王位，六十七天才装殓尸骨。一代霸主，竟然落得如此下场。

北宋苏洵有《论管仲》一文，对管仲做了无情的批评："夫功之成，非成于成之日，盖必有所由起；祸之作，不作于作之日，亦必有所由兆。故齐之治也，吾不曰管仲，而曰鲍叔；及其乱也，吾不曰竖刁、易牙、开方，而曰管仲。"意思是，成功是有前因的，祸患也有深层的原因，有兆头。苏洵认为，齐国大治，功在鲍叔牙，而齐之宫廷内乱，错在管仲。管仲明知这些人心怀鬼胎，为什么不先动手，把贤人先推到工作岗位，或者干脆把竖刁三人先废掉？管仲明知齐桓公年老糊涂，为什么要把难题留下来，导致一人兴邦，一人丧邦？这是典型的人治，不是法治。在国家大事方面，一点儿也不能糊涂，必须保持清醒的头脑。作为辅弼之臣的管仲，糊涂了，而齐桓公更加糊涂。

对管仲有意见的不只苏洵。孔子对管仲的某些做法也颇有微词。《论语·八佾》曰："子曰：'管仲之器小哉！'或曰：'管仲俭乎？'曰：'管氏有三归，官事不摄，焉得俭？''然则管仲知礼乎？'曰：'邦君树塞门，管氏亦树塞门。邦君为两君之好，有反坫。管氏亦有反坫。管氏而知礼，孰不知礼？'"

孔子认为管仲的气度还是不够大，达不到孔子理想的圣人标准，公天下还是不够彻底。有人问：管仲这个人简朴节约吗？孔子认为，管仲住的深宅大院有三处，狡兔三窟，装满金银财宝，富比天下，家臣盈室，各有所专，提供专业家政服务，可算不上俭朴。有人问：管仲知不知礼？孔子认为，诸侯国君宫中有屏风，管仲宅院也有设置。诸侯国君有会盟用的在两柱之间搭建的土台，在台上会盟完毕，把酒杯反扣在台子上。管仲也如数照搬，家里也建造一个。管仲是下卿，竟然用诸侯礼节，这是僭越，于礼不合。所以，不能说管仲真正明晓礼义。

齐桓公又问管仲："仲父，今夫佞者利气亦可得乎？"花言巧语，逢迎拍马之类的人有什么突出的特征？

管仲回答说：

> 既佞又奸，此谓成器胥舍之邦。以此有国，天下有其机。夫佞者之事君，必前敬与巧，而后谮与讹，以大有求。受命虽约，出外必张，蠢动谨畏，假宠以放。既蔽于祸，冒乱毁常。既得其利，昏禄以行。然则或驰或张，或缓或急，田地圹虚，众利不及，是谓幽德。

意思是，由巧言令色，溜须拍马，有奸诈邪心的人执掌国家，就好比一个美好的成品等待周边国家过来打碎一样。这些人侍奉君主，必然人前恭敬，察言观色，技巧应对，人后坏话、假话连篇，造谣污蔑，颠倒黑白，利令智昏，以获取更大的私利。这些人接受命令，当面唯唯诺诺，不打折扣，但转身就放胆谋求私利，表面上敬畏，私下却小动作不断，借着君王的宠幸到外边胡作非为。祸根因此被掩盖，动乱突然冒起，社会正常的运行秩序被打乱。如果让这些人得势，那么，不论采取什么样的政策，软的、硬的、快的、慢的，早晚会造成不可收拾的后果，社会大动荡，田野荒芜，全天下的利益将化为乌有。这就叫作"幽德"。

管仲对人才有深刻的认识，有很高的理论水平，但他一时糊涂，不能给齐桓公留下品德高尚的管理团队，间接让春秋第一霸国轰然倒塌。

五、以法治国理政的辩证法：轻重之战和权谋之用

作为法家的先驱，管仲在富国强兵方面有独到的经济头脑，他以经济与政治手段联合运用，实现了战略上屈服敌国的目的。其核心就是轻重和权衡思想。《史记·齐太公世家》说管仲"设轻重鱼盐之利，以赡贫穷，禄贤能，齐人皆悦"。《史记·平准书》说"齐桓公用管仲之谋，通轻重之权，徼山海之业，以朝诸侯，用区区之齐，显成霸名"。

司马迁在《史记·管晏列传》中赞扬管仲：

其为政也，善因祸而为福，转败而为功。贵轻重，慎权衡。桓公实怒少姬，南袭蔡，管仲因而伐楚，责包茅不入贡于周室。桓公实北征山戎，而管仲因而令燕修召公之政。于柯之会，桓公欲背曹沫之约，管仲因而信之，诸侯由是归齐。故曰："知与之为取，政之宝也。"

大意是，管仲执政，善于因祸而得福，转败为胜。化被动为主动，乘势就

利,别人看不到的机会他能一眼看透。经济方面,通过货物价值和价格的双向调节,影响供求关系,综合权衡,达到经济和政治目的,兵不血刃,让敌人臣服。例如,齐桓公非要攻打蔡国,管仲却建议他讨伐楚国,威逼楚庄王向周天子进贡称臣。齐桓公向北讨伐山戎,管仲却命令燕国重修召公之政(燕国是召公封地)。柯地会盟,齐桓公想毁约,管仲阻止他,让他在诸侯间树立威信,诸侯因此归于齐国。知所取舍,明通舍得之道,的确是执政的法宝。

按现代西方经济学的理论,"轻重"就是"价值判断",用政治手段或者权谋,影响人们对事物的价值判断,并通过价格杠杆影响供求关系。物重,则价格高,供应增加;物轻,则价格低,供应减少。然后通过政治手段影响需求和供应的变化,让经济系统紊乱甚至崩溃,达到政治目的。

《管子·轻重甲》说:"君章(障)之以物则物重,不章以物则物轻;守之以物则物重,不守以物则物轻。"此处之"重",指商品缺乏、供应不足,引起涨价和人们的重视。物品"重",就会有商品输入。"轻"是指物品供应充分、很多,价格下跌。物品"轻",则本地商品外输。

《管子·国蓄》说:"五谷食米,民之司命也。黄金刀币,民之通施也。故善者执其通施以御其司命,故民力可得而尽也。"百姓离不开粮食,一日无粮心发慌。黄金货币是用来交换的媒介,国君就是要掌握货币,调控五谷供应量和价格,以调动百姓的积极性,让他们卖命。因此,管仲和齐桓公可以说是历史上最早的经济学家、货币战专家和地缘政治专家。

再举几个例子,领略管仲如何将辩证法思想运用到炉火纯青的地步。

衡山之谋

衡山国夹在齐鲁之间,国民擅长制造战争机器,特别是攻城器械。对齐国是个很大的威胁,如果吞并它,获得武器制造能力,对齐国综合国力又是加分项。齐桓公便问计于管仲。管仲答:"不可硬攻,只可巧取。我们派人去不计价钱,大量采购他们的武器。消息传出去,其他诸侯国也会来采购,我们如此这般，就把衡山国收拾了。"

据《管子·轻重戊》，此后，齐国派人高调前往衡山国，以高价进口其所造之兵器。与齐国接壤的燕国和代国听说后，以为齐国采购军备是要攻打他们，为防备齐国的进攻，也大肆采购。衡山国君给宰相下令："把武器再涨价十倍，卖给这些倒霉蛋，咱们发大了。"衡山国举国造武器，田地荒芜了。

十二个月之后，齐桓公又派外交通商事务大臣隰朋去赵国收购粮食，赵国粮食卖一石十五钱，隰朋给人家一石五十钱，全天下的商人都把粮食往齐国运输。五个月后，天下粮食归齐，粮价被抬高了三倍多。这时，齐国忽然撕毁合同，不买武器了，与衡山国断交，关市不通。其他国家也纷纷撕毁合同，拒买武器。衡山国君手中无粮，财政空虚，手无甲戈。齐趁机攻打衡山国北，鲁国攻打衡山国南，瓜分而食之。

货币战争

莱国（故址在今山东龙口归城），是山东东部古国之一，自然条件优越，物产富饶，一度成为与齐国抗衡的强国，是东夷族部落的核心力量。姜太公被封在齐（公元前1051年），当时就是和莱人争夺淄博一带的土地。经过长期的兼并战争，公元前567年，莱为齐所灭，齐的领土扩大了一倍以上。

莒国（今山东莒县）也是历史古国，建于公元前1046年，是东夷最强的国家之一，直线距齐国临淄南偏东140公里。齐桓公为公子时，曾到莒国避难，留下"勿忘在莒"的典故。公元前431年，莒国为楚国所灭，但莒国的全境后来为齐国占领。《汉书·地理志》说莒传"三十世为楚所灭"。

这两个东夷人为主体的大国，强攻不是好办法，怎么能不战而屈人之兵呢？且看《管子·轻重戊》的记载。

齐桓公问："莱、莒两国，砍柴与农业并举，该怎样对付他们？"

管仲回答说："莱、莒两国的山上盛产柴薪，您可率新征士兵炼庄山之铜铸币，提高莱国的柴薪价格。"

莱国国君得知此事，对左右近臣说："钱币是谁都重视的，柴薪既是我国的特产，用我国特产换尽齐国的钱币，就可以吞并齐国。"莱国随即弃农业，专事打柴，卖给齐国。

管仲则命令隰朋将士兵撤回种地。过了两年，桓公忽然停止购柴。莱、莒的粮价高达每石三百七十钱，齐国才每石十钱，莱、莒两国的百姓十分之七投齐。二十八个月后，莱、莒两国的国君也都请降了。

阴里之谋

石璧、石琮之类为古代的祭祀礼器。《周礼·大宗伯》记载："以玉作六器，以礼天地四方。以苍璧礼天，以黄琮礼地；以青圭礼东方，以赤璋礼南方，以白琥礼西方，以玄璜礼北方。"《典瑞》载："疏璧、琮以敛尸。"由此看来，祭天、礼地、敛尸，这应该是琮与璧在当时的主要用途。管仲以它们为核心，构思了一场浩大的阴里之谋，聚敛天下财富。

齐桓公说："我想朝拜天子，囊中羞涩，没有见面礼，怎么弄点儿银子？"

管仲回答说："这个好办。请您下令秘密在阴里筑城，设三层城墙，建九道城门，里外密不透风，鸟也飞不进去。然后，咱们将天下的玉石和能工巧匠都藏在里面，专门雕制石璧。咱们狠狠地定价：直径一尺的石璧一万钱，八寸的为八千，七寸的定为七千，石珪值四千，石瑗值五百。这么办，钱还缺吗？"

过了一段时间，准备得差不多了，管仲西行朝见天子，说："敝国之君想率领诸侯来朝拜先王宗庙，观礼于周室，协助您管控天下，可以吗？"

天子说："太好了，他们久不听使唤了，有你们撑腰，谁敢不来？不然，我降他的爵，剥夺其爵位。"

管仲说："那么，请您发布命令，要求天下诸侯，凡来朝拜先王宗庙并观礼于周室的，都必须带上彤弓和石璧。不带者不准入朝。"

周天子答应说："可以。不拿贡品，来了我也不接待。"于是，便以天子的名义向天下各地发出号令。天下诸侯，为了获得天子的承认，在祭祀时占个好位置，不惜代价购买石璧，他们大车小车地运载着黄金、珠玉、粮食、彩绢和布帛，来到齐国购买石璧。

齐国的石璧由此流通于天下，天下的财物归于齐国，所以齐国八年没有征收赋税，可想而知，会富裕到何种程度了。

菁茅之谋

周天子说话不管用了，各国都不向周王室朝贡，王室的地盘越来越小，财政拮据。齐桓公看在眼里，记在心里。怎样增加王室的收入呢？他问计于管仲："周天子财用不足，下令向各国征收，诸侯不理这茬儿，你有何高见？"

管仲回答说："长江、淮河之间，有一种三条脊梗直贯到根部的茅草，名叫'菁茅'。请使周天子的官吏，把菁茅产地的四周封禁并看守起来。天子总是要在泰山祭天，在梁父山（别名映佛山、迎福山，位于山东泰安徂徕山南麓，新泰天宝镇后寺村北）祭地的。做好这些以后，就可向天下诸侯下令说：'凡随从天子在泰山祭天，在梁父山祭地的，都要携带一捆菁茅，作为祭祀之用的垫席。不按照命令行事的不得随从前往。'"

天下诸侯便都载运着黄金，争先恐后地奔走求购。江淮的菁茅价格上涨十倍，一捆可以卖到百金。所以周天子在朝中仅仅三天，天下的黄金就像流水一样从四面八方聚来。

只此一谋，周天子获得巨额财富，竟然七年没有向诸侯伸手要贡品。

六、《管子》的思想：道与法

管仲的治理国家、治理天下的思想，集中反映在《管子》一书中。

《管子》成书于战国至秦汉时期，汉初有八十六篇，今本实存七十六篇，其余十篇仅存目录。《管子》是先秦时期各学派的言论汇编，内容博大，包括法家、儒家、道家、阴阳家、名家、兵家和农家的观点。其中以黄老道家的著作最多，其次法家著作18篇，其余各家杂之。

2016年考析出版的《清华大学藏春秋战国简（陆）》有《管仲》一篇，以齐桓公和管仲对话的方式呈现，内容丰富，涉及阴阳、立政之本、君劳臣逸、大臣德才评价等问题，是对《管子》内容的补充，丰富了管仲的思想内涵。由此，将《管子》的成书年代前推到战国中晚期（白起攻打赵国之前），西汉的工作只是收集整理，表明管仲学派早已有之。

进一步考证认为，《管子》总体是稷下道家为管仲立下的丰碑，他们构成稷下之学的管子学派，所以《管子》并非管仲所写，而是学派弟子、再传弟子或稷下学派托古立制。

就《管子》的核心思想，《汉书·艺文志》将其列入子部道家类，《隋书·经籍志》将其列入法家类，《四库全书》将其列入子部法家类。清代史学家章学诚说："《管子》，道家之言也。"学者发现，《管子》几乎各篇都有《老子》的语言片段与哲学思想。

道、法在管仲的思想境界和时代里，是一致的，道是法之源，法是道之用。《管子》关于"法"部分，有《枢言》《任法》《法禁》《法法》《七法》《版法》《兵法》等。书中所谓"法"，仍然是治国理民的大道、大经、大法，也有一些技术性法律，大体是各类法律的指导思想（如今之宪法、民法、刑法、行政法、公务员法等），仍然是道法混合不分的状态。

例如，《管子·任法》中说："圣君任法而不任智，任数而不任说，任公而不任私，任大道而不任小物，然后身佚而天下治"，"所谓仁义礼乐者，皆出于法。此先圣之所以一民者也"。法，是社会大系统良性运行的总纲领和各式方法、技巧的总和。"故曰：有生法，有守法，有法于法。夫生法者，君也；守法者，臣也；法于法者，民也。君臣上下贵贱皆从法，此谓为大治。"这类似于老子的"道生一，一生二，二生三，三生万物"的思想。社会像个大机器，各司其职，各务其能，各循其道，就会天下大治。

我们说管仲是法家的先驱，是指他的思想综合性、道法不分的特征。法，代表了儒家的礼治思想，也包含了后世法家"法、术、势"的思想，是两者的综合。如《牧民》《形势》等篇讲霸政法术，《侈靡》《治国》等篇论经济生产，皆为《管子》精华，可谓齐国称霸的经济政策。《七法》《兵法》等篇言兵法，《宙合》《枢言》等篇谈哲学及阴阳五行等，其余《大匡》《小匡》《戒》《弟子职》《封禅》等为杂说。由此，《管子》可能是齐法家思想的集中表达，托管仲之名而已。

第二章
子产与邓析：刑书斗法，孕育华夏法制

法家进步的第二个台阶,推动力量源自子产和邓析,他们分别推出成文法刑书并实践之,为李悝在魏国推动变法,富国强兵,著《法经》打开了前路。

子产(?—前522)是郑国贵族,姬姓,名侨,郑穆公之孙,故又名"公孙侨",字子产,又字子美,谥号"成"。子产出生于公元前580年至公元前576年之间,公元前554年始从政,入正卿之列,十一年后为上卿当国,先后辅佐郑简公、郑定公,执政凡二十年。

子产执政期间,在法律上承认私田,作丘赋(向土地私有者征收军赋),铸刑鼎(出台我国最早的成文法律),主张保留"乡校"以听取"国人"意见,因才任职,宽猛相济,确保蕞尔之郑在周边大国的环伺中站稳脚跟。

子产去世时,郑国举国哀痛,如丧考妣。司马迁《史记·循吏列传》载:

> 子产者,郑之列大夫也。郑昭君之时,以所爱徐挚为相,国乱,上下不亲,父子不和。大宫子期言之君,以子产为相。为相一年,竖子不戏狎,斑白不提挈,僮子不犁畔。二年,市不豫贾。三年,门不夜关,道不拾遗。四年,田器不归。五年,士无尺籍,丧期不令而治。治郑二十六年而死,丁壮号哭,老人儿啼,曰:"子产去我死乎!民将安归?"

郑昭君(郑简公)在位时,宠信徐挚,以他为相,致国政混乱,官民不亲,父子不和。大宫子期(子皮)非常不满,举荐子产为相执政。一年后,郑国局面一新,浪荡子不再轻浮狎戏,耆老不必负重,儿童免于田耕。两年后,市场买卖公平。三年后,夜不闭户,路不拾遗,盗贼销形匿迹。四年后,农民收工可弃农具于野。五年后,男子免服兵役,自觉依礼操办丧事。子产执政二十六年去世，青年痛哭失声，老人如婴儿泣诉："子产撒手，我们将来靠谁！"

司马迁将官员分为两类——循吏和酷吏。循吏是指那些重农宣教，清正廉洁，所居民富、所去见思的州、县级地方官，类似清官、能臣。酷吏指执法无情或以残酷手段治民的一类官员。司马迁列子产为循吏，足见其褒扬之意。

子产是孔子的榜样，从年龄上看，子产长孔子一辈。子产去世时，孔子是而立之年。孔子得悉子产去世，流泪说："子产，古之遗爱也。"遗爱，是指生前无人喝彩，死后让人念念不忘其爱心者。《论语·公冶长》说："子谓子产：'有君子之道四焉：其行己也恭，其事上也敬，其养民也惠，其使民也义。'"

子产乃有道君子，行事躬行亲为，侍奉上级心存敬畏，仁惠爱护百姓，使民遵循道义。与之前的执政卿比，子产执政的环境太好了，此时，晋国赵武（赵文子，约前598—前541）主张诸侯和平，弭兵偃武，天下诸侯会盟通约，不得相互攻伐。子产获得了拯救郑国的和平时光。

"清华简"释读陆续出版面世，不少文献事关郑国。《清华大学藏春秋战国简（陆）》就有《郑武夫人规孺子》《郑文公问太伯》和《子产》三篇。加上其他传世文献，我们对子产有了更加清晰的认识。

子产的政治对手，是郑大夫邓析（前545—前501）。邓析是"名辩之学"倡始人，他带头反对"礼治"，主张"不法先王，不是礼义"，与商鞅所主张"论至德者不和于俗，成大功者不谋于众。是以圣人苟可以强国，不法其故；苟可以利民，不循其礼"（《史记·商君列传》）神似。

邓析出生时，子产开始执掌国事。子产去世时，邓析二十三岁。子产铸刑鼎，邓析自拟法律，刻在竹简上，史称"竹刑"，在民间广泛传播。李悝、吴起、商鞅等人是变法家，邓析则是变法思想的萌芽。他代表的是新兴地主阶级的利益。除了世袭贵族之外的士、自耕农、商人，新兴地主迫切需要法律、政治上的认可和保护。

邓析聚众讲学，招收门徒，传授法律知识与诉讼方法，还以类似讼师的身份帮助百姓打官司，因此得罪了执政者子太叔及其继任者驷歂，被斩首，终年四十四岁，此时距离战国开端（公元前475年）还有二十六年。

《荀子·非十二子》评价说："不法先王，不是礼义；而好治怪说，玩琦辞。甚察而不惠，辩而无用，多事而寡功，不可以为治纲纪；然而其持之有故，其言之成理，足以欺惑愚众：是惠施、邓析也。"意思是说，邓析、惠施之流，不遵循先王之道，也不认可礼义之理，喜欢奇谈怪论，丽文琦辞，苛察缴绕，别别扭扭，横竖有理，却不知所言何用，这绝非治国纲纪。但其观点确实有理有据，逻辑性强，似乎很有道理，欺骗迷惑百姓则超一流。

惠施晚邓析一百余年，曾做魏相，在辩证法方面见解独到，是名家代表人物之一。关于名家，司马迁《史记·太史公自序》论及六家之要旨，指出"名家使人俭而善失真；然其正名实，不可不察也……名家苛察缴绕，使人不得反其意，专决于名而失人情，故曰'使人俭而善失真'。若夫控名责实，参伍不失，此不可不察也"。名家使人受约束而容易失去真实性，但它辩证"名与实"的关系，则不能不认真察考。名家刻细烦琐，纠缠不清，使人不能反求其意，善于玩概念却失弃常理，所以说它使人受约束而容易丧失真实性。至于循名责实，要求"概念和事实"相互参验，则不可不仔细纠察。邓析玩概念一流，辩才无碍。古代法律制度、司法解释不完善，有漏洞，邓析辩来辩去，犯人不满足犯罪要件，就会被判无罪。名家善于割裂"名和实"的关系，在"名"上翻来覆去地演绎，概念一大堆，就是不联系"实"。

子产和邓析，在春秋晚期，面临天下大变局，力争用"成文刑法"管控局面，以实现社会的有效治理，不啻为一种进步和变革，由此推动我国法治思想的进步，为法家正式跃上舞台奠定了新台阶。

一、郑国乱局，子产脱颖而出

乱哄哄的家世

转眼到了郑文公时代。郑文公踕（子产曾祖父）在位四十五年，于公元前628年殡天。他早期听任齐桓公的摆布。齐桓公去世后，齐国内乱而弱，郑转受到南楚、北晋的欺负，脚踏两只船，摇摆于晋楚之间。

郑文公去世后，公子兰继立为郑穆公（前649—前606），在位二十二年。郑文公将嫡夫人所生太子及其他儿子杀光，驱逐庶公子出郑。公子兰年龄最小，躲避在晋，行为恭谨，成了晋大夫。晋文公想用武力送他回郑继位，就让他打头阵。公子兰坚辞不为，说太子华就想借齐桓公之手，杀入郑都，试图弑君自立，事败被杀，而且引狼入室，残害父母兄弟，本身就不道德。晋文公由此更加赏识他。后来，晋军兵临城下，郑文公不得不服软，立公子兰为太子（公元前630年）。两年后，公子兰得立。

郑穆公八年（前620），楚穆王派大将鬬越椒为将，发兵车三百乘伐郑，又派息国公子朱为将，率车三百乘伐陈，气势汹汹。楚穆王亲率两广（王宫卫队分左广、右广两支），扎营狼渊（今河南许昌西）助攻。郑举国抵抗，坚守待援。不料，边关大将违反军令，主动出击，导致防线崩溃，输了个底朝天，郑只能和楚国议和结盟。晋听闻，气急败坏。郑与晋，由此结下了梁子。

郑附楚后，楚指示郑伐宋，大胜，获战车四百六十多辆，斩首百余人，生俘两百余人。一辆战车约三十人编制，四百六十辆相当于一万三千八百人，一个半军了（一国有三军，每军一万人）。宋国输掉一半军力，元气大伤。宋昭公不久就被其庶弟公子鲍弑杀，公子鲍自立，是为宋文公。晋国为此派荀林父率军伐宋，令郑助一臂之力。郑穆公出兵半道，听闻晋、宋竟然讲和，认为晋不仗义，便暗通楚。此时，晋大权为赵盾（赵宣子）把持，晋灵公方十岁。

天下没有不透风的墙，郑通楚之事为晋获悉。时晋国邀请诸侯国在扈地会盟，竟不准郑穆公参与，郑害怕诸侯会盟后大军杀来，万分焦虑，急寻对策。郑执政大臣公子家赶紧给晋执政大臣赵宣子写信。

郑子家使执讯而与之书，以告赵宣子曰："……古人有言曰：'畏首畏尾，身其余几？'又曰：'鹿死不择音。'小国之事大国也，德，则其人也；不德，则其鹿也。铤而走险，急何能择？命之罔极，亦知亡矣。将悉敝赋以待于鯈（tiáo），唯执事命之。文公二年，朝于齐；四年，为齐侵

蔡，亦获成于楚。居大国之间而从于强令，岂有罪也？大国若弗图，无所逃命。"（《左传·郑子家告赵宣子》）

古人有句话说："怕头又怕尾，身子剩多少？"古人还说："鹿快死的时候，顾不得声音是否好听。"小国事奉大国，大国施与恩惠，它就是人；大国不施予恩惠，它就是鹿，狂奔乱跑而奔向险境，逼急了选择和谁结盟都难免。你们晋国的要求太过分，照办的话，郑非死即亡，无处可逃。今郑全军发往儵地，交由前线将领指挥。文公二年，去朝见齐；文公四年，帮齐讨伐蔡，达成召陵之盟，和楚和平相处，楚也听命天子。郑居于大国之间，服从强国，何罪之有？如果你们不考虑这些，那么我们郑国无处逃命。

言下之意，光脚的不怕穿鞋的，逼急了，我们就来个鱼死网破。

赵宣子读毕，准许郑穆公与诸侯会盟，事在公元前610年。这个写信的人叫"公子归生"，字子家，是郑执政大臣（上卿）。这家伙不久就会惹上大事。

楚闻听郑又向晋投怀送抱，心生不满，指示宋派兵攻之。公元前606年，郑公子归生率军与宋军大将华元战于大棘。宋军大败，华元被俘。与此同时，郑穆公的生命走到了尽头。

也许是命运的安排，郑穆公育十三子（子产叔辈，称"公叔"）、一女。其中两个相继成为国君，除了三子被灭，一个不列卿相，其他七子及其后人皆位列卿相，形成庞大的家族势力，牢牢把持郑国的权柄，形成"七穆"为卿当政的格局。他唯一的女儿，子产的姑姑，乃惊艳天下、祸乱朝政的"夏姬"[①]。

"七穆"的老大是太子夷立，是为郑灵公（？—前605），在位一年，被公子归生和公子宋（字子公）弑杀。《左传·郑公子归生弑其君夷》记载：

楚人献鼋（yuán）于郑灵公。公子宋与子家将见。子公之食指动，以

[①] 郑穆公的女儿，是与姚子所生，嫁给陈宣公的孙子夏御叔，得名夏姬。夏姬祸乱陈国，被掠去楚，成为楚国的祸源，又奔逃至晋等国。

示子家，曰："他日我如此，必尝异味。"及入，宰夫将解鼋，相视而笑。公问之，子家以告。及食大夫鼋，召子公而弗与也。子公怒，染指于鼎，尝之而出。公怒，欲杀子公。子公与子家谋先。子家曰："畜老，犹惮杀之，而况君乎？"反谮子家。子家惧而从之。夏，弑灵公。

楚国人给灵公进献了一只鼋龟。公子宋和公子归生一大早入朝，拜见灵公，商议国事。他们是郑国的上卿当国，是灵公叔伯辈的人物。路上，公子宋感到食指在动，说他以前食指动就能吃到山珍海味，今天肯定应验。他们在宫外果然看到庖厨在杀鼋龟，两人会心而笑。灵公见问，他们如实相告。灵公闻而不语。饭点到了，灵公故意不让公子宋品尝。公子宋无比愤怒，走上去将手伸到鼎中蘸汤，吮指，然后大摇大摆地离开。鼎是权力的象征，非王侯不能染指。灵公下决心要杀掉他。公子宋决定先下手为强，与公子归生谋划，归生反对说："家畜长大了，我们尚且害怕杀掉，何况杀国君呢？"公子宋背后潜害公子归生。归生恐惧，不得不同意合谋。公子宋指派杀手把灵公送归西天，此时灵公才二十出头。

孔子认为，责任在公子归生，明知弑君却不阻止，为臣不讲臣之道，为君不晓为君之道。汉代刘向《说苑·复恩》也记载了这段故事，还引用孔子弟子子夏的评论说，《春秋》记载的不君、不臣、不父、不子的事太多了。冰冻三尺，非一日之寒。

灵公被杀，公子归生和公子宋左右朝政，认为老三公子去疾（字子良）贤良，想立他为君。子良推辞说，如果按贤能，我差得太远，不足以立。依照兄终弟及的传位原则，公子坚是哥，非他莫属。公子坚被立为国君，是为郑襄公（？—前587），在位十八年。

郑襄公继位之后，就想铲除异己。他认为弑杀灵公的"穆族"（指公子宋、公子归生等[1]）威胁很大，就谋划与公子去疾联手，将穆族和亲兄弟驱逐出境。

---

[1] 据《史记·郑世家》。而《左传》中指襄公的兄弟们。

公子去疾说，让他们留下来，是我坚定不移的心愿，若逐之异国，大家都不会有好下场，我还能做什么呢？襄公退让了，反将他们提拔为大夫。如此一来，郑国以后便成为"七穆"的天下，异姓公卿大臣根本不沾边。

襄公六年（前599），公子归生卒，郑人清算"幽公动乱"，掘其坟，戮其尸，逐其族。改葬幽公，谥号改为"灵"（指因手指"灵验"被杀）。

七穆世系表

1. 子良（公子去疾）→子耳（公孙辄）→伯有（良霄）→良止

2. 子罕（公子喜）→子展（公孙舍之）→罕虎（子皮）→罕婴齐（子齹）

3. 子驷（公子骓）┬子西（公孙夏）┬驷带（子上）→驷偃（子游）→驷丝
　　　　　　　　└子晳（公孙黑）└驷乞（子瑕）→驷歂（子然）

4. 子国（公子发）→子产（公孙侨）→国参（子思）

5. 子游（公子偃）┬子蟜（公孙虿）→游吉（子太叔）
　　　　　　　　└子南（公子楚）

6. 子印（公子舒）→子张（公孙黑肱）→印段（子石）→印癸（子柳）

7. 子丰→公孙段（伯石）→丰施（子旗）

据考证，老三子良是"七穆"中第一个为执政大臣者，为救亡图存，奔走列国，曾为质于楚，奉命使晋，甚至率兵打仗，人品为诸侯称道，其后为"良氏"。他有一子叫公孙辄，字子耳，子耳之子名良霄，字伯有。伯有，郑简公时期为执政卿，与驷氏相争，不敌被杀。子产冒险为其收尸，品行为"罕氏"称道。

顺道提一下，郑穆公之子辈，称为"公子×"，字"子良"者，该支脉就是"良氏"，以字为氏，"子良"的下一代称"公孙"，如公孙辄。公孙辄的儿子，则以氏称"良×"，依此类推。如商鞅，又称公孙鞅，其爷爷为卫国君，乃庶出的孙子。

老四公子喜（？—前565），字子罕，其后为"罕氏"。公元前571年七月，郑成公去世，子罕当国（正卿），老五子驷为政，老六子国任司马。子罕的儿子叫公孙舍之，字子展，在郑简公时立下汗马功劳。子展有子，字子皮，名罕虎，位列正卿。他上台后不久，郑国大饥，子皮依子展遗命，赠粮给百姓，每户一钟，深得民心。宋司城子罕闻之，说："行为近于善，是庶民的期望。"恰巧宋也遭遇荒年，民大饥，司城子罕请求宋平公出借公粮，让大夫也都出借粮食。司城氏借粮不收借条，又替缺粮大夫借给百姓，宋国竟无饥馑。晋国叔向（羊舌肸）知悉后，说："郑罕氏，宋乐氏，大概是要最后灭亡的吧，恐怕都要掌握政权，因为百姓归心啊！"子产能被重用，多亏"罕氏"强力支持。

老五为公子骈，字子驷，名骈（？—前563），其后为"驷氏"。公元前566年，楚国大军压境，郑僖公召集六卿商议。这六卿是：正卿，公子骈，字子驷；司马，公子发，字子国，国氏；司徒，公子嘉，字子孔（僖公该叫他们三人"爷爷"）；还有公孙辄，字子耳；公孙虿，字子蟜；公孙舍之，字子展。这三人是郑穆公之孙（僖公称三人"叔叔"）。在应对晋和楚的方针政策上，君臣意见相左，难以调和。

子驷的策略是当"墙头草"：楚来攻，在边境备足贡品，楚兵大获而返；晋来攻，也备好丰盛贡品，晋军得而退兵。郑僖公年轻气盛，认为这是无立场原则的游戏，坚决要求结盟晋国，与晋永结盟好。然而，慑于子驷的威严，无人敢听令，郑僖公无奈亲赴晋结盟。子驷派人半路截杀僖公[①]，拥立僖公的儿子公子嘉，是为郑简公。此时，郑简公大约五岁，是个懵懂无知的"傀儡"国君。子驷肆意妄为，惹恼了其他公子（郑僖公的亲兄弟和庶兄弟），他们要联手杀他，却谋事不密，反被子驷杀死。子驷由此更有不臣之心。他为发展生产，铁腕整顿农田，整治田地沟（百亩土地的分界沟渠）洫（万亩土地的分界沟渠）。本来是好事，他却假公济私，抢夺别家的田地，得罪了司氏、侯氏、堵

[①] 《史记·郑世家》记载，公子骈朝见郑僖公，僖公无礼。公子骈就让庖厨毒杀僖公，对外宣称暴毙身亡。他想弑君自立，却得不到群公子的支持，子孔也反对，他不得已作罢。

氏、子师氏。子驷还挤压军事将领尉止的功劳，尉止怀恨在心。公元前563年，这些贵族起兵叛乱，子驷和公子发、公孙辄一同被杀。

子驷有子公孙夏，字子西，在郑简公时位列上卿，功劳卓著。

老六为公子发，字子国，后代为"国氏"，子产（公孙侨）之父，郑僖公时任司马，于公元前563年与子驷一同被杀，时子产十七岁。子产有一子名国参，字子思。

老七公子嘉，字子孔。公元前563年，子驷被杀，郑简公任子孔为正卿。公元前554年，公子嘉专权，欲弑君自立。他趁郑简公去齐打仗，勾结楚击郑，自己为内应，被发觉而不果。郑简公得知，令子西、子展攻打，将他杀死，逐其家族，此支脉灭亡。郑简公又任子展当国，子西为政。

老八为公子偃，字子游，其后为"游氏"，主要在悼公和成公时当政，抵御外敌，结交晋楚。其孙子太叔，名吉，在简公时位列六卿，子产去世后，接班执掌郑国大权。

老九为公子舒，字子印，其后为"印氏"。其孙印段，也位列简公六卿，被认为品德好，可能是最后灭亡的家族。

老十为公子丰，其后为"丰氏"。

还有公子然、公子羽、公子志，家族或灭或弱，不列"七穆"之内。

嫡系传承：从襄公到简公

郑国君嫡系势力小，在公族卿大夫面前毫无尊严和地位。这是郑国政治结构的一大弱点。郑穆公诸子极力扩张权势，增厚财力，严重威胁国君的生命安全和政权运作。这与晋国公族不盛，权在异姓大夫相似，政权不稳。

郑襄公继位后，坚持盟晋抗楚。这招来了楚国的强硬反击。公元前597年，楚庄王率大军伐郑，郑襄公遵从天意，坚决不投降。楚围困郑城三个多月。最后城破，郑襄公脱去上衣，袒胸露怀，左手拿着牦牛尾巴做的旗节，牵着羊，右手拿着杀牲畜的弯刀，在路口迎接楚庄王，说："在下不德，得罪贵国，又不能服侍上国，上天降罪罚于郑，又劳君王千里劳苦至郑。我已知罪。郑国存亡，在于君王，若您顾及先祖武公、庄公友好，不灭郑国，延其宗祀，彰显大王的美德！"楚庄王说："以前，寡君兼并了陈国，降为县邑。申公屈巫以践其田而夺其牛的故事取笑我。若灭郑并其地，恐怕又被人笑话，不能服天下。郑君能屈膝下人，必定得到百姓拥护，多么珍贵的品德啊！"于是，他下令楚师退兵三十里，郑楚又结盟。

公元前595年，晋国不满郑国的背叛，大兵压境。公元前588年，晋又联合宋、鲁、曹、卫兵马攻郑，从郑东部攻入境内。郑襄公派八弟公子偃领兵埋伏在丘舆，击退五国联军。然后，他又在南方和许国争地盘，以小谋大，招惹楚、晋。

郑襄公去世后，太子睎继位，是为郑悼公，在位两年病亡。郑悼公的弟弟睔（gùn）继位，是为郑成公（？—前571），在位十四年。

郑成公的一生，在外忧内乱中度过。公元前586年，公子睔受郑悼公指派去楚国，辩解攻打邓国的事情，被楚扣留。他和楚国大臣子反私交甚笃，得子反说情，方得被放归。公元前585年，公子睔被立为国君。公元前582年，楚共王找上门来讨人情，郑成公被楚共王威逼利诱着私下订立盟约。郑楚密盟的消息传至晋，晋又不干了。郑成公亲自去解释，晋以勾结楚的罪名将他扣下。

国不可一日无主。郑国大夫公孙申、公孙禽谋划改立国君，让郑成公这张牌失去价值，倒逼晋释放他。公元前581年三月，公子班立公子繻为君，史称郑君繻，乃郑成公的庶兄也。一个月后，晋大将栾书说："郑已立新君，我们手中囚禁的不过一介庶民，有什么用处？莫若攻郑，送他回国复位，两国罢兵。"五月，晋景公去世，子寿曼立，是为晋厉公。晋厉公会合诸侯伐郑，郑人杀死公子繻，子罕把郑襄公宗庙中的钟送给晋，子然和诸侯在脩泽结盟，子驷做了人质，晋才释放郑成公。六月，郑成公讨伐另立国君者，处死公孙申、公孙禽，公子班逃至许。

郑成公复位三年后，国内又生内乱，公族内斗。公子班返郑，想进入祖庙，不被允许，就杀死亲族，结果惹恼了族人。公元前578年六月，子驷率国人在祖庙结盟，杀公子班、子驵、孙叔、孙知等人。郑又伐许国，许国割地求和。

郑成公在位时，挑起楚、晋的鄢陵（今河南鄢陵县）大战。两强相遇，必有一输。公元前575年（郑成公十年、鲁成公十六年），郑背弃与晋的盟约，与楚结盟。晋厉公大怒，发兵伐郑。楚共王出兵救郑。晋与楚在鄢陵展开大战，激战一天，楚军战败，晋军射中楚共王的眼睛，子反在前线酗酒，违反军令被杀，两方各自罢战撤回。楚、晋元气大伤，不敢再轻举妄动。郑国由此获得了喘息之机。

公元前571年，郑成公去世，子姬恽（一作髡顽）继位，是为郑僖公。公元前565年，因政见不合，子驷弑郑僖公，立五岁的公子嘉，是为郑简公（前570—前530）。郑简公十二年（前554），子产为卿。时郑简公约十七岁，子产二十三岁。十一年后，子产才当上正卿，倾注全力按自己的思想管理郑国。

子产和郑成公是一辈人，是堂兄弟①，郑僖公应该叫子产叔叔，郑简公应该叫子产爷爷。郑君嫡系由于篡弑，交替快于公族的整体发展。年幼的国君和年长的公卿大夫的权力配置结构，让政在卿大夫，势所必然。

自幼聪明异秉

郑简公元年（前565）四月，子产十一二岁，其父（公子发）和堂兄公孙辄率军入侵蔡国，俘虏了蔡国司马公子燮，大胜而归。郑国人都很高兴，只有子产高兴不起来，预言说："唉，咱们小国没有文治却显摆武功，祸莫大焉。下一步，楚国人前来讨伐，我们能不顺从他们吗？顺从楚国，晋军一定会来伐。晋、楚两国轮番伐郑，从今往后，咱们郑国四五年难安。"原来，蔡是楚的附庸国，攻打蔡，相当于攻打楚国。其父生气地说："你小子懂什么？国家有出兵的重大命令，有卿、大夫运筹帷幄，小孩子乱说，是会被杀头的。赶快闭嘴。"子产就怏怏不言了。

---

① 《史记·郑世家》载子产是郑成公的儿子，不妥。

果然，这年冬季，楚国令尹公子贞攻打郑国，为郑侵蔡报一箭之仇。子驷、子国、子耳要顺从楚国，子孔、子蟜、子展要等待晋国援救，子驷不得不杀死郑僖公，实现与楚讲和，缔结盟约。晋国闻听，于公元前564年发兵攻击郑。郑国派人求和。郑国的六卿子驷、子国、子孔、子耳、子蟜、子展以及大夫、卿嫡子，跟随郑简公参与结盟。郑国在结盟过程中表现不顺从，晋国率诸侯再次攻郑。不久，楚共王进攻郑国，郑国不得不再次与楚国讲和。

一着不慎，全盘被动。郑国本来是个小国，故意招惹周边大国，挑起事端却无法控制。子产成功地预测，有先见之明。此时的他，还是个孺子。

控制叛乱，掌握大局

子驷当国，下令划分各个贵族的田土沟洫，借机扩大自己的地盘，得罪了不少世家大族，甚至是军队将领。这些人筹划着报复。公元前563年冬，尉止、司臣、侯晋、堵女父、子师仆率领甲士入国都，将在朝堂上议事的子驷、子国、子耳杀死，并将郑简公（时七岁）劫往北宫。

子孔事先闻听风声，躲过一劫。他们的目标是子驷，不是郑简公，所以郑简公无恙。子孔故意为之，大概也想过一把皇帝瘾。子西闻听有叛乱，不设警戒跑出来。稍稍收敛父亲的尸骨就追乱党，发现乱党龟缩在北宫，便回家召集甲兵，但家臣和妾婢多数已逃，器物丢失大半。

子产听闻有叛乱，先设置门卫岗哨，下令官员全部集合，关闭档案库，慎重收藏文献。他完成防御阵地，整列出击，收敛父亲的尸骨，挥军进击北宫乱党。子蟜、子游率领国人援助，攻杀了尉止和子师仆，其随从也被全部歼灭。侯晋逃亡到晋国，堵女父、司臣、尉翩、司齐逃亡到宋国。子产（公子发之子）、公孙夏（子驷之子）、伯有（公孙辄之子）重金贿赂宋国，令公孙黑（子驷之子）为质，让宋国送回叛乱首领，郑人将他们剁成肉酱，瓜分其财产。

由此可见，子产在应急事件处理方面，水平更高。

奉劝子孔焚烧盟书

子驷、子国被杀，子孔被任命为正卿，主持国事。子孔认为郑简公年龄小不懂事，想大权独揽，谋求大位。为此，他制作盟书，规定官员各守其位，听取执政法令，要遵循官位顺序，干分内之事，不得参与朝政。大夫、官员、卿的嫡子不从。子产赶紧劝阻子孔，并请他烧掉盟书。子孔反对说："制作盟书用来安定国家，众人发怒就烧了它，这是众人掌政，国家不也很为难吗？"子产说："众怒难犯，专欲难成。把两件难事放在一块办，想安定国家，不可能办到。不如烧掉盟书以安定这些人，您得所欲，众人得安，不亦可乎？如果不能成功专权，又触犯国人暴乱，这是愚蠢的操作。"子孔思考过后，在仓门外烧掉盟书。国人的心方安定下来。

但制作并公布盟书，是历史发展的趋势。一个社会没有规矩法令，贵族间因为争夺田产和权位，就会相互攻击如仇雠，自耕农、奴隶也会跟着遭殃，社会无法有效运作。公布盟书夭折，不是子产有多大的能耐，而是公族势力、传统贵族势力仍然非常强大，具有颠覆执政团队的能力。子驷被杀，乃前车之鉴。子产这次成功劝止，但到他执政的时候，他义无反顾地公布刑书并铸刑鼎。时势异也。

被委托重任

子产从执政团队中脱颖而出，升为一把手，是公族内部倾轧的结果，也是伯有酗酒、荒废朝政的必然。

公子去疾，字子良，后代为"良氏"，其子公孙辄（字子耳）有子曰公子霄，随族姓叫良霄，字伯有。公元前563年，郑简公的叔伯爷爷子孔为正卿，总揽执政大权，随心所欲。郑简公逐渐长大，具有了亲政能力。子孔想借刀杀人，除掉简公。公元前554年，子孔趁郑简公讨齐在外，和楚国勾结，想让楚出兵攻打郑都，他做内应。公孙舍之（字子展，为罕氏）得知，防守更加严密。郑简公知悉，命以子展为代表的公族攻杀子孔。后来，子展被任命为正卿，执掌大政，伯有次之。正是这一年，子产列为六卿之一。

子产进入核心执政团队，用一封信说服晋国执政大臣范宣子[①]"轻币"。公元前549年二月，时晋（平公）是天下盟主，范宣子为中军将。诸侯国要向晋缴纳贡品，负担很重，郑人看着货贿送出国境，苦不堪言。郑简公到晋国，托随行的子西带信给范宣子，说："您治理晋国，四邻诸侯不闻您的美德，却听言收受重贿赂，我子产因此困惑不已。在下听说，掌管国家和大夫之家的仁人君子，不为无财而忧，而为美名不称于天下而忧。诸侯之财货，聚集于晋君宗室，诸侯则离心。若您依赖天下财货，晋人即离心不服。诸侯离心则晋国崩，晋人离心则贵家即毁散，道理如此简单，您为什么执迷不悟呢？时候一到全报销，财货何用何益？至于美名，乃传播德行之器；品德，乃国和家之基。基础固则难垮，您不应致力于固基强本吗？品德美则欢乐，欢乐则能久。《诗经·小雅·南山有台》说'内心快乐的君子啊，国家的基石'，是指美德充盈的人。《诗经·大雅·大明》云'上天无时不监视着你，不使你心背离兆民'，是指言有美名的君子。以宽恤之心彰显品德，美名则载德四方，远者悦，闻风而至，迩者乐，心则安平。宁可让人说'您的确养活了我们'，而能让人说'您榨取了我们来养活自己'吗？"

范宣子看完信，闻听逆耳忠言，减轻了各国上贡。子产的才能脱颖而出。

公元前546年夏，经过一系列战争，特别是鄢陵之战，楚、晋投鼠忌器，谁都不敢发动大的战争，有气只是向小国撒，郑国处在两国之间，甘受气。各诸侯经过一系列外交磋商，达成"弭兵罢战"协议，决定在宋国召开"弭兵之会"。参会的有鲁国大夫叔孙豹（穆叔）、晋国的赵武[②]（赵文子）、楚国令尹屈

[①] 士匄（？—前548），祁姓，士氏（按封地又为范氏），名匄，谥号宣。范文子士燮的儿子，又称范宣子。春秋时期晋国的法家先驱。

[②] 赵武（约前598—前541），嬴姓，赵氏，讳武，谥号"文"，名称"赵武"（先秦男子用氏，不作嬴武），世人尊称"赵孟"，史称赵文子。赵盾之孙，赵朔之子，晋文公外曾孙。晋国六卿，赵氏宗主，赵氏复兴的奠基人，公元前548年任正卿，执掌国政，力主和睦诸侯，促成晋楚弭兵之盟。

建、蔡国公孙归生、卫国石恶、陈国孔奂、郑国良霄（伯有）等。这是子产在郑国得以推行改革政策的宏观"天下"环境。外边环境稍安，郑国内公族之间关系紧张，终于酿成一场公族血拼，子产才得以出头。这场血拼因子产的堂兄弟伯有而起。伯有本是贤人，非常能干，位列六卿，但有了成绩，就开始心术不正。

会盟完毕，赵武途经郑国，郑简公好酒好肉，宴请赵武一行，子展、伯有、子西、子产、子太叔、二子石（指印段和公孙段二人）陪同。席间，赵武说："你们七人陪同国君，宴请赵某，让我感到十分荣幸。请诸君各赋诗一首，以谢郑君，我也倾听你们的志向如何。"

子展第一个出场，背诵《草虫》。该诗说一位女子等待心爱的君子，不见时忧心忡忡，见面后悬着的心才放下。赵武说："太好了，真是百姓的主心骨啊！即使我赵武也担当不起啊！"赵武把女子盼君子理解为百姓盼望君王。

第二个出场的是伯有，他背诵《鹑之奔奔》[①]，诗中表达了女子的怨诽：你看鹑鹑和喜鹊成双结对多快乐，我怎么会遇到你这样的冤家？赵武说："床笫之言不可向外说，何况还是在公开场合？千万不要让别人听见。"

子西赋《黍苗》之四章。该诗表现后人面对宫廷废墟时的无限感伤，发出"知我者谓我心忧，不知我者谓我何求"的呐喊。赵武说："有寡君在，我赵武有什么能力呢？"

子产赋《隰桑》[②]。赵武说："武请求接受它的最后一章。""心乎爱矣，遐不谓矣？中心藏之，何日忘之"，心中的爱恋永远珍藏，不论天涯与海角，无日不记挂心上。可见赵武始终忠于国君、臣民。

子太叔赋《野有蔓草》。赵武说："这是大夫的恩惠。"

印段赋《蟋蟀》，既要及时行乐，享受生活，也要把握尺度，不可过度淫

---

① 《鹑之奔奔》一共八句："鹑之奔奔，鹊之彊彊。人之无良，我以为兄！鹊之彊彊，鹑之奔奔。人之无良，我以为君！"

② 《隰桑》："隰桑有阿，其叶有难。既见君子，其乐如何。隰桑有阿，其叶有沃。既见君子，云何不乐。隰桑有阿，其叶有幽。既见君子，德音孔胶。心乎爱矣，遐不谓矣？中心藏之，何日忘之！"

乐。赵武说:"这是保住家族的大夫!我有希望了。"

公孙段赋《桑扈》。赵武说:"'不骄不傲',福禄还会跑到哪儿去?如果按这些话做,即使想推辞福禄,也办不到啊!"

享礼结束后,赵武私下告诉叔向:"伯有将要被杀了!诗言志,他腹诽并公开怨恨国君,又以此送给宾客做礼物,兔子尾巴能长吗?即使侥幸,将来也一定逃亡。"

叔向说:"对,他太骄奢。所谓不到五年,说的就是这个人了。"

赵武说:"其余的都是可以传几代的大夫。子展也许是最后灭亡的,他处在上位而不忘屈身。印氏是倒数第二家灭亡的,因为欢乐而有节制。欢乐用来安定百姓。不要过分使用它们,灭亡在后,不也是可以的吗?"

公元前545年,因为各诸侯国在宋有盟约,继续各国友好,鲁襄公及宋平公、陈哀公、郑简公、许悼公约定到楚国去。鲁襄公经过郑国,郑简公恰好外出,伯有负责接待,行为轻慢无礼,倨傲不敬。叔孙豹评论说:"伯有对郑国不尽心竭力,郑国早晚会出大事。尊敬是百姓的主要道德修养,他却抛弃得一干二净,凭什么传承祖先的基业?郑人不惩罚他,肯定也会受拖累。《采蘩》教导我们要有恭敬心。恭敬是可以抛弃的品质吗?"

这一年,邓析呱呱坠地。老子此时二十六岁,正在周室当图书管理员,如饥似渴地学习。孔子这一年才七岁,开始学习俎豆之事。文明的方向来自宏大的实践,子产所在的郑国是天下之中心,一举一动对文明的形塑意义重大。子产对孔子产生了影响,继而又对晋法家产生了影响。

公元前544年,周灵王崩逝,各诸侯国要去奔丧。郑简公有事不能前往,执政大臣子展打算派印段去。伯有反对说:"太年轻,不够分量。"子展说:"这比不去强不少吧?"由此可以看出周王室衰弱不堪。

伯有嗜酒,挖了储藏室的藏酒,晚上喝酒击钟到天明,耽误了朝政。上朝办事者等了半天也不见人影,一打听,伯有还在豪饮。伯有好不容易上朝了,偏偏要派子晳使楚。

子晳坚辞:"这明明是杀我,我不去。"

伯有说:"按顺序该你去。"

子晳说:"可以去的,义不容辞。不可去的,坚决不往。这和顺序有什么关系?"

伯有想强制他去。子晳恼怒异常,发动家族攻打伯有家族。驷氏人丁兴旺,兵强马壮,良氏打不过。公元前543年七月,伯有逃到许国,弃许多本族人的尸体于不顾。

伯有是良氏,子晳是驷氏,驷氏是实力最强的家族,为什么?因为子展、子晳、子西和伯石是同祖母所出,或者说,罕氏、驷氏和丰氏是一母所出,血缘关系自然比其他的近。子晳与低一等爵位的公子楚(字子南,游氏,两人堂兄弟)争美人,竟然到公子楚的家里调戏美人,甚至想杀掉子南。子南拿戈追出家门,击伤了子晳(成语"同室操戈"由此而来)。后来,子晳又惹出种种事端,公族联合起来审判,他羞愤交加,自缢而死。

驷氏和良氏争斗,有人对子产说:"您应该支持正确的一方,帮助强族。"子产说:"他们难道是我的同伙?国家祸难,谁知道如何平定?若主持国政者强大、正直,怎会发生祸难?我姑且自保妻儿老小。"①子产殓葬了驷氏家族死者,然后出走,印段跟随他。子皮不让他走。有人说:"人家不顺从,为何不让他走?"子皮说:"这个人对死去的人有礼,何况对活着的人呢?"子罕亲自上阵,劝子产回来。

郑国的大夫积极斡旋,让两族弭兵停战。为此,郑简公和大夫们先在太庙结盟,再和"国人"在郑城门外结盟。子产、印段相继回来,与伯有家族订盟立誓。看到这种情况,有个名叫裨谌②的人评论说:"此等盟约,不知道能坚持多久?君子如果反复发誓和好,言不由衷,那么,乱日子还早着呢!这是暴风

---

① 大约三年前,晏子头枕齐庄公尸哭,成礼而后去,就表达了类似的思想:是君之家臣,还是社稷之臣。若家臣,则随君而死。若社稷之臣,则为社稷而活。

② 子产同时代的大臣,善于出谋划策。《论语·宪问》:"子曰:'为命,裨谌草创之,世叔讨论之,行人子羽修饰之,东里子产润色之。'"裨谌负责策划起草命令,世叔讨论,提出修改意见,子羽修饰文辞,子产润色,然后才发布。《左传·襄公三十一年》记载裨谌"适野谋",只有在野外清净的地方才能想出好计谋。

雨来临的前兆，不是结束。不出三年，必有大祸，然后才能消停。"

大夫然明说："以你的观察，政局将向哪个方向发展？"

裨谌回答说："善良代替非善良，是天命啊！难道要落到子产的头上？你看子产，操行不越等级，大夫位列和谐有序。任人唯贤，才能是举，则代代兴隆。老天爷带给郑国的灾祸太多太久了，想必它派遣子产来熄灭灾祸的源头，这样郑国方可再次兴起。不然，郑国将亡了。"

伯有在许国避难，听闻郑国的人们为他结盟，非常生气。当得悉子皮的甲士兵丁没参加攻打他，转而高兴地说："子皮是在帮助我啊！"于是，伯有潜回郑都，从墓门的排水洞进入。马师颉暗中帮助他，用襄库的武器装备士兵，攻打旧北门。驷带则率领"国人"，全力攻打伯有。

两家都召请子产助阵，子产却说："兄弟之间闹成这个样，我听从上天所要帮助的一家。"言下之意，谁胜利了我就帮助谁。一场厮杀，伯有死在羊市，子产给伯有收尸，给他穿上寿衣，头枕股哀哭，然后装殓入棺，存放在街市旁边伯有家臣的家中，不久又将他葬在斗城。驷氏有人看在眼里，恨在心里，想要攻打子产。子皮闻听，发火说："礼仪是国家的支柱。杀死有礼的人，没有比这再大的祸患了。"

国家机器还在子皮的手中。驷氏和良氏的争斗，是两个家族之间的矛盾激发，以伯有一族的低头让步结束，毕竟带头人伯有已死。此时郑简公十七岁。

国危思良将，乱世待忠臣。郑国迫切要在大国的挤压中振衰起敝。执政大臣子皮想起了子产，欲把国政全盘委托给子产打理。

子产推辞说："咱们郑国体量小，逼近大国，家族庞杂，人多势众，宠臣幸官多如牛毛，我可治理不好。请另选高明。"

子皮保证说："我罕虎带头，率领他们服从，谁敢不听？谁敢触犯您，我负责修理。您只管全心全意辅佐国政，其他的我来抵挡。再说，国家不在大小，小国能够事奉大国，和大国搞好关系，谨慎从事，咱们就可以不受逼迫，从容自如地发展自己了。"

郑简公二十二年（前544），子产为卿，参与执政，次年为主要执政。

二、子产救世：都鄙有章，作丘赋，铸刑鼎

子产新政的时代背景："舆人诵"的秘密

子产执政后，以"苟利社稷，死生以之"的大无畏气概，锐意改革。

> 从政一年，舆人诵之曰："取我衣冠而褚之，取我田畴而伍之。孰杀子产，吾其与之！"及三年，又诵之曰："我有子弟，子产诲之。我有田畴，子产殖之。子产而死，谁其嗣之？"（《左传·襄公三十年》）

正确理解"舆人"，是理解子产新政功绩的密钥。郑玄注"舆人"为"众"。学者认为，"舆人"为奴隶，或是"国人"中低等级的"士"。而一些教科书译为"夺取衣冠是为了征税，剥夺我的耕地是为收取军赋"，认为子产是个只会征税的"酷吏"。

那么，舆人到底是什么样的人呢？学者考证认为，"舆人"是庶人之一部，是临时被征发的役徒，主要来自庶人阶层，本业为农的"民"或"小人"。他们被征发后，衣服被统一收缴，配备统一的制服（非甲胄），承担军中的后勤保障任务。这些人有"衣冠""田畴"，但并非"国人"，而相当于新兴地主阶层，有与其身份和地位相称的衣冠和耕地。他们原来在"野鄙"耕作，并不交粮纳税，类似自耕农，"日出而作，日入而息。凿井而饮，耕田而食。帝力于我何有哉"（《击壤歌》）大概是这类人生活状态的写照。可能还包括一部分生活优渥的低等级"士""商人""农人"。郑国是天下通衢，殷商遗民中会经营的富人被监禁在洛阳以东荥阳一带，郑人从西边迁过来，就在这个地方落脚，所以这里有经商传统。人有了钱，在着装上向贵族学习，有"僭越"的嫌疑。但到了军队，就要遵守军纪，这触动了他们心中最柔软的神经。

子产执政后，着手管理这类人群，让他们承担军赋和徭役，损害了他们的利益，限制了私生活，导致这类人的不满情绪大爆发。"清华简"《子产》和

《左传》关于国野分治、都鄙有章的政策，尤其是《子产》中的"以野三分，粟三分，兵三分，是谓仪固，助政德之固。固以自守，不用民于兵甲战斗，曰武爱，以成政德之爱"，从另一个方面证明舆人就是"野鄙"中的自耕农，有田地，有衣冠，是相对富裕的阶层。子产以"武爱"为原则，不让他们冲锋陷阵，想方设法地保护他们。即使如此，新政还是触及了他们的利益，所以，他们牢骚满腹，发誓杀掉子产。

关于收缴"舆人"的奇装异服，"清华简"《子产》也有新证据："乃禁辛道、爽语、虚言无实；乃禁卷战、相冒、燕乐、饰美宫室衣裘、好饮饮酰酱以称㓨者，此谓'由善靡卷'。"这表明子产执政，严禁奢靡之风，严禁奇装异服、大吃大喝，严打寻衅滋事、聚众斗殴等行为。"舆人"入伍，所穿戴"衣冠"被统一收缴，再发给统一军服，就顺理成章了。民间着装有僭越犯上嫌疑的，也一并收缴，以秩序定穿着。

上述解释，还有历史大趋势和郑国特殊的政权支撑力量的依据。

第一，天下（郑国尤甚）贵族日趋没落，而下层社会逐步走上社会舞台，成为社会中活跃的力量，国君不得不调动并使用他们对抗贵族力量。郑简公的统治能力基本为零，政在卿大夫，要改变这种力量结构，必须寻找并培育新的社会力量。同时期的孔子开办私塾，"学而不厌，诲人不倦"，向社会下层传播文化，与"我有弟子，子产诲之"异曲而同工，是一种培养社会新生力量的大趋势。

第二，考虑到郑国的"七穆"乱局，子产采取了分类治之的办法。"国都"一套政策，估计主要针对郑人部族，相对比较优厚，稳定其情绪，这是子产智慧的一面。"野鄙"一套政策，将平民阶层拉入国家的核心建构力量，催生新的社会阶层。相对于战国时的李悝、吴起和商鞅，子产对待贵族的手段比较温和，触动平民利益的手段也不是太严酷。因此，子产的新政三年就见成效。而商鞅用了五年时间，秦人才感觉到变法政策好。

第三，"舆人"发牢骚，并没有牵动"七穆"，虽然有人想杀子产，但有以子皮为核心的贵族保护，子产能顺利变法，使郑国一时强盛。这是子产在培养执政的新生力量。但郑国上层始终没有异姓新鲜血液（类似魏、秦的"客卿"），变革不彻底。子产只能在有限的时光内维持郑国稳定。他死后，新生力量不能奋起，在三晋力量的挤压下，轰然倒塌。子产的变革是法家的萌芽，是晋法家的滥觞，接力者就是三晋力量。

第四，子产新政的"双轨制"，国都一套政策，野鄙一套政策，分"郑令""野令""郑刑""野刑"，是明显的歧视政策。付出得不到相应回报时，向来经济和精神比较自由的"舆人"产生不满，是完全可以理解的。他们懂得了子产的良苦用心，并获得实实在在的好处后，自然非常赞同子产。

都鄙有章

前文说过，都鄙有章，是国都和野鄙实行"双轨制"，国都的贵族与野民鄙夫遵循不同的命令和刑法。"郑令""野令""郑刑""野刑"同时存在。"有章"是"成文的章法"，涵盖生活的很多方面。"上下有服"是指按照官职、年龄、尊卑等划分的人群各有各的权利和责任，必须严格遵守，各得其所。

据《子产》推测，郑国血缘和地缘上距离东周最近，"郑令""野令""郑刑"可能以西周的《九刑》为底本，修改而成。殷商遗民集中的东部，以《汤刑》为蓝本，修改颁行。

作丘赋

所谓"田有封洫"，是耕地用沟洫分割开来，明确各地块的所有权人。井田制一共九百亩，划分成九块，每块一百亩，用沟分开。而一万亩的大地块则用洫（大沟）分开。有周一朝就是靠"封建"制占有天下，"封"乃是"天子"之封，郑国用"封"，也表示国君认可的土地边界，授田委民，是在邦国内的"小封建"。

"君主"授田可不是白送，田地所有权人必须承担赋税和徭役，这就叫"庐井有伍"，也就是在井田制的基础上建立"军队"，寓兵于民，军队建在乡村、井田上，农闲时训练，农忙时种田。这个做法和管仲的"寓政令、军令于民"有一定的相似性。

随之而来的，就是"作丘赋"政策，大概学自鲁国的"作丘甲"制度，按丘征发军赋，按丘出车马兵甲。鲁成公元年（前590），初税亩后四年，"作丘甲"。军赋征收原以一甸为单位，作丘甲后军赋改以一丘为单位，一丘田为十六井，一甸田为六十四井，现在一丘田要承担过去一甸田的军赋，意味着负担为原来的四倍。鲁昭公四年（前538），子产"作丘赋"，是在郑国改革田制的基础上实行的军事改革与财政改革，按土地丘数征收军赋。鲁哀公十二年（前483），鲁国进一步采取"用田赋"的办法，军赋由按丘计算改为按田亩数征收，越来越精确、公平。

子产"作丘赋"，触动了权贵阶层的利益，"国人"表示强烈不满："这家伙的父亲死在路上，自己要做蝎尾刺人，还发布强制命令，看来国将不国。"

子宽闻听，赶紧通风报信。子产闻听，说："这有什么妨害？让他们说去吧！如果有利于国家发展、和平安宁，生死我都不计较。俗话说，为善者不易其法，故能成功。为国者，不可放纵百姓，不可变易法制。《诗》说：'礼义无过，何怕人言？'打死我也不改了。"

子宽私下对人说："国氏（子产族姓）恐怕要先灭亡吧！君子不厚道以制法定令，以贪婪为务。为贪婪而制法定令，能有好结果吗？姬姓之国，与蔡比，曹、滕先亡的吧！就因为它紧挨着大国，还轻慢无礼。郑也会先于卫而灭亡，只是因为咱们以大国为邻，还无法无天，胡乱征税加赋。政不循旧法，率性而为，也不问计于国人，想征就征。人各有志，各有所私，谁还打心眼里尊敬身在高位者呢？"

由"舆人诵""庐井有伍""作丘赋"看，子产的新政经历了三个阶段。第一个阶段是"田有封洫"，确定土地所有权，平息民争。第二个阶段是让百姓出"兵役"，参与军事后勤任务，甚至行军打仗，大概于子产执政时就实行了。第三个阶段是征收军费。在第一个阶段取得胜利后，总结经验教训，就进一步改变方法，"作丘赋"，前后相差六年。可见，子产也非常谨慎，不是蛮干。

稳定上层关系

子产当政，推行都鄙"双轨制"，有两重考虑：一为搞好与穆族人的关系，稳定局面；二为富国强民，增强郑国的财力和军力。

子皮推举子产当政，当然对他非常信任，连亲儿子尹何找工作都要请示子产。子皮想让儿子去执掌一个"邑"。

子产说："你儿子太年轻，无经验，无阅历，恐怕玩不转呢！"

子皮说："我想让他去。我非常爱他，至少这小子不会造反。让他去，是骡子是马，拉出来遛遛。他也就知道治理之术了。"

子产说："此言差矣。爱人，是想让他更好，多获利益。您让他去锻炼，这好比让没有耍弄过利刃的人去割肉，反而会让他受伤。如此爱人，只会让被爱的人受伤，谁还敢接受你的爱？您对于郑国，是国之栋梁，栋梁折断了，我子产又将焉附？我岂敢不实情相告？比如你有很漂亮的丝绸，你绝对不会让新手练习裁剪。大官、大邑，是护身符。如果让学生去管理，和美锦相比，不是太过了吗？我听说任人须从学习做起，从未听说从政后再学习的事。如果真这么办，一定会有祸害。比方说，田间打猎，射手和车夫勤学苦练，练就一身本领，才能猎获丰富。不然，让没有驾车射箭经验的上场，打不到猎物倒不要紧，还要担心车毁人亡，哪里有工夫考虑打猎的事？"

子皮豁然开朗，说："我罕虎愚钝。我听说君子一定要明白大事，高瞻远瞩，而小人只看眼前的蝇头小利。看来，我罕虎符合小人的标准。衣服附在我身上，我很明白，而且小心谨慎地打理梳妆。大官、大邑也是铁布衫，护身符啊，我却远离而轻慢待之。多亏你的一番逆耳忠言的开导，不然我真的什么都不明白。以前我曾经说：'你为郑国做事，我为自家操心，为自己构建一个庇护所，就行了。'看来，从今而后就知道不足了。自今天起，我请求，我家族也要听你的吩咐行事。"

子产说："人心各不相同，和人的面目一样千差万别。我怎敢说你面和我面一样呢？只是考虑到这样做的危害，故将实情告知。"

由此，我们可知，兄弟们各有自己的封地大邑，各霸一方，各管一摊。这大概是子产搞"都鄙有章"的社会背景。

子产执政，有事要伯石（公孙段）帮忙办理，事情办完就奖励他一座城邑。子太叔表示反对，对子产说："国，是大家共享的国。为什么单独奖励给他？"

子产说："人无欲实难，人人都想满足自己的欲望才接受差使，全力以赴地去干，直至获得成功。功劳不是我的，难道还是别人的吗？不就是一座城邑吗？有什么好吝惜的呢，它还能搬到别国去不成？"

子太叔说："我们四周的国家怎么应付？"

子产说："各方的利益是一致的，不相互抵牾，还都得到利益。周边国家又有何怨？《郑书》有言：'安定国家，一定要先稳定大族。'所以，咱们姑且先安顿伯有这一族，你且等待，他早晚会归还回来。"

不久，伯石心中害怕，便归还了城邑，但子产最终还是奖给了他。伯有死后，让太史任命伯石为卿，伯石推辞了。太史回来后，伯石却又请求任命自己，被任命后又推辞。如此反复几次，他才接受策命，入宫拜谢。子产因此厌恶伯石的人品，始终不予提拔重用。

子产对"七穆"讲究原则，可谓仁至义尽。丰卷（字子张，公孙段之子）就要祭祀了，请求饲养牲畜的耕地，养育出的牲畜用作牺牲，祭祀上苍和祖宗。子产坚决不答应，说："只有国君才有资格用活着的牲畜，其他人用宰杀的牲畜就行了。"丰卷非常愤怒，退朝后就征兵攻打子产。子产要逃奔晋国，子皮赶紧劝阻他，转而驱逐子张。于是，丰卷逃晋避难。子产请求代为管理丰卷的地盘，并在三年后还给了丰卷家族。

不毁乡校，听从民意

《左传》有关于"子产不毁乡校"的记载。乡校是春秋时设在乡的学校，也是国人议论政治的地方。子产当政，出台政策法令，郑的"国人"就去乡校调研情况，并议论执政得失。

然明（子产手下大臣）害怕了，就对子产说："把乡校拆毁吧，别让这帮小子搬弄是非了，长此以往，恐怕会出乱子。"

子产不以为然："你这是何必呢？人们干一天的活计，吃完晚饭，就到乡校里逛逛，议论政策得失。他们喜欢的，我就推行。厌恶的，我就改正。他们是我的老师，怎么能拆掉呢？我听说，忠善能减损怨恨，不曾听说作威能防范怨恨。堵塞这些言论不是很容易吗？一句话就能让他们闭嘴。但这好比堵塞大河决口。大决口淹死的人必然多，我没法救。不如让河流决口小一点儿，疏导水流，这样就不会有人被淹死了。对待街谈巷议，我们不如认真倾听，想办法对症下药，使政策更加符合民意。"

然明佩服得五体投地："从今往后，我知道大人您的确是一位好领导，跟着您干，保准错不了。鄙人没什么能耐，郑国还真的要仰仗您啊，其他臣子的见识真不在一个层面上，差远了。"

《尚书·泰誓》说："天视自我民视，天听自我民听。"上天所见所闻，就是百姓的所见所闻。所以，以民为天，可以知兴衰、晓国运。子产不毁乡校，本质上是承认庶民议政，广泛听取意见，作为执政的依据。后世王朝莫不尊崇之，以为治国法式，顺之者国兴民旺，逆之者国衰民苦。

这个故事中，子产用了一个形象的比喻，说防民之口甚于防川，大决口伤人多，小决口伤人少。这个逻辑同样出现在"宽猛相济"的法治哲学中。《左传·昭公二十年》中有详尽的表述：

> 郑子产有疾，谓子大叔曰："我死，子必为政。惟有德者能以宽服民，其次莫如猛。夫火烈，民望而畏之，故鲜死焉。水懦弱，民狎而玩之，则多死焉。故宽难。"疾数月而卒。
>
> 大叔为政，不忍猛而宽。郑国多盗，取人于萑苻之泽。大叔悔之，曰："吾早从夫子，不及此。"兴徒兵以攻萑苻之盗，尽杀之，盗少止。仲尼曰："善哉！政宽则民慢，慢则纠之以猛；猛则民残，残则施之以宽。宽以济猛，猛以济宽，政是以和……"

子产知道寿命将尽，对接班人子太叔（子大叔）说："我死后，你一定会接替我。服民之法有二，一是品德高尚者以宽政服民，二是发布并执行严酷法令服民。比方说，大火烧得越猛烈，百姓就越拼命躲避，就不会被烧死。河水懦弱温柔，风平浪静，百姓反而轻视并喜欢玩耍，结果被淹死者无法胜数。宽政是好，但要做到真的不容易。"子产数月后病故，子太叔执政，奉行宽政。郑国盗贼蜂起，藏在芦苇丛里，杀人越货。子太叔后悔说："我要是听从子产的嘱咐，哪能到这步田地？"于是，他发动徒兵，全歼藏在芦苇丛的盗贼，盗贼才收敛。孔子评价说："太好了。政宽则百姓轻慢妄作，轻慢妄作则用猛严之政纠正。施行猛严之政，部分人则受伤害。再施行宽政，以救济受牵连者。宽政以济助猛政，猛政以辅助宽政，宽猛相济，才能政通人和。"用现在的话说，就是一手软，一手硬，软硬结合，方能天下大治。

宽政是礼治，猛政是法治。当时，礼为周礼，在上层社会中普遍实行，刑不上大夫，大概因为大夫们有严格的礼制约束，不可僭越，一旦逾越雷池，则必受其罚。但大夫以下，则是社会管理的空白，随着新兴地主阶层的崛起，那些没有爵位的人，需要制定严酷刑罚，以确保天下有序运行。子产对付"小决"就是礼治，对付"大决"则必以法治。当过鲁司寇的孔子，也知道大时代来了，礼制无法解决社会的全部问题，必须用刑罚来辅助。

不毁乡校和宽严相济，一个发生在子产执政的开头，一个发生在他政治生命的结尾，体现了子产前后一致的执政理念。宽严相济的执政观，大概就是后世王朝遵循的法式了。

不信鬼神

公元前524年夏，宋、卫、许、郑同时发生大火，来得还相当奇特。此前，曾有彗星出现，鲁国梓慎和郑国裨灶通过夜观天象，对这场大火做出预报。他们的依据是"融风"。"融"为"木"，木为火之母，火得风而盛炽。融风，大概相当于今天的"干热风"，麦收前后，南来的空气干燥，空气升温快，蒸发量大，植物很容易缺水而干死。此时若有明火被"干热风"吹拂，很容易呈燎原之势。

不过，郑国在子产的指挥调度下，将损失降到了最低。事后，裨灶对子产说："你看我预测得多准。赶快祭祷吧，否则，还有更大的火呢！"

游吉（子太叔）也劝子产说："不就是一件宝贝吗？珍宝就是用来保护人民的，给他，让他去办。如果再有大火，咱们国全毁了，既然珍宝可以救国家于既亡，有何舍不得呢？"原来，祭祀需要珍宝，才能感动上天。

子产回答说："天道玄远不可测，人道切近而可握，他的能耐根本达不到掌握天道，他凭什么窥知天道呢？又有什么能耐调动天道？他那种预测，瞎蒙的吧，蒙多了，偶尔一两次说中罢了！"

子产坚决不给裨灶珍宝，郑国也没有发生裨灶说的大火灾。原来，子产还有点科学精神，不信鬼神，不信无根据之言。人间事情的解决，还是要靠自己的双手两足，人道最近，不能舍近而求远。但凡不依靠百姓而偏信鬼神的，不是私欲膨胀，就是精神上有毛病。古今一理也。

铸刑鼎以救世

子产于公元前543年执掌国政，经过八年，于公元前536年3月，把成文法铸在铁鼎之上，明法申令，公之于众，被称为"铸刑鼎"。这是中国历史上的标志性事件，为法学思想界高度称道。

第一，中国的成文法正式出现。此前，虽然历史记载有各种各样的章法、刑法，但不见成文法。

第二，法律背后的权力来源和法律执行的力量，与君王挂钩，体现了治国者的意志。因为鼎是君权、王权的象征，地位崇高。

第三，法律的公开、公平、透明性得以实施。在此之前，法律刑赏都掌握在贵族手中，予取予夺，奴隶、自耕农、商人等并不知道，也不明白，因为他们没有文化，无力抗辩，所以法律不公布，更有利于贵族统治集团。公开，实际上是对贵族统治集团的打击，是对社会新兴地主阶层、新兴商人、自耕农的支持。

第四，标志着古代社会的巨变拉开了序幕，即贵族社会向平民社会转变的开始。稍晚于子产的孔子通过开私学，拉开了贵族学向平民输送的大变革，他的很多学生都是平民出身，有教无类，表明了这样的发展趋势。上层建筑尤其是法制建设，也应时而变，进入新的发展阶段。

第五，子产铸刑鼎的目的，就他而言，是救世。

子产铸刑鼎的消息传到晋国。叔向大为光火，认为子产破坏规矩，犯了天条，于是致信痛斥子产（《左传·昭公六年》）。

叔向使诒子产书曰："始吾有虞于子，今则已矣。昔先王议事以制，不为刑辟，惧民之有争心也。犹不可禁御，是故闲之以义，纠之以政，行之以礼，守之以信，奉之以仁，制为禄位以劝其从，严断刑罚以威其淫。惧其未也，故诲之以忠，耸之以行，教之以务，使之以和，临之以敬，莅之以强，断之以刚。犹求圣哲之上，明察之官，忠信之长，慈惠之师，民于是乎可任使也，而不生祸乱。民知有辟，则不忌于上，并有争心，以征于书，而徼幸以成之，弗可为矣。夏有乱政而作《禹刑》，商有乱政而作《汤刑》，周有乱政而作《九刑》，三辟之兴，皆叔世也。今吾子相郑国，作封洫，立谤政，制参辟，铸刑书，将以靖民，不亦难乎？《诗》曰：'仪式刑文王之德，日靖四方。'又曰：'仪刑文王，万邦作孚。'如是，何辟之有？民知争端矣，将弃礼而征于书。锥刀之末，将尽争之。乱狱滋丰，贿赂并行，终子之世，郑其败乎！肸闻之，国将亡，必多制，其此之谓乎！"

复书曰："若吾子之言，侨不才，不能及子孙，吾以救世也。既不承命，敢忘大惠？"

叔向说："我开始对您寄予希望，现在一切都结束了。从前先王审情断案，并不制定明文刑法，害怕百姓依照法条争来夺去。这样，仍不能防民作奸犯科，就用道义来防范，用政令来约束，用礼仪来奉行，用信用来保持，用仁爱来养德。制定禄位，以勉励服从者，严判罪行，以威胁不轨。即使如此，还怕效果不彰，则以忠诚教化百姓，根据行为效果奖励，向他们传授专业技艺，和颜悦色地役使，严肃认真地对待，威严监视，严格断案以防奸。为此，访求聪敏贤能卿相、明理之官、忠信乡长、慈爱之师，在这样的环境条件下，百姓才听任调遣，不乱作胡为。如果百姓懂得法律，按照法律行事，就不会对上级恭敬。百姓有争夺偷盗之心，研究刑法的漏洞，钻空子，而且侥幸成功，国家还怎么治理？夏朝有违政令的行为，就制定《禹刑》以防范。商朝有触犯政令者，就制定《汤刑》以吓阻。周朝有触犯政令者，就制定《九刑》以严惩。可你知道吗？这三种刑法，都是在国家行将灭亡的时候制定的。现在您主掌郑国，以沟洫划定田界，设置毁谤政事禁令，依三王刑法制定新刑法，把刑法铸在鼎上，这样靖安百姓，不是很难的事吗？《诗经》教导我们：'只要诸侯国效法文王的德行，就能和平稳定。'又说：'效法文王，万邦信服。'像这样，何必制定公布法律？若百姓知道争夺的依据，就会舍弃礼仪而参考援引刑书，咬文嚼字都要争个明白。这样，犯法案件日繁，贿赂横行以枉法。我不客气地讲，你活一日，郑国恐怕要衰败一日。我听说，'行将灭亡之国，法令滋彰'，大概就说的是你们郑国吧！"

子产复信说："先生你分析得很对，谢谢指教。在下不才，实在无法考虑到子孙后代，看得没那么远。我主要是为挽救当前郑国的危难局面。我虽然无法照您的命令办，但岂敢忘了您的指教？"

晋国有个大夫叫士文伯，观天象，论五行，也火上浇油，说："大火星出现，郑国恐怕会发生大火灾吧！大火星还没有出现，而使用火来铸造刑器，包藏着引起争论的法律。大火星如果象征这个，不引起火灾还能表示什么？"果然，郑国秋天就发生了一次大火灾。

子产和叔向的书信往来，信息量很大，在中国法律思想史上有重大意义。

第一，叔向反对子产铸刑鼎的主要理由是，百姓一旦知悉法律，就会按照法律条文争权夺利，就会弃礼义于不顾。而掌管礼义、法条解释权的，恰恰是贵族上层。百姓不再听命于贵族，这不相当于自掘坟墓吗？井田制瓦解，百姓逃散，贵族又将焉附？贵族无所附，军队谁来养？用明法申令的方式管控国家，无异于釜底抽薪，预想国家大治，岂可得乎？其实，子产时代，天子衰落，国君也衰落，贵族体系整体性崩溃，国君的子孙、庶孽子孙，代代疏远变迁，宗法力量越来越弱，先王之道的力量式微。封建社会的根已经烂了，叔向还在依据先王之道教训子产，的确不合时宜。

郑国当时是什么情况呢？"清华简"《子产》篇说："乃禁辛道、爽语，虚言无实；乃禁卷战、相冒、燕乐、饰美宫室衣裘、好饮飤酰酱以称仞者，此谓'由善靡卷'。"由此推测，郑国当时打架斗殴，奢靡成风，百姓说假话、谎话成风，不禁不行。成语"郑卫之声"就是说郑卫之地本为殷商故地，敬鬼神之音流荡，孔子说"乐则《韶》舞，放郑声，远佞人。郑声淫，佞人殆"（《论语·卫灵公》），"恶紫之夺朱也，恶郑声之乱雅也"（《论语·阳货》）。孔子与子产同时代，又去过郑国，所言不虚。伯有夜夜笙歌，耽误早朝，就是贵族社会奢靡的表现。一句话，先王之道生存的环境恶化了，必须要出现新的治理模式。

但是，子产并没有完全抛弃贵族，他明白"先王之法"还有剩余价值，故在国都实行"郑令""郑刑"，在"野鄙"实行"野令""野刑"。子产窃喜：叔向啊叔向，你批评对了一半，不了解另一半吧！

第二，叔向准确地预测，若明法申令，让百姓了解法律条文，百姓就会咬文嚼字，争权夺利，如此，就会法令滋彰。接着打官司的越来越多，律师到处飞，监狱人满为患；贪赃枉法的越来越多，既然打官司能获得利益，就会有人买通法官以求枉法裁判。子产你能管理过来吗？还不如先王之法有效。统治团队、官僚集团还未建立，天下管理靠谁？郑国的管理团队成员均来自家族内部，是典型的家国体制，可国家已经分为国人和野人，那么，谁去管理国都外的空间人等？这实际上意味着郡县制有一种内在的张力，早晚要脱颖而出。走在变革前头的，国家才有出路。这似乎预示着秦帝国的兴起。

第三，叔向打蛇打七寸，击中子产要害。他说，夏商周制定法律，严刑峻法的时候，恰恰是王朝末期，行将就木之时。就好像人生了大病，必须下猛药、动手术才能起死回生。言外之意，郑国是不是已经衰乱得不可救药啦？如果是，子产你也没办法救，想救也救不过来。像周文王所说，用品德治理国家，国家就安定祥和，忠诚守信。现在，品德不管用了，要靠法治挽救，的确不容易。

子产不是不明白的。他认为，叔向说得很对，吃饭管用，谁还吃药，我不过是在"救世"。一个"救"字，充分表明郑国的危困局面，子产靠公布法律建立统一标准，动员全社会的力量形成合力，让郑国恢复活力。但是，与管仲和后世法家富国强兵、争霸天下的宏伟理想不同，子产的理想太小，不能高飞，这大概是子产死后郑国快速灭亡的原因之一。

第四，子产采取的措施"作封洫，立谤政，制参辟，铸刑书"，为后世法家效法。作封洫，就是确定产权，是产权制度的雏形，对于调动生产者积极性，防止兼并和民间纠纷血拼，进而收取军赋，类似编户齐民的思想。立谤政，即制定诽谤政令的法规，不得随意诽谤政策法规。制参辟，是指拼凑夏商周三代的刑法以为郑法。"清华简"《子产》中说，"子产既由善用圣，班羞勿俊之行，乃肄三邦之令，以为郑令、野令，导之以教。乃绎天地、逆顺、刚柔，以咸禁御。聿三邦之刑，以为郑刑、野刑，行以峻命裕仪，以释无教不辜，此谓张美弃恶"，这表明叔向所言子产"制参辟"是有历史依据的。

大趋势面前，谁能挡得住？叔向把子产好一顿数落，可他想不到的是，在子产公布法律二十三年后，公元前513年，晋国大臣赵鞅、荀寅将前执政范宣子生前所著的法典铸在铁鼎上，公之于众。一年前，公元前514年，叔向的家族因其子犯法被灭。如果叔向还活着，他会怎么想？

晋国这次铸刑鼎，被后世誉为晋国新势力取得政权后采取的一项重大措施。晋国铸刑鼎，是赵鞅受士鞅和荀寅操纵，具体操刀完成的。由于没有得到执政卿和晋顷公[①]的同意，遭到了普遍反对。

[①] 晋顷公的谥号"顷"非常贴切，他在位期间，晋公室卑微不堪，大权落入大夫之手，公族被诛杀，晋国由此走向"三家分晋"的歧路。

孔子闻听，惊呼说："晋其亡乎？失其度矣！"孔子认为，刑书公布于鼎，会打乱晋国政治秩序，乱国之道也。他认为，晋国只要谨守祖宗成法，就足以治国安邦，保持礼乐政治秩序。晋国铸刑鼎相当危险，颠覆了尊卑、贵贱秩序，是亡国之征。"今弃是度也，而为刑鼎。民在鼎矣，何以尊贵？贵何业之守？贵贱无序何以为国？"孔子不仅批评晋国铸刑鼎的行为，还严厉批评其刑书的内容。他认为，刑鼎所布刑书内容是范宣子乱政的结果，是"乱制"。"且夫宣子之刑，夷之蒐也，晋国之乱制也！若之何以为法"，孔子指责范宣子的刑书，是在夷地检阅时制定的，是违犯晋国旧礼的乱法，不能把它当成法律。

可见，叔向和孔子担心的共同问题是尊卑、贵贱传统礼制的崩解，以及崩解后的天下大乱。他们还没有为社会的大变革想好制度框架，总想恢复"先王之法"的活力。但是，社会的力量结构在变化，上层建筑不随之而动，就会慢慢退出历史舞台。子产和赵鞅铸刑鼎，是颠覆旧秩序的发令枪。晋国拿到接力棒，在法家治国的道路上狂奔，这迎来了晋法家思想的璀璨光辉。

"清华简"《子产》的执政思想

为政和执政，有点小差别。为政，有制定法律之意，就是全面操盘。根据"清华简"《子产》的释读结果，可以总结子产执政的主要特色。

第一，能信，上下乃周。规章制度能不能贯彻执行，关键在于百姓和君主之间能否建立信任，能相互信任，上下才能周全，运行无碍。先王圣君，都是以身作则，严格要求自己，再来役使百姓，百姓才生实信，他们绝对不信任那些不可信任的君主。信任，是法治社会的最基本条件。子产、李悝、吴起、商鞅等莫不从信任入手，建立自己的法律体系和法治体系。

第二，存亡在君。国家存亡在于君王，法治体系良性运作的关键也在君王。不良君王仰仗高位，享受福禄，不怕失去百姓的拥戴。惧怕失去百姓，自己应有所戒备，戒备之法是明确君王的天命责任，巩固自己的权位。权位稳固则国家安定，国家安定则百姓繁荣昌盛，国家危急则百姓奔逃。所以，法家的一个重要使命就是"依靠君权，巩固君权，强化权力集中，君主集权"。

第三，无好恶。子产的爱好憎恶，从不让外人知道。内心始终保持君主的品格永不改变，一切以中正和谐为原则。任人唯贤，无任何偏私。为此克服自己的私欲，战胜自我，对外树立威信，达到"自胜立中"的崇高境界。

第四，行为谨慎之理。顺利完成政务，对政务活动有利，巩固政治治理方面有一套规则可以遵守。完成政治任务在于自己，要彬彬有礼，缓急有度。仪态恭谨，举止有节。瞻视有秩，从节行礼一定要遵守秩序。行礼执政有规律，说出的话一定有回声、有结果，以此知自己得失。有道之君以长存为乐，无道之君则以取亡为乐。

第五，以逸乐为卑事。子产居住简朴，从不扩大私宅，不喜楼台宫室，不喜雕车、宝马、狐裘。时常自诫，千万不能奢侈靡费，以致迷失自我。大院台寝，三归美宅，衣着华丽，神态骄矜，是自我迷失，坚决不做。君子应知惧怕，有忧患之心方能避免之。克服灾难有妙法，灾难叠加就接近灭亡。

第六，不兴举私事，以加罪于百姓。国君治理百姓有章法，经常内省不疚，勤勉敬事，就能安立其位，天命稳固。为臣敬畏国君有方，内存敬畏就不会犯错。为臣者，不为能力之外。国君无私事，当以天下百姓之事为事。得民心者，天殃不至，外仇顺服。若国君以私事役使百姓，天灾人祸将兴，盗贼蜂集，则百姓四散飘零。百姓避逃则国君危。自己本造罪，反诬赖他人，实在无可救药。

第七，因前遂故（依据先王之法治国）。有道之君能通过治理其邦国使民和谐共处，共享太平。和民有办法，大国能长期繁荣，小国能坚守独立发展，不受外界干扰。用此方法，可以酬谢上天的恩德，也能上通神明，下可以聚集百姓，招募贤达才俊，能抵御灾害毁伤，这就是先王圣君得以发展邦国的方法。

第八，民信志之。以前能尽力为自己的邦国家族服务，成名天下者，以身作则，垂范天下而已。以身作则的方法，不靠天上掉下来的冥冥仰福，也不靠安逸求得，不为私利而损德行，也不靠暴虐搜刮百姓。子产辅佐六政之官，处处与善为伍，以忍让对待非善之人，不让他们违背干扰行政工作。鞠躬尽瘁，尽全力做好国家行政事务，外交出使不卑不亢，不辱使命。子产解纷纠乱，治变解患，即使受到诽谤也义无反顾。尽力尽心把事做到最好，以帮助国君治理百姓。即使百姓有过失、过度逸乐，也不轻易杀人了事，说："如果我坚守善道，外界怎能干扰我。我如果荒殆政事，则百姓都会陷于困难。"百姓能以君为模范，才是发自内心不忘怀。

第九，由善靡卷（以善良引导，切除群体性昏乱）。古代狂妄不仁国君，贬低善良先王的节俭品德，以己浅薄智慧反认为百姓无法役使指挥，遭遇困难就束手无策，国因此破败。善能之君定会遵循贤能先君之法，寻贤访士，重用贤良，委以重任，分担国政，以获得坚实辅佐。子产选用先君培养的俊才，大概有桑丘仲文、杜噬、肥仲、王子伯愿。他任用了六个辅助官员：子羽、子剌、然明、裨谌、倍之辨、王子百。他制定了法令禁止假话、诳语、空言，禁止聚众斗殴、宗族冲突和臣子越权执政，禁止奢侈淫乐、着装华贵、豪华住所，禁止狂饮海喝美酒佳酿，疏远奢侈狂纵之类。

第十，张美弃恶（弘扬美德，摒弃恶行）。子产采取有力的措施由善引导，用圣王之法，列举违法犯罪行为，于是师法夏、商、周三代之令，制定"郑令""野令"，通过广泛教育引导百姓遵守。根据天地、逆顺、刚柔的原则，全部纳入法律禁止和调控的轨道。遵照夏、商、周三代的刑律，制定"郑刑""野刑"，严格执行法令，法律宽缓有度，遵守礼义规范，以和缓宽待不懂法令的无辜之民。

第十一，仪固、武爱和政德之爱。子产为百姓制定法律程序和断案标准，司法和执法贯通一体。野鄙之地分为上地、中地、下地三部分，粮食分为锄粟、屋粟和间粟三部分，兵士分为上士、中士和下士，各以其身高确定之，这称为仪轨标准固定不变，为制定政德标准奠定基础。内政巩固旨在自我防卫，并非役使百姓参与兵甲战斗，这就是"武爱"原则，进而成就政德之爱。遵守礼仪，促进和谐美善，故可用于国际交往，搞好国际关系，所以，大国也愿意采纳他的谋划方略。只有对自己有真切的认识，才能对自己生存的环境有明确的认识。对自己赖以生存的条件有了解，必须先考虑别人的利益。先考虑别人的利益诉求，然后再考虑自身的要求，试看两者能否一致。自身、家族、邦国、诸侯和天地之间关系固定，相互促进，不相违背，最后才可以共同发展，成就丰功伟业。

三、邓析的"竹刑"与律师生涯

子产执政时，邓析才呱呱坠地。到子产铸刑鼎，邓析约九岁。子产去世时，邓析约二十三岁。如果邓析从十六岁开始有政治活动，子产和邓析的交集时间有七年左右。

"两可说"

《吕氏春秋·离谓篇》记载了几个故事，可让我们一窥"两可说"。

一次，洧河洪水滔滔，有个富人被大水淹死。其尸体被人捞起。死者家人得悉，赶紧去索要尸体，并支付辛苦费。想不到，打捞人漫天要价，非常离谱。于是，死者家属找到邓析，请他出主意。邓析收到"律师费"，说："你们放心吧，打捞人家只能把尸体卖给你们，别人是不会买的。"于是，死者家属不再登门。打捞人守着尸体，如坐针毡，也来请邓析出主意。邓析收下"咨询费"，说："你放心，他们除了向你家买尸体，还有第二家吗？稍等，他们就会上门索要。你坐等收钱即可。"

依照邓析的逻辑，左也可以，右也可以，没有正理可言，无一定之规可从。那么，子产定的法律制度，是不是也可以"两可解释"？条文任意解释，怎么说都是自己的理，法律的权威就无存了。"两可说"相当于否定了刑书，否定法律权利的绝对性和权威性，让百姓嘲笑那些制定刑书的人。这正是叔向、孔子担心有人钻法律空子的问题。

第二章　子产与邓析：刑书斗法，孕育华夏法制

培训民间律师，承揽诉讼

子产治理郑国，邓析却唱对台戏，针尖对麦芒。子产公布了法律，百姓都知道了，纷纷拿起法律武器，维护自己的利益。邓析应势而起，干起帮百姓打官司的活计。他的律师[①]费标准是：大案，一件上衣做报酬；小案，一件短衣做报酬。收费比较亲民。百姓拿着各式衣服来跟他学习打官司。邓析巧舌如簧，辩解能力超强，能把错误的辩成正确的，正确的扭曲为错误的，是非没有标准，可做和不可做的标准一日数变。打官司的，想要他胜他就胜，想要他受刑罚就让他受刑罚，郑国因此非常混乱，百姓不知所措。

子产作刑书，公布于众，教育指导百姓学法用法。邓析心有不平，根据自己的认识，汇集打官司的经验著刑书，将其刻在竹简上。这就是历史上非常有名的"竹刑"，与子产的"刑鼎"并立。竹刑没有得到官方认可，没有效力。

竹刑失传，不见史籍，但仍可通过蛛丝马迹，对它的思想做一管窥。

第一，"无厚思想"及其"法律面前人人平等"的革命性。据考证，传世文献《无厚》为邓析所作，其中云："天于人，无厚也。君于民，无厚也。父于子，无厚也。兄于弟，无厚也。何以言之？"上天对于人，无偏爱之分。国君对于民众，也无偏爱之分，兄对于弟，也无偏爱厚薄之分。原因是上天不能让夭折的人长寿，也不能使好人高寿。有些人因为贫穷，或诈伪，或偷盗，而国君一概诛杀，所以，国君对待人也是无厚薄偏爱。尧舜贵为天子，他们的儿子却为布衣，表明对待儿子也无偏爱，周公诛杀管叔、蔡叔，表明对弟弟也无偏爱。他旨在证明，天地之间有公平尺度，不因好恶而使其人有所偏爱。这个尺度，就是"刑罚制令"。进而，延伸证明"法律面前人人平等"，应该一视同仁，王子犯法与庶民同罪。可是，子产将郑国人划分开来，国人一套体系，野鄙一套体系，完全是歧视性的法律政策。所以，两者产生了严重的对抗。

[①] 律师，本来是佛教用语，是掌握佛教仪轨的人。佛教有经、律、论三藏。律就是僧侣的戒律、寺院管理之类的。后来被用于法律方面。邓析时叫辩者。文中用律师，是为读者容易理解。

第二，循名责实，名实相副，无有偏私，是政令畅通、天下大治的根本原则。《无厚》云："循名责实，君之事也。奉法宣令，臣之职也。下不得自擅，上操其柄而不理者，未之有也。君有三累，臣有四责。何谓三累？惟亲所信，一累；以名取士，二累；近故亲疏，三累。何谓四责？受重赏而无功，一责；居大位而不治，二责；理官而不平，三责；御军阵而奔北，四责。君无三累，臣无四责，可以安国。"意思是，国君掌握治国理政的根本大法，按照法律条文规定督责臣僚，臣僚不折不扣地奉公守法，不得擅作主张，则国安。邓析无情地批判了国君的三个"名不副实"的乱作：任用亲信、虚名取士、近故交而疏亲人。臣子也有四方面的不称职：无功却受重赏；居大位而不作为；法官断案而不公平；率军作战而败北。当时，郑国完全是一帮"亲属"把持朝政，垄断权力，七穆集团轮番上场，水泼不进，针扎不透，国家治理机器成了"七穆"的私器，任意把玩。异姓人等根本没有加官晋爵的机会。这也是郑国政治缺乏生命力的重要原因。邓析如此针砭"高层"，带领民众闹事，自然会让以子产、子太叔为核心的领导集团心惊肉跳，如坐针毡。

只有按照法律条文，对照犯罪行为断案，立法监督立威，才是圣明君主。能明察事物表象的，授官任职，则平纷息争，社会太平。明察事物的动态变化者受重用，就不会走邪道，利益众生。因此，圣君明主抓住最高的道法，那么万物自然安定有序。法律切不可委托他人执掌，智慧也不可随顺他人，一定要亲力亲为，充分反映自己的意志。

第三，国君掌握势与威，以御臣民，则国安。《无厚》云："势者，君之舆。威者，君之策。臣者，君之马。民者，君之轮。势固则舆安，威定则策劲。臣顺则马良，民和则轮利。"势是国君的车子，威是国君的鞭子，臣为拉车的驷马，庶民是车轮。保持势威，是国家安稳的关键。那么什么是"势"？势就是国君永远掌握"根本大法，天下正道"，政令出于民，民之所欲则政之所趋。好像车子永远在正道上奔跑，不可偏废。有此势，方有威，有威才能驱使臣民。如此，才能"君者藏形匿影，群下无私，掩目塞耳，万民恐震"。

"势、威"是法家思想的一个流派，后世齐法家的代表人物慎到所主，从

这点看,《无厚》大概是基于黄老思想的作品,或者后人有所增益。《无厚》中的这段话,道家思想更加明显:

> 夫达道者,无知之道也,无能之道也。是知大道,不知而中,不能而成,无有而足,守虚责实,而万事毕。忠言于不忠,义生于不义。音而不收谓之放,言出而不督谓之暗。故见其象,致其形,循其理,正其名,得其端,知其情。若此何往不复,何事不成!

天下达道,是无法通过思考求得的,也是无为之道。因此,我们明白大道不必了解也发挥作用,不必费心力也能成就万物,纵然我们不能拥有,但本自足用。坚守大道,对照客观实际,则万事得成。忠诚因为不忠而得明证,仁义因不仁义而彰明。发音不收停谓之放,布令下达而不监督执行谓之暗弱。因此,发现表面现象,探其形状,循其道理,确定正确的法条,获得端倪,了解事物的情形。如此做事,什么不能办成呢?怎么会达不到目的呢?

因此,邓析认为法律来源于"道",天地无私。这样就彻底否定了"先王之道",也把法律的制定权、审判权从贵族手中剥夺掉,使他们和庶民站在一个水平线上,接受"天道"的审判。邓析自然成为贵族阶层的眼中钉,肉中刺。

第四,邓析打官司操两可之说,琦辞狡辩颠覆了先王之道。邓析的作为,综合起来就是:"不法先王,不是礼义;而好治怪说,玩琦辞。甚察而不惠,辩而无用,多事而寡功,不可以为治纲纪。"和子产新政完全对着干。除"两可说",我们引"白马非马论"以证明其"好治怪说,玩琦辞"。白马非马论,是名家代表人物公孙龙的杰作,他从"马"的外延和"白马"的外延不相等角度,狡辩说白马非马,这实际上是逻辑学的范畴。一般人不经过系统训练,很容易被绕晕。其实,正确的说法是"白马是马的一个品类"。这样,内涵上一致,都有"马"的共性特征,也在外延上重合,也就是周延。在邓析那个时代,逻辑学(名学)几乎没有,绕来绕去,总是说不过邓析,打官司总是邓析赢。结果和圣王之理相差千里,颠覆了普遍认识。这样,就和子产的"先王之道"产生了严重的冲突。权贵不喜欢他的"狡辩邪论",自在情理之中。

邓析与子产斗法

邓析为了彰显己能,处处和子产作对。据《吕氏春秋·离谓》:

> 郑国多相县(悬)以书者,子产令无县书,邓析致之。子产令无致书,邓析倚之。令无穷,则邓析应之亦无穷矣。是可不可无辩也。可不可无辩,而以赏罚,其罚愈疾,其乱愈疾。此为国之禁也。故辩而不当理则伪,知而不当理则诈。诈伪之民,先王之所诛也。理也者,是非之宗也。

子产制定新法以"救世",就把各种法令("郑令""野令""郑刑""野刑")张榜公布,四处传阅。但民间也多有反对声,想"杀"子产的人都数不清。所以,郑国许多人在交通要道、人群聚集的地方张贴文告,对抗新法令。子产下令禁止到处张贴,邓析就改投匿名信。子产下令不准随便投递,邓析又附在其他物品中到处投递。子产法令不断地变化,邓析的对策也无穷尽。法令滋彰,百姓反而不知听谁的了。在这种情况下施行赏罚,必然是罚得越多越重,社会就越混乱,为治国者所不容。所以,不合事理之辩称为奸巧,知识才华不以正道就是欺诈。先王不会容忍奸巧、欺诈之人混迹江湖以乱政。凡事必遵其理,理定是非方定。将先王的天经地义打倒,骂得一无是处,天下必然昏乱不休。

子产等一帮执政大臣搞不定邓析这个二十多岁的小青年,穷于应付的原因是什么?我们据史料做一个综合的分析。

第一,子产新政本身就不公平,因此被百姓认为不合理,得罪了一大批人。例如,子产为了稳固上层,就以身份制定"郑令""野令""郑刑""野刑",这些"令""刑"都是夏、商、周三代的刑法、政令汇编,规定不清,名实脱节,法条和犯刑对不上号,无法落槌定谳。同样的犯罪,国人罪罚轻,野人罪罚重，歧视性对待。这和法律的普适性、非歧视性有很大的抵牾。因此，在平民逐渐跃上历史舞台的形势下，子产新政难得民心。

第二，子产新法漏洞太多，解释空间宽泛，有空子可钻。例如，规定根据天地、逆顺、刚柔的原则，社会各方面全纳入法律禁止和调控的范畴。遵照夏、商、周三代的刑律，制定"郑刑""野刑"，严格执行法令，但法律"宽缓有度"，遵守礼义规范，以和缓宽待不懂法令、无辜之民。这样，法律解释的空间和执行空间就比较大。能言善辩者、尊贵者，自然要钻法律空子，想法逃免。举例来说，奴隶打死贵族，判死刑；贵族打死奴隶，则刑不上大夫，不用追责。那么平民、商人、士兵打死奴隶，该当何罪？如果想办法弄到贵族身份，不就免罪啦？在以先王之法为判断法理依据的背景下，无法有效应对新型犯罪的法条或司法解释，民间巧辩家就有了生存土壤。只要花钱，就可以获得对自己极为有利的结果。

第三，子产的新法条定位不高，"吾以救世也"，以振衰起敝为任，并不想富国强兵，称王称霸，所以制定的法条比较粗糙，是完全可以理解的。反观后来李悝著《法经》，吴起、商鞅变法，目的就高远得多，"尽地力之教，富国强兵"，制定的法条比较系统翔实，名实相应，自然漏洞较少。

第四，邓析自编自造的"刑书"，代表了新兴地主、商人等阶层的利益诉求，他们作为社会的生力军，自然要维护自己的利益。"刑书"公平、公开、公正，不再以"先王之法"为依据，而遵循天道、地道和人道，制定公平的法律，在法律面前人人平等。"刑书"获得百姓的支持，深得民心，传播迅速。

第五，子产新法在"先王之法"和"天地之法"之间游移，既想继承和保留"礼义传统"，以迎合贵族统治阶级，又想推倒"先王之法"，以"天地之法"代之，这是一种"绥靖政策"，革了一部分人的命，但这部分人会发现，自己的利益没有受损太多。而邓析代表了新兴地主阶级的力量，不法先王，不是礼义，完全以一个革命者的姿态出现，是新时代的开路先锋。所以，两者的矛盾难以调和。邓析被杀，结束了可能彻底改变郑国命运的历史性变革，使郑国在温温暾暾中快速走向灭亡。

邓析为谁所杀

从现存史料看，子产有容人之雅量。叔向坚决反对其铸刑鼎，子产并没有因此怪罪。不毁乡校就表现了子产的达观。子产说："其所善者，吾则行之；其所恶者，吾则改之。是吾师也，若之何毁之？"（《左传·襄公三十一年》）防人之口，犹如防川，大决所犯，伤人必多，还不如在大河开个小口，让它有序地流淌。孔子说："以是观之，人谓子产不仁，吾不信也。"因此，子产没有杀掉邓析的动机。

> 郑驷歂杀邓析，而用其《竹刑》。君子谓子然："于是不忠。苟有可以加于国家者，弃其邪可也。《静女》之三章，取彤管焉。《竿旄》'何以告之'，取其忠也。故用其道，不弃其人。《诗》云：'蔽芾甘棠，勿翦勿伐、召伯所茇。'思其人犹爱其树，况用其道而不恤其人乎？子然无以劝能矣。"

这段记载出自《左传·郑献公九年》，应予采信。其他子产杀邓析之说，从时间上无法自洽，不可信。子产还是比较仁义宽缓的，不太可能杀其人，用其政。子产去世后，子太叔（游吉）执政凡十六年。公元前506年，游吉去世，驷歂接班执政。次年，驷歂就干了一件让历史记住的大事，"杀邓析，而用其《竹刑》"。驷歂是郑穆公的后裔子孙，是继子产、子太叔之后的执政大夫，是驷乞（子瑕）之子。

邓析是我国最早的律师，收费助人打官司。用现在的眼光看，他被杀，可能是因为"吃了原告吃被告"，在一个案子中既接受原告的委托，又接受被告的委托。这在现代律师制度中是严格禁止的。律师应该严格忠诚于自己的委托人，替委托人尽忠辩护。可以收取高额律师费，但不能向同案另一方收取任何形式的报酬，也严格禁止和他方接触，交换证据和情报（公开审理除外）。在法律不健全的时代，邓析用"诡辩术"帮助同案的原告、被告打官司，脚踏两只船，弄得两边都不高兴，达不到目的。他很有可能因此既得罪了官府，又得罪了原告、被告。

邓析被杀，社会上议论纷纷，君子普遍认为驷歂的做法不仗义。如果邓析的方法能利于国家社稷，取其精华，祛其邪气即可，何必杀其人用其法？《诗经》里说："枝叶茂盛的甘棠树，千万不要剪伐啊，召公曾经在树下居住。"对待曾经在住所旁的甘棠树尚且有这样的感情，何况是人呢？驷歂做法的确过头了。那么，驷歂为何继续用邓析之刑法呢？

第一，邓析的刑法代表了新兴地主阶级的利益，顺应时代潮流，势难挡也。邓析主张法律面前人人平等，主张王侯将相天生不应受到厚待，所以受到平民社会的普遍欢迎。

第二，邓析的刑法思维缜密，循名责实，法律漏洞少，在实际断案中，标准统一，法官的自由裁量权小，便于全国推行。

第三，一种法律制度，一旦被百姓接受，很难走回头路而恢复到"先王之法"的老路。

第三章
李悝：富国强兵，变法第一人

李悝又名李克，卫人，周贞定王十四年（前455）出生，周安王七年（前395）去世。孔子克己复礼，想以礼拯救天下，但时代在变化，法若不变，怎能治平天下？大时代必须有大人物力挽狂澜，把握时代的前进方向。李悝正是如此。

　　李悝为魏文侯相，与魏文侯均师事子夏（卜商）。他协助魏文侯发展魏国，曾为上地守、中山相，指导吴起在魏国的军事变革，建立魏武卒制度，创建了令敌闻风丧胆的职业军队。其变法旨在"尽地力之教，富国强兵"，他推行的"平籴"制度，改变谷贱伤农的局面，鼓励耕织。他编著《法经》，推行依法治国，使魏国成为战国初期脱颖而出的强国。

　　司马迁说："魏用李克尽地力，为强君。"班固称李悝"富国强兵"。李悝开启了中国历史上轰轰烈烈的变法运动。吴起怀揣魏国的经验，在楚国大胆变法，申不害在韩国大胆使用权术以督责臣僚，商鞅怀揣《法经》在秦国改法为律，都离不开李悝的开创性贡献。李悝堪称中国变法第一人。

　　我国的法家思想有两大流派，一为齐法家，一为晋法家。齐法家，管仲开了个头，至慎到而大成者。晋法家，因晋献公逐杀群公子而卿士掌权肇启，至范宣子制定新刑法，但藏之密府，未敢公开。郑国子产率先公开铸刑鼎，向社会公开成文法，被晋叔向责骂。晋六卿专权坐大，相互排挤倾轧。公元前513年，晋国赵鞅接受命令，未经执政卿认可即铸刑鼎，公布范宣子刑法，遭孔子狠批。法家思想在晋国成燎原之势，儒、法在矛盾冲突之后，呈现合流的趋势。六卿斗法，韩、赵、魏三家趁机扩张，亟待富国强兵，在诸侯争霸中谋生存，求发展。李悝继承晋法家的胤脉，师从孔子的得意门生子夏，继承《春秋》意旨，推动儒、法合流，历史性地将法家推向新高度。

第三章　　李悝：富国强兵，变法第一人

一、地缘、人缘和思想源流

四战之地的母国卫国

李悝是河南濮阳（帝丘）人，濮阳是卫国的地盘。卫国疆域大致包括黄河以北的河南鹤壁、安阳、濮阳，河北邯郸和邢台一部分，山东聊城西部、菏泽北部一带，黄河、济水、濮水、漳水等贯流其中。

卫国西依太行山，东南临黄河，北隔中山国与燕相望。春秋时，卫的主要威胁是盘踞在太行山里的戎狄人。韩、赵、魏三家分晋后，魏和赵相继东出太行，挤压卫国，齐国也向西施压，燕国也向南拓展。卫国成了四战之地——要么沉沦被灭，要么雄起。它选择了沉沦。

卫国继承殷商而来，商纣王在朝歌被武王击败，周成王封叔叔康（周文王嫡九子）到这个地方行军事占领和实际管辖。卫立国前后共计九百零七年，传四十一君，是存续时间最长的诸侯，也是众多姬姓诸侯国中的最后灭亡者。公元前254年，卫为魏吞并。公元前241年至公元前239年，卫元君被迫迁往野王，卫名存实亡。公元前209年，卫君角被秦二世废为庶人，卫绝祀。

周边的强国都被灭亡了，卫还延续了如此之久，这大概离不开法家的庇护。李悝是卫人，吴起是卫人，商鞅是卫人，吕不韦亦是卫人，他们出将入相，权倾天下，协助他国攻打母国，到底于心不忍。秦吞并六国，唯独不灭卫，也是对"客卿"功臣的情感交代。

李悝出生时，春秋时期刚刚结束，进入了残酷血腥的战国时期。公元前438年，晋哀公死，晋幽公即位。韩、赵、魏瓜分晋公室土地，只有绛与曲沃两地留给晋幽公。从此，韩、赵、魏成为三晋，相互倾轧，与周边诸侯国争地盘，开启引发天下大乱的潘多拉魔盒。

再看看卫国的乱局。卫国第二十八代国君卫灵公（前540—前493）喜欢男宠，多疑，但在位五十余年，治理卫国很出色。可他去世后，兄、弟、父、子争夺大位，打来打去一团糟。李悝出生的前一年，卫灵公的三儿子季父黔

（卫悼公，前469—前465）把本该继位的太子赶跑，自立为君。

孔子与卫灵公、孔子的弟子与卫国，有千丝万缕的关系。孔子于公元前496年带领弟子离开鲁国，首先到的就是卫国。孔子在外周游十四年，六十八岁归鲁，约有十年居留在卫。孔子的大弟子子路是卫国人，孔子第一站就住好友遽伯玉（子贡是其外甥）家，其思想深受遽伯玉的影响。

卫灵公听说孔子来了，非常高兴，准备重用他，就问孔子在鲁国的待遇，孔子如实回答，卫灵公也不含糊，按照鲁国的俸禄标准发给孔子俸粟六万石，但并没授官，没让他参与政事。

孔子一句话，让卫灵公得了个"好色"的骂名。卫灵公带孔子郊游，他在前面带着夫人南子招摇过市，孔子的车随后，路人都欣赏南子去了。孔子大发感慨："已矣乎！吾未见好德如好色者也。"

还有一次，南子要见孔子。凡是来卫国者，只要寡小君想见，就没有不给面子的，孔子要去，大弟子子路相当不爽。孔子矢之曰："予所否者，天厌之！天厌之！"意思是，我要是有其他想法，天打五雷轰。后来，灵公受谗言所惑，怀疑孔子的动机，便派人公开监视。孔子唯恐遭祸，就带弟子去陈。孔子路过匡（今河南睢县），因长得非常像阳虎，被当地人威胁，围困了五天。孔子好不容易逃离匡地，到达蒲地，又遇上卫国贵族公叔氏发动叛乱，再次被围。孔子再返卫，卫灵公听说孔子师徒从蒲地返回，亲自迎接，询问孔子蒲地可伐乎，孔子说可，但灵公不行动。此后，孔子几次离开卫国，又几次回到卫国。

卫灵公去世后，其子（姬蒯聩，卫庄公）为争王位，将先上位的儿子（姬辄，卫出公）打出家门。卫庄公薨，卫出公又杀回复位。

事情是这样的。南子是宋女，与宋国公子朝私通。太子蒯聩得悉，想刺杀之，未果，逃奔宋，被晋赵氏收留。南子遵灵公遗愿，传位给姬郢，姬郢却不干（不该他继位）。如此击鼓传花，王位落到姬辄的头上，是为卫出公。卫出公一干就是十二年。蒯聩有晋赵氏撑腰，还有内应，他长期隐忍，于公元前480年回国发动"政变"赶跑了儿子，自立为国君。孔子的得意弟子子路，就是在父子俩的王位争夺中，被蒯聩的武士石乞杀死。蒯聩的兄弟也如法炮制，接连继位，就是不传子。卫国宫斗难息，无心于富国强兵。

卫悼公荒唐之死，更给我们管窥当时政治环境的机会。当政三年时，卫悼公登城远望，看见戎州，戎人的居邑，说："我是姬姓，哪里有什么戎人？"他派人踏平了戎州，降罪戎人。他使唤工匠，不让休息，工匠多抱怨。他又想驱逐国卿石圃。石圃发觉了，便联合匠人攻之。他逃跑时翻墙，摔断了大腿骨。戎州人借机攻打，他逃到戎州的己氏那里，拿玉璧送给己氏，说："救我的命，给你玉璧。"己氏说："杀了你，玉璧还会去哪里？"卫悼公死后，卫人先立公孙般师为君，后在齐国压力下改立卫君起。

由此可见，尽管管仲全力驱赶，戎狄人还是和诸夏杂居，呈现犬牙交错的状态。卫国国君其实没有多少力量，手中无权，权在大夫。大夫联合工匠就把国君一家残杀殆尽。这样的国家核心力量，凭什么抵挡外力打击呢？

孔子、子夏与李悝以及卫国的缘分

孔子西行居卫，至陈、蔡，本意是为求治平天下。但诸侯国虽羡慕孔子品行，就是不接受孔子为官。国君想用孔子，则手下世家公族、卿大夫反对，大臣想用孔子，则国君道行与孔子不合。孔子宁愿受穷，累累若丧家之犬，带领弟子在旷野上乱撞，生命时时受到威胁，也不愿降格以求。

《史记·孔子世家》记载，孔子知弟子有愠心，乃召子路而问曰："《诗》云：'非兕非虎，率彼旷野。'吾道非耶？吾何为于此？"

《论语·子罕第九》记载："子畏于匡，曰：'文王既没，文不在兹乎？'天之将丧斯文也，后死者不得与于斯文也，天之未丧斯文也，匡人其如予何？"孔子的内心有一种坚守，心有浩然，文化的正道永远不偏离。

孔子被孟子称为"大成至圣先师"，留给后世诸多宝贵遗产。最宝贵者有二。一曰仁学，遵从礼的秩序以成就仁的价值。仁，相人偶，个体的价值从对象中实现或者体现，也就是忠恕之道。二曰《春秋》，该书为孔子所作，亦经亦史，合二为一。"郭店竹简"《语丛一》："《春秋》，所以会古今之事也。"孔子将自己的政治主张和价值标准渗透于历史故事、事件中，对后世有指导、制约和参照作用。《史记·太史公自序》记载：

> 太史公曰："余闻董生曰：'周道衰废，孔子为鲁司寇，诸侯害之，大夫雍之。孔子知言之不用，道之不行也，是非二百四十二年之中，以为天下仪表，贬天子，退诸侯，讨大夫，以达王事而已矣。'子曰：'我欲载之空言，不如见之于行事之深切著明也。'夫《春秋》，上明三王之道，下辨人事之纪，别嫌疑，明是非，定犹豫，善善恶恶，贤贤贱不肖，存亡国，继绝世，补敝起废，王道之大者也……《春秋》以道义。拨乱世反之正，莫近于《春秋》。《春秋》文成数万，其指数千。万物之散聚皆在《春秋》。《春秋》之中，弑君三十六，亡国五十二，诸侯奔走不得保其社稷者不可胜数。察其所以，皆失其本已……此四行者，天下之大过也。以天下之大过予之，则受而弗敢辞。故《春秋》者，礼义之大宗也。夫礼禁未然之前，法施已然之后；法之所为用者易见，而礼之所为禁者难知。"

国家秩序之本一旦失去，动荡在所难免。礼的作用是"未然之前"，通过教化，防止不虞事件的发生。事件已经发生了，就该用"法"来治理。所以，孔子之《春秋》是治理天下的政治学说，本意是恢复天下的平安秩序，后世法家也正是以建立国家、天下秩序为己任。

法家人物读《春秋》，就不难从中找到变法治国的依据。《孟子·滕文公》记载："孔子成《春秋》，乱臣贼子惧。"法家的一大任务乃整治"乱臣贼子"，所以，导向霸道、极权的道路。思孟一派，以《孝经》《中庸》《大学》《孟子》为主流，主张"三纲领、八条目"，天子以至庶人皆以修身为本，如果全部执行下来，就是王道政治。总之，塑造政治实践的，先以"治平为务"，则往往是法家、兵家、纵横家、墨家的路数。先以"修齐为务"者，则是儒家，以培养人的善良本性。其实，法家通过惩恶罚罪，讨伐奸究，也是保护、恢复善良之本性，故有"法家出乎儒，反乎儒"之论。

第三章　李悝：富国强兵，变法第一人

孔子重视教育，开中国史上民间自由讲学第一声，这也是贵族学向平民学转进的节点，把原来龟缩在贵族宗庙里的学问转换成社会共有共享的知识。孔子弟子有"先进"和"后进"之说。孔子当鲁司寇之前，有诸多弟子，如子路、子贡、颜渊、曾皙、宰我等。孔子返回鲁国之后，又有许多弟子，如子夏、子张、子有、曾子、有子等。孔门"先进"一辈弟子对参政议政的积极性很高。子路积极参与军事斗争。子贡不但经商，还积极参与外交斡旋工作。"后进"一辈弟子，多偏向于诗书研讨。孔门四科，文学、德行、言语（外交）、政事（财政、军事），"后进"一辈弟子属意文学（诗、书、礼、春秋、易、乐等）。德行一科的学生，并不是不通政事，只是清高，不肯"同流合污"，如颜渊。孔子对"先进"很欣赏，而对"后进"似乎有点不满意。

孔门有些弟子认为，天下不容，为何不自降身段，与世俯仰，啜其醨，扬其波，稍微降低一下道德追求，济世治平，这不正是老师的教导吗？孔子的得意门生子夏就有强烈的用世心态，《论语》所记，能管窥其价值取向。

孔子在卫国收了个弟子卜商（字子夏）。孔子死后，子夏被魏成子[1]邀至西河[2]开坛授徒。子夏的思想与晋国的实践相碰撞，擦出了绚烂的火花。

子夏是晋国温（今河南温县）人。温为魏所灭。他很有可能是在孔子周游列国时加入孔门的。子夏重视社会实践，不尚空谈。《论语·学而》记载，子夏曰："事君能致其身。"既然答应辅佐君王，就应该全力以赴，不留余地。

> 子夏之门人问交于子张。子张曰："子夏云何？"对曰："子夏曰：'可者与之，其不可者拒之。'"子张曰："异乎吾所闻：君子尊贤而容众，嘉善而矜不能。我之大贤与，于人何所不容？我之不贤与，人将拒我，如之何其拒人也？"（《论语·子张》）

---

[1] 魏成子，别称季成，魏文侯之弟，魏驹之子。
[2] 今濮阳一带，黄河和济水交叉形成的区域。在河南长垣之北，观城以南，山东菏泽以西。

子夏的意思是，我认可的就交往，不认可的就不来往。不如子张豁达，但社会实践中，宽心广怀是饭后的谈资，并非实际能行。故而子夏更接地气。

子夏曰："商闻之矣：死生有命，富贵在天。君子敬而无失，与人恭而有礼。四海之内，皆兄弟也，君子何患乎无兄弟也？"（《论语·颜渊》）

这也是子夏接地气的表现，只要放下身段，广泛结交豪杰，四海之内皆兄弟，朋友遍天下。但是，其主张更接近法家实践的，是关于选贤任能的思想。

樊迟退，见子夏曰："乡也吾见于夫子而问知，子曰：'举直错诸枉，能使枉者直'，何谓也？"子夏曰："富哉言乎！舜有天下，选于众，举皋陶，不仁者远矣。汤有天下，选于众，举伊尹，不仁者远矣。"（《论语·颜渊》）

樊迟问孔子仁、知，孔子的回答他都不太明白。孔子说，把正直的人提拔任用到上级，而把那些心术不正的人放在下级，那么，他们就会改正了。樊迟还是不明白内在的道理，就来找子夏问。子夏回答说，给你举个例子吧，舜领导天下，就从众多官员中选择贤能者，把皋陶提拔起来，那些乱臣贼子就跑得远远的。商汤领导天下，从众多官员中选择贤才，提拔伊尹，无才无德的人就找不到了。这一点和墨家尚贤，举贤任能的主张相似。"众"如果理解成"百姓"，则具有"科举取士"的味道。

孔子对子夏的文学修养很赞赏，《论语·八佾》说"起予者商也，可以言诗也"。但他对子夏的道德导向不满意，对子夏说："汝为君子儒，无为小人儒。"（《论语·雍也》）君子儒，就是社会道义的担当者，小人儒，就不同了，有时为达到目的，就会放弃道德的价值标准，弄阴谋诡计，达到目的后再做君子儒。子夏更有名的话是"学而优则仕，仕而优则学"，学习好了去当官，当官好了就再学习，其实践倾向非常强烈。此说法本无毛病，可在执行层面会变味。例如，官员有权力，可以找人代写论文，可以用钱贿赂考官，这么一来，社会风气就败坏了。这反映子夏学问中"苟且"的一面，即做学问的"非纯粹"性或"积极用世"性。稍微向前一步，就是"混世"，与君王同流合污，为君王出谋划策，富国强兵，纵横天下，这就转关进入法家思想的行列。所以，本自曾子、子思、孟子一派的荀子，对子夏一派的观点、行为看不惯，认为他们是"贱儒"，低眉折腰事权贵。

> 子夏见曾子。曾子曰："何肥也？"对曰："战胜，故肥也。"曾子曰："何谓也？"子夏曰："吾入见先王之义则荣之，出见富贵之乐又荣之，两者战于胸中，未知胜负，故臞。今先王之义胜，故肥。"是以志之难也，不在胜人，在自胜也。故曰："自胜之谓强。"（《韩非子·喻老》）

这段对话反映了子夏对义理之学的深刻把握。任何事物都和"义理"关联，"胖"也和"道德价值斗争"相关联。经过内心激烈的斗争，先王之义战胜了荣华富贵，所以由瘦变胖了。韩非子评论说，人的志向确立很难，关键不在战胜别人，而是要在"内胜"。子夏尚且如此，其徒弟、徒孙心中，先王之义能战胜荣华富贵吗？其徒孙吴起为获得将军职位，显名诸侯，竟然要杀妻。

> 子夏曰："《春秋》之记臣杀君、子杀父者，以十数矣，皆非一日之积也，有渐而以至矣。凡奸者，行久而成积，积成而力多，力多而能杀，故明主蚤绝之。"今田常之为乱，有渐见矣，而君不诛。晏子不使其君禁侵陵之臣，而使其主行惠，故简公受其祸。故子夏曰："善持势者，蚤绝奸之萌。"（《韩非子·外出说右上》）

事情发展都有个过程，明君贤臣应早发现，灭其于未然。子夏提出"善持势者，蚤绝奸之萌"。善于把握"势"的国君，一定将犯奸作乱者扼杀在摇篮里。该说意义重大，因为法家有"法、术、势"之分。势，就是架高国君地位，天下唯我独尊，任何人不能与国君分享权力。这也表明，子夏的教育思想，提到"礼义仁智信"的时候少，提到"法、术、势"的时候多，这与大时代转变有关，子夏也无法独善其身。

韩非子谓："自孔子死后，有子张之儒，有子思之儒，有颜氏之儒，有孟氏之儒，有漆雕氏之儒，有仲梁氏之儒，有孙氏之儒，有乐正氏之儒。"（《韩非子·显学》）真正流传下来的有孟子一派（思孟学派）和孙氏（荀子）一派。八派之中无子夏一脉，显然韩非子将子夏看成法家的了。子夏培养的弟子，出仕干禄，不少成为政治人物的左膀右臂（如田子方、曾申、李悝等），出将入相。故此，招来荀子大骂曰"贱儒"。

因此，我国的早期变法运动就是在卫地掀起，或者由这些地方的人物所发动。李悝、吴起和商鞅皆是卫人，都曾在魏国供职。韩非子是韩国人，李斯是楚国蔡人，申不害是郑国人，郑国为韩所灭，申不害为韩昭侯重用，掀起气势磅礴的变法运动。张仪、范雎是魏国人。纵横家祖师爷鬼谷子也是卫人。很多法家人物都有在卫国、魏国生活的经历，也曾到秦国施展拳脚，纵横天下。

法家人物还有一个共同的特点，小时候受到的教育是儒家的，有着修身、齐家、治国、平天下的理想，和儒家思想一脉相通。例如，魏成子邀请子夏在魏国讲学，魏文侯、李悝、田子方、段干木皆师事之。吴起是曾子的儿子曾申的学生，商鞅又师法吴起，商鞅的门客尸佼又引道入法，尚刑名之学。李悝去世时，商鞅正好出生，历史有其惊人的地缘、血缘、学缘巧合。因此，不少国学大师，如钱穆，经过细致的考证，认为儒、法同源同宗。[①]儒一转而为法，儒、法本一体，护道者为儒。用事者，任法，会于一心。

晋国历史演变和法家思想的萌芽

子夏将儒家学说从鲁国带到中原一带，与魏文侯所代表的晋法家思想历史

[①] 钱穆：《先秦诸子系年》，商务印书馆，2015年。

性地碰撞，从而产生了法家。

"晋法家"之晋，广义包括卫、郑，狭义指晋国。晋被三分为韩、赵、魏三国，占领的地盘基本上就是原晋、郑、卫的地盘。晋国，周朝的诸侯国，周初被周天子封为侯爵，姬姓晋氏，首任国君唐叔虞为周武王姬发之子，周成王姬诵之弟。国号初为唐，唐叔虞之子燮即位后改为晋。《左传·襄公二十七年》《国语·郑语》《史记·十二诸侯年表》将晋评为春秋四强国之一。晋文公继齐桓公之后，为天下霸主，匡扶周室，会盟诸侯，风光一时。可晋国从春秋一霸到后来被三家大夫瓜分，以致丧国绝祀，其来有自。

对晋国历史进程影响最大的事件之一是"曲沃（今山西闻喜县）代翼"，又称为"曲沃代晋"。

晋穆侯太子曰"仇"，有弟曰"成师"。晋穆侯去世后，太子仇之叔公子荡夺位自立，后被太子仇赶下台。太子仇得立，是为晋文侯。这便打开了晋国传位乖戾的潘多拉魔盒。

公元前745年，晋昭侯封其叔成师于曲沃，称曲沃桓叔。成师治理有方，富强过晋公室的嫡系（居翼城），小宗强过大宗。公元前731年，曲沃桓叔去世，其子曲沃庄伯继位。公元前716年，曲沃庄伯去世，其子曲沃武公继位。从桓叔开始，庄伯、武公继之，曲沃势力不断地挑战都在翼城的晋公室。

经过六十多年的内战，公元前678年（晋侯缗二十八年），曲沃武公灭晋侯缗，并贿赂收买周釐王盖"橡皮图章"，承认曲沃一族为嫡脉。公元前677年，晋武公去世，其子诡诸继位，是为晋献公。

晋献公继位后，也面临庶出公子的挑战。曲沃桓叔、曲沃庄伯的后裔很多都为曲沃代翼立下汗马功劳，且得到晋武公的重用，史称桓庄之族。公子富子是家族领袖，他们怎么能把晋献公放在眼中？

大夫士蒍（前716—前660）献计曰："桓、庄之族并非铁板一块，公子富子与其他公子有隙，我们如此这般。"献公依计行事，一边给公子富子加官晋爵，一边派士蒍在诸公子中污蔑公子富子。诸公子果然中计，以为公子富子是叛徒，将他逐出晋。公元前670年（晋献公七年），士蒍又蛊惑众公子杀游氏二子。随后，士芮对晋献公说："可矣！不过二年，君必无患。"公元前669年，士芮唆使群公子尽杀游氏全族，抢游氏封地聚城（今山西绛县古绛镇南城村车厢城）。冬天，晋献公发兵围攻群公子，幸存者逃往虢。公元前668年春，晋献公封士芮为大司空，重建聚城，改名为绛，并以此为晋新都。

士芮励精图治，建章立制，世称"士芮之法"。晋悼公即位后，"使士渥浊为大傅，使修范武子之法。右行辛为司空，使修士芮之法"（《左传·成公十八年》），命右行辛为司空，让他学习和恢复士芮的法度。晋悼公在政治上，大胆起用异姓人才，实现"国无公族"，解决公族争夺君位问题，强君权；在军事上，将晋军从一军扩充为二军，壮大军事实力。晋亦强势推进对外开疆拓土，先后攻灭骊戎、耿、霍、魏等国，史称"并国十七，服国三十八"。

依士芮之法，晋献公也不太放心亲儿子。太子申生遭骊姬阴谋算计，被逼自杀，公子重耳、夷吾亡命天涯。晋献公乘机大量起用异姓贤能人才，如士芮、荀息、里克、邳芮、郭偃等，彻底打破宗法制的规矩——尊尊亲亲。晋的国君传位不按牌理出牌，执政管理人才也不从本家族拔擢，让异姓士大夫上位。晋国是法治征途上的开路先锋。

公子重耳流亡在外十九年，公元前636年春，在秦穆公的支持下返晋杀怀公而立，是为晋文公。公元前633年，晋文公在被庐举行大规模阅兵（"被庐之蒐"），制定"被庐之法"。相关内容散存于《左传·僖公二十七年》《左传·昭公二十九年》《国语·晋语四》。

> 公属百官，赋职任功，弃责薄敛，施舍分寡。救乏振滞，匡困资无。轻关易道，通商宽农。懋穑劝分，省用足财。利器明德，以厚民性。举善援能，官方定物，正名育类。昭旧族，爱亲戚，明贤良，尊贵宠，赏功劳，事耇（gǒu）老，礼宾旅，友故旧。胥、籍、狐、箕、栾、郤、柏、先、羊舌、董、韩，实掌近官。诸姬之良，掌其中官。异姓之能，掌其远官。公食贡，大夫食邑，士食田，庶人食力，工商食官，皂隶食职，官宰食加。政平民阜，财用不匮。（《国语·晋语四》）

综合分析推断,"被庐之法"大体有如下几个方面的内容。

第一,确立新型的军政制度三军六卿。三军是指上、中、下三军,中军地位最高,是战斗力最强的部队。每军各设一名将、一名佐,按地位高低分别是中军将、中军佐、上军将、上军佐、下军将、下军佐,这六个职位对应六卿。他们不但管理军队,还对内协助国君管理国家军事、政治,对外"尊王攘夷",抵御戎狄、南蛮。军政合一,与管仲在齐国推行的政策相似。晋文公靠手下一帮能臣,对外联合秦国和齐国,伐曹攻卫,救宋服郑,平定周室子带之乱,受到周天子赏赐。公元前632年,晋于城濮大败楚军,并召集齐、宋等国于践土会盟,晋文公成为春秋五霸中第二位霸主。

第二,公属百官,赋职任功。官员公开选拔,公开透明,按照功劳大小分派官职,以功绩考核结果决定升迁。有才能且知根底的家族胥、籍、狐、箕、栾、郤、柏、先、羊舌、董、韩,让他们掌握国中的关键事务,直接对国君负责。姬姓本家中的贤能人才任命为中等职务的官职。异姓之贤才任用为低级官员,或者外派任职。晋文公的第一批六卿中,中军将郤縠和中军佐郤溱,虽然是姬姓,但他们是因为好诗书、好品德而得到重用。赵衰极力推荐的狐毛和狐偃,是公子重耳的两个舅舅,是公子重耳颠沛流离的见证者。栾枝是姬姓,也是因为军事才能被赵衰举荐。先轸生在曲沃,少年时代结交重耳,跟随他一路逃亡,二人无血缘关系。

晋文公的第一批六卿

中军将	郤縠	中军佐	郤溱
上军将	狐毛	上军佐	狐偃
下军将	栾枝	下军佐	先轸

第三,通过生产关系调整,发展生产力,增加社会供给。例如,社会不同人等根据官职和贡献获得俸禄衣食,各得其所。通过确认不同身份地位的劳动者获得社会财富的方式,促进生产力发展。同时,晋国实行通商宽农、薄赋敛、易关市、赏功劳等政策。扶危济困,帮助残弱,让鳏寡孤独病老皆有所养。因此,"被庐之法"又称"执秩之法",即按尊卑等级管理社会。

据《左传·僖公二十八年》，晋楚城濮之战后，晋文公论功刑赏，处罚有罪，深受君子好评曰："文公其能刑矣，三罪而民服。《诗》云：'惠此中国，以绥四方。'不失赏刑之谓也。"晋文公能够严明刑罚，杀了颠颉、祁瞒、舟之侨三个罪人，百姓顺服。《诗经》说："施惠于中原国家，安定四方的诸侯。"说的就是没有失去公正的赏赐和刑罚。晋文公已用刑罚来管理军政和民政。

这种方法还用以断案，卫成公和大夫元咺争讼，甯武子作为卫成公的诉讼人，鍼庄子作为卫成公的代理人，士荣作为卫成公的答辩人。卫成公没有胜诉。作为诸侯领袖的晋国，杀了士荣，砍了鍼庄子的脚，认为甯武子忠诚而赦免了他。逮捕卫成公，把他送到京师，关在牢房里。甯武子负责给卫成公送衣食。元咺归于卫，立公子瑕为君。

晋文公在后期强用赵衰，赵衰进入六卿行列。晋襄公时，赵盾继父职，公元前622年在晋襄公的安排下，担任执政大夫兼中军元帅，集军政大权于一身，成为晋国朝堂仅次于国君的卿士，制定赵宣子之法。自此，赵氏家族的势力急剧膨胀。历史上第一次由卿设置六卿人事任命，并决定国君嗣立。赵盾执政二十余年，为晋国的发展和稳定立下大功。

赵宣子之法与士芬之法有显著差异。赵盾本为异姓贵族，新法更加倾向于保护异姓贵族的利益。《左传·文公六年》载："宣子于是乎始为国政，制事典，正法罪。辟狱刑，董逋逃。由质要，治旧洿，本秩礼，续常职，出滞淹。既成，以授太傅阳子与太师贾佗，使行诸晋国，以为常法。"赵盾从这时开始掌握国家的政权，制定章程，修订法令，清理诉讼，督察逃亡，使用契约，清除政治上的污垢，恢复被破坏的次序，重建已经废弃的官职，提拔被压抑的贤能。政令法规完成以后，交给太傅阳子和太师贾佗，使之在晋国推行，作为常法规制。赵盾是异姓大臣，出于自身及本家族利益，他对于文公时期确定的严格的尊卑制度自然没有多少好感，因此，弱化尊卑等级，提倡选贤任能，就成为其法律的必然的价值取向。新法虽提到"本秩礼"，但远不如"被庐之法"严肃认真，实际上更强调"出滞淹""治旧洿"，在此基础上的"续常职"，人事安排侧重于"异姓之能"。对于旧有尊卑制度的致命打击，是在公元前607年，赵盾杀死晋灵公，迎回晋成公。

赵盾设立了偷梁换柱的"公族大夫"之制。公族本该是历代国君的子孙组成。晋献公时期，骊姬为了让儿子奚齐嗣位，与群臣发毒誓，除了太子，国君的其他公子都不许留在国内。晋国几十年来几无公族。赵盾决定恢复公族建制，但并非发展公室成员力量，而是由各卿（六正）的嫡子组成公族队伍，卿之余子（嫡子的同母兄弟）组成余子队伍，卿的庶子（非正妻所生）组成公行队伍，还设置公族大夫等官职，以卿士的嫡子、庶子担任，负责卿的后代教育等事项。这样一来，国君的公族竟然是卿的儿子们组成的，鸠占鹊巢。失去公族的支持，国君就成了六卿的摆设和玩物。这是晋灵公要杀赵盾，晋景公甚至将赵氏灭门（公元前583年）——婴儿赵武是唯一活下来的——原因之一。赵盾在公族问题上走得太远，必然招致国君的反扑。

晋景公时，国都盗贼横行。有人推荐范武子（士会）以求根除。士会参照宗周刑法和晋国刑法，制定了"范武子之法"，盗贼纷纷跑到秦国，晋国就安稳下来。其治盗的方法难考证，但从文献推测，大概是教育和惩治相结合，想办法让百姓富裕起来，发动民间力量，群防群治，让盗贼无从下手。

晋悼公姬周（前586—前558）十四岁即位，在位十五年，表现出非凡的政治才能。他实行一系列新政，使晋国一扫景公、厉公时的衰乱，又焕发了生机。他重建公族制度，使国君和姬姓大家族真正掌握公族的教育和管理。为挽回公族颓势，晋悼公一改晋献公"不蓄公子"之国策，大力提升公族地位。他使至亲公族居于国内，鼓励公族从军，建功立业，还提拔公室成员至领导岗位，大力扶植祁氏、羊舌氏两大宗族身居要职。他允许和鼓励栾、韩、羊舌、祁四族积财货，募私兵，维护栾氏、韩氏家族。

晋悼公采取的措施主要包括：选拔有才能的贤者补缺，稳定朝政；免除劳动者遭克扣、剥削而拖欠的财物；照顾孤老，凡七十岁以上之老者，亲自接见，让国人深感国君关怀；起用各种原因被打压的贤良从政；匡扶穷人，援助灾民，禁止奸邪；降低赋税，宽待罪人，提倡清廉，严禁贪污，官吏勤政廉洁；慎用民力，明令统治阶级不允许侵农时，保障府库充实。

同时，晋悼公重整八卿，吸收新鲜血液，以掌控八卿。晋国在原来六卿的基础上，又增加二卿——新军将和新军佐，以吸收新的战争力量。并在军中设司马和军尉，分别负责军事训练、军事后勤和部队管理。

此时，法家发展史上的一个关键人物跃上历史舞台，他就是范宣子（士匄）。范宣子是晋国法家先驱，士蒍的五世孙，范武子（士会）之孙。其家族是晋国重要的政治力量。晋平公四年（前554），荀偃辞世，范宣子继任中军将，执掌国政。范宣子在以往晋国法典的基础上，制定了"范宣子刑书"。这是晋国法制史上第一部从总法律中分离出来的刑事法规，具体内容已佚。这部刑书问世后，被藏于秘府。十五年后，公元前536年，郑国子产将成文刑法铸在刑鼎上，向社会公布。其实，在制定法律方面，走在时代前列的是晋国。

晋平公以后，六卿被赵氏、韩氏、魏氏、智氏、范氏、中行氏六家把持。公元前514年，韩起寿终，魏舒执政，羊舌氏、祁氏遭诬，六卿灭二大夫，魏舒为保君权，化邑为县。魏、韩、智、赵四家各得一县，士鞅、荀寅一无所获，不满于魏氏。

公元前513年，中国法家思想进程中的另一件大事又发生了。郑国子产铸刑鼎二十三年之后，晋国也公开铸刑鼎，将范宣子拟定的，藏之秘府的法令铸在铁鼎上，宣告"刑不上大夫，礼不下庶人"的终结。这次铸刑鼎，黑锅由赵鞅（下军佐）背着，幕后主使是士鞅（中军佐）和荀寅（下军将），目标是执政大臣魏舒（中军将），旨在限制魏舒的权力。

士鞅（？—前501）是范宣子之子，讳鞅，其名范鞅，又曰士鞅，史称范献子。他是晋国卓越的政治家、外交家，可惜心术不正，贪得无厌，致使晋国霸权在他的手上彻底崩塌。士鞅死后四年，范氏与中行氏发动叛乱，被韩氏、赵氏、魏氏、智氏联灭。从此，晋六卿只剩四氏，智氏独大。

公元前513年，士鞅与荀寅密谋，带着赵鞅至汝滨修筑城池。赵鞅协助荀寅收缴民间铁器。实际上，荀寅已经有安排，声称奉正卿魏舒之命，熔铸成鼎，将范宣子之法铸在鼎上。此乃晋国首次将秘藏府库的法律昭告天下。工作尚未完成，已经引起轰动，士大夫激烈声讨，认为是对周礼的颠覆甚至践踏。执政魏舒在国都听闻三卿擅自做主，急忙下令停工。荀寅置若罔闻，赵鞅则骑虎难下，只能继续铸鼎，直至完工。荀寅、赵鞅还朝，魏舒甚为不满，召集诸卿问责。然而，士鞅是主谋，赵鞅、荀寅为参与者，韩氏与赵氏相善，荀跞默不作声。魏舒反而没有办法治他们的罪。

孔子也对铸刑鼎一事大加挞伐，认为破坏了尊尊亲亲的传统，天下将为之大乱。太史蔡墨明察秋毫，感慨道："范氏、中行氏就快灭亡了吧！荀寅作为下军将，违背执政之命，擅自制作刑器，还拿它作为国法，这是矫命！范鞅篡改国法，在国内必然走向穷途末路。赵氏大概要受牵连，因为赵鞅参与，可他是被逼的，但愿他广行善事，多施仁义，或许能够幸免。"

晋国铸刑鼎意义重大。首先，法律的公布和实行应该由最高权威决定，可晋国既没有国君许可，执政正卿蒙在鼓里，手下人等先斩后奏，且事后还无法治罪。其次，手下人等公然铸刑鼎，表明来自社会的力量占上风，是社会变革的征兆，贵族力量逐渐让位给新兴地主阶层。从内部逐步瓦解或者否定了"封建"的礼制模式，在私家财富增加的同时，也在不断地培养自己的掘墓人。

晋定公十九年（前493），在卫国濮阳的铁地发生了一场惊心动魄的战斗。赵鞅以少胜多，范氏、中行氏被彻底歼灭。中军被取消，六卿变为四卿。赵鞅在铁之战中发布军事动员令，"克敌者，上大夫受县，下大夫受郡，士田十万，庶人工商遂，人臣隶圉免"，从中可以嗅出社会结构的变化。

这段话信息量很大。第一，晋国已经实行县、郡制，为后来郡县制奠定基础。县实际上摆脱了宗族分封的窠臼，是一种任人唯贤的管理模式，产生了对官僚行政管理团队的需求。第二，按功行赏，但不同人等，待遇仍是不同，仍然存在严格的尊卑等级。第三，社会各个阶层的人，特别是人臣、隶圉，能通过军功获得自由，使社会上的自由民大量出现，从而催生社会变革。铁之战的成功证明了新法令的成功，证明了新生社会阶层的力量之强大，一种活泼的社会新生力量潜滋暗长，通过战争展现其强大生命力。

晋出公十七年（前458），智伯与赵鞅、韩不信、魏侈瓜分范吉射（范献子之子）、中行寅的领地。晋出公祈求齐、鲁支援，想借机讨伐四卿。四卿惊恐反击，晋出公逃齐，在途中死去。晋哀公四年（前453），赵氏、韩氏、魏氏三家联手消灭执政的智氏（智伯瑶），为"三家分晋"奠定了基础。

晋哀公儿子幽公柳继位。晋君畏惧卿大夫，朝拜韩、赵、魏三家。晋君只占有绛、曲沃的地盘，余者皆归入三家的口袋。公元前420年，晋幽公夜间私自出城，为盗所杀。魏文侯派兵诛灭晋内乱，立幽公儿子公子止，是为晋烈公（？—前393）。公元前403年，晋公室的土地再次被三家瓜分，至此，晋灭亡。司马光《资治通鉴》记史，正是从公元前403年开始。

综上，晋国法家兴起，是法家思想的渊薮，与晋国独特的地理和人文环境分不开。概述如下。

第一，通过一次次打破宗法分封制的底线——嫡长子继承制，晋国产生了一大批"军功贵族"。这些新生力量并不依靠血缘关系。国家政权更迭靠武力对抗，每次对抗，就会产生一批军功贵族，变着法儿把持朝政，大搞世卿世禄，以致国君封建和卿士封建制并存。公室、公族衰弱，而卿士之族日益强盛。最终，韩、赵、魏三家成为三个独立的诸侯国。

第二，内部战争和家族内斗，破坏了井田制，产生了大量的自由民和自耕农。井田制基于分封制，贵族拥有奴隶和田土。军功贵族通过奖赏获得大片土地，需要雇用庶民耕种。庶民和军功贵族缺乏天然的依附关系。战争也产生了大量的自由民。如铁之战中，奴隶和犯罪分子可以获得人身自由。军功贵族成了新兴的地主阶层，而自由民转变为自耕农或农民，形成农民阶级。

第三，做爰田，通过土地的赏赐、赠予，以及自由流转，扩大耕地面积，提高生产力。大规模封赏田土，催生了郡县制。分封制以血缘为纽带，以爵位高低获得土地封疆。晋国是天下一霸，不断对外战争，向四方扩张，每征服一个地方，就将这个地方设立特别行政区，或郡或县，奖赏给军功人员，或者派遣功臣子弟管理，甚至派遣专门人才治理，直接向执政大臣或国君负责。晋国是最早设立郡县制的诸侯国，郡县制后被秦、楚采用。

二、李悝的好主子：魏文侯及其变法动力

魏国脱颖而出的密码

魏国之先人毕公高，封于毕。其苗裔有名曰毕万者，侍奉晋献公，助献公攻魏有功，被封于魏，位列大夫。其子魏武子，随公子重耳流亡十九年，回国后继承封爵，升级为大夫，为朝中重臣。其孙魏绛侍奉晋悼公，八年之中，九合诸侯，外和戎狄，接着侍奉晋昭公。晋昭公死后，六卿强大，公室衰落。魏绛的孙子魏献子（名舒）侍奉晋顷公，主持国政（前525年）。魏献子生魏侈，魏侈的孙子魏桓子联合韩、赵，灭智伯，瓜分其封地（前453年）。晋出公欲借齐、鲁之兵讨伐三卿，兵败，死在出逃的路上。韩、赵、魏"三家分晋"，公元前403年，周威烈王被迫承认三家的诸侯地位。

魏桓子的孙子名叫魏斯[①]，就是魏文侯（前472—前396）。公元前446年，魏文侯即位，成为魏国的开国君主。秦灵公上位后，上层也混乱不堪。他去世后，嫡长子嬴师隰才九岁，为避内乱流亡居魏。此时魏强，西出欺负弱秦。嬴师隰回国继位，发誓报仇雪恨。

魏文侯礼贤下士，敢用贤能，勇于变法，开时代之新风。他拜孔子的得意弟子子夏为老师，友事田子方、段干木等儒士，任用李悝、翟璜为相，乐羊、吴起等为将。这些出身小贵族或平民的"士"，开始在政治、军事上展露才干，这标志着贵族政治开始为官僚政治所代替。魏文侯在经济、文化上靠文人，如子夏、李悝、段干木，在军事上大胆任用吴起。他在位五十年，内修德政，外治武功，向西攻占了秦国河西地区，向北越过赵国，伐灭中山国，向东打败齐国大军。魏国就是在他的手上，变成了最强大的诸侯国。

[①] 据钱穆《先秦诸子系年》，魏斯是魏桓子的儿子，非孙。与《史记》不同。

文侯纳谏，任贤用能

凡天下雄主，都是善于征求意见，听从善言，任用贤能。

魏文侯使乐羊伐中山，克之；以封其子击。文侯问于群臣曰："我何如主？"皆曰"仁君"。任座曰："君得中山，不以封君之弟而以封君之子，何谓仁君？"文侯怒，任座趋出。次问翟璜，对曰："仁君。"文侯曰："何以知之？"对曰："臣知之闻君仁则臣直。向者任座之言直，臣是以知之。"文侯悦，使翟璜召任座而反之，亲下堂迎之，以为上客。（《资治通鉴·周纪》）

魏文侯虑事心胸狭小，手下大臣任座敢于直言，认为不应该封太子，天下早晚归太子，封予太子不合适。文侯一听，大怒。但他还是问下一个大臣翟璜。翟璜给出了理由，说大臣直谏是因为君主仁义，不但救下了任座，还无形中夸奖了文侯。文侯大喜，复延任座归位。

任座作为臣子犯颜直谏是本分，魏文侯从历史的经验教训封太子，不封亲弟也无不当。中山国是白狄建立的国家，城中有山而得名，对于魏国而言，中间还隔着赵国，偏远难控，若封其弟，可借秦始皇言"是树兵也"论之，用不了多久，弟弟就会割据一方，称王为霸，魏文侯就玩不转了。

文侯尊贤礼士

段干木（约前475—前396），封于段，为干木大夫，故称。魏国安邑（今山西运城安邑镇）人。他遇到好友田子方，一起师从子夏。其数名好友先后为将，他却清高隐居。魏文侯弟魏成子，极力推荐段干木，魏文侯月夜登门拜请段干木。段干木遵从"不为臣不见诸侯"的古训，越墙逃避。但魏文侯求贤若渴，终于感动了段干木。

第三章　李悝：富国强兵，变法第一人

段干木辞禄而处家，魏文侯过其闾而轼之。其仆曰："君何为轼？"文侯曰："段干木在，是以轼。"其仆曰："段干木布衣之士，君轼其闾，不已甚乎？"文侯曰："段干木不趋势利，怀君子之道，隐处穷巷，声施千里，寡人敢勿轼乎！段干木光于德，寡人光于势；段干木富于义，寡人富于财。势不若德尊，财不若义高。干木虽以己易寡人不为，吾日悠悠惭于影，子何以轻之哉！"其后秦将起兵伐魏，司马庾谏曰："段干木贤者，其君礼之，天下莫不知，诸侯莫不闻，举兵伐之，无乃妨于义乎？"于是秦乃偃兵，辍不攻魏。（《淮南子·修务训》）

一个国君，每次坐车经过段干木的门前，都要停下车鞠躬施礼。车夫看不下去了，说段干木是平头百姓，您为什么每次都要停车施礼？魏文侯的回答是，我对礼义之人的尊敬，权势不如德尊，财富不若义高，他不愿和寡人调换位置，这样的人我见到都觉得惭愧，千万别轻视这些高士。秦国军队要攻打魏国，半道上闻听魏文侯尊贤礼士，竟然罢军回师。

文侯师事子夏

孔子死后，弟子散乱，各奔前程。子夏到西河开坛授徒，传播儒家思想，将文化中心带到了魏国。魏文侯执政时，其弟魏成子专门到西河将子夏请到安邑，魏文侯得以师事之。即便魏文侯一执政就请子夏来，子夏也已经六十三岁。魏文侯尊奉子夏为师，咨询国事，开风气之先。田子方、段干木都成了魏文侯的挚友。魏文侯胸襟明见也。

文侯的变法动力

魏文侯变法的第一动力是家族生存。晋史表明，不自强必亡，满口仁义而无硬实力者会吃大亏。晋法比礼制先进，符合新兴地主阶级和农民阶级的需要，顺应时势，勇于变法，是必经之路。

魏文侯变法的第二动力为地缘政治形势。三家分晋，韩占南部黄河两岸，魏占中间，西面秦，东触齐，北与赵接。越过赵境伐灭中山国后，分兵把守，孤悬而制，力难逮及。地图显示，魏国形势似哑铃形或扁担形，东、西两头重，中间轻，西部是面向秦国的河西之地，东部则是以大梁为中心的中原腹地，北部则是以邺为首的河内之地。另外还有隔赵而控的飞地中山。东部中原地区与西部的河西地区，受韩国所阻，仅凭上党崎岖狭窄的战略走廊相连，一旦河西有警，魏国从中原地区调兵经上党山地驰援河西，将成为魏国不可承受之重。因此，魏文侯才广纳人才，大胆改革，富国强兵，谋求长治久安之道。

第三动力是晋国法律走在天下诸国前面，有着较为先进的法律根底。只要根据新形势，整理编纂，就能形成比较有效的法律体系。而且，这些法律已经被实践证明有效，社会也广泛认同，百姓拥护。儒家思想随子夏西传入晋，与晋法家思想汇流，相互激荡，最终，历史上的法家首次在三晋大地产生。

三、李悝还是李克：人生轨迹漫画

李悝与李克，本是一人

关于李悝的第一手资料缺佚，后世只能从出土文物（如汲冢《竹书纪年》[①]、其他典章文献（《韩非子》《吕氏春秋》《史记》）的只言片语中推断，想见其为人。

《史记·货殖列传》曰："当魏文侯时，李克务尽地力。"《平准书》曰：

[①] 《竹书纪年》是春秋时期晋国史官和战国时期魏国史官所作的一部编年体通史，亦称《汲冢纪年》，于西晋咸宁五年（279）被盗墓者不准盗发于魏安釐王（一说魏襄王）墓。记录夏至魏襄王（一说魏哀王）期间事，史料价值颇高。1981年，方诗铭综合有清以来朱、王、范三家著述，重加编次，广为搜集，细致考证，与王修龄等人辑录成《古竹书纪年辑证》，随书收录王国维《今本竹书纪年疏证》。

第三章　李悝：富国强兵，变法第一人

"魏用李克，尽地力，为强军。"《史记·孟子荀卿列传》和《汉书·食货志》则说李悝"尽地力之教"。《汉书·艺文志》载儒家有"《李克》七篇"，法家有"《李子》三十二篇"。班固作注"名悝，相魏文侯，富国强兵"。《汉书·古今人表》把李克与魏文侯和田子方、段干木、西门豹并列为"上下三等"。如此，李悝和李克都是魏文侯相，都是"富国强兵""尽地力之教"，若不是同一人，甚难理解。

清代崔適《史记探源》说："悝、克一声之转，古书通用，非误也。"由此断定李悝和李克是一个人。钱穆和郭沫若都认可这种说法。郭沫若论证道："说者多以为（李克）即是李悝的异名，我看是很正确的。因为悝、克本一声之转，二人时代相同，地位相同，思想相同，而李悝尽地力之教，在《史记·货殖列传》及《平准书》中，则说'李克务尽地力'。儒家中既有李克，法家中又有李悝者，也就如儒家中既有'公孙尼子二十八篇'，杂家中又有'《公孙尼》一篇'。《古今人表》中把李悝和李克分为两人，那应该是班固的错误了。"[①]

光鲜的履历

李悝于公元前455年出生。公元前440年，吴起在卫国出生，比李悝小十五岁。公元前409年，吴起为魏文侯将。这时，魏文侯六十三岁，李悝四十六岁，吴起三十一岁，人生正当年，说明他们三人多有交集。

公元前403年，周威烈王册命韩、赵、魏三家位列诸侯。魏文侯于公元前396年去世，魏武侯继位，李悝一年后去世，同一年，商鞅于卫出生。因此，李悝辅佐魏武侯只一年，但在中山，两人共事较久，可谓知己。

李悝人生履历光鲜，是西河学派最早的一批弟子之一，属于孔子的再传弟子。历史学家傅斯年说："子夏说教西河，是儒学西行一大关键。"[②]子夏居于西

---

① 郭沫若：《十批判书》，东方出版社，1996年，第333页。
② 从孔子周游列国的经历看，儒学本来就在中原一带生成，深受中原文化的影响。子夏西行，并不意味着儒学西行。儒学思想本来就存在于卫国一类的地方。

河，开坛授徒，聚众讲学。

可是，子夏的学术思想和本源鲁国的不同，曾参也曾责备。《礼记·檀弓上》说："退而老于西河之上，使西河之民疑女于夫子。"意思是，你年纪大了到西河讲学，学问和老师孔子的相差较大，让世人怀疑孔子的学问和道行。

据《吕氏春秋·当染》《史记·儒林列传》《后汉书·徐防传》《经典释文·叙录》《吕氏春秋通诠·审分览·勿躬》，子夏在西河讲学，其弟子有田子方、段干木、李悝、曾申、吴起、子弓、禽滑釐、公羊高、穀梁赤、高行子等，郭沫若称为"子夏氏之儒"。田子方还是子贡的学生。"李悝、吴起、商鞅都出于儒家的子夏，是所谓的子夏氏之儒。"历史学家蒙文通认为："儒家之李克，固亦浸淫于法者。战国之世，儒之杂取法家者多……儒分为八者，皆儒之出入于诸子者也。"就是说，本身是儒者，遇朱者赤，染墨者黑，形成各门派，诸子百家本身是儒。

子夏所代表的西河学派是孔门中积极入仕者，是经学的主要传播者。而子思、孟子、荀子各派仍然坚持批判精神，一以贯之地坚守孔子的学问思想。子夏这一脉能为国君排忧解患，事业越做越大，名声越来越响。专家认为，两汉经学主要在子夏一脉。地缘关系亦是一证。

李悝师从子夏的学生曾申，曾申是曾参的二儿子（曾申还是吴起的老师）。曾申（前475—前405），字子西，出生在卫国，居黄河、济水之间。曾申在两河之间落脚，一则与曾参的老家武城不远，二则与其老师子夏到西河开坛讲学有关，也可能与曾参跟随孔子周游列国有关。史载，曾申教学于两河之间，大体在今范县、菏泽、长垣连缀成的三角形地带。《史记·孙子吴起列传》记载："曾子薄之，而与起绝。起乃之鲁，学兵法以事鲁君。"若曾子在鲁，太史公不会说"起乃之鲁"，表明曾子在鲁国的可能性不大，还是"两河区域"更为贴切。三国时期吴人陆玑的《毛诗草木鸟兽虫鱼疏》载："孔子删书授卜商，卜商为之序，以授鲁人曾申，申授魏人李克，克授鲁人孟仲子，孟仲子授根牟子，根牟子授赵人荀卿，卿授鲁人毛亨，亨作《诂训传》，以授赵国毛苌，时人谓亨为大毛公，苌为小毛公。"据《经典释文叙录》，曾申从子夏受《诗经》，传李悝，从左丘明受《左传》，传吴起。

曾申是曾参之子，在思想上有继承性。曾参是有名的孝子，说"夫孝者，天下之大经也"，"君子之孝也，以正致谏，士之孝也，以德从命"（《大戴礼记·曾子本孝》）。《论语·学而》中，曾子曰："吾日三省吾身，为人谋而不忠乎？与朋友交而不信乎？传不习乎？"《大戴礼记·曾子立事》云，君子"言必有主，行必有法"，"君子不先人以恶，不疑人以不信"。曾申从父继承孝的精华，自然会传给李悝和吴起。吴起母死而不奔丧，被曾申逐出师门。

再说"信"，也是儒家真传。孔子重视信，曰"民无信不立""言而无信，吾未知其可也"。吴起"偾表立信"，商鞅"徙木立信"，都在"信"字上做文章。吴起在卫混不下去，就跑到鲁国，在鲁国待不下去，又重回魏，因魏有师兄弟李悝在。这是地缘到人缘，人缘再到地缘的转换。

在上地郡做郡守

李悝何时被任命为上地郡郡守，史籍缺佚。如李悝学业有成，二十岁开始工作，到五十岁时被任命为中山相，大部分时间在干吗？唯一可知的是，他在上地做过郡守。守是军权和行政权集于一身的地方官员，以军权为重。

上地郡为魏文侯设置，辖地为今陕西洛河以东、黄梁河以北，黄河以西，东北到子长、延安一带。上地郡西与秦为邻，是魏国的边防要地，在此常与秦国发生军事冲突。作为上地郡的郡守，李悝常带兵和秦人交战。河西郡是黄河大拐弯的地方，渭河、洛河、泾河等河流汇入，沃野千里，是东西方的交通要道，也是兵家必争之地。历史上，秦国、晋国、魏国围绕该地区争得你死我活，留下太多的恩怨情仇。可能李悝任上地郡守时，魏就想攻取河西土地，吴起担当重任后才摧枯拉朽般打败秦国，占领了这片土地。

公元前419年，魏在少梁（今陕西韩城西南）筑城。公元前417年，魏派子击去围攻繁和庞两地，将那里的百姓迁往魏国境内。李悝深度参与这些工作。随后，吴起扛大梁，于公元前409年攻秦，在临晋、元里筑城。

李悝做上地郡郡守，首要任务是率军守卫。他采取多种办法，增强军事力量。其中之一是提高射箭技术。

> 李悝为魏文侯上地之守，而欲人之善射也，乃下令曰："人之有狐疑之讼者，令之射的，中之者胜，不中者负。"令下而人皆疾习射，日夜不休。及与秦人战，大败之，以人之善战射也。（《韩非子·内储说上七术》）

为使上地郡的军民提高射箭技术，李悝下令以射箭来决断诉讼案的曲直，"中之者胜，不中者负"。令下后，人们争相练习射技，日夜不停。后魏军与秦军人作战，因射技精良而大败秦军。

李悝为了训练士兵，提高其警惕性和积极性，时常造假情报。但次数多了，造成混乱，失信于士兵，后遗症非常大。

> 李悝警其两和，曰："谨警！敌人旦暮且至击汝。"如是者再三，而敌不至，两和懈怠，不信李悝。居数月，秦人来袭之，至几夺其军。此不信患也。
> 一曰李悝与秦人战，谓左和曰："速上！右和已上矣。"又驰而至右和曰："左和已上矣。"左右和曰："上矣。"于是皆争上。其明年，与秦人战。秦人袭之，至几夺其军。此不信之患。（《韩非子·外储说左上》）

其实，这就是古代版本的"狼来了"。

李悝提醒左右营垒中的将士说："严谨戒备，早晨和傍晚敌人会来攻击你们。"李悝再三这样说，但敌人没有来。左右营垒中的将士有些懈怠，不再相信李悝的话。过了几个月，秦军来攻，几乎全军覆没。这就是失信的祸患。

第二个故事说，李悝率军与秦人作战，对左营垒的将士说："快上，右营的人已经上攻了，你们落后，功劳被他们抢去了。"然后就快速地跑到右营垒去，说："你们快上，左营的弟兄们已经攻击了。"如此，两营垒的士兵争先恐后攻击，结果敌人不见踪影，士兵白忙一场。第二年，秦人真的打过来，李悝说话再也没人相信了，差一点全军覆没。这真是失信于兵的大祸患。

出将入相

魏文侯三十九年（前408）[①]，魏选派大将乐羊，越赵伐中山，经过三年苦战，终灭中山国。时李悝四十九岁。乐羊伐中山，吴起刚来魏不久。

中山国前身是北方狄族鲜虞部落，为白狄，最早时在陕北绥德一带，逐渐转移到太行山区。中山文化主要分布在今石家庄市、灵寿、平山、晋州一带的山区，定都灵寿（今河北平山县上三汲乡）。中山国强盛时期的疆域，包括今河北保定地区南部、石家庄地区大部、邢台地区北部及衡水地区西部，南北从鄗至鸱之塞约二百公里，东西从井陉到扶柳约一百五十公里。按中山王墓出土的《兆域图》上所标的长度比例推算，中山国疆土合战国时长度单位为南北距离六百零六里，东西距离四百五十四里，总面积与《战国策·秦策》中"昔者中山之地方五百里"之说吻合。

中山国与姬姓诸侯的第一次大规模冲突，发生在公元前652年春。鲜虞出击邢国，次年又征伐卫国，邢君出逃，卫懿公被杀，齐桓公等派人来救，勉强保住卫国的血脉。此后，中山国和晋国互相攻伐，最终晋国在智伯的领导下伐残中山国。魏文侯伐中山，也是因中山国对三晋诸地构成威胁。中山国几起几落，终于在公元前296年为赵所灭。

乐羊是中山国人，魏文侯派嫡子子击监军。乐羊之子乐舒还在中山国内，中山武公将乐舒抓起来，烹煮成肉酱，送给乐羊。乐羊毫不含糊地吃了，以示决心。魏文侯要小心眼，把这块地分封给太子击，并委派赵仓唐辅佐。由于史籍缺失，我们只能猜测，赵仓唐不久就被李悝替代。

[①] 伐灭中山时间，依《竹书纪年》，据钱穆考证为魏文侯三十九年，实是文侯称侯始元后十七年。魏文侯继位，魏仍然是晋国之下的封国，魏文侯经营二十二年后，才独立称侯。

《史记·魏世家》引翟璜对李悝说："君主对内地最忧虑的是邺郡，我推荐了西门豹。君主计划要攻伐中山国，我推荐了乐羊。中山攻灭后，派不出人去镇守，我推荐了先生。"由此推测，赵仓唐去职后，朝中难寻相才，翟璜荐李悝为相，镇守中山。李悝治理中山，执行宽柔政策，把先进的中原文化和魏国文化带到中山，对促进中山的经济、文化发展作用甚大。他废除苛政，缓和了中山与魏的矛盾。中山国人有奢侈癖好，他禁止奢侈浪费，提倡耕读。他在中山城邑置县令，管理当地的政治与军事，几年内就把中山治理得政通人和。

反浮夸

李悝对经济统计工作熟稔，对虚报产量、多报财政收入者零容忍。

> 李克治中山，苦陉令上计而入多。李克曰："语言辨，听之说，不度于义，谓之窕言。无山林泽谷之利而入多者，谓之窕货。君子不听窕言，不受窕货。之姑免矣。"（《韩非子·难二》）

李克治理中山，苦陉县令年终上报时虚报钱粮。李悝说："言语动听，听了叫人喜欢，但不符合常理，这种话叫作窕言。没有山林川泽等自然资源而收入多的，这种收入叫作窕货。君子不听窕言，不受窕货。你被免职了。"

苦陉，今河北省定州市邢邑镇，位于定州市最南端，为无极、新乐、定州三县市的交会处。上计，是指战国、秦、汉时期地方官进京上计簿，报告本地全年的人民户口、钱粮收入、盗贼、狱讼等事项，类似当今官员的年终述职。窕，本为空虚不充满之言，虚言不可信以为实。李悝善于调查分析，准确判断，不为虚假数字所欺骗，当即免除了苦陉县令的职务。

第三章　李悝：富国强兵，变法第一人

论国家存亡之道

　　魏武侯之居中山也，问于李克曰："吴之所以亡者何也？"李克对曰："骤战而骤胜。"武侯曰："骤战而骤胜，国家之福也，其独以亡，何故？"对曰："骤战则民罢，骤胜则主骄。以骄主使罢民，然而国不亡者，天下少矣。骄则恣，恣则极物；罢则怨，怨则极虑。上下俱极，吴之亡犹晚。此夫差之所以自殁于干隧也。"（《吕氏春秋·离俗览第七·适威》）

　　李悝任中山相，辅佐的国君是魏公子击，继承国君之位为魏武侯。某天，魏武侯突然问李悝："吴国为什么速亡？"李悝对曰："骤然兴起战事，战事频仍，百姓疲惫；屡打胜仗，君主就骄傲自满。骄主役使疲惫百姓，如此乱作，国家却不灭亡的，天下少见。骄傲引起放纵，放纵就会穷尽财物；疲惫引起百姓怨恨，怨恨就会竭尽巧诈之心。君主用尽所欲之物，百姓用尽巧诈之心，吴国被灭亡还算晚了呢。这大概是夫差在干隧自刎的原因。"

　　"骤战骤胜"，看起来是好事，能够正确看待也确实是好事，可以振奋人心，鼓舞士气，但也容易让君主产生骄傲情绪。君主一旦骄傲，就会犯狂妄自大、头脑发昏的毛病。例如，夏朝最后一个君主桀说："吾有天下，如天之有日也。日有亡乎？日亡，吾亦亡。"商纣王说："呜呼，我生不有命在天！"春秋时期吴国夫差如此，李自成领导的农民起义"其兴也勃，其亡也忽"，也是如此。骄傲，忘乎所以，不听谏言，都会招致速亡。

荐人才

　　《史记·魏世家》记载了一段李悝举荐人才的故事。

　　魏文侯对李悝说："先生曾经教导我说：'家贫就想得贤妻，国乱就想得贤相'。如今要安排宰相，不是魏成子就是翟璜，这两个人您看怎么样？"

　　李悝答说："我听说，卑贱者不替尊贵者谋划，疏远者不替近臣谋划。鄙人职在宫外，实不敢置喙。"

魏文侯说："先生，此事无须推辞，有言尽说无妨。"

李悝说："这是您不注意考察的缘故。平时看他亲近哪些人，富有时看他结交哪些人，显贵时看他推举哪些人，不得志时看他不做哪些事，贫苦时看他不要哪些东西，有这五条足能决定谁当宰相了，何需让我说呢！"

魏文侯说："先生回家吧，我心里有谱了。"

李悝赶紧到翟璜家中拜访。

翟璜说："今天听说君主召见先生去选择宰相，结果是谁当宰相呢？"

李悝说："魏成子当宰相了。"

翟璜气得变了脸色，说："凭耳目所见闻，我哪点输魏成子？西河①守将吴起是我推荐的。君主对内地最忧虑的是邺郡，我推荐了西门豹。君主计划要攻伐中山国，我推荐了乐羊。中山攻灭后，派不出人去镇守，我推荐了先生。太子无师傅，我推荐了屈侯鲋。我哪一点不比魏成子？"

李悝说："您向君主推荐我的目的，难道是为了结党营私吗？您怎么能跟魏成子相比？魏成子有千钟俸禄，十分之九用在外边，十分之一用在家里，从东方聘来卜子夏、田子方、段干木。这三个人，君主把他们奉为老师。您所推荐的那五个人，君主都任他们为臣，您怎么能跟魏成子相比呢？"

翟璜拜了两拜，说："我是浅薄的人，说话不得当，愿终生做您的弟子。"

魏文侯选相的故事还有一个版本。《吕氏春秋·卷十八·举难》记载：

魏文侯弟曰季成，友曰翟璜。文侯欲相之，而未能决，以问李克，李克对曰："君欲置相，则问乐腾与王孙苟端孰贤。"文侯曰："善。"以王孙苟端为不肖，翟璜进之；以乐腾为贤，季成进之。故相季成。凡听于主，言人不可不慎。季成，弟也，翟璜，友也，而犹不能知，何由知乐腾与王

---

① 此处的西河指黄河和渭河交汇处以西地区，这里有泾河、洛河等河流汇入，土地肥沃，是秦国和三晋争夺的重点。

孙苟端哉？疏贱者知，亲习者不知，理无自然。自然而断相，过。李克之对文侯也亦过。虽皆过，譬之若金之与木，金虽柔，犹坚于木。孟尝君问于白圭曰："魏文侯名过桓公，而功不及五伯，何也？"白圭对曰："文侯师子夏，友田子方，敬段干木，此名之所以过桓公也。卜相曰'成与璜孰可'，此功之所以不及五伯也。相也者，百官之长也。择者欲其博也。今择而不去二人，与用其雠亦远矣。且师友也者，公可也；戚爱也者，私安也。以私胜公，衰国之政也。然而名号显荣者，三士羽翼之也。"

这个故事中，李悝耍滑头，他让魏文侯看两个人推荐的人才德行，从被推荐人才的表现反过来评价魏成子和翟璜的水平。王孙苟端的表现一般，是翟璜举荐的，乐腾很贤能，是季成举荐的，由此判断季成比翟璜强。

《吕氏春秋》由此发表了深刻的见解。意思是，身边的人还不能判断优劣，难道要通过疏远的人的表现来判断身边人的任用吗？魏文侯不如齐桓公，是因为他私心太重，重用自家人。齐桓公则敢于任用自己的仇人管仲，举贤不避仇人，这是多大的胆量。所以，齐桓公能称霸天下。

由此可知，李悝有法家"权术"的一面。他知道评价人很难，就列出几个判断标准，把球踢给国君，让国君自己判断。

论法律之原

司马迁引《管子》的话："仓廪实而知礼节，衣食足而知荣辱。夫千乘之王、万家之侯、百室之君，尚犹患贫，而况匹夫编户之民乎！"富贵显达之人忧虑贫穷，不少豪奢巨富，如飞蛾投火般以身试法，何况一般百姓？百姓只有吃饱喝足，才能知礼节、尊法制。李悝鲜明地表达了这个观点。

魏文侯问李克曰："刑罚之源安生？"李克曰："生于奸邪淫泆之行。凡奸邪之心，饥寒而起，淫泆者，久饥之诡也；雕文刻镂，害农事者也；

锦绣纂组,伤女工者也。农事害,则饥之本也;女工伤,则寒之源也。饥寒并至,而能不为奸邪者,未之有也。男女饰美以相矜,而能无淫泆者,未尝有也。故上不禁技巧则国贫民侈,国贫民侈则穷者为奸邪,而富足者为淫泆,则驱民而为邪也。民以为邪,因以法随诛之,不赦其罪,则是为民设陷也。刑罚之起有原,人主不塞其本而替其末,伤国之道乎?"文侯曰:"善,以为法服也。"①

魏文侯问刑罚之原。李悝答复,为禁止奸邪淫泆而设。他认为国家应该发展经济,鼓励纺织,限制奸邪淫泆,打击铺张浪费,禁止奢侈张扬之行。莫等百姓犯罪再打击,这与故意陷害无异。君主应掌握事物根本,不能舍本逐末,否则伤民害国。李悝的法治思想,以富民为本,以刑罚惩治骄奢淫逸为末,颇具儒家气象。

明赏罚与取消世卿世禄制度

刘向的《说苑·政理》中,有一段话清楚地表达了魏国变法的主旨:

> 魏文侯问李悝曰:"为国如何?"对曰:"臣闻为国之道:食有劳而禄有功,使有能而赏必行,罚必当。"文侯曰:"吾赏罚皆当,而民不与,何也?"对曰:"国其有淫民乎?臣闻之曰:夺淫民之禄,以来四方之士。其父有功而禄,其子无功而食之,出则乘车马、衣美裘,以为荣华,入则修竽琴钟之声,而安其子女之乐,以乱乡曲之教。如此者,夺其禄以来四方之士,此之谓夺淫民也。"

李悝提出:"治国原则是,给劳者以衣食,封赏有功劳之人,推行赏罚得

---

① 刘向:《说苑》,中华书局,1987年,第518页至第519页。

当的政策。"这是刑赏之策。针对魏文侯的第二问——刑赏得当也有人牢骚满腹怎么办，李悝回答得更深刻："哎呀，大王，这是国家有不劳而获的蛀虫！我认为，取消这些人的俸禄，用来招揽天下四方的有志之士。父亲有功勋，所以国家给他俸禄。后辈没有功勋，还能继承并享受其待遇，出门乘车马、穿美服，招摇荣华富贵，在家则沉迷鼓乐歌舞。这些无功子女的尊享，破坏了法治，坏乱了人心，是淫民。必须夺其俸禄，以招待栋梁之士，此乃消灭蛀虫。"

李悝所说的"淫民"，相当于商鞅说的"虱害"，白吃饭不干活，锦衣玉食的一类。这些人躺在祖先的功劳簿上，养狗遛鸟，妻妾成群，好事不干，坏事一箩筐。为了保住既得利益，朋比为奸，犯上作乱，形成一个强大的利益集团。变法家吴起、商鞅就是被这帮人害死的。要打击其气焰，该夺爵的一定不手软，要敢于提拔贤能之士，成为国君的左膀右臂。

李悝的这个建议，实际上是调整上层权力结构和利益格局。让下层百姓上位，肯定忠于君王。这是社会活力迸发的根源。后来社会变革的力量，大部分来自下层，以"客卿"为多。"外来的和尚"无牵无挂，无所顾忌，没有利益纠葛，能放开手脚。李悝、吴起、商鞅、李斯、韩非、范雎、申不害，大抵都是"客卿"，在异国实施变法。由此看出变法者的思想根源是"天下观"，他们没有狭隘的"故国观"，那时的诸侯国都在周天子的羽翼下，"修齐治平"的本质是为平天下。

作为法家第一人，李悝第一个提出"淫民"概念以及治理淫民的措施，被后世法家普遍接受。

李悝断狱：作法自毙

李悝如何去世的？史无记载，或有记载，文献散佚，无从考证。唯留下一段他作法自毙的故事。

李悝任魏武侯相，著《法经》全国推行。他是制定法律者，还是执法者，更是守法者，和百姓一样，犯法则与庶民同罪。人生百密难防一疏，身兼大法官的李悝，在审理案件时也犯法了。有宗案件审理起来并不复杂，却牵出惊天大案——被告人主动招出了三年前的一桩谋杀案。案情有了突破性的进展，本来是件好事，但李悝的脸变得煞白。原来三年前那桩案件已结案，是他亲自审理判案，案犯三年前被错判为凶手，斩立决。如此，李悝枉法裁判，杀害了无辜。他后悔不已，依照他亲自拟定的《法经》，他这个法官该当死罪。怎么办？李悝写好遗书，自杀以维护法律的尊严和严肃。

李悝死于自己制定的法律下，对他来说，或是一件幸事。这也说明了李悝变法已经成功。

四、变法与治国：首开法家思想先河

《史记·平准书》曰："魏用李克，尽地力，为强君。自是之后，天下争于战国，贵诈力而贱仁义，先富有而后推让。故庶人之富者或累巨万，而贫者或不厌糟糠；有国强者或并群小以臣诸侯，而弱国或绝祀而灭世。"《汉书·艺文志》称李悝"相魏文侯，富国强兵"。

尽地力之教，善平籴

第一，顺应"井田制"不再符合社会发展这一大趋势，鼓励自由民开垦和拥有土地，走土地私有化、提高生产力、使国富强的道路。

随着社会发展，国人和野人的界限模糊，自由民增加，铁制农具和牛耕越来越广泛，商品经济的发展和地租形式变化，井田制的弊端愈益显现出来。实际耕作中，公田不受重视，农民皆以私田为务，先私后公。齐国，公田"维莠骄骄"（《诗·齐风·甫田》），公田里长满杂草。陈国，"道路不知，草在田间，功成而不收，民罢于逸乐"（《国语·周语中》），公田荒废，农民不收，整天吃喝玩乐。

情势倒逼征税方式的调整，由九一税，改为"履亩而征"，按照承租的田亩数收税。《吕氏春秋·审时》云："今以众地者，公作则迟，有所匿其力也；

第三章 李悝：富国强兵，变法第一人

分地则速，无所匿其力也。"百姓为公田干活则懒散懈怠，可耕作自有田，则精饱神满，干劲十足。春秋时期各国所实行的赋税改革，如齐"相地而征"、鲁"初税亩"、晋"作爰田"、陈"赋封田"、秦"初租禾"，就想通过税制改革调动生产积极性。《墨子·非命下》记载："农夫早出暮入，耕稼树艺，多聚菽粟。"这大概与商鞅《垦草令》颁行的政策有一定的继承性。

第二，"尽地力之教"有根据田地的肥沃贫瘠程度确定地租政策的含义。本书第一章提到过"溥本肇末"，"溥本"就是据地力分等定租，使各类土地都有人承租。晋国早已采取这个方法，促进土地的开垦和利用。李悝在这方面做出较大幅度的调整，促进土地开垦，是"尽地力之教"的重要一环。

第三，国家干预农业生产，用"平籴"之法保护生产者和工商业者的生产积极性，防止谷贱伤农，谷贵伤民。民一般指非农业劳动者，如商人、官员、教育工作者、制造业者（士、商、工）。据《汉书·食货志》：

> 李悝为魏文侯作尽地力之教，以为地方百里，提封九万顷，除山泽、邑居参分去一，为田六百万亩，治田勤谨则亩益三斗，不勤则损亦如之。地方百里之增减，辄为粟百八十万石矣。又曰：籴甚贵伤民，甚贱伤农。民伤则离散，农伤则国贫。故甚贵与甚贱，其伤一也。善为国者，使民毋伤而农益劝。今一夫挟五口，治田百亩，岁收亩一石半，为粟百五十石，除十一之税十五石，余百三十五石。食，人月一石半，五人终岁为粟九十石，余有四十五石。石三十，为钱千三百五十，除社闾尝新、春秋之祠，用钱三百，余千五十。衣，人率用钱三百，五人终岁用千五百，不足四百五十。不幸疾病死丧之费，及上赋敛，又未与此。此农夫所以常困，有不劝耕之心，而令籴至于甚贵者也。是故善平籴者，必谨观岁有上、中、下孰。上孰其收自四，余四百石；中孰自三，余三百石；下孰自倍，余百石。小饥则收百石，中饥七十石，大饥三十石。故大孰则上籴三而舍一，中孰则籴二，下孰则籴一，使民适足，贾平则止。小饥则发小孰之所敛，中饥则发中孰之所敛，大饥则发大孰之所敛，而粜之。故虽遇饥馑、

水旱，籴不贵而民不散，取有余以补不足也。行之魏国，国以富强。

"善平籴"，是由国家控制粮食的购销和价格。粮价太贱伤农，太贵伤民（城市居民）。太贵太贱都不利于统治，于是他实施"平籴法"。具体做法：把好年成分为上、中、下三等，坏年成也分为上、中、下三等。丰收年按年成的丰收情况，国家收购多余的粮食。歉收年则按歉收的程度，国家拿出收购的粮食平价卖出。上等歉收年卖上等丰收年收购的粮食，中等歉收年卖中等丰收年收购的粮食，下等歉收年卖下等丰收年收购的粮食。"虽遇饥馑水旱，籴不贵而民不散。"他的这种制度设计，历朝历代都在采用，称谓虽殊，旨趣无二。郭沫若先生说："中国以后的均输、常平仓等办法，事实上都是源于这儿的，这是最实质的惠民政策。"我国现在使用"国储粮"和"托底收购价"，都是在保护种粮者的积极性，实现"粮食安全"。

第四，"尽地力之教"是个系统工程，必须得到国君的认可，含有教导国君的意思。因此，李悝变法的一个重要环节是让魏文侯认识到变法的好处，通过变法，可以打击世家大族，把他们的权力剥夺，归集到国君手中，可以提高生产力，让国家财富迅速增长。然后，国君可以发展军事力量，保存自己，攻击别国，扩大地盘，行王霸之德。魏文侯听了，觉得无不合其心意。

著《法经》，行法律治国的典范

先秦时期，"法"之义大体上经历四个发展阶段：在"议事以制"时代，"法"尚未与规范和制度发生联系，仅仅有"摒除、弃置"之义；春秋时期，各国基本上"以礼治国"，"法"开始具有统治者制定并流传下去的规则、范式之类的含义，在郑子产"铸刑书"事件发生之后，与刑事制度发生关联；战国初期，李悝著《法经》，"法"从此成为以刑法治国理政的工具；战国中晚期，秦国在商鞅主持下实行变法，"法"因而产生以国家强制力为后盾、以刑赏为主要手段的规范这样的含义，为各国思想家普遍接受。

第三章　李悝：富国强兵，变法第一人

《法经》是李悝在系统总结各诸侯国成文法的基础上编定的，已亡佚。东汉桓谭（约前23—56）《新论》中存关于《法经》的简述，《晋书·刑法志》也有类似的记载。《新论》也已亡，其中关于《法经》的简述，保留在明人董说的《七国考》中。据《晋书·刑法志》：

> 秦汉旧律，其文起自魏文侯师李悝。悝撰次诸国法，著《法经》。以为王者之政，莫急于盗、贼，故其律始于《盗》《贼》。盗贼须劾捕，故著《网》《捕》二篇。其轻狡、越城、博戏、借假不廉、淫侈、逾制，以为《杂律》一篇；又以其律《具》其加减。是故所著六篇而已，然皆罪名之制也。商君受之以相秦。汉承秦制，萧何定律，除参夷连坐之罪，增部主见知之条，益事律《兴》《厩》《户》三篇，合为九篇。

据《唐律疏议》：

> 魏文侯师于李悝，集诸国刑典，造《法经》六篇；一、《盗法》；二、《贼法》；三、《囚法》；四、《捕法》；五、《杂法》；六、《具法》。商鞅传授，改法为律。汉相萧何，更加悝所造《户》《兴》《厩》三篇，谓《九章之律》。魏因汉律为一十八篇，改汉《具律》为《刑名第一》。晋命贾充等，增损汉、魏律为二十篇，于魏《刑名律》中分为《法例律》。宋齐梁及后魏，因而不改。爰至北齐，并《刑名》《法例》为《名例》。后周复为《刑名》。隋因北齐，更为《名例》。唐因于隋，相承不改。[①]

纵览现存可考《法经》，总结其如下特点。

《法经》的指导思想是"王者之政，莫急于盗、贼"，将保护私有财产、人身安全及统治秩序作为首要任务。《法经》共有六篇，即盗、贼、囚、捕、

---

① 长孙无忌等：《唐律疏议》，蓝天出版社，1998年，第12页。

杂、具。其中《杂法》概括了盗贼以外的各种犯罪行为。《具法》的内容是"具其加减",即统一规定以上各篇定罪量刑的通例与原则,类似于近代刑法典中的总则,而其他五篇皆"罪名之制",类似于近代刑法典中的分则。

《法经》是中国历史上第一部较为系统的法典,其立法技巧已初步走向成熟,后世的封建法典均以《法经》为蓝本。商鞅入秦主持变法革新时,携《法经》入秦,并在变法过程中将《法经》改编为秦律,史称"改法为律"。《法经》辗转递延,成为中国法律制度的源头。

建武卒制度以强军

李悝推动魏国变法的落脚点是富国强兵,军事制度突破是变法主要动力,其中最要者,乃与吴起配合,建立武卒制,即对军队的士兵进行考核,奖励其中的优秀者,并且按照不同士兵的作战特点,重新将他们进行队伍编排,发挥军队的作战优势。他在守卫上地时,采取了"以盐养兵"的策略,用位于魏国境内的盐池生产盐的收入供养精锐之师,即魏国武卒。他们均被免除赋税和徭役,领受较高的物质待遇。魏武卒高标准训练。例如,他们必须身负重甲,背十二石拉力的弓弩以及五十支箭,挎剑持戈,带三天粮食,每天还要跑百里路,进入战场,立即投入战斗。正是这样一支训练有素的队伍,由名将吴起统领,以少胜多,横扫秦国,诛灭中山,巡掠齐、楚、赵之城。

算账先生开统计之先

李悝当丞相,处处用数据说话,以制定政策,厘定税收,既能富民,又能强国。据《汉书·刑法志》的列表,李悝以一个五口之家为例,计算家庭收支。算来算去,此一家五口人,一年辛苦,剩余不多,白忙活一年,故很多人都不想务农,还不如去做买卖——贱买贵卖,赚大钱。政府应采取措施,鼓励耕稼,保护农民利益,使其丰年收入有保障,荒年不挨饿。由此,他提出"善平籴"的粮食收储政策。该思想为历朝历代所采用。

农民家庭收支平衡表

收入			支出		
项目	粟（石）	货币（钱）	项目	粟（石）	折合货币（钱）
1.全年收入	150	4500	1.什一税	15	450
			2.全年口粮	90	2700
			其中：每人	18	540
			3.社间尝薪、春秋之祀	10	300
			4.全家衣着	50	1500
			其中：每人	10	300
			5.疾病死丧	…	…
2.年末差额	15	450	6.赋敛	…	…
合计	165	4950	合计	165	4950

在中国统计史上，李悝这个对五口之家的农民家计的调查，开典型调查之先河，采用了实物与货币两种计量单位，以利于综合分析，还运用了平衡法、估算法与复合分组法，并在其经济思想指导下进行了数字与情况相结合的统计估算与分析。这些卓越的贡献，在世界统计史上应占有一定的位置。

第四章
吴起：殉道变法的兵家和儒者

吴起（前440—前381），卫国左氏（一说今山东菏泽曹县，一说今山东菏泽定陶区）人，战国初期变法家、军事家和儒家传承人，一生历仕鲁、魏、楚三国，通晓兵、儒、法家思想。吴起晚年入楚，主持变法，在楚悼王的支持下，两年时间即令楚面貌一新，令周边诸侯震惊。因打击贵族阶层和既得利益者甚重，吴起被射杀，成为变法强国思想与实践的殉道者。

《史记·孙子吴起列传》将吴起、孙武和孙膑并列，彰扬其军事天才。吴起的同门师兄李悝评价说："起贪而好色，然用兵司马穰苴不能过也。"辅佐秦昭王，制定远交近攻政策的丞相范雎说："吴起事悼王，使私不害公，谗不蔽忠，言不取苟合，行不取苟容，行义不顾毁誉，必有伯主强国，不辞祸凶。"（《战国策·秦策》）秦国丞相蔡泽评价说："吴起为楚悼罢无能，废无用，损不急之官。塞私门之请，壹楚国之俗，南攻杨越，北并陈、蔡，破横散从，使驰说之士无所开其口。"（《战国策·秦策》）法家思想集大成者韩非说："楚不用吴起而削乱。"（《韩非子·和氏》）唐肃宗时，吴起列入武成王庙，为武庙十哲之一。宋徽宗时，吴起被追尊为广宗伯，为武庙七十二将之一。

吴起既是儒家学派传承过程中的重要人物，心底充满仁义道德的理想，又是率军打仗、血战疆场的将军，亦是不顾自身安危，敢于向强大的贵族利益集团亮剑的改革家，身兼"儒家、法家和兵家"的多重道德品格。他为贵族所嫉恨而惨遭射杀，益显其伟大。如果楚悼王能像魏文侯长寿，多给他几年时间发挥，吴起也会像商鞅一样，建设一个强大的楚国。

且让我们走进吴起的波澜壮阔的一生，走进他的内心世界，理解他所处的时代、他的命运，以及他的变法思想。

第四章　吴起：殉道变法的兵家和儒者

一、千金之家的败落

吴起于公元前440年生于卫，生年晚李悝十五年，于公元前381年在楚国被贵族射杀，卒年晚李悝十四年。如果李悝因断狱出错自咎自杀为真，那么，他们和商鞅一样，都没有尽享天年，为变法殉道了。

公元前440年（卫敬公二十四年、秦躁公三年、魏文侯六年、楚惠王四十九年、晋敬公十二年、赵襄子三十六年、齐宣公十六年、燕成公十五年、鲁悼公二十八年、宋昭公二十九年、越朱勾九年、周考烈王元年），除了周考烈王的宗周，天下共有十二个诸侯国。此时的天下，周天子已无力统御，各诸侯国在同一蓝天下，疆界犬牙交错，一国动荡，他国均不得安宁，两国交兵，则引天下乱作一团。

李悝、吴起的母国卫国地处"台球型地缘政治体系"中心地带，自然要承受四方地缘的压力，外源力量不知从哪个方向击打过来，东击则西撞，西击则东战，惶惶难有宁日。地缘压力最初来自太行山的戎狄（赤狄、白狄），后来，魏、赵东出太行，侵削卫地，楚北伐，攻城略地，卫国自身也因内多乱，自身难支（详见第二章）。有志青年无法在国内求得理想职位，纷纷到"国际"上找工作。去哪儿呢？此时魏国强大，当然是理想的求职之地。

魏出于晋。公元前433年，晋公室只剩下曲沃、绛地，其余皆被韩、赵、魏三家瓜分。晋公室苟延残喘，竟然向韩、赵、魏朝见。这一年，吴起八岁。

公元前446年，魏桓子之子斯（魏斯）以公卿名义继位，于公元前424年（周威烈王二年）改称"侯"①。此时，魏的实力已够强，连周天子都要让三分。韩、赵两家尚不敢自称"侯"，还是"子爵"。公元前423年，韩伐郑，杀郑幽公，韩吞并了郑。

公元前421年，晋幽公柳与鲁季孙会于楚丘（今山东成武和曹县之间），

---

① 据钱穆《先秦诸子系年》，魏文侯为魏桓子之子，非其孙（《史记》谓其孙），其元年在周贞定王二十三年，非周威烈王二年。

订立盟约。后晋幽公诲淫出城，为贼所杀。在鲁国，季孙权倾朝野，是事实上的统治者。

此时，吴起大概二十一岁，朝气蓬勃，正是建功立业的大好时机。本来，吴起的家境富裕，蓄积千金家财，三辈子也花不完。千金是古制，一金等于一镒，一镒等于20两，一两等于16.22克（按秦制）。也有演绎说，吴起父亲来自吴国，携带大量的金银财宝，潜居在卫，但时刻不忘光宗耀祖。子不仕进，似乎有辱祖先英明，所以，吴父鼓励儿子周游列国，拜访卿大夫，递上求职信，塞上金钱，打通关节。可钱花光了，也没谋到一官半职。好端端的家庭，本来吃喝不愁，散财求官，竟然成了贫困之家。乡里乡亲不同情也就罢了，还讽刺挖苦，嘲笑诽谤。吴起一气之下，杀了三十多人，从卫都城东郭门（城市外城的进出口）出逃。吴起咬破手臂，与母亲诀别，发誓说："娘，儿子不孝，不能亲自侍奉。我若不当卿相，绝不回卫。请娘好好保重。"

后来，吴起在鲁立功，鲁国人据此诋毁他说，吴起猜忌心强，做事则残忍无情。

二、儒门肄业，转学兵法

吴起逃离卫，史书未记载其落脚处，学者推测他奔赴鲁国。但据《史记》判断，吴起没有直奔鲁国，而是居于鲁、卫之间。[①]他求收受过他千金贿赂的公卿大夫收留或找个躲藏之地，应该不难。吴起来到两河之间的某地，拜师曾申。两河是指河水（黄河）和济水，黄河沿着太行山东麓向东北流，济水大约从今开封、菏泽向东流向济宁方向，注入南四湖。

曾申是何人？据钱穆《先秦诸子系年》，曾申生于公元前475年，卒于公

[①] 《史记·孙子吴起列传》载，"遂事曾子。居顷之，其母死，起终不归。曾子薄之，而与起绝。起乃之鲁，学兵法以事鲁君"。若曾子在鲁国设坛讲学，吴起肯定在鲁国，又怎会在被曾申逐出后到鲁国去？故疑曾申不在鲁国讲学，与子夏一样在卫国，或如史书所言在"两河之间"，鲁、卫交界的某个小国栖身。

元前405年，是曾子的二儿子。曾申出生在卫，又是子夏门生，讲学于两河之间，讲学处估计离家乡不远。曾申继承父曾子之志，以孝、信为学问核心。曾子（前505—前436），名参（shēn），字子舆，春秋末年鲁国南武城人（今山东平邑南），与其父曾点同师孔子。曾参是孔子独孙子思的老师，子思又是孟子的师爷，被誉为儒学正宗，是思孟学派的重要奠基人。

曾子和子夏都是孔子的后进弟子。子夏是卫国人，孔子的很多学生都是卫国人，如子贡也是。子夏以"文学"见长，估计曾子把儿子曾申委托子夏教授。《史记·儒林列传》则曰："自孔子卒后……子路居卫，子张居陈，澹台子羽居楚，子夏居西河，子贡终于齐。如田子方、段干木、吴起、禽滑釐之属，皆受业于子夏之伦，为王者师。"曾申跟着子夏，重点学习《周易》《诗经》《春秋》《礼》《乐》《左传》之类，是西河学派的代表人物之一。"为王者师"的，都怀有王霸思想，底色虽然是儒家，可外在表现上是法家做派。

吴起出生在卫左氏，离山东嘉祥（曾参老家）不远，他逃离老家去寻找安身立命之所，选择曾申，也是近水楼台。吴起通过曾申，攀上了子夏这棵大树。子夏的学生李悝为魏文侯卿相，其余高徒深受魏文侯赏识，而魏文侯还特别喜欢"文学"。这样，他的出将入相之路会便捷不少。

不久，母亲去世的噩耗传来，吴起权衡再三，决定不奔丧，不去母亲坟前致哀。曾申得悉，非常生气，遂断绝师生关系，将吴起逐出师门。其实，吴起母丧不归，原因是他杀人太多，仇人太多，回去等于自投罗网。他和母亲诀别，目的未达即返卫，等于食言。

吴起此时大约二十五岁，成了没有毕业文凭的儒家弟子，满心的愤懑无处诉说。原来帝王将相近在眼前，转眼间却远在天边。他内心有一团火在激烈燃烧，发誓不达目的绝不罢休。

告别老师曾申，吴起前往鲁国，寻觅前程。史载他改学"兵法"，想在疆场上施展才能，继续走出将入相的路子。兵荒马乱，群雄逐鹿，哪类人最吃香？非兵家莫属。

三、杀妻求将，助鲁胜齐

学得文武艺，售予帝王家，是祖师爷子夏"学而优则仕，仕而优则学"的翻版。时代总是青睐有准备之人。

公元前412年，时吴起二十九岁。齐国凭借强大的兵甲，不断蚕食鲁国。齐伐鲁莒（今山东莒县）及安阳（今山东曹县），次年攻取鲁国城邑。齐国步步紧逼，鲁国受到空前打压。

两国关系紧张，激烈对峙，这对学兵法两年多的吴起而言，是个千载难逢的机会。公元前410年，齐进攻鲁，鲁弱无胜算。国家有难思良将，若有司马穰苴、孙武这样的将才该有多好，鲁穆公发招贤榜，求才若渴。

报名应征者无数，吴起被鲁穆公相中。但调查发现，吴起是卫国人，妻子是齐国权贵家族田居之女。齐宣公时，田氏在齐国专权，是权贵家族。齐、卫关系亲密，鲁国担心吴起暗通齐国，或对齐国心慈手软，所以对是否起用吴起，犹豫不定。吴起思虑再三，杀妻并献头颅于鲁穆公，以表明与齐势不两立。

鲁穆公任命吴起为将抗击齐军。同一年，魏也趁秦内乱，在太子击（后立为魏武王）的率领下，攻克秦之繁、庞城（今陕西韩城东南），迁城里之民往魏境。吴起接过将帅大位，并没有立即同齐军开战，而是先示弱求和，以老弱之卒驻守中军，隐藏精锐在两翼，双方阵前谈判，故意让齐军看到老弱病残，给对方一种不堪一击的假象。未等齐军归营，吴起率领的精锐部队就尾随而上，出其不意地攻破齐军防线。齐军仓促应战，大败。

关于吴起指挥的这场战争，兹补充几点。第一，吴起所处的时代，战国开始不久，战争模式从"贵族君子战"向"平民步兵战"转变，战争规则也不同以往，规模更大，更加血腥，一切以战胜为目的，"欺骗""诈术"越来越多地出现在战场上。第二，吴起之后，有秦之商鞅采取相似的手段欺骗公子卬，击败魏军。齐国汲取经验教训，在对魏国的两次战争（桂陵之战、马陵之战）中，运用欺骗之术获胜。第三，可能齐军自信过头，被吴起钻了空子。

一战而胜，吴起声名鹊起，同时引来公卿士大夫的嫉恨。当时三桓势力把持鲁国朝政，怎能容一个客卿占据高位？他们网罗各种罪名排挤吴起。吴起的老丈人田居也咽不下这口气，因为他杀了自己的女儿来求帅位。各种力量都容不下吴起，罪名铺天盖地打过来。

《史记·孙子吴起列传》载"鲁人或恶起曰"："吴起这个人猜忌心很强，又非常残忍……我们鲁国是小国，今天取得了胜利，名震诸侯，不是什么好事，反而会招致诸侯的攻打。并且，鲁卫是兄弟之国，亲如一家，如果我们坚持用吴起，必然会得罪卫国，这样计算，账真的划不来啊！"鲁穆公自此怀疑吴起，决定辞退吴起，下逐客令。

"杀妻求将"让人觉得匪夷所思，故多有怀疑。有人以为，吴起犯不上为当将军把妻子杀掉。有人认为因为太史公司马迁的记述"鲁人或恶起曰"，既然是别人的恶意诋毁，造谣中伤，岂可为凭？不过，我们必须认识到，吴起从离开卫国到师事曾申，谋取鲁国将军之位，做过极端的事符合历史事实。

吴起不得不离开鲁国，前往魏国。关于吴起前往魏国，还有一个说法：

鲁季孙新弑其君，吴起仕焉。或谓起曰："夫死者始死而血，已血而衄，已衄而灰，已灰而土。及其土也，无可为者矣。今季孙乃始血，其毋乃未可知也。"吴起因去之晋。（《韩非子·说林》）

原来，吴起虽被鲁穆公选为将军，却归季孙氏实际领导。鲁国国政在三桓手中，季孙氏势力最盛，穆公并无实权。季孙氏刚刚把国君（鲁元公的可能性最大）杀掉①，旧国君的势力还未清除，说不定哪天反戈一击，天下大变，你一个客卿，如何自处？有人对吴起暗示说："人死这种事，刚死的时候流血，出血停止了皮肉就要萎缩，萎缩以后再变为残骸，变为残骸以后又化为尘土。等到死人化为尘土，也就无可作为了。现在季孙才刚把鲁君杀掉，下一步的变化

---

① 据郭沫若考证，鲁哀公虽然不得善终，可与时间不合，若季孙真的弑君，被弑者最有可能是鲁元公。见郭沫若《述吴起》一文。

恐怕不可预料。"吴起思虑再三，就离开鲁国了。

上面两则故事，其一指出吴起离开鲁国是因为谗言，其二指出他离开鲁国是有高人指点。

四、佐魏文侯，军事才能爆发

世人谈吴起，先以兵家视之。司马迁《史记》将其与孙武、孙膑并论。《韩非子·五蠹篇》曰："境内皆言兵，藏孙、吴之书者家有之。"《史记·吴起传》："世俗所称师旅，皆道《孙子十三篇》《吴起兵法》，世多有。"《汉书·艺文志·兵书略》记"《吴起》四十八篇"，属于"兵权谋"类，"权谋者，以正守国，以奇用兵，先计而后战，兼形势，包阴阳，用技巧者也"。惜此书不存于世。现存《吴子》仅有《图国》《料敌》《治兵》《论将》《应变》《励士》六篇。

拜将军职

公元前410年，吴起跋山涉水，西去魏国国都安邑（今山西夏县西北）。今从曲阜到夏县，地图直线距离将近五百三十公里，古代舟车步行，可谓路途迢迢了。

魏文侯四下打听吴起。他问李悝吴起这个人怎么样。李悝和吴起都是曾申门生，但李悝既不想得罪老师，又不想得罪魏文侯，就貌似客观地说："起贪而好色，然用兵司马穰苴不能过也。"吴起贪恋成名，爱好女色，但率军打仗绝对超过司马穰苴。李悝遵从推荐人才的秘诀："我提供背景材料，行不行，您自己想。"

司马穰苴何许人也？陈国公子"完"因内乱避难齐国。"陈"和"田"，一音之转，就以陈姓为田氏。这个支脉在齐国扎下根来，广行善事（如大斗外借粮食，小斗回收，以收拢民心），家族兴旺，到田和执政时，竟然"鸠占鹊巢"，把姜姓齐国改成了田姓齐国，又请魏文侯当说客，说服周天子和诸侯，承认"齐侯"。司马穰苴是田氏一支庶（非嫡脉），姓田名穰苴，因军功被任命为"司马"。春秋末期，齐景公（还是姜齐时）面对晋、燕两国大军压境，须寻帅才抗敌，晏子推荐田穰苴率军出击。田穰苴最大的特点是执法严明，不容私情，军队还未出发，就把齐景公的近臣庄贾杀了，还将齐景公派来的使者的随从斩首，以警告三军将士。晋、燕大军闻听，不战即退。田穰苴著有《司马兵法》，名垂后世。"国虽大，好战必亡；天下虽安，忘战必危"，即是书中的名言。

李悝的推荐词很有分量，魏文侯自然心领神会，只要能打仗，"好色"不是什么事，多赏给他女子即可。据《吴子·图国》记载：

> 吴起儒服以兵机见魏文侯。
>
> 文侯曰："寡人不好军旅之事。"
>
> 起曰："臣以见占隐，以往察来，主君何言与心违。今君四时使斩离皮革，掩以朱漆，画以丹青，烁以犀象。冬日衣之则不温，夏日衣之则不凉。以长戟二丈四尺，短戟一丈二尺。革车奄户，缦轮笼毂，观之于目则不丽，乘之以田则不轻，不识主君安用此也？若以备进战退守，而不求用者，譬犹伏鸡之搏狸，乳犬之犯虎，虽有斗心，随之死矣。昔承桑氏之君，修德废武，以灭其国。有扈氏之君，恃众好勇，以丧其社稷。明主鉴兹，必内修文德，外治武备。故当敌而不进，无逮于义矣；僵尸而哀之，无逮于仁也。"
>
> 于是文侯身自布席，夫人捧觞，醮吴起于庙，立为大将，守西河。与诸侯大战七十六，全胜六十四，余则钧解。辟土四面，拓地千里，皆起之功也。

吴起穿着儒服谒见魏文侯，谈的却是"兵机"（这用词太有意思了）。

魏文侯假装谦虚，对吴起说："寡人对行军打仗一类的事是门外汉，先生有什么高见吗？"

吴起回答说："在下有透过现象看本质、鉴往知来的本事，您怎能说违心话呢？您一年到头杀兽剥皮，涂红漆于皮革之上，再画以各种颜色，烫成犀牛和大象图案。这些东西，花花绿绿，冬天穿着不暖和，夏天穿着不凉快。制造的长戟达二丈四尺，短戟达一丈二尺。用皮革把重车护起来，车轮车毂也加以覆盖，看在眼里并不华丽，坐着去打猎也不轻便，不知您这是要干什么？若说您打算用来作战，却又不寻求会使用的人。这就好像孵雏的母鸡去和野猫搏斗，吃奶的小狗去找老虎的碴儿，虽有决战之心，但必然送死。从前承桑氏有个国君，很重视文德修养，却废弛武备，被灭国了。有扈氏的国君仗着兵多，恃勇好战，打来打去，也丧国了。贤明的君主有鉴于此，必须对内修明文德，对外做好战备。所以，面对敌人而不敢进战，这说不上是义；看着阵亡将士的尸体而悲伤，这谈不上是仁。"

魏文侯亲自设席，让夫人亲捧美酒，在祖庙设宴，拜吴起为大将，主持西河[①]防务。后来，吴起与各诸侯国大战七十六次，全胜六十四次，其余十二次未分胜负。魏国向四面扩张领土达千里，皆是吴起之功。

吴起的初次求职，即深得魏文侯欣赏，让人想起刘邦拜韩信为将的故事。刘邦虽不满，但还是按萧何的建议做了，感动了韩信。韩信半生戎马，一事无成，忽然得到恩人厚遇，还不殚精竭虑，忠刘邦之事？后来，韩信打下齐地，被刘邦封王。蒯通游说他称王自立，韩信也不愿背弃刘邦，说刘邦"衣我衣，食我食"，不能反叛他。魏文侯设席拜将，大概是刘邦设坛拜将的榜样。

君臣对话显示，吴起熟稔历史，其思想本自历史，"亦经亦史"，经验、规律从历史中来，符合《春秋》的要求。吴起的军事思想很明确，就是安社稷、利国家，别为了打仗而打仗。所以，要从内修文德、整治军备开始，先求自存，再寻机攻击对方，以扩大自己的生存空间。

---

① 此处的西河，指黄河和渭河交汇处以西地区，这里有泾河、洛河等河流汇入，土地肥沃，是秦国和三晋争夺的重点。历史上，有两个"西河"，上为一。还有一个是今濮阳一带的，黄河和济水交叉形成的区域。具体而言，在河南长垣之北，观城以南，山东菏泽以西。子夏退老西河，即此。

第四章　吴起：殉道变法的兵家和儒者

打仗有绝招

吴起于公元前409年上任将军，时年三十二岁。据记载，吴起被派遣去攻打秦国，攻占秦河西地区（今山西、陕西之间黄河南段以西地区）。《史记》载，吴起"击秦，拔五城"。吴起攻下临晋（今陕西大荔县东南）、元里（今陕西澄城县东南）并筑城。次年，吴起再次率军攻打秦国，一直打到郑县（今陕西华县），攻克洛阴（今陕西大荔县西南）、郃阳（今陕西合阳县东南）并筑城。秦国不得不退守至洛水，沿河修建防御工事，并筑重泉城（今陕西省蒲城县东南）加以防守。

如此，魏国在黄河以西的大片渭河平原地区站稳了脚跟。此时，秦国内乱，无力保住河西地区，只能吞下苦果。秦献公（太子师隰）正在魏国避难。后来，秦国国内要迎接他回国继位，魏文侯亲自送他回国，在边境上，他只承诺魏文侯在世，不会进攻魏国，弄得文侯很难堪。这个梁子就是在魏文侯指挥下，由吴起结下的。秦献公回国后，发誓夺回河西之地没有成功，儿子秦孝公任用商鞅实行变法，国力大振，才扭转战局，重新夺回河西地区，基本确立了秦东向攻伐的态势。

接着，吴起被任命为副将，配合乐羊攻打中山国。李悝曾经被翟璜推荐当了中山国相，辅佐太子击治理中山国。吴起就是攻打中山国的功臣之一，但乐羊是总指挥。此时，吴起的军事指挥才能淋漓尽致地发挥出来。

> 起之为将，与士卒最下者同衣食。卧不设席，行不骑乘，亲裹赢粮，与士卒分劳苦。卒有病疽者，起为吮之。卒母闻而哭之。人曰："子卒也，而将军自吮其疽，何哭为？"母曰："非然也。往年吴公吮其父，其父战不旋踵，遂死于敌。吴公今又吮其子，妾不知其死所矣。是以哭之。"（《史记·孙子吴起列传》）

吴起做主将，与士兵同吃同穿，无垫褥而卧，不乘车骑马而行军，自负粮食而行。有士兵生恶性毒疮，吴起替他吸吮脓液。士兵的母亲听说后，放声大哭。有人说："你儿子是个无名小卒，将军却亲自替他吸吮脓液，怎么还哭呢？"母答说："不是这样啊！往年吴将军替他父亲吸吮毒疮，他父亲在战场上勇往直前，死在敌阵。如今吴将军又给儿子吸吮毒疮，我不知道他又会在什么时候死在什么地方，因此，我才哭他啊！"

这里说的是两场大战，父亲参加的是"击秦，拔五城"之战，儿子参与的攻打中山国之战。当时魏国的政治、经济中心在安邑，汾河下游平原，离中山国悬远，还要假道赵家地盘，难度可想而知，进行了三年拉锯战才攻破中山。攻克中山国后，翟璜即推荐吴起守西河，这一去，就是二十二年。

军事创新：魏武卒制

吴起积极参与并设计了魏国的军事变革，武卒制是最厉害的一招，与秦的锐士制有一拼。魏武卒均为重装步兵，披重铠，持戈配剑，背弓弩，挎矢囊。魏武卒装备精良，以一当十，十以当百，能征善战。

> 魏之武卒以度取之，衣三属之甲，操十二石之弩，负矢五十，置戈其上，冠胄带剑，赢三日之粮，日中而趋百里。中试则复其户，利其田宅。（《荀子·议兵》）

意思是，士兵披上三层重甲和铁盔，能开十二石之弩，背五十只弩矢，拿着长戈或铁戟，腰带利剑，携带三天的作战粮草，半天能走一百多里。

魏武卒的人员选拔极其严格，福利待遇亦很优厚。武卒可分得百亩私田，负担军事装备和服役期间的后勤物资。武卒制设立之初，正是奴隶土地所有制向封建制度的过渡时期，有了土地的武卒获得了较高的经济地位，同时解除了与奴隶主的人身依附关系。武卒得免全家徭役和田宅税，凭军功得爵赏。

武卒的编制，五人为伍，设伍长一人；二伍为什，设什长一人；五什为屯，设屯长一人；二屯为百，设百将一人；五百人，设五百主一人；一千人，设二五百主一人。其中，二五百主也称"千人"，也就是以一千人为基本的作战单位。这是模块化编成，灵活性大大提高，作战时设将军指挥。即使战败，亦可迅速重组成军，不论士兵是否相识。

《吕氏春秋·用民》称"吴起之用兵也，不过五万"。《尉缭子·制谈第三》说："有提七万之众，而天下莫当者谁？曰：'吴起也。'"据杨宽统计："战国时代，各大国的兵额就有三十万至一百万之多。"而魏武卒最鼎盛的时候，满员也不过五万人左右，可以说是精兵中的精兵。

荀子说："齐之技击不可遇魏氏之武卒，魏氏之武卒不可遇秦之锐士……有遇之者，若以焦熬投石焉。"（《荀子·议兵》）齐国的花拳绣腿，哪里是魏国武卒的对手？魏国武卒也不是秦国锐士的对手。两者相遇，好比烤焦的东西碰上石头，须臾成齑粉。

魏武卒是一支威震天下的可怕战争机器。吴起率领魏武卒攻下函谷关，大大小小历经六十四战，夺取了秦国黄河西岸五百多里土地，将秦国逼到华山以西的狭长地带。公元前405年，吴起率魏武卒协韩、赵，在龙泽大败齐军，杀死齐军三万。次年，攻入齐长城，令齐廷震恐。周安王十三年（前389）的阴晋之战，吴起以步卒五万人、车百乘、骑三千，大破秦军五十万众。这是吴起军事才能的大爆发，使他入列中国历史著名的军事将领，与孙武、孙膑比肩。

李悝创制魏武卒，政策的设计者和推动者是吴起。李悝位居高位，参与了这场军事变革，但具体方案和实施肯定是吴起的功劳。后来，吴起含泪离魏时，预测西河不久就会为秦国所夺。随着年龄增大，魏武卒军功增多，不像年轻时那么拼命，有所顾忌和牵挂。如果不及时淘汰老卒，更新人员，队伍的战斗力就会大幅下降。军人的更新牵扯爵位和田土赏赐，这给君侯提出了难题——赏来赏去，国家的土地越来越少。如果不搞军事扩张，这部战争机器就很难维持。魏惠王执政后，打了几次大败仗，魏武卒生存的土壤不再存在，武卒制就衰微了。而秦国锐士制伴随着秦国的领土扩张而发展壮大。如商鞅帮助秦国夺回西河，秦惠王征服巴蜀，一路向东，这些都能让君王供养庞大的军事力量，激励将士奋勇杀敌。

吴起推动军队编成制度改革，有如下原因。

第一，战争模式由战车制向步兵制的转变。春秋之前，战争主体是贵族，以车战为主，步兵很少。到战国时期，贵族力量衰弱，平民力量崛起，战争规模不断扩大，可动员的平民百姓增加，培养一支能征善战的步兵队伍，是时代发展的必然结果。

第二，当时韩、魏为天下的冶金中心，魏国兵器制造业发达，这是魏国得以优先开展军事变革的有利条件。后来逐步采用铁制兵器代替青铜兵器。

第三，战争原则的变化。春秋无义战，原来的战争都是为维护周王室的权威和宗法制度，同室操戈，只要对方服软，承认错误即可。进入战国就不同了，战争以摧毁对方的有生力量、占领土地和民众为目的，越来越残酷。如秦昭王时期，范雎制定的远交近攻战略，就是以有效杀伤对方的有生力量为目的。长平一战，秦国坑杀四十万赵国降卒，赵国从此一蹶不振。

五、儒家本色

孟子说孔子是大成至圣先师，盖言孔子有"道"的理想追求和"治世"的事功，若没有切身的实践，只是写写书，教几个学生，人生是不完善的，称不上大成至圣。以此标准衡量，吴起算得上一个真正的儒者。

《吴子·图国》说"吴起儒服，以兵机见魏文侯"，"明主鉴兹，必内修文德，外治武备。故当敌而不进，无逮于义矣；僵尸而哀之，无逮于仁矣"，"昔之图国家者，必先教百姓而亲万民"。吴起离开鲁国去魏国求职，仍然是儒者的做派，内修文德，外整军队。对内先教育百姓，亲近各类民众，推行仁政，这是军事行动的基础和出发点。

郭沫若《青铜时代·述吴起》说："吴起尽管是兵家、政治家，但他本质是儒。不仅因为他曾经师事过子夏与曾申，所以他是儒，就是他在兵法上的主张，政治上的施设，也无往而不是儒……才算得是一位真正的儒家的代表，他是把孔子的足食足兵、世而后仁、教民即戎、反对世卿的主张，切实地做到了的。"

论"元年"，明《春秋》大义

公元前396年，吴起四十五岁，在魏守西河，魏武侯问"元年"。吴起系统解释了"元年"的含义，将儒家思想淋漓尽致地表达了出来。

> 魏武侯问元年于吴子。吴子对曰："言国君必慎始也。""慎始奈何？"曰："正之。""正之奈何？"曰："明智。智不明何以见正？多闻而择焉，所以明智也。是故古者君始听治，大夫而一言，士而一见，庶人有谒必达，公族请问必语，四方至者勿距，可谓不壅蔽矣。分禄必及，用刑必中，君心必仁。思民之利，除民之害，可谓不失民众矣。君身必正，近臣必选，大夫不兼官，执民柄者不在一族，可谓不（擅）权势矣。此皆《春秋》之意，而元年之本也。"（《说苑·建本》）

君臣这段对话，发生在魏武侯刚刚当上国君的时候。该国纪年翻开新的篇章，史书开始称"魏武侯元年"。吴起在魏传授《春秋》非常有名，武侯向他请教，自在情理之中。吴起说，"元年"是让国君从当国君那一刻起就谨慎做事。怎么做到谨慎？吴起认为凡事都必须"端正"。怎么办才端正？看事情必须聪明，有大智慧。没有智慧怎么能判断正确与偏差？要听取各方面的意见，择善而从，才能明智。所以，古代君王开始听政治理国家，必须听取每个大夫进一言，见士一面，平民百姓有上访必接见，公族来询问必须给予回答，四方来朝一定接待，不得拒绝，如此，才称得上不闭塞。分配爵禄必须到位，应赏尽赏，使用刑罚必须恰当，心地必须仁慈。处处为百姓利益着想，剪除百姓的祸害，如此就不会失去百姓的支持。国君自身的作为必须公正无私，近臣必须通过选拔才能任用，大夫不得兼职，百姓的管理者不得从一个家族中选用，这样就不能擅权用势，欺压百姓了。这些都是《春秋》大义，也是元年的根本。

吴起此言，表明他根本就是一个大儒者，堪为帝王师。如此高才辅佐，武侯应当高兴，可吴起这么表现，也是自掘坟墓。

在德不在险，儒家思想真性情

公元前395年（魏武侯元年），吴起四十六岁，为西河守。一次，吴起与魏武侯、诸大夫乘船，顺河而下，兴趣甚浓。

> 魏武侯与诸大夫浮于西河，称曰："河山之险，岂不亦信固哉！"王钟侍王，曰："此晋国之所以强也。若善修之，则霸王之业具矣。"吴起对曰："吾君之言，危国之道也；而子又附之，是危也。"
> 武侯忿然曰："子之言有说乎？"吴起对曰："河山之险，信不足保也；是伯王之业，不从此也。昔者三苗之居，左彭蠡之波，右有洞庭之水，文山在其南，而衡山在其北。恃此险也，为政不善，而禹放逐之。夫夏桀之国，左天门之阴，而右天溪之阳，庐、峄在其北，伊、洛出其南。有此险也，然为政不善，而汤伐之。殷纣之国，左孟门而右漳、釜，前带河，后被山。有此险也，然为政不善，而武王伐之。且君亲从臣而胜降城，城非不高也，人民非不众也，然而可得并者，政恶故也。从是观之，地形险阻，奚足以霸王矣！"
> 武侯曰："善。吾乃今日闻圣人之言也！西河之政，专委之子矣。"
> （《战国策·魏策》）

武侯与大臣泛舟，感叹说："山川是如此险要，不是很坚固吗？"王错拍马屁说："晋国强盛的原因就在此。若善加利用，就有条件称霸天下了。"吴起对王错所言不满，说："国君之言，是害国之歧途，你王错又附和着说，则是险上加险，这是把国君往绝路上引领啊！"

武侯勃然大怒，厉声问："你的话有什么根据吗？"吴起回答说："河山险峻，实在不足以保家卫国。霸王之业不能依靠这些。从前三苗氏左临洞庭湖，右濒彭蠡泽，因不修德行，不讲信义，所以被夏禹灭掉。夏桀的领土广阔，左临黄河、济水，右靠泰山、华山，伊阙在其南，羊肠坂在其北。因他不施仁政，所以被商汤攻破。殷纣王的领土，左有孟门山，右有太行山，常山在其北，黄河流经其南，因他不施仁德，被武王射杀了。三个末代国君的亲信、大臣缴械投降，并非城池不高、百姓不多，而是因为恶政乱治、胡作非为。所以，只靠险阻的地形怎么能成就霸王之业呢？"

武侯说："讲得好，今天我终于闻听圣人之言。西河之政就全交给你了。"

此事亦见于《史记·孙子吴起列传》，司马迁强调"在德不在险"一句，结论说："国家政权的稳固，在于施德于民，而不在于地理形势的险要。如果您不施恩德，即使同乘一条船的人也会变成您的仇敌啊！"

这番君臣对话，尤其武侯说"今天我终于闻听圣人之言"，拔高了吴起的儒家身份。

吴起的宏论得到了魏武侯表扬，可把王错彻底得罪了，后来，王错借机诋毁吴起，吴起被逼出走入楚。《史记·孙子吴起列传》没有记载"王错"的事迹，可他在《魏策》里出现了，名为"王钟"。《史记·魏世家》记载"魏䓨（魏惠王）得王错，挟上党，固半国也"。因为王错，魏惠王得到了上党地区，相当于半个国家，王错立了大功。但古本《竹书纪年》记载"惠王二年魏大夫王错出奔韩"，王错逃跑了。他在魏武侯时谗言陷害，逼走吴起。武侯死后，魏䓨与公子缓争立，王错帮助魏䓨闹内乱，韩、赵两国率军来伐，䓨师大败，被团团围住。赵国主张杀䓨，立公子缓，瓜分魏国土地。而韩国则主张同立兄弟二人，魏一分为二，分而治之。韩、赵意见不同，韩师趁夜色撤退，魏䓨得以保全。二年后，魏䓨率军反击，打败韩、赵，王错逃到韩国。郭沫若据此认为，"此人大概是韩国派遣的间谍"。

直谏说武侯以王道

王道政治是儒家的理想追求，《孟子》以王道与霸道相对，认为施行仁政，以德服人者为王道。霸道，即凭借武力，假行仁义，以征服别人的政治统治方法。吴起善于行军打仗，却以王道思想劝导君王。

魏武侯谋事而当，群臣莫能逮，退朝而有喜色。吴起进曰："亦尝有以楚庄王之语闻于左右者乎？"武侯曰："楚庄王之语何如？"吴起对曰："楚庄王谋事而当，君臣莫逮，退朝而有忧色。申公巫臣进问曰：'王朝而有忧色，何也？'庄王曰：'不谷谋事而当，群臣莫能逮，是以忧也。其在中之言也。曰：诸侯得师者王，得友者霸，得疑者存，自为谋而莫己若者亡。今以不谷之不肖，而群臣莫吾逮，吾国几于亡乎，是以忧也。'楚庄王以忧，而君以憙。"武侯逡巡再拜曰："天使夫子振寡人之过也。"（《荀子·尧问》）

上面这个故事亦见《新序·杂事一》及《吕氏春秋·骄恣篇》。

魏武侯谋事而当，攘臂疾言于庭曰："大夫之虑，莫如寡人矣！"立有间，再三言。李悝趋进曰："昔者楚庄王谋事而当，有大功，退朝而有忧色。左右曰：'王有大功，退朝而有忧色，敢问其说？'王曰：'仲虺有言，不谷说之。曰诸侯之德，能自为取师者王，能自取友者存，其所择而莫如己者亡。今以不谷之不肖也，群臣之谋又莫吾及也，我其亡乎！'"曰："此霸王之所忧也，而君独伐之，其可乎！"武侯曰："善。"（《吕氏春秋·骄恣篇》）

《吕氏春秋》中，吴起变成了"李悝"，《荀子》成书年代早，应以"吴起"为是。魏武侯办了一件自以为很得意的事，在空中挥舞着拳头，自豪地大声说：

"你们这些卿大夫,考虑问题真不如寡人。看看,养你们有什么用。"一班文武大臣莫敢应对。见下面无人敢应,他又重复了三次。大臣吓得哆哆嗦嗦,头也不敢抬。此时,吴起趋前进谏说:"过去,楚庄王筹划事情妥帖到位,功效显著。退朝后反而忧心忡忡,左右大臣问他:'大王您立了大功,办成了不起的大事,退朝了还忧虑,必有原因,您能给我们说说吗?'楚庄王说:'仲虺有进言,不穀(朕)就感到高兴。他说明主最好的德行,就是能主动求师学习,这样才能称王称霸。能主动结交朋友的就能生存。那些向不如己者学习的,早晚会灭亡。'今天大臣不但不向我的品行看齐,智谋又不能超过我,难道我要灭亡了吗?"吴起进一步说:"这是霸王忧虑的事,大王您自我标榜,自吹自擂,是正确的做法吗?"魏武侯说:"你的说法太好了,我接受。"

君王最大的忧患是自伐其善,自吹自擂,骄横傲慢。自我骄傲则拒绝纳谏,不听别人的意见。不听别人的意见,好思想的源泉就会枯竭。吴起是善于劝谏君王的人,几句话就能让武侯知道领导天下的大道理。吴起儒、法兼具的双重品格,如在眼前了。吴起比孟子早,孟子的思想未必不受吴起的点拨。

其中提及的"仲虺",乃奚仲后裔,薛方国君主,生于薛(今滕州市官桥镇薛国故城),据说他辅佐成汤灭夏,建立商王朝,成为一代名相。《尚书·序》说"仲虺作诰"。《墨子·非命上》曰:"仲虺之告曰:我闻于有夏,人矫天命,布命于下,帝伐之恶,龚丧厥师。"《左传·襄公三十年》曰:"乱者取之,亡者侮之,推亡固存,国之利也。"

吴起与《左传》

以上几则故事,表明吴起是个大儒,肯定阅读过很多儒家经典。但更令人惊讶的是,吴起参与了《左传》的编写和传承。

《左传》即《春秋左氏传》,相传为鲁史左丘明所作。该说主要依据是《史记·十二诸侯年表》:"鲁君子左丘明,惧弟子人人异端,各安其意,失其真,故因孔子史记具论其语,成《左氏春秋》。"孔子《春秋》和《左氏春秋》的因果关系，写得很清晰，难以辩驳。

左丘明与孔子同时。左氏家族世为太史，丘明曾与孔子"如周，观书于周史"，故熟悉诸国史事。再如《论语·公冶长》曰："巧言，令色，足恭，左丘明耻之，丘亦耻之；匿怨而友其人，左丘明耻之，丘亦耻之。"花言巧语，阿谀奉承，左丘明以此为耻，我孔丘也感到羞耻；把怨愤隐蔽起来和人交往，左丘明认为耻辱，我孔丘也以此为耻。这表明，孔子与左丘明熟悉，思想多有交流，惺惺相惜。此为左丘明为《春秋》作传的佐证。

孔子晚年作《春秋》，教授弟子，刺讥时政，绳墨诸侯，乱臣贼子惧。左丘明就以《春秋》为蓝本，补充历史事实，丰富《春秋》的内容，推明义理。汉代学者对左丘明作《左传》无异议。刘向的《别录》叙述了《左传》的传承顺序："左丘明授曾申，申授吴起，起授其子期，期授楚人铎椒。铎椒作《抄撮》八卷授虞卿，虞卿作《抄撮》九卷授荀卿。荀卿授张苍。"

唐代之后，对"左丘明说"始多怀疑。如唐代赵匡、啖助，宋代王安石、叶梦得、胡安国、郑樵，清代崔述等。有人认为《左传》为子夏所作。卫聚贤认为《左传》记事，晋国分量最大，且用山西方言，而子夏曾居魏国西河。徐中舒认为，根据纬书《孝经》，"孔子以《春秋》属商"，商即子夏，而司马迁也说孔子作《春秋》，"子夏之徒不能赞一词"。《韩非子·外储说右上》《吕氏春秋·察传》记载子夏与《春秋》的关系，推论说"《左传》可能就是在子夏门下编写成书的"[①]。

吴起是《左传》的作者之论，最早由姚鼐提出，他说："《左氏》书非出一人，累有坿益，而由吴起之徒为之者盖尤多。据刘向《别录》，左丘明传曾申，申传吴起，起传其子期，期传楚人铎椒，椒传赵人虞卿，卿传荀卿。则《左传》源流诚与吴起有关。吴起始仕魏，卒仕楚，故传言晋、楚事尤详。而为三晋之祖，多讳其恶而溢称其美。又善于论兵谋。其书于魏氏事造饰尤多。魏绛在晋悼时，甫佐新军，在七人下，安得平郑赐乐，独以与绛？献子合诸侯

---

① 王金涛：《吴起研究》，辽宁师范大学硕士论文，2008年。

干位，而述其为政之美。《魏风》至季札时，亡久矣，与邶、鄘、桧等，而札独美之，曰以德辅此，则明主也。此与魏大名，公侯子孙必复其始之谈，皆造饰以媚魏君。又忘明主之称，乃三晋篡位后之称，非季札时所有也。"（《左氏补注序》）姚鼐据《左传》内容推测吴起深度参与编写，否则，三晋之事尤其魏国的历史不能这么全面和正向。童书业、孙开泰也同意姚氏的观点。钱穆和郭沫若则认为《左传》的作者就是吴起，与左丘明无涉。其根据是《韩非子·外储说上》："吴起，卫左氏中人也。"左氏是一个城邑，如果吴起作春秋，用其出生地冠名，也符合情理。但有学者认为，以一个名不见经传的地名做《春秋》的名称，似乎荒诞。吴起对出生地没有太多好感，不可能用家乡名之，其他人似乎也没有动机。

综上所述，《左传》应该先由左丘明所作，拉起大框架，在子夏传继《春秋》时顺带传授《左氏春秋》，曾申继之，吴起接续，在传续的过程中不断增加内容。子夏的学生公羊高和谷梁赤分别著作《公羊春秋》和《穀梁春秋》。当然，吴起也可以根据自己收集的材料充实前辈人的内容。子夏、曾申、吴起在魏国则了解三晋的事迹多，在楚国则了解楚国的事迹多。有学者断言，吴起看过魏国国史《乘》和楚国国史《梼杌》，因《左传》记载魏、楚事特别详细。《左传》在传承的过程中不断丰富，故可说吴起在《左传》的传承与传播中发挥了关键作用。孔子作《春秋》，子夏虽然文学水平很高，但弟子也不能增删一词一语。《左氏春秋》则不同，既然是本身补益之文集，孔子的弟子在传承过程中，增删乃自然事。左丘明长寿，虽然晚年失明，也有对自己的作品增添内容的可能。但《左传》有些内容远超他在世的时代，只能以后世增益解释。

明白了吴起和《左传》的关系，就不难理解吴起和君侯的对话为何多儒家思想。实际上，吴起的兵家、法家思想也是实践《春秋》《左氏春秋》之教言。

吴起与子夏的关系辨

吴起是曾申的学生，曾申又是子夏的学生，后来吴起去了魏国，魏文侯和李悝师事子夏,就此推测吴起和子夏有交集,子夏是吴起的老师。

李悝生于公元前455年,卒于公元前395年,吴起生于公元前440年,卒于公元前381年。李悝比吴起大十五岁。李悝出生的时候,曾申二十岁。吴起出生的时候,曾申三十五岁。他俩长大,够资格师从曾申的时候,曾申正当年,而子夏已经垂垂老矣。

史载,孔子去世时,子夏二十九岁。所以,魏文侯年轻的时候,跟随子夏学习是可能的。李悝也有当子夏学生的资格。

吴起五岁时,曾参去世,这时子夏已经七十岁了。吴起二十九岁自鲁国来到魏国,又过去二十五年,子夏已经九十五岁。这是不可能的。而据钱穆《先秦诸子系年》,子夏公元前507年生,公元前420年去世,吴起到魏国是公元前409年,两人根本没有时间上的交集。当然,这中间吴起是不是去西河向子夏请教过,没有历史文献,不敢妄加猜测。

对文献的解读是造成疑惑的原因。《史记·儒林列传》记载:"自孔子卒后……子路居卫,子张居陈,澹台子羽居楚,子夏居西河,子贡终于齐。如田子方、段干木、吴起、禽滑釐之属,皆受业于子夏之伦,为王者师。"《吕氏春秋·尊师》则具体指出了"段干木学于子夏"。

这里的关键是"之伦"的含义。如果把这两个字去掉,就成了"吴起受业于子夏"。如果把"之伦"加上,"皆受业于子夏之伦",应该解读为受业于子夏一脉,有师承关系的一个支脉,所以,曾申是吴起的老师无误。把子夏视为吴起的师爷应该恰当。说不定,吴起跟随曾申学习时,就去拜访了自己的祖师爷。当然这属于猜测。

六、尽职西河守

据《史记·孙子吴起列传》,"文侯以吴起善用兵,廉平,尽能得士心,乃以为西河守,以拒秦、韩",可见,吴起在魏文侯时就任西河守了。公元前408年,吴起率军攻秦,大获全胜,后又助乐羊伐灭中山,与李悝合作建立魏武卒制度，深受魏国上下的赏识。

翟璜这时候给魏文侯建议，派吴起守西河。本次举荐，翟璜也是提着脑袋的。因为吴起刚来魏国两三年，能力没的说，但这么大的官放到秦魏交战的前线，若他私下与秦勾结，算计魏，怎么办？吴起在卫杀人，于鲁杀妻，打胜仗被辞，然后来到魏国舍命打仗，图的是什么？然而，乱世思能臣，打仗盼良将，魏文侯大胆任用吴起为西河守。《史记》说："魏文侯既卒，起事其子武侯……封吴起为西河守，甚有声名。"这次任职与魏武侯闻听"在德不在险"有关，他当即表态让吴起继续任西河守。

吴起守西河，自公元前405年至公元前383年被诬陷离开魏国，前后共二十三年。这说明吴起尽心尽职，心无旁骛，他在这个地方深得民心，别人很容易拿这个做文章，更表明他心底无私，忠诚于魏君，深得文武父子信任。西河在黄河之西，与秦接壤，于魏可说是走廊地带、前锋地区。西河土地狭小，敌人强大，难守易攻。吴起守卫西河，得民心，使秦人不敢生东出觊觎之心。

偾表立信与徙木信赏

吴起治西河，欲谕其信于民，夜置表于南门之外，令于邑中曰："有人能偾南门之外表者，仕长大夫。"明日日晏矣，莫有偾表者。民相谓曰："此必不信。"有一人曰："试往偾表，不得赏而已，何伤？"往偾表，来谒吴起。吴起自见而出，仕之长大夫。夜日又复立表，又令于邑中如前。邑人守门争表，表加植，不得所赏。自是之后，民信吴起之赏罚。赏罚信乎民，何事而不成，岂独兵乎？（《吕氏春秋·似顺论·慎小》）

吴起治理西河，欲立信于民，有诺必成，不说空话。他就让人趁天黑于南门外竖起表杆，对城邑百姓下令说："谁能将南门外的表杆推倒，授官长大夫。"第二天，整整一天过去，平安无事，没人干。百姓相互传话说："官府说话还不是放空炮，谁信谁傻瓜。"有人说："嘿，不就是上前去把个表杆推倒，不赏就不赏吧，有什么害处？万一兑现了呢？"说完，他就去把表杆推倒了，拜见吴起，吴起立即任命他为长大夫。晚上，吴起又立起表杆，复下令如前。城里的百姓日夜守着城门，争先恐后要去推倒表杆。结果，这次木柱埋得很深，无人得到赏赐。从此，吴起获信于百姓。赏罚取信于百姓，无事不可成。岂止是用兵呢？无论是用兵还是任法，关键是信任，百姓信任政府，就会听从号令，赴汤蹈火也在所不惜。

同样的招数，吴起在治理西河时也用过。

> 吴起为魏武侯西河之守。秦有小亭临境，吴起欲攻之。不去，则甚害田者；去之，则不足以征甲兵。于是乃倚一车辕于北门之外而令之曰："有能徙此南门之外者，赐之上田、上宅。"人莫之徙也。及有徙之者，遂赐之如令。俄又置一石赤菽东门之外而令之曰："有能徙此于西门之外者，赐之如初。"人争徙之。乃下令曰："明日且攻亭，有能先登者，仕之国大夫，赐之上田宅。"人争趋之，于是攻亭一朝而拔之。(《韩非子·内储说上七术第三十》)

魏武侯时，吴起担任西河郡守，发现秦国有个小哨亭离魏境特别近，对种田人威胁大，必须除掉。可除掉它又不值得为此征集军队。怎么办？吴起在北门外靠墙斜放一根辕木，下令说："谁能把它搬到南门外，就赏给谁上等田地和住宅。"无人搬，因为百姓不信。后来，有人搬动它，吴起立即按照命令行赏。不久，吴起又在东门外放了一石赤豆，下令说："谁能把它搬到西门，赏赐如前。"人们抢着搬。于是，吴起下令道："明天将攻打哨亭，有能先上去的，任命他做国大夫，赏他上等田地和住宅。"人们争先恐后。于是攻打哨亭，一个早上就拿下了。吴起治理西河，用最小投入取得大成效，秘密就是"使民以信""以信刑赏"。商鞅也学他的这一套，叫"徙木立信"。

《韩非子·外储说左上》中说："吴起出遇故人而止之食，故人曰诺。期返而食。吴子曰：'待公而食。'故人至暮不来，吴起至暮不食而待之。明日早，令人求故人。故人来，方与之食。"吴起与老朋友见面，约好一块吃饭。吴起说，我等着你，你来了我们一起吃。老朋友一直不来，吴起一直等着。第二天，吴起找人去找这位朋友，朋友来了，他才跟朋友一起吃。这就是言必信，行必果。当然，这如果是为吴起专门编写的故事，则另当别论。

自夸其功，反暗藏杀机

公元前385年，吴起五十六岁，在魏二十余年，劳苦功高。商文当了宰相，吴起非常不高兴，就与商文比贡献，论能力。《吕氏春秋·审分》记载了下面这个故事。

商文好像刚被任命为宰相，协助魏武侯治理国家。吴起心里不服气，对商文说："服侍君侯真是命啊！"

商文吃惊地问："此话何意？"

吴起回答说："把国家四境内的事治理得井井有条，训练士兵，教化黎首，移风易俗，使君臣行为符合道义，父子有序，先生您和我比，孰贤？"

商文回答说："照你差远啦，惭愧啊。"

吴起又问："若放手辅佐君侯，使主人平安，被各国尊重；如果上交官玺辞官，主人就失去安全。先生您和我比，孰贤？"

商文回答说："那还用说，您比我强大了。"

吴起接着说："士兵、战马排列成对，汹涌进攻，擂响战鼓，激励三军将士乐死若生，甘于效命，先生和我比，谁能做到？"

商文说："领兵打仗，我可是门外汉，这更不如您了。"

吴起生气地说："这三个方面，您都不如我，而地位比我高，难道侍奉君侯不由天命吗？"

商文说："您说得太好了。既然您问我，我也来问问你。世事复杂多变，君主年轻，群臣相互猜疑，黔首又不能安定，这种局面下，君主会让你来接手，还是托付给我干？"

吴起猛然醒悟，默然不答，过了一会儿说："会委托你干。"

商文说："明白了就好，我地位比你高的奥秘就是这么简单。"

此故事亦载于《史记·孙子吴起列传》，只不过"商文"变成了"田文"，历史上的田文（孟尝君）比吴起晚了八十多年。吴起去和商文比权量力，相当于授人以构陷的话柄。他后来遭到王错的陷害，公叔痤也算计他，难保商文不污蔑他。吴起能耐太大，儒、兵、法样样精通，孔子说"如有用我者，其为东周乎"，这样的客卿，怎能不防？可吴起并非这样的乱臣贼子。这就是历史人物的悲剧所在：能人、好人未必有好报。本次谈话一年之前，齐田和推翻了姜姓齐康公，位列诸侯，封侯的事还是魏武侯通融的呢！在这种社会大环境下，吴起被诬陷是完全可以理解的。

被公叔痤、王错诬陷，洒泪奔楚

吴起守西河，功劳很大，时间一长，自骄自大难免。那些想诋毁他，拉他下马者，发现这是个不错的可下口叮咬的"缝"。

《史记·孙子吴起列传》记载，背后对吴起下黑手的是"公叔"，也就是公叔痤。魏武侯九年（前387），商文死后，公叔痤担任魏相，并娶魏公主为妻。公叔痤总是提心吊胆，畏惧吴起，自知弗如。仆人知悉，给他出主意，说吴起很有骨气，像天鹅爱惜羽毛一般爱惜名声，"您对武侯说'吴起是个贤才，而您的国土太小了，又和强秦接壤，我担心吴起无久留魏之意'，君上一定会说'那怎么办'，您就趁机说'请用下嫁公主的办法试探他，如果吴起有长期留魏之意，就定会答应娶公主，若无久留打算，就定会推辞。这个办法能推断他的心志'，然后，您找机会请吴起到家里来，故意让公主发怒而当面鄙视您，吴起见公主这样蔑视您，那就一定不会娶公主了"。当时，吴起见公主如此蔑视国相，果然婉言谢绝了魏武侯。武侯怀疑吴起，不再信任他。吴起怕招来灾祸，于是离开魏国。

中国很多的伟大事业、伟大人物，就是这么毁在"小人"之手，他们大智慧无几，坏心眼有一箩筐，摇唇鼓舌，胜过千军万马。公叔痤在个人和国家利益之间，算得太精细，用现在的话说，叫"精致的利己主义者"，表面上为江山社稷，实际上自己得大便宜。

  魏公叔痤为魏将，而与韩、赵战浍北，擒乐祚。魏王悦，郊迎，以赏田百万禄之。公叔痤反走，再拜辞曰："夫使士卒不崩，直而不倚，栋挠而不辟者，此吴起余教也，臣不能为也。前脉地形之险阻，决利害之备，使三军之士不迷惑者，巴宁、爨（cuàn）襄之力也。县赏罚于前，使民昭然信之于后者，王之明法也。见敌之可（击）也，鼓之而不敢怠倦者，臣也。王特为臣之右手不倦，赏臣可也？若以臣之有功，臣何功之有乎？"王曰善。于是索吴起之后，赐之田二十万；巴宁、爨襄田各十万。王曰："公叔岂非长者哉？既为寡人胜强敌矣，又不遗贤者之后，不揜（yǎn）能士之迹，公叔何可无益乎？"故又与田四十万，加之百万之上，使百四十万。故《老子》曰："圣人无积，尽以为人，己愈有；既以与人，己愈多。"公叔当之矣。（《战国策·魏策》）

公叔痤把功劳都推给别人，特别是吴起，此举彻底感动了武侯，结果部下将领得厚封赏，连吴起之后也得赏田二十万亩。本来，武侯还怀疑他故意把吴起赶跑，这么一来，猜疑顿然消退，他更加喜欢这位公叔了，在原来承诺一百万亩的基数上，又增加四十万亩。因此，《魏策》把公叔痤视为"圣人"。这位公叔，就是后来临死之际劝惠王重用中庶子公孙鞅（商鞅），不用便请杀他的那个人。旁观者认为公叔痤伪善，伪装巧妙，隐藏最深，危害也最大。

吴起得罪了王错，自然不会有好果子吃。

  吴起治西河之外，王错谮之于魏武侯。武侯使人召之。吴起至于岸门，止车而望西河，泣数行而下。其仆谓吴起曰："窃观公之意，视释天下若释躧（xǐ）。今去西河而泣，何也？"吴起抿泣而应之曰："子不识。君知我，而使我毕能，西河可以王。今君听谗人之议而不知我，西河之为秦取不久矣，魏从此削矣！"吴起果去魏入楚。有间，西河毕入秦，秦日益大。此吴起之所先见而泣也。（《吕氏春秋·仲冬纪·长见》）

王错背后说吴起的坏话，无文字记载，大概与公叔痤相类。吴起长期守卫西河，军政大权一把抓，这可是王霸之资，如果西勾结秦，大半个江山可就改姓了。武侯招架不住，想调吴起易地任职。吴起听闻此类谣诼之言，在驱车离开阵地时，眼泪止不住。仆人问他："先生您放弃天下和扔掉破草鞋一般，今离开伤心大哭，为什么？"吴起擦干泪水说："武侯太了解我了，如果放手让我干，我可以用区区西河之地称王。如今武侯听信谗言，还不是真正了解我。我走了以后，西河不久就会为秦夺回，魏国自今日起就会削弱了。"这反证了王错的谗言。吴起害怕被诛杀，毅然离开魏国（当然，他离开魏国，肯定不是说走就走，会找个理由一去不返）。不久，西河之地为秦夺回，秦得复强。

吴起离开魏国，是不是直接去了楚国（荆）？韩非子好像把问题搞复杂了。

吴起，卫左氏中人也。使其妻织组，而幅狭于度，吴子使更之。其妻曰："诺。"及成，复度之，果不中度。吴子大怒。其妻对曰："吾始经之而不可更也。"吴起出之。其妻请其兄而索入。其兄曰："吴子，为法者也。其为法也，且欲以与万乘致功，必先践之妻妾，然后行之。子毋几索入矣。"其妻之弟又重于卫君，乃因以卫君之重请吴子。吴子不听。遂去卫而入荆也。

一曰吴起示其妻以组，曰："子为我织组。令之如是。"组已就而效之，其组异善。起曰："使子为组，令之如是，而今也异善，何也？"其妻曰："用财若一也，加务善之。"吴起曰："非语也！"使之衣而归。（《韩非子·外储说右上》）

吴起让妻子编织腰带，妻子织出来，吴起度量后认为不合乎要求，要求重做，妻子应诺。妻子又做了一件示吴起，再次度量又不合乎要求，吴起大怒。妻子说："我做成了，无法改了。"吴起就把妻子休回娘家。妻子请兄帮忙说好话，想回到吴起身边。妻兄没把握，说："吴起是制定法律制度的人。制定法律是想助千乘之国的诸侯建立功业，他先在妻妾身上试试效果，才敢推行。妹妹你想让他请你回去，简直是白日做梦。"吴起的大舅子是卫君身边的重臣，通过卫君的威望给吴起施压，吴起不理会。吴起离开卫国去了楚国。

还有一种说法，吴起把编织的方法要求演示给妻子看，说："你帮我编织，一定要遵循命令，不许违背。"妻子织好，经过验证，比吴起的要求还好不少。吴起说："让你编织，要按我的命令，如今你编织得特别好，为什么？"妻子说："用的材料一样，我多费点工夫不就更好了。"吴起说："这不是我说的方法！你打住。"他命令妻子打点行李回娘家。

吴起休妻，一件事两种说法，是想表明吴起重法或重信。但问题在于，吴起在鲁国杀妻，在魏国又有人说媒，在卫国又休妻，吴起有多少个妻子？之前吴起离开魏国就到了楚国，这里又说卫国国君施压，逼迫吴起召回妻子，吴起才去了楚国。难道吴起从魏国回到了卫国，是从卫国去的楚国？这个卫国的妻子是什么时候娶的？这个妻子的家庭背景很厉害，是怎么回事？

七、变法强楚，用兵若神

楚国简史：吴起变法背景

吴起来到楚国，直奔令尹高位，令尹是楚国的"卿相"的叫法，是掌握政治事务、发号施令的最高官，总揽军政大权于一身。令尹由楚国贵族贤能担任，且多为芈姓（熊氏、若敖氏、蒍氏、屈氏、昭氏、景氏、彭氏）之族，亦有少数外姓为令尹（如吴起、黄歇、李园等）。吴起能如愿吗？且看看楚国的历史背景能不能接纳他，接纳后他能否全身而退。

相对于周武王、周成王分封的姬姓诸侯和功臣子弟，楚在诸夏范围内表现得很另类。楚之先祖可上推至黄帝。周文王时，有一支名季连的苗裔叫鬻熊。鬻熊子事奉周文王，传至熊绎一代，周成王选拔并分封那些在文、武王时勤劳努力，有贡献的功臣的后代。熊绎得祖荫，分封在楚蛮之地，定都丹阳，封子爵位，芈姓，按周礼，得田地方圆五十里，与鲁公伯禽、卫康叔子牟、晋侯燮、齐太公子吕伋共藩屏周成王。

周成王只封楚"子爵"，居于蛮荒之地。楚宗室认为"子爵"是个侮辱，楚后代子孙非常不满。后来，楚国和周王室以及诸侯打得更厉害。周夷王时，王室衰微，楚熊渠不听天子嚷嚷，说："我蛮夷也，不与中国之号谥。"他悍然封子为"王"。楚武王熊通说："我蛮夷也，今诸侯皆为叛相侵，或相杀。我有敝甲，欲以观中国之政，请王室尊吾号。"（《史记·楚世家》）意思是，诸侯国相互背叛，打打杀杀，我手中稍微拿不出手的军队，想拿来比试比试，参与中原的政治事务，周天子应给我们楚国加官晋爵，竟被周王室回绝了。熊通说，当初封我先祖子爵，也就算了，现在我们周围的蛮夷都被征服了，对我楚国俯首称臣，既然天子不尊重我，我就自尊称王。楚是诸侯国中率先称王的。

楚成王采取缓和之政，布德施惠，结交友好，得到周边诸侯国的认可。周天子嘱咐说："你负责管控南方夷越之地，别到中原搞事。"得到天子授权，楚将周边小国或灭或并。据统计，春秋初年，大小诸侯国见诸经传的有一百七十余个，之后逐渐减少，楚灭六十四个（或七十三个），是吞并小国最多的诸侯。

楚成王把诸侯得罪了。齐桓公率军讨伐，原因竟然是"尔贡苞茅不入"，"昭王南征生不见人，死不见尸"，就是说楚国不按时向王室进献滤酒用的茅草。楚国认错，提交保证书，齐国方才退兵。楚国不断攻伐诸侯小国，如郑、蔡、陈、宋。作为姬姓诸侯的老大，晋文公接过齐桓公的接力棒，率军抗楚。公元前632年，两军在城濮开展，楚败，元气大伤。

楚成王晚年昏聩，在立商臣还是子职为太子这个问题上，左右摇摆，事情被宠姬泄露。商臣冒险发动政变，囚禁了成王，成王请求吃一顿熊掌不得，自缢而死。其孙子楚庄王熊侣更是个顽主，即位三年，正事不干，经劝谏后励精

第四章　吴起：殉道变法的兵家和儒者

图治，一飞冲天。

熊侣即位八年后，讨伐陆浑戎，观兵周郊。楚庄王平陈国叛乱，杀了夏徵舒，将陈据为己有，划为县。大臣申叔时说服楚庄王恢复了陈国，但之后楚庄王又攻打郑国，进城后，郑伯（郑襄公）与之盟誓，庄王认为郑伯是君子，不应绝其社稷，放了郑国一马。接着，楚国围宋五个月，城里易子而食，析骨而炊。楚庄王得悉，罢兵而去。

楚庄王之孙楚康王死后，传王位给子郏敖。郏敖即位，任命二叔公子围为令尹。四年后，公子围带兵出去打仗，半路折回，把病中的亲侄勒死，自立，是为楚灵王。楚灵王杀人太多，积怨如山，遭人算计，他的弟弟们推波助澜。楚灵王十二年春，他带兵到乾谿，乐不思蜀，弄得天怒人怨。其三弟（子比）自晋潜回，与五弟（去疾）暗中勾结，杀了太子禄。楚灵王闻听，自知罪孽深重，不愿意再挽救危局，被大臣丢弃于荒野，连惊带饿而死。

子比即位，四弟子皙做了令尹。五弟去疾当时是司马，手中握有军队，威胁子比、子皙。两人被吓得自杀了，去疾得以登上王位，是为楚平王。

楚平王的宠臣费无忌，见恶于太子建。平王二年，费无忌至秦为太子建娶妻，因见秦女容貌姣好，就怂恿楚平王娶之。平王竟然同意了。因这出戏，平王有意疏远太子建，费无忌谗言说太子因此而有怨心，想造反。平王训斥了太子建的师傅伍奢。费无忌火上浇油。太子建害怕被诛，奔逃至宋。费无忌进一步陷害伍奢，敦促平王召回伍子尚和伍子胥，以剪除后患。伍子胥知道回来就是送死，选择了逃亡。伍奢和伍子尚被杀，伍子胥辗转逃至吴，献计吴王阖闾，图谋复仇。

楚平王死后，子珍即位，是为楚昭王。楚昭王是本应嫁给太子建的秦女所生。楚昭王即位后，采取缓和措施，让楚国稍稍恢复稳定。

吴国在伍子胥强烈的复仇心的教唆下攻楚。楚军派令尹子常指挥反击，被打败，郢都被攻破。伍子胥掘坟鞭尸楚平王。楚昭王也被追杀，东躲西藏。申包胥在秦国宫廷外哭了七天七夜，汤水不进，感动了秦哀公。秦国出动五百辆战车助楚，救楚国不亡。

楚昭王薨，儿子惠王即位。令尹子西把白公胜召回，又掀起惊涛骇浪。原来，太子建逃跑到郑，被杀，其子白公胜逃至吴，阴养死士，发誓报仇雪恨。子西承诺白公胜发兵击郑，但干打雷不下雨。不久，晋攻打郑，郑求援于楚，子西收受了郑国的好处，竟然领军助郑。白公胜纠集一批死士，杀令尹子西和子綦，劫持惠王，自己称王。一个月后，叶公率军攻入，击杀了白公胜一伙，惠王复位。楚惠王长寿，在位长达五十七年，楚国又强大起来。

十三年（前476），吴王夫差强，陵齐、晋，来伐楚。十六年，越灭吴。四十二年，楚灭蔡，四十四年，楚灭杞。与秦平。是时越已灭吴而不能正江、淮北；楚东秦，广地至泗上。（《史记·楚世家》）

这段时间，吴越争霸，越王勾践卧薪尝胆，趁夫差离开会稽的机会，攻占会稽城。吴国灭亡（公元前472年）。楚趁此机会，东扩地到泗水流域，占据了江淮之地。楚惠王死后，儿子简王即位。公元前425年，魏文侯、韩武子、赵桓子列为诸侯。楚简王死后，子声王继位。楚声王在位仅六年，竟为强盗所杀。公元前401年，楚悼王即位。

此时对楚悼王而言，国内外形势已远非其曾祖父楚惠王时的情景。三晋已经强大了，楚处于一种被逼压的窘境。历史上，楚和晋一南一北，形成南北对峙的总格局，中间夹杂着诸多"姬姓"的诸侯国。楚国攻打这些诸侯国，晋国就会"出头"保护。春秋时期，两国就因扩张图霸而发生了数百次战争。三晋分立后，魏、赵两国先后变法，国力增强，便向外拓展领土，发动更大规模和更为频繁的战争。

公元前408年，魏尽占秦河西地，秦退守洛水。魏解除后顾之忧，即转向中原，集中力量打击齐国。楚声王三年（前405），田氏内乱，三晋乘机攻齐，大败齐军于廪丘（今山东郓城西北）。第二年，三晋乘胜进击，攻入齐长城，三晋声威大振。

齐国失败，三晋与楚国的矛盾骤然尖锐。楚悼王二年（前400），楚抢先与韩、魏争夺郑地，遭三晋联合反击，攻楚至乘丘（今山东巨野西南）。三晋的意图就是要削弱楚的右翼，以解除左翼的威胁。楚为摆脱被动，连年攻周、郑、韩。楚悼王九年（前393），魏为打击楚，先攻郑，并筑酸枣（今河南延津西南）。楚不示弱，亦于同年攻韩，夺取原郑国的负黍（今河南登封西南）。公元前394年，郑之负黍叛郑，重归韩，故楚伐韩，取负黍。楚悼王十一年（前391），三晋联军大举攻楚，连败楚军于大梁（今河南开封）、榆关，魏攻取了大梁。楚国势孤，只得"厚赂秦"（《史记·楚世家》，求援于秦，三晋才停止了攻击。接着，秦出兵攻韩国的宜阳（今河南宜阳西），取六邑，有力地支援了楚国。

三晋见楚、秦合作，转而又与齐结好。楚悼王十五年（前387），魏武侯主动帮助齐国田和谋求诸侯的地位，齐与三晋的结怨暂时得到消解。此后，魏、秦的争夺进一步激烈，赵徙都邯郸，韩全力攻打宋、郑，严重威胁楚国。

楚悼王十一年的惨败和羞辱无疑刺激了楚悼王变法的决心。要在短时间内提高效率，必然要对既有的行政系统、军事制度、农业政策等做出改变。管仲助齐桓公变法，实行"参其国而伍其鄙""作内政而寄军令""相地而衰征"等措施。然而，时势决定了不同时代的变法的目的，春秋时期变法以自强为目的，对外战争以维护封建体系、藩屏王室为目的。春秋末期至战国早期，变法的目的是为"战争"，富国的目的是强兵，强兵的目的是自存自强，有效扩张领土。

战国时期，经历了数百年的战争，强国鼎立的局面已然形成，周王室的彻底衰落使其不再具有政治上的号召力，列国之间战争的目的转换为"以攻伐并兼为政于天下"。楚国作为大国，拥有土地、军事、人口的天然优势，发动兼并战争"一统宇内"，自然成为楚国君主翘首可期的政治理想。

从内部动因看，楚国大而不强，由于其本身文化定位自矮一截，只能跟着周王室学习，实行以王为首的贵族、官僚三位一体的奴隶主贵族政治体制。王与奴隶主贵族世袭，各级官僚也就由这些世袭贵族轮流担任。为保证王权巩固，中央最重要的执掌政治、军事大权的令尹、司马，除了在武、文时代有破格录用非王族宗亲人员担任的个例，均由公子和世家大族担任。楚庄王时既用世家大族，亦用众公子为令尹和司马。这种王室宗亲垄断政权的局面，在避免王权旁落的同时，也使政治守旧，缺乏进取的锐气。

楚人建国后，无论是令尹、司马或担任其他官职的官吏贵族，都以俸禄和"赏田"的形式，占有一定数量的土地和人口，享有政治、经济和军事特权。楚国王室和权力集团内部，王权不彰，封君卿大夫的权力太重。时或为一己私利，公报私仇，搞乱王室；时或野心膨胀，弑君弑兄、残杀后代自立；时或欺上瞒下，大权自专，我行我素。楚国家族势力强大，如屈氏、景氏和昭氏，他们或在朝为卿相，或在地方为诸侯，霸占一方，有军队、封地、人民，是相当有力量的地缘政治体。

为对外扩张争霸，必须加强君权，削弱卿相、士大夫的权力，激活民间力量，君权力量直接与民间力量对话，排除世卿的权力截留效应。要改变内部昏乱，防止子弑父、臣弑君、兄弟相残的局面，也必须加强君权，削弱卿相大夫的权力，斩断他们与地方力量的勾结。为此，引进客卿，是一个较为理想的方法。首先，客卿没有地方势力的依托，只能全身心地依托君权，唯君马首是瞻，心无旁骛。其次，平民卿相可以向权贵开刀问斩。最后，改造世卿士大夫，取消其封地，供给薪俸，斩断其与地方势力的勾结。分散权力，把军队使用大权交给君侯，大臣不得有军权，不得私自豢养军事力量。

面对时代需要，楚悼王的使命感特别强烈，当他得知吴起来到楚国，就迫不及待地延揽过来。他也要"不鸣则已，一鸣惊人"了。

吴起入楚，请教屈宜臼，被泼冷水

公元前383年，吴起五十八岁。他来到楚国，深受悼王赏识，但悼王不可能直接任命他为令尹，就先任命为苑守。在息（一个被兼并的诸侯国），吴起与旧贵族屈宜臼就是否变法改革进行了论战。

《史记·韩世家》记载，昭侯二十五年，发生旱灾，修建高大的城门。屈宜臼说："昭侯出不了这座门。为什么呢？因为不合时宜。我所说的'时'，不是指的时间。人本来就有顺利或不顺利的时候。昭侯曾顺利过，可并无修建高门。去年秦攻下韩国宜阳，今年发生旱灾，昭侯不在此时救急解难，反而更加奢侈，此乃衰败时却做奢侈之事。"昭侯二十六年，高门修成了，昭侯也死了，果然没能出这座门。其子韩宣惠王即位。韩昭侯八年时，韩昭侯任命申不害为国相实施变法，韩国一时强盛，成为天下强国，可惜过了十七年，申不害去世，变法不继，又逢天灾，时运不济，韩昭侯就不行了。由此可见，屈宜臼非等闲之辈。

吴起刚上任就拜访请益屈宜臼。《说苑·指武篇》记载：

吴起为苑守，行县，适息。问屈宜臼曰："王不知起不肖，以为苑守，先生将何以教之？"屈公不对。居一年，王以为令尹，行县，适息。问屈宜臼曰："起问先生，先生不教，今王不知起不肖，以为令尹，先生试观起为之也。"屈公曰："子将奈何？"吴起曰："将尊楚国之爵而平其禄，损其有余而继其不足，厉甲兵以时争于天下。"

《淮南·道应训》亦载此事，略去为苑守情节。吴起在做苑守时，巡行县域，视察工作，然后到息地拜访当地守屈宜臼。"屈"也是楚国国姓之一，世家大族，是楚国政治的统治力量，如屈匄、屈原。

吴起问："君王知道吴起才智浅薄，才让我做苑守，先生有什么治理秘诀教给我？"老奸巨猾的屈宜臼闭口不答，吴起碰了个软钉子。

一年后，吴起把苑地治理得井井有条，楚悼王大胆起用他做令尹。吴起巡视中又到息地，问屈宜臼说："我去年向先生请教，先生不肯教授。如今，君王明知我吴起水平不高，却让我干令尹的差事。那么，先生就骑驴看唱本，看我吴起怎么治理楚国吧！"

屈宜臼大概是好奇，或者有点害怕，就问："你打算怎么办？"

吴起说："我将抬高楚国的爵位价码，公平对待那些吃皇粮者。以楚国所富补其不足，补短板，整顿军队，强大国防，时机成熟时争权天下。"尊爵是指提高质量，不能让人轻易获得，衰爵是指减少数量，提其质则减其量。故《淮南·泰族训》又言："吴起为楚张减爵之令而功臣畔。"

屈宜臼闻听，立即反对说："吾闻昔善治国家者不变故，不易常。今子将均楚国之爵而平其禄，损其有余而继不足，是变其故而易其常也。"意思是，善于治理国家的，不改变老黄历，也不能改变惯常做法，你的施政措施反了。

屈宜臼接着反对用兵："且吾闻：兵者凶器也，争者逆德也。今子阴谋逆德，好用凶器，殆人所弃，逆之至也。淫泆之事也，行者不利。"意思是，甲兵戈矛是凶器，打打杀杀，争霸天下是违反天德的。先生您要阴谋，违道德，好争斗，这都是正常人抛弃不用的招数，大逆不道，淫泆之事，莫此为甚。这么干，肯定没有好果子吃。

屈宜臼进一步贬低吴起，说："且子用鲁兵，不宜得志于齐而得志焉。子用魏兵，不宜得志于秦而得志焉。"意思是，你在鲁国用兵打败了齐国，但并没有得到什么。你在魏国用兵，同样什么也没捞着。你这是何苦啊！

接着，屈宜臼更有威胁的意味暴露出来，说："吾闻之曰，'非祸人不能成祸'，吾固怪吾王之数逆天道，至今无祸，嘻，且待夫子也。"意思是，常言说得好，不祸害别人的就不会引祸上身。我一直很纳闷，我们悼王数次违逆天道，至今老天还不见惩罚，看来，老天安排好要由先生承担了。

我们还可以从屈宜臼的话中看出楚悼王是一位振作有为的明主。屈宜臼说他"数逆天道"，足证他平常极重改革，重用并信任吴起，也算是"逆天道"之一了。

在楚国变法强兵

一个从野蛮走出来的诸侯国，积习已久，变革的确不易。屈宜臼之辞代表了上层贵族利益，可庶民阶层也不好惹。《吕氏春秋·义赏》记载："鄢人之以两版垣也，吴起变之而见恶。"吴起教给当地百姓筑墙新方法，即用四块木板支

第四章　吴起：殉道变法的兵家和儒者

模，代替原两块板支模方法，显然前者快捷且坚实，可就这点改革，郢人也不愿改变，恶言恶语，诅咒吴起。楚国的确僵化，不彻底变革则无法获新生。那么吴起在楚国，变法的核心是什么？总结如下。

第一，《史记·孙子吴起列传》记载："楚悼王素闻起贤，至则相楚。(此有误，当据《说苑》)明法审令，损不急之官，废公族疏远者，以抚养战斗之士，要在强兵，破驰说之言从横者。于是南平百越，北并陈、蔡，却三晋，西伐秦。诸侯患楚之强，故楚之贵戚尽欲害吴起。"

第二，《吕氏春秋·贵卒》记载："吴起谓荆王曰：'荆所有余者地也，所不足者民也。今君王以所不足益所有余，臣不得而为也。'于是令贵人往实广虚之地。皆甚苦之。荆王死，贵人皆来。尸在堂上，贵人相与射吴起。"

第三，《韩非子·和氏》记载："吴起教楚悼王以楚国之俗，曰：'大臣太重，封君太众。若此，则上逼主而下虐民。此贫国弱兵之道也。不如使封君之子孙三世而收爵禄，绝灭百吏之禄秩，损不急之枝官，以奉练选之士。'悼王行之期年而薨矣，吴起枝解于楚。"《韩非子·喻老篇》记载："楚邦之法，禄臣再世而收地。"

第四，《战国策·秦策》记载："吴起事悼王，使私不害公，谗不蔽忠，言不取苟合，行不取苟容，行义不顾毁誉，必有伯主强国，不辞祸凶。"(范雎语)"吴起为楚悼罢无能，废无用，损不急之官，塞私门之请，一楚国之俗，南收扬、越，北并陈、蔡，破横散从，使驰说之士无所开其口。功已成矣，卒支解。"(蔡泽语)(《史记·蔡泽列传》亦有记载)

上述文本中，有些误植或者时空穿越要先撇去。"破驰说之言从横者"，"破横散从，使驰说之士无所开其口"，是时空颠倒了。因为吴起时代，纵横家还未出现，张仪、苏秦纵横天下是六十年以后的事，放在这个地方说，是夸大吴起之功，达到游说的目的。"北并陈、蔡，却三晋，西伐秦"，"南收扬、越，北并陈、蔡"，也不符合历史事实。北并陈、蔡，是楚惠王时干的事，是楚悼王的爷爷完成的任务。"却三晋，西伐秦"也非吴起完成的任务。因为吴起在位只有一年多，干不了这么多的事。他向南拓展是事实。

吴起在楚国的施政措施，在如下几个方面借鉴魏国经验且有自己的发明。

第一，明法审令，制定法律制度和行政命令，张榜公示，广而告之，取信天下。这显然照搬魏国经验，拿来主义。

第二，重新厘定爵位制度。尊爵和废爵并行。所谓尊爵，就是根据功劳大小授予，从严掌握。所谓废爵，即无功不授爵，爷爷获得的爵位，到孙子辈就不算数，如果要获得爵位，必须自己上战场打仗立功，即再世夺爵政策。停止对远亲贵族的按例供给，将国内贵族充实到地广人稀的偏远之处。吴起认为楚国积弱的原因是"大臣太重，封君太众"。他们对上威逼君主，对下欺凌百姓，导致国贫兵弱。吴起实行"使封君之子孙三世而收爵禄，绝灭百吏之禄秩"的政策，废除旧贵族世官特权。吴起还根据楚国地广人稀的特点，把旧贵族及所属迁到人迹罕至的荒凉地区。此乃魏推行的取消世卿世禄制。如此，就能调动各方面尤其是平民的积极性。战场立功能改变自己的命运，谁不争先恐后？

第三，整治吏治，精兵简政，精简政府机构，重用贤能之士，为了整治官场腐败，禁止官员之间私下请托，要求官吏做到"使私不害公，谗不蔽忠，言不取苟合，行不取苟容，行义不顾毁誉"。同时裁汰"无能""无用"之官，节约经费抚养战斗之士。

第四，损有余，补不足。例如，上面两项，拥有爵位者、庸官太多，集中在都城，只消耗，不生产，人多嘴杂，入则心非，出则巷议，纷纷乱乱。而楚国沃野千里，却没有人、开垦。吴起把这些多余的人统统发配到边远的荒野去垦边，发展经济，因此得罪了权贵和既得利益阶层。

第五，"一楚国之俗"，统一思想、意志，树立国君权威。当皇亲贵戚的爵位被削弱，与国君分庭抗礼者减少，即使存在，岂敢大声喘气？制定统一的经济、文化、道德、军事体系，使国家各种力量掌握在国君手中，形成合力。

第六，"要在强兵"，吴起改革措施的最重要的目的是发展军事力量，打造一支来之能战、战之能胜的军队。吴起当令尹时间短，但由于战略对头，方法得当，即使面临重重阻力，也使楚国迅速恢复元气。

吴起变法的核心就是打击贵族势力，扩大国君权力，造成中间阻尼摩擦力量的坍塌，裁撤封建割据势力，让国君直接与平民对接。目的是发展军事力量，鼓动兵戈，以争权天下。

吴起短期内要打造一支战争机器，而非孟子的王道政治思想"仁民、爱民与富民"。所以，屈宜臼闻听他变法的目的是"厉甲兵"，就强烈反对。这也许是吴起变法思想的软肋，但国君比谁都着急，都想在世时见到成效，没有时间用以"调情"。

对比吴起变法和商鞅变法就会发现，商鞅变法基本上克隆了吴起变法。商鞅成功，是因为秦孝公给他的时间长，吴起失败，是因为楚悼王"消失"得太早。楚悼王于变法一年即薨，吴起陪葬，以致人亡政息。

用兵如神

吴起大张旗鼓地变法，楚国呈现少有的发展局面，这得罪了权贵和既得利益集团。吴起与时间赛跑，想尽快生米做成熟饭，让楚人感受到变法的好处。时间由楚悼王的寿命决定——时间在嘀嗒作响，倒计时开始。

《史记·赵世家》记载："敬侯元年（前386），武公的儿子赵朝作乱，失败后逃奔魏国。赵始以邯郸为都城。敬侯二年，在灵丘打败齐军。三年，在廪丘救援魏国，大败齐军。四年，赵军在兔台被魏军打败。赵修筑刚平城以便进攻卫国。五年，齐、魏两国帮助卫国攻赵，夺取了刚平。六年，向楚国借兵伐魏，夺取了棘蒲。"

公元前386年，还有一件重要的事，就是韩、赵、魏三家把晋国剩下的一点儿土地也瓜分了，彻底葬送了自己的老东家，绝其祀。赵国在邯郸立足未稳，邯郸原来是卫国的地盘，而魏国经一系列战争于公元前391年占领了大梁地区（今河南开封西北）。群雄逐鹿中原，波澜壮阔的争霸战开始了。卧榻之侧，岂容他人酣睡？魏国不会轻易让赵国在邯郸扎根，定要将赵东出中原的战略据点连根拔除。而楚惠王灭掉陈、蔡并设县，向中原地区推进了不少，也是局内之人。

后来，陈、蔡又被三晋夺走。楚悼王十九年（前383）、楚悼王二十年（前382），魏、赵两国为争夺卫国而交战，外围的齐国协助魏国。魏、齐、卫联合伐赵，战况激烈。赵孤立无援，向楚求救。吴起认为，这是出兵战胜魏国的好机会，若不出兵，魏胜赵后，力量会更强，于楚国更不利，而楚出兵，表面上是助赵，实是赵帮楚。

楚悼王二十一年（前381），吴起统领大军，前去救赵。如果直接救赵，楚军需要长途跋涉。既然魏军主力在赵地，何不直接攻魏，攻其薄弱处？计议一定，楚军直取大梁，前线的魏军只得赶紧撤回，在州西为楚军所败。楚军横扫中原，一直打到黄河边。赵军也趁势反击，占领魏的棘蒲等地。这一仗打出了楚军的威风，不仅收复了北方原陈、蔡被三晋占去的土地，并又新开拓了原来卫国的一些土地。

正当楚军取得决定性的胜利，捷报飞向郢都之时，楚悼王突然病逝。吴起只得从前线赶回，料理后事。本来吴起可以不回，但他是令尹，又深得悼王重用，不奔丧会成为笑料。但他这一次回去，一去不复返。

《史记·孙子吴起列传》记载：

> 诸侯患楚之强。故楚之贵戚尽欲害吴起。及悼王死，宗室大臣作乱而攻吴起，吴起走之王尸而伏之。击起之徒因射刺吴起，并中悼王。悼王既葬，太子立，乃使令尹尽诛射吴起而并中王尸者。坐射起而夷宗死者七十余家。

《吕氏春秋·开春·贵卒》记载：

> 于是令贵人往实广虚之地。皆甚苦之。荆王死，贵人皆来。尸在堂上，贵人相与射吴起。吴起号呼曰："吾示子吾用兵也。"拔矢而走，伏尸插矢而疾言曰："群臣乱王！"吴起死矣，且荆国之法，丽兵于王尸者尽加重罪，逮三族。吴起之智可谓捷矣。

上面两段文字，大同小异。吴起治理下的楚国迅速强大，令周边诸侯国甚为忧虑，都要阴谋害吴起。楚国权贵公卿的亲戚，不少被驱赶到边远地区与夷人为伍，垦地实边，生活艰苦，也想除吴起而后快。两股势力合流，吴起若无国君的充分信任和支持，恐怕没有好果子吃。

楚悼王突然去世，公室大臣集体作乱，他们在吴起奔丧的沿途埋伏弓箭手，等吴起过来即射杀之。吴起见机行事，边走边说："看我的，让你们这些败类看看我的用兵之神。"他快速向楚王的尸体停放处奔去，把自己身上的箭拔出来，插入楚悼王的尸体，呼叫说"大臣造反，侮辱王尸"。楚国法律规定，兵器加于王尸者，加重处罚，捕三族灭之。楚悼王被埋葬后，太子即位，是为楚肃王。楚肃王命令尹彻查射杀吴起并中王尸的恶行，连坐被诛杀的宗族达七十多家。

吴起到底是怎么死的？是射杀还是车裂？《淮南子·缪称训》《氾论训》及《韩诗外传一》均言："吴起刻削而车裂。"其实，应是贵族射杀吴起之后，遗愤未尽，又肢解他，肢解时用的是车裂法。

墨家的一场浩劫

墨家因为吴起之死，力量大减，从此一蹶不振。

原来，参与射杀吴起的人中，有一个叫阳城君的贵族。他和墨者巨子孟胜关系很好。孟胜是继墨子、禽滑釐之后的墨者"巨子"。墨家学派就是一帮民间自发组织的朋友，怀揣无等差的尚同、仁爱的梦想，利用自己的技战术，奔走天下，阻止各类战争的爆发，实现"非攻主张"。所谓无等差的仁爱，就是"视人之父为己父，视人之子为己子"。据说，"拜把子兄弟"的规则就是墨家的传统，是社会中下层互爱互助的典型形式。

据《吕氏春秋·上德》记载，阳城君外出时，令孟胜守护其领地，并将玉璜分成两半为令符，一半交孟胜并吩咐"符合听之"。所谓"符合听之"，就是两半令符吻合时，就听命于持符之人。

阳城君参与了射杀吴起。楚太子继任为楚肃王，他杀光"射吴起并中王尸者",共有七十多个家族被牵连。阳城君闻知消息,不知所终。楚肃王要收回阳城君封地,可没有阳城君的"符"可示。孟胜认为受阳城君所托,却无法守护其地,只有一死才能实践对阳城君的承诺。其弟子徐弱劝孟胜,认为事已至此,死对阳城君无任何益处,且此举将令墨家损失惨重,更有可能使墨者在世上消失。孟胜却认为他与阳城君的关系匪浅,若不死,将来恐怕没人会信任墨者,并认为他会将巨子之位传给宋国的田襄子,不怕墨者绝世。徐弱听了孟胜的话,先行赴死。

孟胜派三个人到宋国传巨子之位于田襄子,然后赴死。跟随孟胜赴死者约有一百八十人。三人转告田襄子继任巨子,便折返楚国,与孟胜共同赴死。田襄子以刚接任的巨子权威,命令三人留下,说:我已经是巨子了,你们得听从我的命令。但这三个人也返回去赴死了。

楚墨者遭受了灭顶之灾。巨子死后,墨家分成三大派:相里氏之墨、邓陵氏之墨和相夫氏之墨。相里氏较务实,传承了墨家关于守城的学说和技艺,据传被秦献公重用,发展了造城防守技术和方法,又称"秦墨",相里氏之墨和秦国流行的法家学说互相浸染,影响很大。这一派在历史的洪流中,经过转化,湮灭在历史的尘埃中。现在流传下来的《墨子》城守诸篇,有一部分为相里氏之墨所作。邓陵氏之墨,活跃在楚、越,又称"楚墨",以侠客身份干政,服务于诸侯,这一支就是孟胜带领的。可惜经此浩劫,邓陵氏之墨荡然无存。现在江湖上的思想和做派,与此相类。相夫氏之墨是学者型墨家流派,对墨子的理论继承有重要贡献,活跃在齐鲁宋等国,又称"齐墨"。

八、《吴子》思想概述

先秦变法,所谓"法",是广义的概念,"祖法"转进到"新法",其实包括兵法。战争对手、战略目的和战争手段都发生了巨大变化,如军人构成变化,由贵族为主体的车战转变为平民为主体的步兵战,铁兵器和弩的广泛使用以及骑兵的发展,引起了作战方式的明显变化。各国变法的主旨都要归宗于

"富国强兵",以展开地缘政治空间争夺。言变法不谈兵法,会有缺憾。

李悝虽作《法经》,不以军事见长,故不论。吴起亦儒亦兵亦法,会于一身。但万变不离其宗,其目的就是"富国强兵,拓殖疆土,安民乐业"。分析《吴子》有助于领会先秦变法的综合性和复杂性。

《吴子》又称《吴子兵法》,是我国古代著名军事著作,《武经七书》之一。《汉书·艺文志》称"吴起四十八篇",《隋书·经籍志》《新唐书·艺文志》均载为一卷。今有《续古逸丛书》影宋本及明、清刊本。现存《吴子》仅有"图国、料敌、治兵、论将、应变、励士六篇"。观其文本,其核心应为吴起所撰,部分章句为后人增补,但仍不能否认其价值。《吴子》是《孙子兵法》思想的继承和发展,二者并称"孙吴兵法"。

吴起的战略思想

吴起的战略思想,集中体现在《吴子·图国》一篇。吴起主张"内修文德,外治武备",把政治和军事紧密结合起来。所谓"文德",就是"道、义、礼、仁",以此治理军队和民众。吴起认为"民安其田宅,亲其有司","百姓皆是吾君而非邻国,则战已胜矣",强调军队、国家要和睦。所谓"武备",就是"安国家之道,先戒为宝",必须"简募良材,以备不虞"。将战争区分为义兵、强兵、刚兵、暴兵、逆兵等不同性质,主张对战争要采取慎重的态度,反对穷兵黩武。

魏文侯师事子夏,好儒术,多结交儒者。吴起初见他,穿了一身"儒服",顿时拉近两人的关系。但二人谈的是"兵机",是用兵打仗的技巧、秘密。吴起从历史的经验中得出结论,"明主鉴兹,必内修文德,外治武备。故当敌而不进,无逮于义也;僵尸而哀之,无逮于仁也",从而提出"明主"的标准,从军事层面对"仁义"做了解读。这是兵家化的儒家。

明主要想建立宏图伟业,图谋国家富强,就"必先教百姓而亲万民"。国家内部必须和谐统一,内部不和谐则无法对外用兵扩张。国君必须珍爱百姓,让百姓真切体会到国君是爱他们的，这时，国君所令所求，百姓才不顾生命危险，乐死以赴汤蹈火。

明主的作为要符合道义，动之以礼，抚之以仁。吴起说："是以圣人绥之以道，理之以义，动之以礼，抚之以仁。此四德者，修之则兴，废之则衰，故成汤讨桀而夏民喜悦，周武伐纣而殷人不非。举顺天人，故能然矣。""凡治国治军，必教之以礼，励之以义，使有耻也。"国君必须先按照道德仁义的方针治理国家，如果做不到，就别想治理好国家。这是治国的"顶层设计"。

关于按照什么样的方针治理国家，吴起对魏文侯开具药方："古之明王，必谨君臣之礼，饰上下之仪，安集吏民，顺俗而教，简募良才，以备不虞。"意思是，明主必须建立一个稳定有序的团队，擢拔贤良，量才施用，做好基本功，防范意外情况的发生。这实际上和孙子的"先为不可胜，然后待敌之可胜"一样，都是先立于不败之地，然后寻求战胜敌人的机会。

针对魏文侯索求立竿见影的办法，吴起对曰："君能使贤者居上，不肖者处下，则陈已定矣；民安其田宅，亲其有司，则守已固矣。百姓皆是吾君而非邻国，则战已胜矣。"意思是，让贤能的人当领导，那些无能之辈处下，排兵布阵就已经完成了。百姓安心种地，与官员和睦相处，则防守队形就牢固了。如果百姓都夸赞自己的君侯，贬低邻国，胜负就已经定了。这点，吴起还是贯彻了孔子的思想。《论语·为政》中，哀公问曰："何为则民服？"孔子对曰："举直错诸枉，则民服；举枉错诸直，则民不服。"百姓口服心服的条件是，你要把贤良方正之人放在歪心眼的坏人上面；不然，坏人、庸人领导贤良方正之人，就好像羊领导狼，百姓绝对不服气，也不会听你的领导。

吴起论料敌

《吴子·料敌》篇中，以魏文侯问、吴起答的方式，分析六国形势，谈治军、选士以及判断敌情和因敌制胜的方法，展现了吴起对敌人强弱优劣的判断技巧及应对方略。

第四章　吴起：殉道变法的兵家和儒者

针对魏国周边的军事压力，魏文侯问吴起各国军队的特点，吴起脱口而出，详细分析了各国的军力特征。例如，他分析说：

> 夫齐性刚，其国富，君臣骄奢而简于细民，其政宽而禄不均，一陈两心，前重后轻，故重而不坚。击此之道，必三分之，猎其左右，胁而从之，其陈可坏。秦性强，其地险，其政严，其赏罚信，其人不让，皆有斗心，故散而自战。击此之道，必先示之以利而引去之，士贪于得而离其将，乘乖猎散，设伏投机，其将可取。楚性弱，其地广，其政骚，其民疲，故整而不久。击此之道，袭乱其屯，先夺其气，轻进速退，弊而劳之，勿与战争，其军可败。燕性悫，其民慎，好勇义，寡诈谋，故守而不走。击此之道，触而迫之，陵而远之，驰而后之，则上疑而下惧，谨我车骑必避之路，其将可虏。三晋者，中国也，其性和，其政平，其民疲于战，习于兵，轻其将，薄其禄，士无死志，故治而不用。击此之道，阻陈而压之，众来则拒之，去则追之，以倦其师。此其势也。

齐国人性情刚强，国家富足，君臣骄横奢侈，却不善待百姓。治国政策比较宽松，爵禄分配不均，所以一个军阵中人心不齐，军力部署前重后轻，虽然阵仗威武雄壮，但是不坚固。击破这样的阵仗，必须分三路进攻，从左右两翼攻取，正面乘胜追击，齐国军阵可以攻破。秦国士兵强悍，地势险要，政令严格，赏罚分明，士兵个人能力超强，单打独斗无人可比。应对办法就是以利诱之，让士兵脱离将军指挥，设立埋伏，然后各个击破。

如此等等，各个国家的军事力量都是由国家政治、民风决定，吴起自有一套应对的办法。吴起又特别指出"虎贲之士"在军队中的重要作用，国君应该善待他们，使他们成为军队的灵魂，为国君所用。这大概是吴起建立武卒制度的思想基础。

吴起总结了八种情况（如敌人在大风严寒中昼夜行军，伐木渡河）可以不用卜算就应该立即发起进攻，以及六种情况（如"土地广大，人民富众"，"上爱其下，惠施流布"）不用考虑就应该避其锋芒。文侯又问带兵打仗，吴起回答从敌人军队的外在现象就能判断可不可以进攻。

《孙子兵法》最著名的一条是"知己知彼，百战不殆"，吴起的料敌之策就是用自己的实战和思考对这条总原则进行细化，通过敌我双方的实力对比，决定战争行为。

吴起论治兵

《吴子·治兵》篇中，吴起主张兵不在多，"以治为胜"。治，就是建立一支训练有素的军队："则有礼，动则有威，进不可挡，退不可追，前却有节，左右应麾，虽绝成陈，虽散成行。与之安，与之危，其众可合而不可离，可用而不可疲，投之所往，天下莫当。"

要求选募良材、重用勇士和志在杀敌立功的人，作为军队的骨干，并"加其爵列""厚其父母妻子"。对士卒的使用要因人而异，使"短者持矛戟，长者持弓弩，强者持旌旗，勇者持金鼓，弱者给厮养，智者为谋主"，以发挥各自的特长。按照同乡同里编组，同什同伍互相联保，以对部众严加控制。采取"一人学战，教成十人；十人学战，教成百人；百人学战，教成千人；千人学战，教成万人；万人学战，教成三军"的教战方法，严格训练。明法审令，使"进有重赏，退有重刑，行之以信"，做到令行禁止，严不可犯。将领必须与士卒同甘苦，共安危，奖励有功者，勉励无功者，抚恤和慰问牺牲将士的家属，以恩结士心，使其"乐战""乐死"。要"任贤使能"，选拔文武兼备、刚柔并用、能"率下安众、怖敌决疑"的人作为将领。

在吴起的军事思想中，军队是一个整体，治兵必须让军队的各个组成部分都进入最佳战斗状态，例如，兵、将、马、车、粮、草都要处于最理想的战斗状态。只有如此，才能形成一个拳头。所以，吴起说"治兵不在众寡"。在吴起的领导下，魏国率先建立了武卒制度。

吴起论将

将领在军队中的作用非常大，《吴子·论将》篇中，吴起认为，将不但是军队的武官，还是文官，兼有刚、柔两方特征，勇猛只不过是将军的五分之一的素质。

合格的将领应具备五种素质："故将之所慎者五：一曰理，二曰备，三曰果，四曰戒，五曰约。理者，治众如治寡。备者，出门如见敌。果者，临敌不怀生。戒者，虽克如始战。约者，法令省而不烦。"意思是，对待数量庞大的敌人和对待小股部队一样的道理，不要被大阵仗迷惑，这是军事辩证法，是大道理。要处处有防备，只要开出城门外，就必须有大敌当前的防备。要果敢，面对敌人就不要有生还的想法。虽然战胜了敌人，但如刚投入战斗一般保持旺盛的战斗力。各种法令虽多，但传递到士兵要简单易懂，以便于执行。

吴起认为，将军用兵有四个关键：一是掌握士气，二是利用地形，三是运用计谋，四是充实力量。将领所发布的命令，部队没有不依令而行的。将领所指向的地方，士兵无不拼死向前。

针对地方将领的应对办法，吴起说："一般说作战最重要的是，首先探知敌将是谁，并充分了解他的才能。根据敌人情况，采取权变的方法，不费多大力气，就可取得成功。敌将愚昧而轻信于人，可用欺骗的手段来引诱他。敌将贪利而不顾名誉，可用财物收买他。轻率变更计划而无深谋远虑的，可以疲困他。上级富裕而骄横，下级贫穷而怨愤的，可以离间他。进退犹豫不决，部队无所适从的，可吓跑他。士卒藐视其将领而急欲回家的，就堵塞平坦道路，伴开险阻道路，用拦击消灭他……"

吴起论应变

军队出兵打仗会遇到各种各样的情况，例如山谷地形、山头地形、山和水相依傍的地形，车战遇阴雨天，吴起都有系统完善的应对之策。

《吴子·应变》记载：

> 武侯问曰："若敌众我寡，为之奈何？"
>
> 起对曰："避之于易，邀之于阨。故曰：以一击十，莫善于阨；以十击百，莫善于险；以千击万，莫善于阻。今有少年卒起，击金鼓于阨路，虽有大众，莫不惊动。故曰：用众者务易，用少者务隘。"

意思是，要善于利用险要地形，将敌人引导到险要地带，才能一夫当关，万夫莫开，起到以一顶十的攻战效果。

魏武侯又问："敌人接近，迫我交战，我想摆脱它而没有去路，军心很恐惧，应该怎么办呢？"

吴起回答："解决这一问题的方法，如果我众敌寡，可以分兵包围敌人。如果敌众我寡，可以集中兵力袭击敌人，不断地袭击它，敌人虽多也可制服。"

吴起论激励将士

《吴子·励士》讲的是论功行赏，崇礼有功，以勉励全体将士，从而使全军争相建功。

行军打仗，就是以自己的生命去搏杀，以求功名利禄。风险越大，回报也越大。如果没有完善的激励措施，让将士有清晰的概念，就很难驱逐士兵。所以，吴起对魏文侯提出，明主必须有奖惩、有诚信。有军功必奖，战败必罚。

魏文侯问："严刑明赏就足以驱动军队打仗吗？"

吴起回答："这个我不太清楚，但这还是不够。明主发号布令而人乐闻，兴师动众而人乐战，交兵接刃而人乐死，是必须达到的要求。"

魏文侯又问："怎样才能做到？"

吴起回答："君举有功而进拘之，无功而励之。"国君应该选拔有功人员，举行盛大宴会款待，这对无功的人也是一种勉励。

关于激励的效果，吴起亲自带兵试验，实现了以少胜多的经典战例。吴起自告奋勇，对魏文侯说："我听说人有短处和长处，士气也有盛有衰。您不妨试派五万名没有立过功的人，让我率领去抵挡秦军，如果不胜，就会被诸侯讥笑，丧失权威于天下了。但这是不会发生的。所以我敢去尝试。打个比方，有一死刑犯隐伏在荒郊旷野，派一千人去追捕，追捕者没有不瞻前顾后的。何也？大家都怕他突然出现伤害自己。故一个人拼命，足以使千人畏惧。现在我这五万人都像那个盗贼一样，率领他们去征讨敌人，敌人就很难抵挡了。"这大概是吴起训练的武卒。魏文侯采纳了吴起的意见，加派战车五百辆，战马三千匹，大破秦军五十万人。这就是激励士气的效果。

战前一天，吴起命令三军说："众吏士应当听从命令去和敌人战斗，无论车兵、骑兵和步兵，如果车兵不能缴获敌人的战车，骑兵不能俘获敌人的骑兵，步兵不能俘获敌人的步兵，即使打败敌人，都不算有功。"所以作战那天，他的号令不多，却战果辉煌，威震天下。

吴起的兵法智慧是一个完整的体系。如果四十八篇全部流传下来，将可与《孙子兵法》媲美。就像《孙膑兵法》，本来已失传。1972年，山东临沂银雀山汉墓同时出土了《孙子兵法》和《孙膑兵法》。因此，笔者一直有个梦想，希望《吴子兵法》被发掘出来，重见天日。

第五章
商鞅：作法自毙的大秦帝国奠基人

商鞅是法家治国成功的典范，在其思想指引下，秦国由一个偏于西域的戎狄之国，变成天下强国，周天子致胙加以承认，认其为华夏大家庭的一员。公元前361年至公元前221年，经六代人的努力，秦统一华夏，废封建而行郡县，车同轨，书同文，行同伦。秦王嬴政有三皇五帝之功业，君临天下，牧治黎首，自称始皇帝。秦国成就如此事业，端赖商鞅的奉献和牺牲，其奉献是法家思想和治理体系。秦开阡陌封疆，明法审令，立信树威，赏有功，罚有罪，一断于法，什伍连坐，间不容情。商鞅之法，推行十年而秦国大治，民勇于公战，怯于私斗，路不拾遗，官民和谐。

根据商鞅的思想治理的秦国，到底如何？《荀子·强国》记载：

孙卿子曰："其固塞险，形势便，山林川谷美，天材之利多，是形胜也。入境，观其风俗，其百姓朴，其声乐不流污，其服不挑，甚畏有司而顺，古之民也。及都邑官府，其百吏肃然，莫不恭俭、敦敬、忠信而不楛，古之吏也。入其国，观其士大夫，出于其门，入于公门；出于公门，归于其家，无有私事也；不比周，不朋党，倜然莫不明通而公也，古之士大夫也。观其朝廷，其朝间，听决百事不留，恬然如无治者，古之朝也。故四世有胜，非幸也，数也。是所见也。故曰：佚而治，约而详，不烦而功，治之至也，秦类之矣。虽然，则有其谞矣。兼是数具者而尽有之，然而县之以王者之功名，则倜倜然其不及远矣！是何也？则其殆无儒邪！故曰：'粹而王，驳而霸，无一焉而亡。'此亦秦之所短也。"

孙卿即荀卿，荀子。荀子与秦应侯范雎对话，评价秦政，对话时间大约是

第五章　商鞅：作法自毙的大秦帝国奠基人

商鞅去世后一百年。

大意是，秦被山带河，边塞险固，地势便利，资源丰富。进入境内，观其风俗，百姓朴实，音乐不淫荡卑污，服装不轻佻妖艳。人们非常畏惧官吏而很顺服，就像是古代的人民一样。入得城镇官府，官吏皆严肃认真，无不谦恭节俭、敦厚谨慎、忠诚守信而不粗疏草率，真是古代圣王统治下的官吏啊！入其国都，观察士大夫，出自家门，进公家门，出公家门，就回自家门，无私务。不拉党结派，卓然超群，没有谁不明智通达而廉洁奉公，真如古官吏啊！观其朝，退朝前，所有事情都必须处理完毕，安闲得好似无事可理，真像古代的朝廷啊！所以秦四代强盛，并非侥幸，而是必然。所以说，安闲而又治理得很好，政令简约而周详，政事不烦乱而有功绩，这是政治的最高境界。秦国就类似这样。虽然如此，却仍有所畏惧啊，上述三个方面都具备了，但是它和王者的功名相衡量，那还相差得很远。何也？大概是缺乏儒者！纯粹地崇尚道义、任用贤人的就能称王天下，驳杂地义利兼顾、贤人亲信并用的就能称霸诸侯，两样都缺，就招致灭亡。这也是秦国的弱点啊！

经过四代（加献公则五代）治理，至秦昭襄王，秦国就成了"桃花源""理想国"——官员认真干，哪里敢贪污？百姓遵纪守法，安居乐业，谁敢作恶？但就是缺少儒者，社会像一个好斗的机器，紧张、严肃，缺乏一种温文尔雅、温柔敦厚的诗文气氛。刚而不柔易折，暴而不仁难久，法而无情多伤，荀子通过在秦国走一趟，预测了大秦帝国的最终命运，恰如贾谊在《过秦论》中所言，"仁义不施，攻守之势异也"。荀子看国家、社会、人生，如此之犀利准切，令人佩服。

关于商鞅的评价还有很多，让我们言归正传，走近商鞅。

一、身世之谜和思想溯源

商鞅，本名不称商鞅，叫卫鞅，是卫（今河南安阳内黄县梁庄镇）人。商鞅出生于约公元前395年，恰逢卫慎公当政。卫慎公的继任者是卫声公。到了卫成公，卫国国力进一步衰弱，卫成公十一年（前361），卫公孙鞅（商鞅）入秦。卫成公十六年（前356），他自觉卫国国小势弱，自贬号曰侯（这时商鞅在秦始变法）。卫成侯二十九年（前343），卫成侯被梁惠王强行废除君位，改立卫灵公后代子南劲为卫侯。商鞅所处的时代，卫国国力日下，这是他出走卫国寻找施展才华的空间的大背景之一。

另一个背景可供参考。孟子生于公元前372年，比商鞅晚二十三年。孟子卒于公元前289年，比商鞅晚了四十九年。商鞅是朝气蓬勃的青年时，孟子才呱呱坠地。商鞅未享天年，孟子得享天年。商鞅和孟子有个共同的交集对象——梁惠王。正是因为商鞅把"魏惠王"打败了，魏迁都大梁（公元前361年），魏惠王变成了"梁惠王"。魏两败于齐（桂陵之战、马陵之战），次年又被商鞅率领的秦军打败（公元前340年），西边丧地千里，南面又割地楚国。孟子于是得见梁惠王（公元前320年，时孟子五十三岁）。

梁惠王见到孟子，心烦得很，张口就是："叟不远千里而来，亦将有以利吾国乎？"

孟子一听，这么没礼貌，就说："王何必曰利？亦有仁义而已矣……苟为后义而先利，不夺不餍。未有仁而遗其亲者也，未有义而后其君者也。王亦曰仁义而已矣，何必曰利？"大王你何必张口闭口把利益挂在嘴边，讲讲仁义好不好？好一顿教诲，教之以仁义。

《孟子》有两篇"梁惠王上、梁惠王下"，鼓吹"仁政王道"，走王道的正路，别走霸道的邪路，结果，两年后，梁惠王就带着无限的遗憾和悔恨呜呼哀哉了。孟子代表了思孟学派的批判现实主义风格，用仁义道德来绳墨、测度天下的治理者。秦国就不玩仁义，而玩不对称战争。要君子仁义有何用？梁惠王不听孟子的说教。由此可见儒法路线之争的激烈。

让我们深入《史记》的文本：

> 商君者，卫之诸庶孽公子也，名鞅，姓公孙氏，其祖本姬姓也。鞅少好刑名之学，事魏相公叔痤为中庶子。

第五章　商鞅：作法自毙的大秦帝国奠基人

商鞅为什么称"商君"①呢？原来，这与秦军功爵位有关。商鞅最高封爵为"彻侯"。爵位最高等级有封地，一般不称"侯"，称"君"，由于他封在商洛之地，故称"商君"，以尊崇之。"事魏相公叔痤为中庶子"，中庶子是个官职，类似现在的"家庭秘书"，是负有家庭教育责任的官员。

商鞅是卫君的庶孽公子，是正宗的姬姓后裔，和周王室同姓姬，但以国为氏，故称卫鞅。后来，他在秦国建功立业，被封于商於（wū）之地，故称"商鞅"。表示他是那里的人。姓因"生"（血缘）而来，氏因"土"（地缘）而来，所谓"因生以赐姓，胙之土而命之氏"。姓表示血缘关系，如姬姓，而氏表示地缘关系，也就是那个部落、方国的人。上古时代一般人无姓，很多人只是起个名，如现在的二狗子、虎子之类。他要到外边打天下，人们就问他哪里人，是卫国人的话，就叫卫狗、卫虎。如果有人被分封到某地，即以封地命氏，三代之后，氏就变成姓，为后代所继承。"卫鞅"之"卫"，"商鞅"之"商"，显然是氏，不是姓。要从姓上论，现代中国人姬姓占很大比例，黄帝是姬姓，周文王是姬姓，各个诸侯国姓姬。例如，魏国的国姓也是姬，但封地在魏，其后人就以魏作为姓，但血缘上会追溯到姬姓。至汉代，姓、氏合并称呼，难以区分了。大概是无分封之制，地理空间被占满，无氏族部落了。姓和名，姓表示血缘，名是个人代码。为了增加个性识别，还增加了"字""号"等。

司马迁说商鞅"卫之诸庶孽公子也，姓公孙氏"，怎么回事？原来，西周封建制度是层层分封，天子是世袭的，诸侯也是世袭的，是嫡长子继承制。卿、大夫、士这些级别也是嫡长子继承制，嫡长子是家庭的权威化身。嫡长子继承王位，弟弟们就被分封到采邑，弟弟的儿子长大后又要分封。继承王位的是大宗，其他为小宗，有相应的祭祀规定。"庶孽"就是"小宗"系列的人，属于公爵旁系的子孙辈，因此称"公孙氏"，以便于和嫡系的公子相区别。

通俗点儿说，商鞅的爷爷是国君，他的奶奶是"小妾"，生下了他的父亲，

---

① 关于文本的称谓，司马迁一直称呼"商君"，没有用商鞅，说明他对商鞅还是尊重的，有褒奖的一面。本文用商鞅，是为通俗计。

为旁系。到了商鞅这一辈，就是"公孙氏"了。公孙氏有自己的封地，就会以封地为姓，独立发展新支脉。商鞅生下来，父母起名为"鞅"，叫"公孙鞅"。去了魏国，人家叫他"卫鞅"。在秦封侯，他变成了"商鞅"。

商鞅是世家贵族，但又不是太重要的旁系支脉，国家又如此衰落，怎么办？那就发愤图强，以求强国之道。商鞅小时候喜欢"刑名之学"。刑名之学，是战国时期以申不害、慎道、韩非子为代表的学派。"刑"，本来是"形状"的"形"，是名家学派的用词，名家学派强调名实对应、名实相副，名的内涵和外延必须是确定的，两者不一致的就不相等（如"白马非马"论，坚白、异同之辨）。这是中国的逻辑学。法家学派将这种思辨用在治国方略上，用"刑"替代"形"，变成了法律问题。法家主张循名责实，明辨是非。其实，孔子也很重视"名"，他说"必也正名乎"，君君、臣臣、父父、子子，就是正名，循名责实，各安本位，"名"就是分别，即"礼"的精神。事物的名和事物的实形成一一对应的清晰的关系，用法律规定下来，奖罚由法律标定，用这样的办法治理国家，是这个学派的核心思想。

史载，商鞅是吴起、李悝的学生，也曾跟随尸佼学习，共同谋划国事。如此说来，商鞅的法家思想乃自儒入法，内儒外法，儒法一体。在其知识体系中，有王道思想，也有霸道思想。

商鞅学得一身文武艺，就要"售予帝王家"。本国无用武之地，他就去到魏国，投奔到魏国丞相公叔痤门下，成了"中庶子"。公叔痤是魏武王的弟弟、魏惠王的叔叔，执政宰相。能被公叔痤相中，商鞅才华了得。公叔痤打算举荐他当卿相，还未来得及张口，就病倒了，不能上朝[①]。

公叔痤心病、身病加身，快速地走向生命终点。公元前364年（秦献公二十一年、魏惠王六年），秦、魏石门（今山西运城）一战，公叔痤率领的魏军被斩首六万，遭遇从未有过的惨败。天下震动，周天子对秦"贺以黼黻"

[①] 有历史学家推测，公叔痤在大是大非问题上虚伪，是他的招数。推荐商鞅，临死时推荐，推荐不成，又建议杀掉，私下又建议商鞅若不见用即逃跑。仁义他全占了。

（绣着漂亮花纹的服装），秦由此进入了"战国七雄"行列。魏国发愤图强，发誓一雪前耻。

公叔痤建议魏惠王："大王，三年前的石门之耻我们一定要雪。某愿乘战胜之威，挥师西进，挫败秦军，不知大王意下如何？"

魏惠王当然很高兴："难得叔叔这般赤胆忠心。石门之耻我们一定要雪。"

两年后，两国在少梁（今陕西韩城南）再战，公叔痤为秦所败，被俘。秦献公被箭击中，身负重伤，不久病亡。秦献公十岁就被流放居魏，受过公叔痤照顾，故秦献公放公叔痤回魏。魏惠王亲自探望，劝他好生养病，并不提战败之事。

魏惠王说："你的病倘有不测，国家将怎么办呢？"

公叔痤回答说："我的中庶子公孙鞅，虽然年轻，却有奇才，希望大王能把国政全部交给他，由他去治理。"惠王听后默默无言，不置可否。

魏惠王起身准备离开，公叔痤屏退左右，说："大王假如不任用公孙鞅，就一定要杀掉他，不要让他走出魏国半步。"魏惠王假意应诺而去。

送走了魏惠王，公叔痤立即召来公孙鞅，诚恳地道歉说："刚才大王询问能够出任国相者，我推荐了你。我看大王表情，不会同意。我当先忠于君后考虑臣，劝大王假如不任用你就把你杀掉。大王答应了我。你赶快离开吧，不逃的话，马上就要被擒。"

商鞅说："大王既然不能听您的话任用我，又怎么能听您的话来杀我呢？"

魏惠王对随侍人员说："公叔痤的病很严重，真叫人伤心啊！他想要我把国政全部交给公孙鞅掌管，难道不是糊涂了吗？"

公叔痤死后，大夫公子卬再次推荐商鞅当丞相，商鞅还是没被任用。商鞅万念俱灰，决定出去找出路。史载，公子卬名魏章，是一个军事人才，与商鞅是铁哥们儿，交往深厚。可是商鞅在后来的战争中利用了他们的关系，打败魏军，还俘虏了魏章。后来，魏章得到秦人善待，效力秦孝公，带军打败了楚国，占领了汉中。

事实证明，魏惠王不用商鞅，是最大的失误。商鞅为秦所用，打得魏国丧地迁都，国势日削，魏惠王变成了梁惠王，在凄苦无奈中去世，就是因为魏惠王有眼无珠、不识英才。不过，魏惠王伤心的事很多，如后来他重用庞涓，也重用孙膑。但庞涓和公叔痤一样，算计自己的利益高于江山利益，容不下同门师弟孙膑，陷害孙膑至于残疾。孙膑窃东走入齐，为齐重用，助齐两次打败魏，射杀仇人庞涓。秦国重用了很多魏国的人才，如张仪、公孙衍、范雎等，得以强大。

二、大靠山秦孝公

怀瑾握瑜之人，不能自埋固困于缧绁之中，凤凰在筱受欺于鸡鸭，猛虎离川则为人所杀，其间区别自在所处。商鞅在魏不见用，反而有杀身之忧，必想方设法寻觅前程。李斯说过，自己厌恶粗茶淡饭，葛衣蓝缕，还口中说清高，行无为之想，不是君子的做派。

机会来了。公叔痤病亡，西边的秦国也失去了国君，秦献公受伤不治，子孝公立，发榜招贤纳士。商鞅去秦"应聘"，试试运气。

此时的秦国，经秦献公（公子连）励精图治，正摆脱积弊衰弱，走向富强。秦献公名叫嬴师隰（前424—前361），乃秦灵公嫡子。秦灵公去世，其叔父因公子连年幼无知，趁机上位，是称秦简公。公子连为避杀身之祸，十岁时就避难居魏，长达二十九年。秦简公去世，秦惠公继位，在位十三年。其子秦出子继位，时仅是两岁幼儿。秦出子之母把持朝政，多用外戚，招致贵族和新兴地主阶层的强烈不满。公子连准备好久的归国主政计划，在国内公族的支持下成行。公元前385年，秦族庶长在河西迎立公子连为君，是为秦献公。秦庶长是掌管王室贵族事务的家族长，一般称右庶长。

秦献公采取了很多改革措施以富国强兵。例如，废除殉葬制度，制定什伍制度，五家为伍，十家为什，农忙时耕收，农闲时练兵；设立县制，秦献公亲自派人管理，租税归中央调派使用；秦国初行为市，开始对工商业进行规范管理，抽取营业税，制定初税禾制度，向地主和自耕农按耕种土地面积征税；秦献公将都城从位于秦国西部的雍城迁到秦国东部，地近河西地的栎阳（今陕西西安附近）。其目的是在列强争霸、土地兼并的残酷战争中求生存，把河西之地夺回来，重现秦穆公时代的辉煌。

为复兴大计，秦献公也是拼了命。公元前362年，秦献公在和魏国的战斗中身负重伤，不治身亡。其子孝公（嬴姓，名渠梁，赵氏）继位，时仅二十一岁，年轻气盛，踌躇满志，要有一番大作为，报杀父之仇。

> 孝公元年，河山以东强国六，与齐威、楚宣、魏惠、燕悼、韩哀、赵成侯并。淮泗之间小国十馀。楚、魏与秦接界。魏筑长城，自郑滨洛以北，有上郡。楚自汉中，南有巴、黔中。周室微，诸侯力政，争相并。秦僻在雍州，不与中国诸侯之会盟，夷翟遇之。孝公于是布惠，振孤寡，招战士，明功赏。（《史记·秦本纪》）

孝公元年（前361），黄河和崤山以东有强国六，秦孝公与齐威王、楚宣王、魏惠王、燕悼侯、韩哀侯、赵成侯并立。淮河、泗水之间有十多个小国。楚国、魏国与秦国接壤。魏修筑长城，从郑县筑起，沿洛河北上，北边据有上郡之地。楚地从汉中往南，据有巴郡、黔中。周王室衰微，诸侯用武力相征伐，彼此争杀吞并。秦国地处偏僻之雍，不参与中原诸侯盟会，诸侯向以夷狄视之。

这里须再提魏国。魏文侯、魏武侯在李悝、吴起、西门豹等贤臣能将的辅佐下，使魏国成了天下强国，向西夺取了秦国的河西之地，灭国无数，东边与齐国争强，南边与楚国争衅，地盘迅速扩张。秦献公自魏回国主政时，魏文侯为求得利益，想护送他回国，秦献公没同意，他内心还有对魏国的强烈仇恨和防范心理。

秦国整天和天斗，与地斗，与周边的部落斗，竟然得不到东方诸侯国的认可，心中不平。东方诸侯国都是周王室分封的正牌，本是一家，会盟也发通知。现又筑长城，与秦相隔，让其在西边整天与戎狄、蛮夷作战。秦孝公肯定想:"我一定要继承先王遗志,把秦国这盘菜做大做强,让你们瞧得起,看得上,若有可能,把东方诸侯国收拾了。"此时秦人上下憋着一股气,定要打出一片天地。

于是,秦孝公广施恩德,救济孤寡,招募战士,明确了论功行赏的法令,并向全国发布招贤帖:"从前,我们缪公在岐山、雍邑之间,实行德政,振兴武力,东向平定晋室内乱,疆土直抵黄河;西疆则称霸戎狄,拓展千里疆土。天子赐予霸主称号,诸侯来贺,开创后世基业,盛大辉煌。但厉公、躁公、简公、出子接连几世不安宁,忧患在内,无暇外顾,晋攻取河西之地,诸侯也瞧不起我秦国,耻辱莫此为甚。老父即位,安定边境,迁都栎阳,决意东征,收复缪公时的原有疆土,重修缪公政令。我缅怀先君的遗志,心中常常感到悲痛。宾客和群臣中有谁能献安邦定国大计,强秦兴国者,某将封以高官厚禄,共创辉煌。"

商鞅得悉,快马加鞭西去秦求职,通过景监求见孝公。《战国策》写他"亡秦""西去秦"。既然不得魏惠王用,公子卬推荐不成,凶多吉少,不亡何待?史载,商鞅在卫成侯十一年去秦,推算约是公元前360年,秦孝公继位不久。景监,芈姓,景氏,名监,秦孝公宠臣。学者认为,景监可能是楚国王族派来的,流落在秦国宫廷或者干脆就是楚国的游宦(景、屈、昭是楚国的三大家族)。从后来赵良和司马迁对商鞅的评价看,他们认为商鞅走的不是正道,景监是宠臣,大约是善于逢迎拍马的一类。

此时,商鞅三十六岁,是人生的黄金年龄,力、智、谋齐备,一肚子学问正愁无处挥洒。秦孝公才二十二岁,正愁无有贤良方正之人辅佐。一个心怀鸿鹄之志,一个求贤若渴,两人见面,应相见恨晚吧?可两人见面并不顺利,一波三折,晤谈四次才谈成了大生意。天下大势,就在他们谈话的过程中确立了方向。

第一次会见,商鞅就天下大事侃侃而谈,口若悬河,滔滔不绝。秦孝公边听边打瞌睡,根本不入心。事后,秦孝公迁怒景监说:"你的客人大言欺人,我怎么能聘用这种人呢?"景监转头就责备商鞅。商鞅说:"我用尧、舜治国

第五章　商鞅：作法自毙的大秦帝国奠基人

的方法劝说大王，奈何，他的心志不能领会先王之道啊！"

一个二十二岁的年轻人，心智未开，怎能领会高深的大道理。对照《孟子》，商鞅高谈阔论，无非"仁政""为政以德，使民以时""人人尽可成尧舜"之类的大道理，梁惠王不喜欢孟子夸夸其谈，眼前的秦孝公同样对商鞅的大道理不感冒。

第二次会见是几天后。景监又请求秦孝公召见商鞅。商鞅再见秦孝公时，把治国之道说得淋漓尽致，可仍不合秦孝公的心意。事后秦孝公又责备景监，景监去责备商鞅。商鞅说："我用禹、汤、文、武的治国方法劝说大王，而他听不进去。请求他再召见我一次。"商鞅适当加了点儿"荤菜"，秦孝公吃起来有香味了。商汤、文武的治国方略，都有武力征伐的因素，但还是道德说教多，不适合秦国。

第三次会见，秦孝公对商鞅很友好，可是没任用他。会见结束后，秦孝公对景监说："你的客人不错，我可以和他深入谈谈了。"景监很高兴，赶紧告诉商鞅。商鞅说："我用春秋五霸的治国方法去说服大王，看他的心思，是准备采纳了。如果他再召见我，我就知道该说些什么了。"秦孝公就想知道春秋五霸做区域盟主的原因，春秋五霸一呼百应，说话连周天子也要抖三抖。原来，秦孝公要当霸主，商鞅总算号准了秦孝公的脉。商鞅讲称霸之道，被秦孝公全盘接受。

第四次会见，秦孝公跟商鞅谈得非常投机，不知不觉地在垫席上向前移动了膝盖，谈了好几天都不觉得厌倦。景监说："您凭什么能合大王的心意呢？我们国君高兴极了。"商鞅说："我劝大王采用帝王治国的办法，建立夏、商、周那样的盛世，可是大王说：时间太长了，我不能等，何况贤明的国君，谁不希望自己在位的时候名扬天下，怎么能叫我默默无闻，无所事事地等上几十年、几百年才成就帝王大业呢？所以，我用富国强兵的办法劝说他，他才特别高兴。然而，这样也就不能与殷、周的德行相媲美了。"

富国强兵，仍是回到了李悝、吴起的治国理念上。面对二十二岁的青年君王，说半天王道根本没用，他要的是使他当世能见到成效的方略。商鞅表达得很清楚，如果按霸道治国，就无法和圣王比高下。商鞅非不知仁义、王道可贵，也想行仁政，但没有"买主"，只能退而求其次，先行霸道，以求生存，在诸侯混战的年月，生存壮大比什么都重要。秦国当时的境遇，这点尤为重要，也是评价商鞅功劳最重要的出发点。这也是后世儒家虽不欣赏商鞅，用"作法自毙"损之，却无法在治国理政方面抛弃商鞅思想的根本原因。

总之，秦孝公的主导思想是急于行霸道，尽快见成效，商鞅也按要求拟订一套行动计划。两人一拍即合，那就开始干，不但影响了秦帝国，还影响了中国两千多年。他们不是蛮干，而是有步骤地干。

三、变法三步走

君臣思想达成一致

秦献公锐意改革，开了个好头，可惜他因受伤四十五岁而亡。这时，秦国新兴的地主阶层和自耕农刚刚踏上历史舞台，旧贵族势力仍然占据大半个江山。雍（今陕西宝鸡一带）地的旧贵族势力仍然强大，新国都栎阳（今陕西西安市临潼区东北武屯乡古城）展现了新气象，但强大的旧贵族势力仍在，不采取果断措施，则无法轻装前进。商鞅和秦孝公对此心知肚明，决定分步走，步步深入地推行变法事业。

第一阶段，重点是统一思想、意志，来一次解放思想大讨论。秦孝公和商鞅充分准备，密切配合，打了一个漂亮仗。这是一场被载入史册的宫廷辩论。

秦孝公召集最高决策层人员，讨论改革变法，给国家发展定调。关于这次会议，《史记·商君列传》记载翔实。

秦孝公说："接替先君位置做国君，我日夜不忘国家兴亡，职责所在。实施变法，务必彰显国君权威，做臣子的必须奉行不悖。现在我想变更法度，变革礼制，教化百姓，又害怕天下无端非议。请各位发表高见，如何推动变法？"

商鞅紧接着说："行动犹豫不决，就不会搞出名堂，办事犹豫不决，就难成功。况且超常人之行，本来就被世俗非议；有独到见解者，定会被世俗嘲笑。愚蠢者事成之后都懵懂不知，聪明者却能预见事之未萌。我们开始时不能和百姓谋划，但可以和他们共享成功的欢乐。追求至善道德者不与世俗合流，成就大业者不与凡人共谋。因此，圣人只要能够使国家强盛，不必沿用成法；只要有利于百姓，就不必因循旧礼。您就别犹豫了。"

秦孝公拍手称赞，说："卫鞅，你讲得很好，说到我的心坎上了。"

大夫甘龙旗帜鲜明表示反对："圣人不易民而教，智者不变法而治。因民而教，不劳而成功；缘法而治者，吏习而民安之。"意思是，商鞅之言差矣，背离圣人之道。圣人不变民俗而施教化，聪明者不变成法而国家得治。顺应民风民俗而施教化，不费力就能成功；沿袭成法而治国，官吏习惯而百姓安定。两者针锋相对。甘龙是秦献公时代的重要人物，支持秦献公变法图强，但又反对激进变法。他开始时任职上大夫，而后任太师，是实际上的世族首领与复辟势力的轴心人物。

商鞅说："甘龙所言，乃世之俗语。一般人安于旧俗，而为学者拘泥于书闻。两者奉公守法尚可，但不能与其谈变革成法。三代礼制不同而能统一天下，五伯法制不一而能称霸一方。聪明者制定法度，愚蠢人被法度制约；贤能者变更礼制，常人被礼制约束。"商鞅站在智者、贤人的立场上立论，置反变法者于对立面。

杜挚生气地说："无百利不能改变成法；无十倍功效，就不能更换旧器。仿效成法无过，遵循旧礼没毛病。"商鞅你要变法，可以预测功劳大小吗？若不能预测其风险，怎能轻言变法？

商鞅说："治国无成法，利于国就不因循旧法。故汤、武不沿旧法而能王天下，夏、殷不变旧礼而灭亡。反对旧法者不能被责难，而沿袭旧礼者不值得赞扬。"

秦孝公说："讲得好，讲得好。"

从这场对话看，商鞅和秦孝公是商量好的，一唱一和，专门对付老臣。老臣讲的是"仁政"，追迹三王之法。但商鞅着重强调时代在变化，三代不同法而治，圣王不能和百姓一般见识，要登高望远，把握时代发展的脉搏。秦孝公给予了最大限度的支持。

变法从哪儿入手呢？发展经济，鼓励耕作，增加粮食产量是一切的根本，生产力决定生产关系，而生产关系又推动生产力的发展。商鞅变法，就从土地所有制入手。这一点，他学的是李悝的"尽地力之教"，调整土地所有权和经营权，激发百姓的种田积极性。

变法序曲：《垦草令》

公元前359年，秦孝公命商鞅颁布《垦草令》，拉开全面变法的序幕。垦草令，顾名思义，就是开垦土地，发展农业生产，扩大社会总供给。《垦草令》共二十条措施，紧紧围绕"垦草"展开，迫使各类人都去种田，世家大族的子弟也必须学习稼穑，不然没饭吃。

如《垦草令》第一条，从治吏开始："无宿治，则邪官不及为私利于民。而百官之情不相稽，则农有余日；邪官不及为私利于民，则农不败。农不败而有余日，则草必垦矣。"官员应该当天的事当天办，不得拖延。商鞅的理由是，如果任由官员拖延，相当于给他们贪污受贿的机会。官员办事效率高，无从上下其手，则农民种田的时间就多，那么耕种的土地也就多。

又如《垦草令》第二条，是统一农业税税率，按照收成征税。"訾粟而税，则上壹而民平。上壹，则信；信，则臣不敢为邪。民平，则慎；慎，则难变。上信而官不敢为邪，民慎而难变，则下不非上，中不苦官。下不非上，中不苦官，则壮民疾农不变。壮民疾农不变，则少民学之不休。少民学之不休，则草必垦矣。"根据粮食的产量来计算田赋，那么国家的田赋制度就会统一，而百姓承担的赋税才会公平。国家的田赋制度统一，立信于百姓，臣子便不敢为非作歹。百姓税负公平，就会珍视自己的本分职业，便不轻易变更工作，不会议论君主过错，不会感到官吏害民。那么，壮年农民就会尽力从事农业生产，不改做其他行业，年轻人一定会不断向父辈学习，荒地就一定能开垦了。

对待贵族卿相的后世弟子，《垦草令》也毫不客气，如第十三条："均出余子之使令，以世使之，又高其解舍，令有甬官食，概。不可以辟役，而大官未可必得也，则余子不游事人，则必农。农，则草必垦矣。"按一个标准制定有关卿大夫、贵族嫡长子以外弟子担负徭役赋税的法令，按其世代规定服徭役工作量，再提高其服徭役条件，让其从掌管徭役谷米供应的官员处取食，则无法逃避徭役，且想做大官也必不可得，那么他们就不再四处游说或投靠权贵，就一定会去务农。吴起就因为对世家贵族痛下杀手招致报复，商鞅也敢捅这个马蜂窝，可见，这是先秦变法必须经过的地雷阵。

《垦草令》为鼓励百姓种田的积极性，还设其他有力措施。如规定开垦的荒地归开垦者所有，并给予免税措施。大量自耕农生产的积极性得到解放，奴隶也想办法从贵族园囿中出逃，加入生产的行列。抑制商业发展，提高商业流转税，不让农民卖粮食，也不让商人买粮食，使商人无暴利可图，从而增加其从事农业的积极性。为此，不惜采取愚民政策，让农民少接触珍奇玩好，少听奇事异闻；禁止游仕之民，不因知多而加官晋爵。

为增加农业人口，《垦草令》削弱贵族、官吏的特权，让国内贵族加入农业生产中，针对吃闲饭人口征税，不准贵族家庭雇工；招商引资，招徕外国人到秦垦殖，从事农业生产，如魏国、韩国、戎狄人等；增加开垦土地面积，增加供应，同时增加秦国人口数量。

总之，用现在的话说，《垦草令》"一心一意谋垦草，全心全意兴农业"。这与我国当代的改革有点相似。当代农业改革的第一炮就是将安徽凤阳小岗村的经验推广到全国，包产到户，实行联产承包责任制，极大地调动农民种粮积极性。几年的光景，我国就解决了吃饭问题。在此基础上发展工商业，逐步积累，中国又迎来了一个稳定发展周期。

第一次变法

《垦草令》在秦国成功实施后，秦孝公于公元前356年任命商鞅为左庶长，在秦国国内实行第一次变法。其主要内容如下。

第一，改革户籍制度，实行什伍连坐法，互相监视检举，一家犯法，十家连带治罪。不告发奸恶的处以腰斩之刑,告发奸恶的与斩敌首级的同样受赏,隐藏奸恶者与投敌同罪。《垦草令》中有互保法,互相担保,但那是为促进农业发展的,而连坐法扩大到各行各业。当时政府管理能力不足,各类人员都被驱赶种田,又要压缩行政经费,怎么办?就让百姓相互监督,人人不敢为非作歹;一旦有人犯法,无人敢包庇,更不敢纵容,反过来抑制百姓触碰法律高压线。所以,开始时百姓都觉得不便,告发多有。

第二,明令军法,奖励军功,建立二十等爵制,有军功者,按标准升爵受赏;有军功者,显赫荣耀,无军功者,即使富有也不得显荣。秦军战斗力主要来源于秦国一套先进的管理制度——具有秦国特色的二十级军功爵位制度,在鼓舞秦军士气、提高军队战斗力等方面发挥了巨大作用。军爵分为二十级:一、公士;二、上造;三、簪袅;四、不更;五、大夫;六、官大夫;七、公大夫;八、公乘;九、五大夫;十、左庶长;十一、右庶长;十二、左更;十三、中更;十四、右更;十五、少上造;十六、大上造(大良造);十七、驷车庶长;十八、大庶长;十九、关内侯;二十、彻侯。

第三,废除世卿世禄制度,王族里无军功的不能列入家族的名册。明确尊卑爵位等级,各按等级差别占有土地、房产,家臣奴婢的衣裳、服饰按各家爵位等级决定。

第四,鼓励公战,严惩私斗,私斗按情节轻重分别处以大小不同的刑罚。

第五,奖励耕织,重农抑商,改法为律,制定秦律,推行小家庭制等改革方略。一家有两个以上壮丁不分居的,赋税加倍。

第六,致力农业生产,让粮食丰收、布帛增产的,免除自身劳役或赋税。

第七,因从事工商业及懒惰而贫穷的,其妻、子全部收为官奴。

左庶长是有实权的大人物,相当于宰相之职。秦国尚左,在左、右庶长中,左庶长为首,右庶长次之。春秋时期,秦国的左庶长是上马治军、下马治民的军政首席大臣,非嬴氏公族不得担任。进入战国,秦献公将治民的政务权分给了上大夫甘龙,左庶长协助国君统军作战并总管军务。但在朝野国人的心目中,左庶长依然是最重要的军政大臣。该年冬天,秦孝公将甘龙升为太师,使甘龙的治民政权回归到左庶长嬴虔（公子虔，秦惠王的老师）手里，为的就是给商鞅执大权铺路。商鞅从嬴虔手中接掌左庶长权力的时候，事实上已经是与东方列国的宰相具有同等权力的大臣了。

这次改革，最大的阻力来自王族和世袭贵族，因为他们的铁饭碗被无情地打烂了。战争之时，王公贵族带头冲锋陷阵，可他们的后代想法逃避兵役，躺在祖辈的功劳簿上，成了游手好闲的纨绔弟子。他们不干事，仍享受祖上留下来的爵位遗产，照例领取俸禄。随着岁月递延，吃闲饭的人口越来越多，逐渐成为"蛊害"，成为强国最大的绊脚石。商鞅和秦孝公下定决心要改革。

这次改革力度之大，前所未有。商鞅恐百姓不信，就在新法未颁布之前，策划了"徙木立信"的好戏。《史记·商君列传》记载：

> 令既具，未布，恐民之不信，已乃立三丈之木于国都市南门，募民有能徙置北门者予十金。民怪之，莫敢徙。复曰"能徙者予五十金"。有一人徙之，辄予五十金，以明不欺。卒下令。

商鞅令人在国都的市场南门竖起了一根三丈高的木头，对百姓说，谁能将这根木头搬到城北门，将给十金。百姓感到莫名其妙，没人愿意干。商鞅又加码说："有人能将木头搬到城北门，给五十金。"重奖之下必有勇夫，搬木头不费事，奖金这么丰厚，万一实现了呢？有人自告奋勇，将木头按要求挪动，商鞅当即兑现五十金。紧接着，商鞅下令变法，掀起蓬勃的第一次变法。

五十金是多大的奖金？秦制，"金"就是"镒"，黄金计量单位。一镒等于二十（二十四）两，一两等于二十四铢，一两相当于现在十六点二二克，十金就相当于三千二百四十四克。由此可见商鞅变法的决心。

第二次变法

秦孝公八年（前354），秦孝公命商鞅率军与魏战于元里，获胜，复取河西之地。秦孝公十年（前352），秦孝公任命商鞅为大良造（又叫大上造，第十六级爵位，官职最高等级），攻占了安邑。安邑原是魏都。经过这次战争，魏国的势力彻底退出曲沃旧地，全面转移到中原地区。

秦孝公筹划着下一步的大行动。他要东向扩张，所以做出了迁都咸阳（今陕西咸阳东北）的决定。咸阳位于关中平原中部，北依高原，南临渭河，顺渭河而下，可直入黄河，终南山与渭河之间经潼关可直通函谷关。

要认识迁都的意义，必须先了解函谷关。秦时的函谷关，位于今河南灵宝北十五公里王垛村，东北距三门峡约七十五公里。因关在谷中，深险如函，得名函谷关。其西据险峰，东临绝涧（弘农涧），南依秦岭，北临黄河，是联络关中和洛阳的咽喉，是中原地区进出关中平原的必经之路。秦国攻打东方诸侯，东方诸侯攻打秦国，这是必经之路。

为便于向函谷关以东发展，秦孝公于公元前350年，命商鞅征调士卒，按照鲁、卫的国都规模修筑冀阙（发布法令的城门）宫廷，营造新都，并于次年将国都从栎阳迁至咸阳，同时命商鞅在秦国国内进行第二次变法。

商鞅的第二次变法，主要内容如下。

第一，开阡陌封疆，废井田，制辕田，允许土地私有及买卖。"废井田、开阡陌"是商鞅在经济上推行的重大举措。《史记》记载商鞅"为田，开阡陌封疆，而赋税平"。《战国策》说商鞅"决裂阡陌，教民耕战"，废止"田里不鬻（同"鬻"，音yù）"之规。"阡陌"，指井田中间灌溉的水渠以及与之相应的纵横道路，南北称"阡"，东西称"陌"。"封疆"就是贵族受封井田的界限。"开阡陌封疆"就是把标志土地贵族所有的阡陌封疆铲平，废除奴隶制下的土地贵族所有制，实行土地私有制，从法律上废除了井田制度。法令规定，允许人们开荒种地。土地可以自由买卖，赋税则按照各人所占土地的多少来平均负担，此后，秦政府仍拥有一些国有土地，如无主荒田、山林川泽及新占他国土地等。

第二，推行县制、初为赋。西周成立后，将天下土地及臣民、氏族部落之类分封给功臣子弟，管控天下。功臣子弟成立封国，又将封国内的土地分给大

第五章　商鞅：作法自毙的大秦帝国奠基人

臣、家庭成员、有功劳者，这就是"家、国、天下"体制。春秋时代，礼崩乐坏，家国天下的血缘纽带渐行渐远，越来越失去制约作用，天子暗弱，诸侯奋起，家族势力也不安分。当国君不能制约、调动家族势力时，诸侯国就面临分崩离析的局面。国君如果要有一番作为，必须打破旧格局，彻底打垮家族分封和世卿世禄体制，彻底消除世家大族的区域控制权和区域垄断，将财富力量、军事力量、智力资源、文化资源等统统掌握在国君手中，随时能够调动一切资源，建构一种事实上的军国体制。因此，各诸侯国在原来的封建体制外，探索着实行"县"的行政管理体制。该体制不再分封给卿、大夫、家臣，而是直接归诸侯国君主所有，再由君主派遣职业官员去管理。

县者，悬也，开始在边疆地区新占领的地方实行，在诸侯国的外围地带实行。商鞅变法中的县制，实际上已经有很多诸侯国也在实行，秦献公时也已经推行了，这次是大规模推行而已。凡是犯法夺爵、无立军功失国的，一律充公，设立县，统一交由中央政府管辖。这样才逐渐形成了中央政府及其官僚体制。之前各地都是由封建领主管理，收取赋税，打仗时出钱出人。所以，诸侯国君行政管理的任务不是太重。商鞅变法后，把小乡、小村、聚落合并，四十一个县，每县设县令一人和县丞、县尉、听差、杂役等。收税，需要税务官，收上来的钱粮得有仓储设施、运输工具，如果用货币代替，又得发行货币，制造货币等，这些都是很重的任务。这是中央集权的序曲。

第三，统一度量衡。度，是长度的测算。量，是体积测算。衡，是重量测算。没有统一以前，各地的标准不同，给市场交易、国家征税都带来很大的困扰和难度。统一度量衡是社会发展的必然结果，是市场经济的必然要求，也是疆域不断扩张的客观需要。

第四，燔诗、书而明法令，塞私门之请。诗书之教在于"出则心非，入则巷议"，胡乱议政无助于解决问题，反成造乱的根源。不如把诗书烧掉，全部精力用来耕耘稼穑，备战征伐，开疆扩土。能干什么，不能干什么，法律规定很细致，秉法而行即无过错。杜绝私门之请，依法办事，别想歪门邪道。

第五，禁游宦之民。禁止不务本业，到处跑官要官的人，如商鞅，也是游宦之民，当在禁止之列。本业，就是农业和作战，耕战之事。

第六，执行分户令，禁止百姓父子兄弟同居一室。该分户居住而不分户，加倍征税。这是为了解决秦人合家而居的不文明的生活习性，也利于人口增长，便于社会生产力的发展。

这次变法，遭到上层权贵的强烈反对。尤其是迁都一项，动了上层贵族的奶酪。秦孝公要摆脱旧势力的巢穴，向更有野心的方向发展，迁都是必然选择。甘龙、杜挚等老臣的家当都在栎阳，所以反对迁都。商鞅知悉，依法判决，直接把他们废为庶人。据冯梦龙《东周列国志》，太子嬴驷也出言不当，反对迁都，犯了乱议政令的忌讳，依律当受刑，但他还是七岁的孩子，又是储君，受刑不便。商鞅说："新法不能顺利推行，是因为上层人触犯它。"他仍然依新法处罚太子——处罚了负责他品行教育的公子虔（太傅），以墨刑处罚了给他传授知识的公孙贾（太师）。太子因言获罪，其师、其傅代受刑，可见新法执行力度之大，态度之坚决，同时也表明秦孝公改革到底的决心。这是秦孝公给商鞅投的百分之一千的信任票。

次日，秦国人就都遵照新法执行了。在这个过程中，秦国人有上千人上访，批评新法，认为新法执行不便。商鞅把他们抓住，全部发配边疆。从此，再也无人议论新法。

大约公元前346年，商鞅第二次变法后四年，公子虔又犯法，被割掉了鼻子。公子虔是当过左庶长的人，战功赫赫，与秦孝公是亲兄弟，哪能受这种羞辱？公子虔羞愧难当，竟然八年闭门不出。得罪了这位公子哥，是商鞅悲剧的根源之一。但是，公子虔的内心是支持变法的。

新法推行了十年，秦国路不拾遗，山无盗贼，家富人足。百姓勇于公战，怯于私斗，乡村、城镇社会秩序安定。"居五年，秦人富彊，天子致胙于孝公，诸侯毕贺。"致胙，就是天子把祭祀文王、武王等列祖列宗用的肉送给秦孝公，以表示尊敬。商鞅的变法确实让秦国百姓得到了实惠。

四、商鞅谋"弱魏"

秦国危机

公元前364年,魏惠王迁都大梁①,采取了一系列政策,开放薮泽,发展水利设施,发展经济,重用庞涓、龙贾等将领,用惠施为相,振弊起衰,很快又强大起来。

公元前358年,魏惠王"使龙贾率师筑长城于西边",从元里至阴晋,呈南北走向,与洛水平行,公元前352年又进一步扩建。这条长城的修筑,显示出魏国对秦国已采取守势,以防御为主。魏惠王采取了比较切合时宜的措施,魏国国力大大加强。公元前356年,鲁、宋、卫、韩的国君都到魏国朝见魏惠王,继文侯、武侯之后,魏惠王又成为诸侯的首领。

魏国当上诸侯国的头头儿,广地千里,带甲三十六万,四面扩张。公元前354年,魏国攻打赵邯郸,赵国支撑不下,求救于齐。齐采取围魏救赵的战法,迫使庞涓回救大梁,齐军沿路设伏,于桂陵一役打败魏军,但并没有伤及魏国的筋骨。后来,齐联合宋、卫等国围困襄陵(今河南睢县),也被魏国联合韩国击败。齐邀请楚国大将景差出面调停,两国才罢兵,庞涓也被放虎归山。东边稳定后,魏国就向西用兵,攻击秦国,争夺河西之地。秦国在庞涓的神速用兵之下,被打得落花流水,不得不向魏国割地求饶。公元前350年,秦孝公与魏惠王会盟,放低姿态,承认魏国的王者地位,两国方才相安无事。

公元前344年,魏在宋都城外逢泽(今河南开封南),召集宋、卫、邹、鲁等十二国君主及秦公子少官会盟,后又率众前往朝见周天子。秦遣公子少官前去捧场,对魏言听计从。韩、齐没有赴会。魏、齐长期交恶,互为战略对手,各欲除之而后快,齐肯定不去捧场。

---

① 魏惠王迁都的时间,《史记》记载为魏惠王三十一年(前339)。根据《竹书纪年》等著作,一般认为是魏惠王六年(前364)或魏惠王九年(前361)。这时,秦献公改革,秦国西面面临的压力大,同时在河东扩张的地盘不小,需要开拓。

可是，魏并没有放松对秦施压，将前线进逼到洛河一线，秦都咸阳近在咫尺，十分危险。秦孝公寝不安席，食不甘味，于国境之内做好防御，作战武器摆放到位，训练敢死队、刺客，设置军事将领，做好了全面战争的准备，等待魏军来攻。为什么这么紧张？吴起帮助魏文侯打下河西之地并坚守了二十多年。魏因石首和少梁战役失败，河西之地被秦收回，秦孝公又迁都咸阳，准备向东出函谷关。魏国心知肚明，坚决不能放弃河西之地，一定将它夺回。魏军在庞涓的带领下，从北迂回包抄，围定阳（今陕西延安西），重新占领了河西之地。眼看魏军逼近，秦国上下寝食难安。

商鞅的"毒丸"

运筹于帷幄之中，决胜于千里之外，乃上之上者也。商鞅要给魏惠王挖坑，谋"弱魏"，然后图之。

商鞅和秦孝公商量，说："今日魏兵多将广，功高盖主，号令天下，无不宾从。我们秦与强魏单打独斗，难以抵挡。我有计策，能解患释难，保我秦国。请大王您派遣我去见魏王，那么我保证让魏国掉头转向，走向衰落。"

秦孝公思虑再三才放行。商鞅也多次率军与魏拼杀，去魏说服惠王无疑以肉投虎。但不入虎穴，焉得虎子？商鞅冒险到魏国国都，释放"毒丸"。"毒丸"一旦发作，魏惠王定会生不如死。

公元前343年，商鞅拜见魏惠王（此时正确的叫法是梁惠侯，侯爵），张口就给他戴高帽子，说："你的功劳至大甚伟，功高齐桓、晋文，号令天下，指点江山，莫不宾服，当天下之王也不为过。现如今，大王你召集的十二个诸侯国，不是宋、卫，就是邹、鲁、陈、蔡，都是些小国，不值得称道。这些国家任凭您敲打，谁敢说个不字？凭他们那点儿力量称霸天下，还早着呢！如今为您算计，不如向北攻取燕，向东伐齐，如此，赵如在囊中。向西攻取秦，向南讨伐楚，那么，唾手可得韩。大王您如果有讨伐齐楚的决心，纠集天下力量合力发动，那么，称王称霸的伟大事业就会成功。为您考虑，不如先按照天子的礼制穿戴王服，行天子之礼，然后再攻打齐、楚，谁敢不听号令。"

史载，这是商鞅劝进让魏惠王升格当天子。当然，秦国支持魏惠王升格行天子之礼。仔细分析，商鞅谋划的是远攻近略的战略，越人之国，劳师远征，击败远国逼迫邻国就范。这怎么行得通呢？

魏惠王被各种胜利冲昏了头脑，不假思索，全盘接受了商鞅的劝进，要立即付诸实施。摆出天子仪仗，按照天子之制建造宫殿，裁制丹衣，柱建九斿之旌，从七星之旄，正儿八经地称起"王"来。

魏惠王的所作所为让很多大国如齐、楚愤怒异常，决定联合起来讨伐无道。公元前343年，魏率先出击，讨伐不听吆喝的韩国。魏惠王派遣手下大将襄疵攻打韩国汝南的梁、赫，韩国派将军孔应战。韩败，赶紧求救于齐。

公元前341年，在田忌的带领下，孙膑展现出卓越的军事才能，采取减灶之法迷惑庞涓。魏将庞涓率军激进，被齐军围困在马陵道。庞涓被射杀，太子申被俘，十万精锐部队灰飞烟灭。到这时，吴起苦心孤诣打造的"魏武卒"烟消云散，成为历史绝唱，秦锐卒跃上历史舞台。魏惠王非常恐惧，向东割地求饶，从此魏国一蹶不振。

由此可见，商鞅的"毒丸计划"大功告成。魏惠王吃了瘪，肯定大为后悔。以区区侯爵，不自量力，不自立德养惠，欲窃天下神器，明摆着自讨苦吃。这给了秦国喘息之机，也是战略反击的好形势，商鞅要走下一步棋了。

夺地千里封商侯

魏兵败东方，顿然衰弱，秦国抓住时机，按照既定战略，展开强大攻势。

公元前340年，商鞅建议孝公说："秦之与魏，譬若人之有腹心疾，非魏并秦，秦即并魏。何者？魏居领阨之西，都安邑，与秦界河而独擅山东之利。利则西侵秦，病则东收地。今以君之贤圣，国赖以盛。而魏往年大破于齐，诸侯畔之，可因此时伐魏。魏不支秦，必东徙。东徙，秦据河山之固，东乡以制诸侯，此帝王之业也。"（《史记·商君列传》）秦孝公深以为然。秦国国富民足,兵强马壮,正好趁魏败之机,打他个措手不及,于是委任商鞅将兵伐魏。

士为知己者死,这是古代君子、仁人志士的心灵修养。秦孝公信任商鞅,商鞅亦报答孝公。商鞅敢于为孝公挺身而出,哪里顾得了自己。

商鞅率军攻打魏军,魏派遣公子卬迎战,公子卬长期驻守河西之地。商鞅和公子卬是好友,子卬多次举荐商鞅而不得魏惠王重用。可两军对垒,兵不厌诈,商鞅遗公子卬信一封,对公子卬说:"我以前到秦国游仕,身居高位,皆托公子之福。如今秦公指派我带军打仗,魏则派公子对垒,咱俩怎忍心相搏呢?请您向主公请示休战,我也向秦公请示退军,双方罢兵,岂不更好?"

双方罢兵,商鞅即派人邀请公子卬说:"双方和平解纷息斗,咱们还无暇会晤叙旧呢。在下非常想和公子开怀畅饮,吃肉喝酒,一醉方休。高高兴兴放弃兵戈,使秦魏两国世代相安无事。"

公子卬回答说:"太好了。"魏军参谋坚拒,说:"千万不能啊。两军相交,兵不厌诈,绝不能轻信敌人之言啊!"公子卬不听,坚持要见商鞅。商鞅设诈,埋伏甲士与车骑以赚公子卬。公子卬酒足饭饱,行将离开时,甲士杀出,抓住公子卬,紧接大破魏军。

魏军接连好几次被齐、秦打败,国内空虚,粮草不济,兵员枯竭,日渐衰落,非常害怕被全部歼灭。为此,就派遣使者把河西之地割让给秦以求和。至此,秦国又全部夺回秦穆公在位时获取的土地。

经此一役,魏惠王彻底醒悟过来,说:"寡人真是恨死自己了,怎么不听公叔痤的话呢!"这个恨包含两层意思:第一层,听公叔痤的话,任用商鞅;第二层,听公叔痤的话,杀掉商鞅。估计他也恨透了庞涓,这小子刚愎自用,竟然瞒着他把好端端的将才孙膑整残废,却再次败在孙膑手下,输光了他的家底。孙膑可是寡人看上的人才,要么用之,要么杀之,怎么会让他逃出我的手掌心呢?

商鞅既破魏还,大功告成,秦孝公也慷慨大方,立即封之商於十五邑,爵位到顶,号为商君。原来商鞅的官职为大良造,虽然权力一人之下万人之上,但无地盘,没有封地,和那些世袭族没法比。这样一来,他有自己的地盘了,则更加骄傲自豪。自此，公孙鞅才变成了商鞅。获得这个封号两年之后，商鞅就被车裂了。被车裂的原因，也和这次欺骗公子卬的战事有关。

五、作法自毙仍英豪

有言曰"日中则昃，月满则亏，物盛则衰"，天之常数也。进退盈缩、与时变化，圣人之常道也。老子据此提炼出为人之道："功成，身退，名遂，天之道也。"大功告成，知足而退，才能保住名节。观诸国史，要人放弃到手的荣华富贵，谁人能做到呢？商鞅能做到吗？

商鞅权倾朝野，一人之下，万人之上。但冰冻三尺，非一日之寒，他在旧贵族圈里的积怨已经很深，如火山即将喷发。有一个名赵良的隐士，善于观风察向，赶紧劝谏商鞅，快采取措施求自保。

赵良劝商鞅归隐

《史记·商君列传》记载，商鞅说："我能见到你，是由于孟兰皋的介绍，现在我们交个朋友，可以吗？"

赵良回答说："鄙人不敢奢望。孔子说过：'推荐贤能，受到人民拥戴的人才会前来；聚集不肖之徒，即使能使成王业的人也会引退。'鄙人不才，所以不敢从命。鄙人听到过这样的说法：不该占有的职位而占有它叫作贪位，不该享有的名声而享有它叫作贪名。鄙人要是接受了您的情谊，恐怕那就是鄙人既贪位又贪名了。所以不敢从命。"赵良借孔子的话暗示商鞅不要贪恋名位。

商鞅说："您不乐意看到我治理的秦国吗？"

赵良说："能够听从别人的意见叫作聪，能够自我省察叫作明，能够自我克制叫作强。虞舜说过：'自我谦虚的人被人尊重。'您不如遵循虞舜的主张去做，无须问我。"

商鞅不以为然，仍不忘自伐其功，说："当初，秦人习俗和戎狄相若，父子不分家，男女老少同居一室。如今，我更改秦国教化，使他们男女有别，分居而住，大造宫廷城阙，把秦国宫室建设得像鲁、魏。您看我治理秦国，与五羖（gǔ）大夫比，谁更贤能？"五羖大夫就是百里奚，是秦穆公用五张黑公羊皮换来的，秦穆公在他的辅佐下成为霸主。

赵良直言相告："一千张羊皮也比不上一领狐腋贵重，一千个随声附和的人比不上一个人仗义直言。武王允许大臣直言谏诤，国家就昌盛，纣王大臣不敢谏言，终遭灭亡。您若不恶武王之道，请允许鄙人整天直言而不受责备，可以吗？"

商鞅说："俗话说，外表上动听的话好比是花朵，真实至诚的话如同果实，苦口相劝、听来逆耳的话是治病的良药，献媚奉承的话是病患。您果真肯终日仗义直言，那就是我治病的良药了。我将拜您为师，您为什么又拒绝和我交朋友呢？"

赵良说："那五羖大夫是楚国偏僻的乡下人，听说秦穆公贤明，就想去当面拜见，却没有路费，就把自己卖给秦人，穿着粗布短衣给人家喂牛。整整过了一年，秦穆公知道了这件事，举之以牛口之下，凌驾于万人之上，秦人都不反对。他任秦相六七年，向东讨伐郑国，三次拥立晋君，一次出兵救楚。他在境内施行德化，巴国前来纳贡；他施德政于诸侯，四方前来朝见。由余听到这种情形，前来敲门投奔。五羖大夫出任秦相，劳累不坐车，酷暑炎热不打伞，走遍国中，不用车辆随从，不带武装防卫，他的功名载于史册，藏于府库，他的德行施教于后代。五羖大夫死时，秦国不论男女都痛哭流涕，连小孩子也停唱歌谣，正在春米的人也因悲哀而不发出相应的呼声。这就是五羖大夫的德行啊！如今您得见秦王，是秦王宠臣景监推荐，这说不上什么名声了。身为秦相，不为百姓造福，而大规模地营建宫阙，这就说不上为国家建立功业了。惩治太子的师傅，用严刑酷法残害百姓，这是积累怨恨、聚积祸患啊！教化百姓比命令百姓更深入人心，百姓模仿上边的行为比命令百姓更为迅速。如今您却违情背理地建立权威，变更法度，这不是对百姓施行教化啊！您又在商於封地南面称君，天天用新法来逼迫秦国的贵族子弟。《诗经》说：'相鼠有礼，人而无礼；人而无礼，何不遄死？'照这句诗看来，实在是不能恭维您了。公子虔闭门不出，已经八年了，您又杀死祝欢，用墨刑惩处公孙贾。《诗经》上说：'得人心者兴，失人心者亡。'这几件事，都不得人心。您一出门，后边跟着数以十计的车辆，车上都是顶盔贯甲的卫士，身强力壮的人做贴身警卫，持矛操戟的人紧靠您的车子奔随。这些防卫缺少一样，您必定不敢出门。《尚书》上说：'凭靠施德的昌盛，凭靠武力的灭亡。您的处境危若朝露，还打算要延年益寿吗？那为何不把商於十五邑封地交出来？寻偏远处浇园自耕，劝秦王重用那些隐居山林的贤良，赡养老人，抚育孤儿，使父兄相互敬重，依功序爵，尊崇有德之士，这样才可以稍保平安。您还要贪图商於的富有，以独揽秦国的政教为荣宠，聚集百姓怨恨，秦王一旦舍弃宾客归天，秦境之内想拘捕您的人，难道能少吗？您丧身之日，举足可待。"

赵良情真意切的话显示，商鞅用法令驱使百姓，用显效自证功劳，但得罪的贵族并不心悦诚服。商鞅靠秦孝公上位，功劳很大，居功自傲，在自己的封地当起土皇帝，这可是授人以柄的谋反罪啊！

赵良是个硕儒饱学之士，张口孔子，闭口《诗经》，信手《尚书》，脱口尧舜，没有孔门系统的教育，不会有如此深刻洞见。孔子将儒家思想传播开来，到孟子时代已经大有规模，文明之火已有燎原之势。

商鞅被车裂

商鞅与赵良会谈五个月后，公元前338年，孝公去世，太子嬴驷继位，是为秦惠文王。前面一直是秦献公、秦孝公，怎么到了嬴驷，就称了王？王是周天子的专利，但时间到了公元前338年，敢称王的非常多，比如楚国。嬴驷于公元前325年改"公"称"王"，改"元"为更元元年，为秦首称王者。秦惠文王当政期间，北扫义渠，西平巴蜀，东出函谷，南下商於，为秦统一中国打下了坚实的基础。

秦孝公的传位有一段插曲，从侧面看到商鞅之死的原因。

据《战国策》，秦孝公死前有意将王位让给商鞅，商鞅听从赵良的建议，决定放弃这个差事，告老退休，远离政治。商鞅向秦惠文王告老还乡，得准。商鞅回到封地，准备颐养天年。可树欲静而风不止，危险步步逼近。

有人向秦惠文王进言说："大臣功高盖主就会危害国家社稷，对身边的人过于亲近就会惹来杀身之祸。现如今秦国的男女老幼只知道商鞅的新法，而不知道君上您。况且君上您与商鞅有仇，愿君上早下决断。"中国历史上善于挑拨离间、逢迎拍马的佞臣实在太多，几句话就把好端端的大臣葬送了。吴起如此，商鞅如此，后来的李斯也是如此。木秀于林，风必摧之，天之道也。

恰在此时，公子虔一班人告发商鞅要造反，说商鞅在封地聚集兵马和武器，这可正中秦惠文王下怀，立马派人去逮捕商君。告发的一班人是势力强大的旧贵族，其利益曾受到商鞅的很大打击。公子虔被割掉鼻子，公孙贾被刺面，甘龙、杜挚被废为庶民，很多人因犯法被夺爵，妻儿被充公发配。

商鞅听说捉拿他的士兵快到了，带上部属和老母亲仓皇逃跑，他慌里慌张地来到边境关口，想住旅店。店主不知是商鞅，说："商君有令，无证件住店，店主要连带判罪。"要证件才可以住店，可是商鞅身上没有啊！

商鞅叹息说："新法之弊竟至于此！"我制定的法律竟然有如此大的弊端，自己也无计可施！这就是"作法自毙"典故的由来。

很多儒家包括为商鞅作传的司马迁，对商鞅大为不满，认为这是法家的罪过。其实，这是法家思想成圣的标志，是商鞅成为伟人的标志。没有这个环节，怎能知道变法如此深入人心，达到穷乡僻壤，莫敢违者？很多人不明白或者错误理解太史公的春秋笔法。他贬低商鞅，实际上是在夸赞他执法刚严、不容私情的法治精神。

让我们拿孔子成圣的标志做比较。《史记·孔子世家》记载：

孔子适郑，与弟子相失，孔子独立郭东门。郑人或谓子贡曰："东门有人，其颡似尧，其项类皋陶，其肩类子产，然自腰以下不及禹三寸，累累若丧家之狗。"子贡以实告孔子。孔子欣然笑曰："形状，末也。而谓似

第五章　商鞅：作法自毙的大秦帝国奠基人

丧家之狗，然哉！然哉！"

孔子到郑国去，和学生们走散了。孔子独自站在郭东门。有个郑国人对子贡说："东门口有个人。他的额头像尧，他的后颈像皋陶，他的肩膀像子产，但是腰部以下不到大禹的三寸，憔悴颓废得像失去主人的狗。"子贡将实际情况告诉了孔子。孔子欣然笑了，说："形容我的样子，是细枝末节的小事。然而，说我像失去主人的狗，确实是这样啊！确实是这样啊！"

"丧家狗"表面上是在骂孔子，实际上是在表扬他，赞扬他的精神。若司马迁刻意弘扬孔子，为何不为尊者讳？这就是太史公的春秋笔法——明贬实褒，褒中有贬。

商鞅在边驿宾舍求宿被拒，是他思想的胜利，我们称为"法家之成"，法家最厉害的地方就体现在这个细节上。所以，商鞅倒下了，大秦帝国站起来。他付出了血的代价，是法家成圣的祭礼，也是商鞅作为法家政治人物隆重的葬礼。若有忠天下之心，何处不是埋骨处？孔子周游列国，也是危机四伏，但他"君子无终日之间违仁，有杀身以成仁"，有好几次差点付出生命的代价，但真正的儒者活下来了，思想光辉光耀于天地之间。

商鞅逃离秦国，至魏。魏人怨恨他欺骗公子卬，打败魏军，拒绝收留。魏人说："商鞅，是秦国的逃犯，秦国强大，逃犯跑到魏国来，不送还，不行。"于是，魏国将商鞅赶回秦国。这也是一种作法自毙。前之恶因，后必收恶果，善有善报，恶有恶报之谓也。《吕氏春秋·无义》发出感慨："故义者，百事之始也，万利之本也，中智之所不及也。不及则不知，不知趋利。趋利固不可必也。"万事皆以义为本，痴愚不肖之徒根本不明白。如果逆义以行，虽然有利可求，但未必真正能得到。

商鞅走投无路，又潜逃回封地，和部属发动邑地中的士兵，向北攻击郑国谋求生路。秦国出兵攻打，把他杀死在郑国渑池。商鞅被杀，朝中贵族公卿仍不解恨。于是，秦惠文王下令车裂商鞅尸体，弃市示众，诏令说："莫学商鞅谋反！"商鞅全家也被诛杀。

秦惠文王说不要学商鞅谋反，有多层意思。第一，商鞅之死的原因是谋反，是对公子虔一班贵族的诬陷的答复，也表明这么干于法有据。第二，商鞅之死是咎由自取，怨不得我嬴驷。第三，商鞅是谋反而死，非其法律不良善。这也为秦国继续执行商鞅变法路线留下了余地。

商鞅变法成功，是因为得到秦孝公的全力支持。楚悼王用吴起，大刀阔斧变法，可是变法刚见成效，尚未深入人心，百姓受惠不彰，权贵既得利益者怨气正炽，悼王、吴起便归了天，国家随即人亡政息。秦则不同，商鞅变法之利彰明，百姓甘之如饴。新型地主阶层形成，替代了原来的世家大族，成为新兴的政治力量。百姓也通过勤劳得以致富，国家收复河西之地，报仇雪恨。所以，秦国"人亡而政不息"。历史就这么吊诡，天下大势竟决于一人之安危。秦惠文王继承王位时才十九岁，根基不稳，肯定要耍政治平衡术。商鞅不杀，旧贵族不干，他压不住阵脚。他杀了商鞅，缓和局势，再展宏图。

因此，在与赵良对话时，商鞅的命运已定。若商鞅继承王位，旧贵族能饶过他吗？商鞅想告老还乡，远离是非，更加危险。吕不韦权倾朝野，权势超过商鞅，告老还乡后即如虎落平川，凤凰落地，生杀之权拱手而让于人，乞求自保，岂可得乎？商鞅倾尽生命中最后的胆略，率领部属攻打郑国，想求一容身之地。惜乎，秦国在其治下已强大，成了东方诸侯闻风丧胆的虎狼之国，商鞅纵然打下郑国，又焉能逃脱命运的安排？

秦惠文王车裂商鞅后，在法治路线上没有丝毫退让，在已经奠定国力的基础上，与东方诸侯国斗法，步步进逼。到秦昭王嬴稷时，大秦帝国真正实现了崛起，才有了开篇提到的"荀子与应侯"的对话。

《史记·商君列传》结尾评价说："商君，他天性就是个残忍少恩的人，考察他当初用帝王之道游说孝公，凭借着虚饰浮说，不是凭他自身的贤德而得用。再说凭靠着国君宠臣景监的推荐，一旦被任用掌权，就刑罚公子虔，欺骗魏将公子卬，不听赵良的规劝，足以证明商君残忍少恩了。我曾经读过商君开塞耕战的书籍，其内容和他本身的作为相类似。但最终还是在秦国落得个谋反的恶名，真是前有车，后有辙啊！"

第五章　商鞅：作法自毙的大秦帝国奠基人

所以，商鞅自进入秦之日起，大力推行法治，改法为律，制定了事无巨细的秦律，规范社会的同时也在规范自己。处罚别人的同时，也在自掘坟墓。但不可否认，商鞅一人倒下，强大的秦帝国站了起来，中国迎来了两千年文明史上的最大变局。

若将商鞅和李悝、吴起相比，李、吴好比是法家童年的歌声，虽有成长，但还稚嫩。到了商鞅变法时，法家已是身强力壮的青年人了。商鞅之法治，是从历史的经验中来，只是感觉变法一定会国强兵壮。但"法"的理论基础尚不坚实。法治得靠蛮力强硬推展。商鞅自身都不能从理论上论证法律的合理性，因此，不能成为人们自觉的行为。要等到申不害、慎到，导入道家、名家学说，建立法理学基础，使遵纪守法成为"道"的自然运化，人遵守法律就是遵道而行，法律才有了坚实的理论基础。

商鞅对待秦国和自己的职守到底如何评价，看看帮助秦昭襄王横扫天下的应侯范雎的说法："夫公孙鞅事孝公，极身毋二，尽公不还私，信赏罚以致治，竭智能，示情素，蒙怨咎，欺旧交，虏魏公子卬，卒为秦禽将，破敌军，攘地千里……"（《战国策·秦策三》）商鞅的功过是非，尽在于此。

商鞅的收尸人尸佼

商鞅之死，牵扯出中国历史上一个有名的人物尸子（约前390—约前330）。尸子名佼，与商鞅同年出生，但寿长八年。

今陕西合阳县城东二十三公里处的洽川镇风景名胜区秦驿山脚下，有商君墓。据传，商鞅被车裂弃市后，有一个叫尸佼的门客，趁夜收拾商鞅尸骨，悄悄逃走，计划将商鞅的遗骨运回卫国故里安葬。尸佼到达秦驿山下德丰渡口，因秦兵盘查甚严，无出境证件，又怕犯法连坐，只得以实相告。关驿守卫闻听，连夜上报咸阳请求处置。尸佼恐惧，便设计逃遁至蜀，流落荒村，潜心于学问。

尸佼是个哲学家。《汉书·艺文志》杂家有"《尸子》二十篇"，班固注：

"名佼，鲁人，秦相商君师之。鞅死，佼逃入蜀。"班固认为尸佼是鲁人，秦相商鞅之师。商鞅被刑，尸佼逃遁入蜀。《史记·孟子荀卿列传》记载："楚有尸子、长卢；阿之吁子焉。自如孟子至于吁子，世多有其书，故不论其传云。"太史公记载说尸子是楚国人，而且他的书存世很广，所以不再多引论。结果，他老人家一省略，《尸子》的很多内容就失传了。

南朝宋代裴骃的《史记集解》说："刘向《别录》，楚有尸子，疑谓其在蜀。今按：《尸子》书，晋人也，名佼，秦相卫鞅客也。鞅谋事画计，立法理民，未尝不与佼规之也。商君被刑，佼恐并诛，乃亡逃入蜀。自为造此二十篇书，又六万余言。卒，因葬蜀。"

由此可知，尸佼的人生轨迹大约分为三个阶段。尸佼早期在魏。时魏改革受阻，吴起、商鞅出走，晋人楚用、晋人秦用者甚多，商鞅与尸佼可能于这个时期在魏旧都安邑相识，并于此时入秦。尸佼中期在秦，与商鞅密切合作。此时商鞅受秦孝公重用，于公元前360年到秦，执政二十年，尸佼为其"谋事画计，立法理民"，提供重要的决策意见，为秦国富强贡献智谋。尸佼后期在蜀。秦孝公二十四年（前338），秦惠文王处死商鞅，尸佼惧恐株连，逃遁蜀地，著书立说，又生活了近十年。蜀地须待司马错于公元前316年力主伐蜀并亲率大军前往，获胜后才归属秦国，此时尸佼已死去十四年了。

如果说尸佼是晋国人这个判断成立，那么，晋人实际上就是魏国人，其时晋已三分，而魏沿晋称。《穀梁传》两次引用尸子的话，说明他也治学《春秋》，正名以治，为法家师，和吴起同类。钱穆综合考据后，判断说："今如据同时学风以为推测，则尸子之学，固当与李悝、吴起、商鞅为一脉耳。"意思是，尸子学问一定与李悝、吴起、商鞅一脉相传，他们都是法家人物。

尸佼思想融汇百家之学，杂糅而成一家言。《汉书》将《尸子》列入杂家，《宋史》改为儒家，孙星衍又称《尸子》为杂家，表明尸子思想以"道"为思想核心，凡有助于治乱反正者、养德教仁者，皆融入汇通，以正纲纪，经人伦。孙星衍云："尸子以为孔子贵公与诸子并论，不亦失言乎。"尸佼将孔子之学视为二家之言，从学理上讲并无失言，因为孔子"大成"，本兼儒、墨、法思想。班固说杂家就是"兼儒墨，合名法，知国体之有此，见王治之无不贯，此其所长也"。可以说，尸佼于世界观上任道德，于人生教育上任儒礼，于政治上任法治。尸佼思想之"杂"基于三晋文化，兼糅外来思想，行之于实践而成。他对仁义做新解，如"以财为仁，以力为义"，虽非孔孟原义，但显然有历史唯物主义的思考。没有"财"与"力"，空喊"仁义"，绝无任何价值。他欣赏墨子"尚贤""罢不肖"之说，强调任人唯贤，解决现实问题，提出"不以贵势为仪"的原则。他对"正名"亦有独到见解，说："治天下之要在于正名，正名去伪。"他主张名与实统一，"名，实也"。他的这些思想与吴起有相似处，于商鞅"先论王道，后言霸道，好刑名之学"的思想路线也无罅隙，是刑名之学的理论基础。所以，商鞅入魏，能交上尸佼这样的朋友，乃是人生之福也。

尸佼最为知名的，是他的"宇宙观"。他说："四方上下曰宇，往古来今曰宙。"这是迄今在中国典籍中找到的与现代"时空"概念对应得最恰当的词。

六、商鞅思想简论

韩非子认为商鞅的治国理念是"法"："法者，宪令著于官府，刑罚必于民心，赏存乎慎法，而罚加乎奸令者也。此臣之所师也。"以法律为准绳，依法办事，壹赏壹刑决于法。因此，商鞅是我国法家思想中"缘法而治"的代表人物，其思想是法家思想的重要组成部分。

认识法家思想须了解宏观背景

我们当代社会对商鞅的解读，很多是不了解当时的社会背景，望文生义，得出不少荒谬的结论。例如，动辄说他"地主阶级""封建地主阶级"谋利益，是封建领主的代言人。其实，这都不符合历史事实。商鞅变法，打倒的、推翻的就是"封建地主""封建家族"，商鞅怎么推翻了"封建"又建立新的"封建"呢？商鞅变法就是为了将贵族的利益和平民均等化，在法律面前人人平等，王子犯法与庶民同罪（如太子嬴驷乱说话，其师、傅代为受刑）等。这些法令推动了封建解体和郡县制的孕育。再如商鞅说："民弱国强，国强民弱，故有道之国，务在弱民。"有些学者解读为，国家的目的是削弱百姓。百姓软弱了，国家就强大了。从而引起百姓对帝王的愤恨。其实商鞅的本意是，要削弱卿、大夫、世袭贵族的权力，削弱其经济力量、军事力量，国君容易调遣使唤。"民"在商鞅那个时代不是"人民""百姓"的代名词，不是士、工、商，而是中间的世卿大族、地方豪强。只有这样认识，才能理解吴起、商鞅、申不害等法家人物燔诗书、取消世卿世禄制度、唯军功论等政治作为。

商鞅等法家人物旨在打造君王集权或者集权专制。孔子说"天下礼崩乐坏""八佾舞于庭，是可忍，孰不可忍"，原因就是，诸侯君主的权力越来越大，天子不能制；卿、大夫、分封家族权力越来越大，诸侯王不能制；臣弑君，子弑父，诸侯国相互攻伐，没有说理的地方。因此，要想国内长治久安，必须削弱"封建贵族""封疆大臣"的势力，所以商鞅推行"开阡陌封疆"，让贵族乖乖交出土地、军队、附庸人等，统一归国君指挥调遣，只有这样，才能形成合力，来之能战、战之能胜，攻防自如。这是比较符合历史实情的解释。

这牵扯语义学的问题。一个名词经过时代变迁，古今意义往往不同。若我们直译，以现代人的观念理解古人，则名实相离，误解古人的行为与思想。所以，我们强调重现古代的风貌，在古人的环境中认识其言行，有了准确的理解，再用现代语言表达，就会尽可能避免名实相离的问题。

天下失信，重建道德权威和集权体制势在必行

就商鞅生活的宏观历史背景而言，要认识到，春秋末期到战国时期，天下普遍失信，相互不信任，尊严靠拳头，生存靠打拼，诵经读诗、仁义文章是遮羞布而已。笔者在绪论中提出地缘政治的"台球理论"，说明天下就好像一盘台球，一个外力打击之下，各个球之间相互冲撞，相互攻伐，小国一个个被消

灭，大国一个个被削弱。封建解体了，就得代之以新的天下管控体制。历史选择了郡县制，郡县制的核心是"中央集权"，没有集权就没有郡县，没有郡县也就没有集权。中央集权，必须有官僚制度，行政人才代表国君管理国家和地方事务。商鞅为构建国家力量不遗余力，对君王忠心耿耿，看不出他对封建地主有任何照顾。所以，商鞅不是封建地主的代言人，他为了富国强兵而贬抑豪强，动辄夺爵发边，法律之下平等相待，他何曾有半点儿照顾地主阶级。他反倒得罪了权贵，得罪了既得利益集团，地主阶级诬陷他谋反，将他车裂。

商鞅变法产生了两种土地所有者，一种是秦国贵族、军功贵族仍拥有大片土地，另一种是自耕农，耕种国君所拥有的土地。有些土地是国君鼓励开垦的，开垦后归开垦者所有。有些是成熟的土地，国君通过官府授田给农民耕种，缴纳田租。商鞅通过系列操作，打击了传统贵族所有制，鼓励了自耕农的发展，使平民阶级登上秦国的历史舞台，这是秦帝国拥有强大生命力的根本原因。如果说商鞅是新兴地主的拥护者，也许不错，但我们放在当时的历史背景下，这些新兴地主其实曾经是普通百姓、奴隶，他们在政府的号召下，要么战场杀敌立功获得土地，要么披星戴月，举家在不毛之地上垦荒，获得土地使用权和所有权。这也是当时社会进步的动力之一。

商鞅"改法为律"

夏、商、周三代的法律多用"刑"来表示，如《吕刑》。李悝著《法经》后，各诸侯国多用"法"表示。而秦国经过商鞅变法后，改法为律，以"秦律"名扬。法，即《法经》，律，盖《秦律》。1975年出土的《睡虎地秦墓竹简》，共202简，简长27.5厘米，宽0.6厘米，包括秦律《田律》《厩苑律》《仓律》《金布律》《关市律》《工律》《工人程》《均工》《徭律》《司空》《置吏律》《效》《军爵律》《传食律》《行书》《内史杂》《尉杂》《属邦》等18种。律名或其简称写于每条律文尾端，内容涉及农业、仓库、货币、贸易、徭役、置吏、军爵、手工业等方面。每种律文均为摘录。从继承性上看，说"改法为律"，不如说"依法增律",借鉴《法经》的精神,进一步细化为"律"。由于规定比较详细,再加上《法律答问》、司法解释,各级官员、法官、百姓都可据此判断刑罚,不必请示,以律文为准,一断于法。这显然是和秦国郡县体制和官僚体制的发展分不开的。

商鞅"改法为律"的说法,最早源于《唐律疏议》:"周衰刑重,战国异制,魏文侯师于李悝,集诸国刑典,造《法经》六篇,一盗法,二贼法,三囚法,四捕法,五杂法,六具法。商鞅传授,改法为律。汉相萧何,更加悝所造户、兴、厩三篇,谓之九章之律。"《唐律疏议》系唐太尉长孙无忌、刑部尚书唐临等奉诏集体编撰的官修文献,有权威性。《唐六典》也说:"商鞅传之,改法为律以相秦。"表明商鞅"改法为律"的前后继承性。

"改法为律"是不是商鞅的杰作,学术界因文献不足仍存争议。"改法为律"是唐人提出的,唐以前无明确的文献记载。1975年《睡虎地秦墓竹简》出土后,人们发现,秦律是一个庞大的体系,史书所说秦律"繁如秋荼,密如凝脂","诸产得宜,皆有法式",真实不虚。反对此说法的,拿不出可信的证据。

商鞅"改法为律",起于何时?大概在《垦草令》之后,第二次变法时,即以"律"名推出各项管理制度。据1980年在四川青川县郝家坪出土的战国秦墓木牍载,秦武王二年(前309),王命丞相"修《为田律》",表明《为田律》早已经颁行,需要根据新情况修订。这是秦律存在的最早的可靠记载。有专家根据《睡虎地秦墓竹简》的《法律答问》中的律文推断,商鞅"改法为律",应该发生在秦惠文王称王(公元前324年)之前,此时距离商鞅车裂十五年,距离商鞅第二次变法三十三年。因此,改法为律发生在商鞅变法期间无疑。从"律"的内容和功能看,推断商鞅在《垦草令》实行三年后,第一次大规模变法时,即推出系列的"律令"。

商鞅为何改法为律,原因很多。

第一,从刑到法,再到律、令、事的发展轨迹可知,越来越复杂的社会结构和社会实践,需要越来越细致的依托于强制性力量的"规定",以管控调和不同事业、人群的社会活动。早期的刑法、审案决狱,都掌握在贵族手中,杀伐秘而不宣，刑法是贵族阶层的私器。后来，子产铸刑鼎和宣子铸刑书，都公开挑明，使法向公开透明方向发展。商鞅不但要公开刑罚，还进一步规定刑罚的细则，每项事业都有凭依，并布告天下，可操作性更强。法官断案，官员行事，百姓生活都有客观、明确的标准。显然，这是商鞅变法的一大进步事项。

第二，律的本义为"音律"，出自十二律吕，一年十二个月，每个月对应一种节候天气，对应一种乐器，发出独特声音，而且声律之间存在着固定的"比率"关系。司马迁《律书》中说："王者制事立法，物度轨则，壹禀于六律，六律为万事根本焉。其于兵械尤所重，故云'望敌知吉凶，闻声效胜负'，百王不易之道也。"由此观之，"律"是大自然的节律，自然的运化在人世间的呈现，是一种天人合一的呈现。或者说，表现了一种天人和谐的内在要求。

笔者以为，这是商鞅改法为律的"法理学"依据。它是自然的节奏，所以人们必须遵守。遵守之，则符合天地之道。同时，商鞅进一步借鉴"音律"的"比率"观念，将刑罚详细规定，不同犯刑规定有不同的罚则，罪与罪之间的惩罚也遵循一定的比例关系。

第三，律在军事上应用尤重。甲骨文的"律"是"彳"和"又"的合体，表示"手持鼓槌"，敲击的节奏即是"律"，用在军事上则表示军队进退缓急的信号。

商鞅变法最大的特点是军国体制，把百姓编列入伍，上马作战、下马耕田，全国上下以军法治国，官吏也像在军队中一般，严格遵循各项管理规定。很多地方官僚都是军人出身，很容易将军纪移植到行政管理中，实现军政一体化管理。

第四，秦国有"法律传统"。据专家考证，秦之先为皋陶，皋陶是我国最早制定刑法的人物。秦人后来在周平王东迁后留在岐山以西，和戎狄之人杂处，也变得任侠好斗。但秦人为生存，打出一片天地，也重视军事力量建设，以军纪、军法为核心组织社会力量。由此，秦人有"法律"的天然基因。商鞅"改法为律"，大概和秦人的文化传统有很大关系。

商鞅法家思想精要

根据《商君书》，将商鞅法家思想的精要总结如下。

第一，全心发展社会生产力，积累社会财富。商鞅变法，《垦草令》开头，凡开荒的，田地归个人所有。在蛮荒之地，未开化之地，能有自己的一片田地，哪个平头百姓、寄人篱下的奴隶不拼命干？这叫解放生产力。由于允许土地私有及买卖，社会便产生了"地主阶级"，他们不是"封建"的产物，而是封建体制下井田制失效后新型的经济生产方式和所有权方式。三年后，商鞅在第一阶段成功的基础上，又加码发展生产力，直接废井田，开阡陌封疆，平赋税。在井田制度下，土地属于封君、封臣，各地封疆大臣、卿、大夫、亲戚子弟等都有自己的封地，收获归自己所有，并不上交国君。打仗时，按田亩贡献军队、人员即可。新土地所有制条件下，能者多劳多得，又允许土地私有，就调动了庶民的生产积极性，对封建地主却是巨大打击。特别是，取消了世卿世禄制度，无军功不得进爵，相当于剥夺了一切不劳而获者的权力。不管什么爵位，再世夺爵，孙子辈必须建功立业，不然没饭吃。抑制商业，禁游宦，都把他们赶到农田里。然后通过什伍之法，编入军队，形成耕战模式，全民皆农，全民皆兵。商鞅法家思想的第一核心是拼命发展生产力，积累社会财富，通过赋税制度收集到国君手中。

第二，提高平民社会地位，给他们上升的通道，打击封建贵族势力，抑制豪强，集权于中央，使国君有财富权力、军事权力、法律权力、文化权力、道德权力，统一思想和意志，一切的权力归君王，形成战斗合力。这是商鞅思想的第二个关键点。

中国两千多年的中央集权制度，就是从商鞅开始的。只有认识了商鞅，才能正确解读中国以后的历史脉络。我们说春秋乱象在于社会中间阶层力量没有掣肘，如鲁国的三桓之乱。在西周封建初期，各诸侯国空间广阔，人口稀少，军事占领只能在城市周边，各诸侯国就自行分封，把田野分割给亲族子弟，手下大臣，层层分封，形成"家、国、天下"的空间管控格局。当"家"坐大，

"天下"（周天子）也管不了，"国"就得自行采取措施管"家"，怎么管？商鞅就取消世卿世禄，无军功不得进爵，犯法者夺爵，土地充公。如此，再把侵略夺得的土地、封地之外的土地拼凑起来，建立"县"，直接归国君管理和收税。旧族豪强被打压，君王权力膨胀。平民通过自己的劳动和勇武，能在社会中向上流动，能当官，能出将入相（如商鞅、魏冉、白起、公孙衍、张仪、范雎等）。国家可以不拘一格用人才。

第三，法的绝对权威性和执行的绝对权威性，法律面前人人平等。法，是否有效，要看立法权和执法力。秦孝公对商鞅这一套深信不疑，对商鞅不遗余力地支持，在执行层也是不顾亲情地支持，说商鞅刻薄寡恩，莫如说秦孝公残忍。太子反对迁都，就因言获罪，他的师、傅被绳之以法。公子虔功劳如此大，犯了法，竟然被割掉鼻子。甘龙、杜挚都是国相级的人物，说废就废。秦孝公不说情，不特赦，执法严厉。在刑和赏方面，商鞅主张以刑去刑，刑禁为主，奖赏为辅，留下很多后遗症。

第四，一切以现实功利为目标，不考虑仁义道德、礼义廉耻。所以，从思想上，商鞅是排斥儒术的，他焚烧诗书，禁游宦，逐奸巧，为达到目的可以将起码的道德拿来做交易。他与魏公子卬对阵，竟然以好朋友名义邀请对方会盟，饮酒和好，引兵而还。商鞅趁机抓住公子卬，攻其军。仗虽然胜了，却输了道义。这是商鞅法家思想的缺陷。吴起、李斯、韩非等人皆不得良死，都与法家思想的急功近利、为利害仁有关。

第五，锐意改革派，革除旧制度，焕发新生机，打出新天下。

关于《商君书·去强第四》

"去强"有多重含义，核心就是废除、剪除各种阻碍社会变革的因素，啃硬骨头。例如，世卿世禄制度，阻碍了社会总财富的生产，限制了君主专制，甚至处处和国君对抗，这股势力就是"强"，必须强力剪除，防患于未然。为达此目的，必须以"弱"对冲，相对于"豪强"，"弱"就是庶民黎首，要把平民百姓解放出来，通过《垦草令》、军功爵位制调动其积极性，为国君所用，从而加强君主专制。君主专制以法律的形式表达，强制执行。如此就摆脱了世家大族对政权的控制，达到"去强"的目的。

第一，强国论，就是"去强"而得强。去贵族、豪强之强，得国君集权之强，是社会组织、管理的一大变革。

以强去强者，弱；以弱去强者，强。国为善，奸必多。国富而贫治，曰重富，重富者强；国贫而富治，曰重贫，重贫者弱。兵行敌所不敢行，强；事兴敌所羞为，利。主贵多变，国贵少变。国多物，削；主少物，强。千乘之国守千物者削。战事兵用曰强，战乱兵息而国削。

不了解商鞅的思想，这些话的确难理解。一个人本来很富裕，很得势，称霸一方，让他们去治理同样不听话、不听君主招呼的"强民"，结果会怎样？肯定是强强勾结，狼狈为奸，钻法律的空子，反过来算计"君主"，让"强民"的势力更强大，相对而言，君主的权力被削弱了。为此，依法削弱"强民"，国君反而会强大。前者是人治，后者是法治。国家好心劝善，大讲仁义道德，反而奸诈小民作乱。国家虽富强，若按穷国治理（勤俭节约），国家会富上加富，变得更加强大。国贫却以富国治理（奢靡浪费），就叫穷上加穷，国家会被进一步削弱。军队敢为敌所不敢，国家就强；敢为敌人所羞为，则有利大。

商鞅力主简政放权，说国君管天管地，什么事都管，肯定管不好，力量一定会削弱。国君政务精简，重点突出，国家就会富强。管多，官多设，行政负担重，百姓不堪其扰，哪有心思发展经济？国君要清心寡欲，突出工作重点，国家就会强大。如此种种，现代管理学、经济学的理论原则皆有结论。

第二，虱害之根在国君一人，去根之方在法治。商鞅认为，虱，就是寄生虫，是爬在国家肌体疯狂吸血的害虫。农、商、官乃三种职业，会生六种虱害：第一是"岁"虱，农民游惰，使年岁歉收；第二是"食"虱，农民不务本业，白吃粮米；第三是"美"虱，商人贩卖华美之物以彰奢靡之风；第四是"好"

虱，即商人买卖稀奇物品；第五是"志"虱，指官吏营私舞弊；第六是"行"虱，官吏办事消极怠慢。虱害根源在国君，国君只用政令治理国家，就会有虱害发生。若用法治，则虱害自除。国强而不去战争，毒素灌输于国内，礼乐虱害自生。国家兴战，毒素输于国外，内无礼乐虱害。如此国必强。任用有功者，国家就强大。虱害生，国家就削弱。

第三，"仁义治国"，国必弱，法律治国，国必强。

> 国有礼、有乐、有诗、有书、有善、有修、有孝、有弟、有廉、有辨。国有十者，上无使战，必削至亡；国无十者，上有使战，必兴至王。国以善民治奸民者，必乱至削；国以奸民治善民者，必治至强。国用诗、书、礼、乐、孝、弟、善、修治者，敌至，必削国；不至，必贫国。不用八者治，敌不敢至；虽至，必却；兴兵而伐，必取；取，必能有之；按兵而不攻，必富。国好力，曰以难攻；国好言，曰以易攻。国以难攻者，起一得十；国以易攻者，出十亡百。

在商鞅眼中，纯粹儒家所主张，如礼、乐、诗、书、善、修（身）、孝（悌）、廉、辨（论），都会削弱国家。在这种环境中熏养的人才，个个如绵羊，温文尔雅。千羊之群，莫敌一虎，游鱼万尾，恐惧幼鲨。当国之用，尔雅之士，不及愚夫。所以，商鞅认为，国家用所谓善良的人来统治，国家就一定会动乱直至被削弱；国家用提倡改革的人来统治，就一定会治理好，直至强大。国家采用《礼》《乐》《诗》《书》等儒家思想来治理，敌人来了，国家一定被削弱；敌人不来入侵，国家也一定会穷。不采用这八种儒家思想治理国家，敌人就不敢来入侵，即使来了也会被打退。国家尚武，则敌人不敢谋攻；国家喜欢花言巧语，辩东论西，则容易受祸。国家难攻，则一以顶十；国家易攻，派兵十人，则亡一百。

"国以善民治奸民者，必乱至削；国以奸民治善民者，必治至强。"此语让儒家对法家思想痛恨至极。其实，商鞅思想和孔子思想有异曲同工之妙。孔子说"乡愿，德之贼也"，乡愿就是老好人，办事无原则，就是典型的"善民"，用这些人治理国家，国家早晚会衰败。因此，治理国家必用有原则之人，拒绝老好人。要从"性本恶"出发制定法律规章，严厉对付奸民，才能使其弃恶从善，张美弃恶。

第四，重罚慎赏，使民不敢为非，贫富之变，国自兴旺。重罚轻赏，则百姓爱君，重赏轻罚，则百姓离心。如果对违法犯罪轻罚，百姓不但轻君，还巧诈效仿谋利。若赏罚得当，胆小鬼亦成勇士。如果赏罚不当，勇士会变敌人，反戈攻击。治国能令贫者富，富者贫，则国多力，多力者王。王者刑九赏一，强国刑七赏三，削国刑五赏五。说明，国家如何运用刑赏，达到强国的目标。

第五，统一法令、政令，步调一致，国家就会强大。

国作壹一岁，十岁强；作壹十岁，百岁强；作壹百岁，千岁强。千岁强者王。威，以一取十，以声以实，故能为威者王。能生不能杀，曰自攻之国，必削；能生能杀，曰攻敌之国，必强。故攻官、攻力、攻敌，国用其二、舍其一，必强；令用三者，威，必王。

意思是，国家统一法令、政令，若能持续一年，则会强大十年；若能持续十年，则会百年强大；统一法令、政令一百年，则千年强大。千年强大的才能算得上王者。王者有威严，威严产生力量。能积蓄实力却不能使用实力的国家叫作自己攻打自己的国家，这样的国家一定会削弱；能积蓄实力也能使用实力的叫作攻打敌国的国家，这样的国家一定强大。因此，一个强大的国家必须善于进攻，通过攻取敌人强大自身。其密码就在于统一思想、法令和行动，形成合力。

第六，国强贵速不贵久。国家在小范围内能决断政务的就强大，在大范围内决断的就削弱。官员办事、审批文件必须快速，不得拖延。白天干不完的，晚上加班干，不能过夜，允许过夜办理政务的，国必削。因为过夜办理容易导致腐败，腐败是国家强盛的蛀虫。这对国君提出了较高的要求，既要集权，又要有决断的能力。

第七，编户齐民，用统计数据治国人，不论生死都必须登记，以掌握人口就业状态。目的是增加税收，减少吃闲饭人口数量。国家应该重视囤积粮食，甚于黄金。有了粮食，黄金自然输入。没有粮食，囤积黄金也无用。强国要统计十三个项目：境内粮仓数、金库数，壮年男子、半年女子的数目，老人、体弱者数目，官吏、士人的数目，靠游说吃饭的人数，商人的数目，马、牛、喂牲口饲料的数目。想要使国家强大，不知道国家的这十三个数目，土地即使肥沃，人民虽然众多，国家也难免越来越弱，直到被别国分割。

第八，上下同欲者胜，民无怨于上者强。上下一条心，国家就会强大。百姓对上无怨言，无腹诽，那么，攻则取，战则胜。无战事，则务力耕种，有战事则按军功刑赏，这样的国家就强盛。

总之，《商君书·去强第四》的本质是设定强国的条件，据此制定强国方略，为国君强国之梦开药方。其核心是依法治国，把国君的意志转变为法的规定，布告天下，奉行不悖。

第六章
申不害：以术治国存弱韩

《史记·老子韩非列传》载:"申不害者,京人也,故郑之贱臣。学术以干韩昭侯,昭侯用为相。内修政教,外应诸侯,十五年。终申子之身,国治兵强,无侵韩者。申子之学本于黄老而主刑名。著书二篇,号曰《申子》。"

申不害(约前385—前337),郑国京(今荥阳东南十公里襄城,曾为郑国都城)人,郑为韩所灭,申不害成了韩国人。申不害的学术以黄老之术为本,主张刑名治国,为韩昭侯所用,为相长达十五年。

太史公司马迁将申不害放在《老子韩非列传》中,是因为申不害上承黄老思想,下对法家治国思想有新发展,以术治国,简称"术治"。韩非子将法家分为法、术、势三派。申不害是术治的代表人物。术治,用今天的话说,就是国君管制臣僚的权术和方法。

公元前363年,韩懿侯病卒,韩武即位,是为韩昭侯。公元前355年,韩昭侯拜申不害为相。公元前356年,商鞅开始第一次变法。五年之后,商鞅第二次变法,秦国速强。而申不害只能辅弼韩昭侯,使用权术宰制臣僚,操弄执政团队。

是什么原因将申不害推向高位?他通过什么手段处理和韩昭侯的关系,获得信任,得到重用?术治到底是怎样的治国理政方术?其思想与法家的其他思想有何不同?且让我们通过历史背景宏观考察申不害的历史宿命。

一、关于韩国

韩国史有两大要素与法家思想有关。

第一,韩脱胎于晋。三家分晋后,韩始列为诸侯。晋政治上最大的特点是

"国无公族，卿族执政"。自晋文公始，公子、公孙全部流放在外，不与国政。卿族公子和庶出公子填补执政团队真空，异姓大臣掌权当国，政由大夫，国君和执政大臣之间矛盾多发，有时难以调和。如何建立健康的君臣关系，凝聚力量，富国强兵，争权天下，是国君必须考虑的问题。

第二，韩得列诸侯，从平阳（临汾）迁都至阳翟（今河南禹州），然后灭郑，迁都新郑（今河南新郑），与郑迁移路线相似，均居于天下之中。从发展经济的角度看，此为天下通衢，是绝佳区位。天下太平之时，自然是繁荣之境。但天下动荡之时，天下中央最遭殃，哪一方作难，中心之地都无法置身事外。郑在庄公时期始霸诸侯，但随国都东迁，动荡与否不由己，凡会盟皆难脱干系，征伐讨战也不能置身事外，以致始终不能强大。郑国出了个政治家子产，力图振衰起敝，挽社稷于既倒，但也不能摆脱被倾轧的阴霾。韩步郑后尘，入主中原，日子也不会好过。子产所处的时代，是晋楚争霸，南北交相侵。申不害所处的形势，恰逢魏（梁）惠王妄图称霸天下，秦迅速崛起，齐在齐威王的治下，兵强马壮。各方力量分合不定，天下棋盘，一子动而全盘惊扰。受制于天下的宏观格局，以及由此产生的地缘压力和尔虞我诈，诸侯要富国强兵，内修政教，外应诸侯，否则很快就被并吞。韩灭郑之后，万万想不到，魏在嫉妒觊觎，秦也早已虎视眈眈。申不害就是在这样的格局中，也唯有在这样的格局中，获得重用，得以施展拳脚，成为一代术治宗师。

韩厥建立韩氏根基

据《史记·韩世家》，韩之先与周同姓姬。晋曲沃的桓、庄之族（小宗）经过六十七年的血拼，终于打败"翼城"晋大宗，成为晋嫡系，被周天子封为诸侯（晋武公）。晋武公的叔父（姬万）韩武子因在正宗地位争夺中劳苦功高，被封在韩原（今陕西韩城），后代为"韩氏"。在晋献公诛灭群公子的事件中，韩氏不参与群公子阴谋，基本没有受到牵连，反而因支持公室受到表彰。韩氏在晋武公、晋献公、晋惠公三朝都很得势，地位较高，为曲沃政权的积极追随者。公元前636年，晋文公得立，大力提拔国中各大族以巩固政权。韩万之孙韩简已死，曾孙韩舆资历浅，故韩氏一时走入低谷。韩舆又早逝，其子韩厥年幼，寄身赵氏为赵衰家臣。幸亏赵衰仁慈宽厚，和晋文公是连襟，又是翁婿，被强行提拔当上了五军十卿的首领正卿。其子赵盾继承了赵衰的衣钵，三十岁接掌晋执政正卿。韩厥虽为家臣，毕竟近水楼台，是韩氏发展成为诸侯国之一的重大因缘。韩厥步步高升，一靠赵家的提携，二靠能力。

河曲之战（公元前615年），韩厥在二十余岁就任三军司马，主掌军队管理和军事执法，以纪律严明、刚正不阿为人称道。晋灵公六年（前615），秦康公以被晋欺骗为由，发兵攻打晋。赵盾率兵反击，战于河曲。赵盾的亲信御戎（车夫）驾车在队伍中乱跑，韩厥不念私情，将他斩首示众。赵盾不但不责备，反而认为他将来定有大出息。韩厥不仅在赵盾权倾朝野的二十年间一直稳居三军司马一职，还受到历任正卿郤缺、荀林父、士会、郤克的认可和尊重。

鞌（今山东济南长清）之战（公元前598年）是韩厥进入高层，最终任执政卿的关键战役。这一仗的起因奇特。郤克驼背，出使齐，被齐顷公的母亲嘲笑。他发誓要洗刷耻辱，回晋就欲攻齐，晋景公认为他公报私仇，拒绝了。后来，齐欺负鲁和卫，两国请求晋发兵救援，晋才找到光明正大的理由。

战斗打响，作为军事执法官的韩厥发现了齐顷公的战车，驱车紧追不放，在御戎和车右被射杀的情况下，仍单独追击，在"华不注"山（今济南华山）追上顷公。随从逢丑父急中生智，和齐顷公换了衣服。两人被活捉，逢丑父故意命令齐顷公下车找水，齐顷公得逃走。韩厥抓到齐顷公的替身，功劳甚巨。

于是，晋景公决定在原来六军六卿的基础上扩军，增加新六军和新六卿，成为八军八卿的编制。韩厥被任命为新中军将，在执政卿中排行第七，实现了质的飞跃。有行政权，还有军权，军政合一，权力很大。

军政大权有八卿把持，晋景公反而感到威胁。他为摆脱赵氏的势力，决定迁都到"翟"，韩厥表示不妥，认为应该迁都到新田（今山西侯马，又称新绛），说这个地方土地肥沃，气候宜人，汾、浍交汇，污物容易排泄。他的建议得到采纳。

这次迁都还暗藏着惊天阴谋。原来，赵盾去世后，赵朔接任执政卿，景公对赵氏专权跋扈益发不满。此时，赵括为公族大夫，赵同也位列执政卿之一，邯郸之赵彤也位列六卿，赵氏势力大炽。公元前583年，借赵庄姬诬告赵氏谋反，景公发动卿族势力联合攻杀赵氏（此时，赵氏主要在绛城，晋公室在新绛），制造了震惊朝野的下宫之难。赵氏遭满门抄斩，唯有婴儿赵武被雪藏而幸存，韩厥暗中保护。晋景公晚年，韩厥借着为景公解梦治病的机会强谏：赵氏劳苦功高，大业之后不应绝祀。晋景公也许良心发现，问赵氏是否还有活人。韩厥才将赵武推出，景公决定让赵武继承赵氏基业，归还封地。赵武在韩厥的羽翼呵护下得以快速成长。

晋厉公时，栾书为正卿，郤氏三人位列六卿，权势日隆。晋厉公认为是威胁，就动用亲族胥童一帮人铲除郤氏，不经允许又绑架了栾书和荀偃，想彻底消灭六卿中的骨干。晋厉公思虑再三，决定释放，让他们继续执政，可他们最后还是弑杀了厉公，立年仅十四岁的晋悼公（公孙周，晋厉公之侄）为国君（公元前573年）。即位不久，悼公就让栾书永远地消失了，他大胆拔擢新人，任用贤能。韩厥连升三级，直接当上正卿——执政大臣和中军将，迎来人生的巅峰，印证赵盾昔日预言："他日执晋政者，必此人也！"

公元前566年，韩厥告老，退出政坛。他一生历晋国五朝，公忠体国，作战勇猛；政治上头脑清醒，多远见；待人以宽，知恩图报。可谓一代贤臣良将。司马迁评价："韩厥之感晋景公，绍赵孤之子武，以成程婴、公孙杵臼之义，此天下之阴德也。韩氏之功，于晋未睹其大者也。然与赵、魏终为诸侯十馀世，宜乎哉！"（《史记·韩世家》）大概大事业，需要代代辈辈人的积累，才能由量变到质变。

韩宣子续写韩氏辉煌

韩厥的嫡子韩无忌借口有疾，让弟韩起继承父业，任上军佐。赵武也由新军佐上升为新军将。此时，荀罃（智武子，其父荀首封在"智"，故称"智氏"。荀林父一支封在"中行",称"中行氏")接替正卿位。智氏和中行氏是一家,封地相离,记住这点,是理解下文的关键。

公元前560年,荀䓨去世,范宣子(士匄)接替正卿之位。经晋悼公默许,韩起谦让,赵武跃居为上军将,位居韩起之上。这是韩、赵两家的老交情发挥作用。范宣子被子产的一纸书信说服了,减少了郑的进贡负担。范宣子制定了法律,只在贵族集团层面执行,藏之秘府。

公元前548年,士匄去世,赵武升任执政卿、中军将,韩起为副,共同维护晋国乃至天下和平,推动天下偃武息争,使天下获得难得的和平局面。

公元前541年,赵武于执政七年后卒。韩宣子(韩起)接班,为执政卿,中军将,凡二十七年。虽然韩起尽心为国谋划,呕心沥血,但他也利用职务之便,权分晋国,令韩氏势力大升,与范氏一并成为晋国的最强的世卿大族。执政期间,韩宣子迁族到"州"地居住。因此,晋平公十四年(前544),吴鄢陵季子经过与韩宣子、赵文子和魏献子(魏绛)会谈,得出和晋公族叔向(羊舌肸)相似的预测:晋国之政必归于韩、赵、魏三家。晋平公十九年(前539),齐国晏子来晋,与叔向会谈。叔向说:"晋国,已经是季世了,病入膏肓,难以救药了。公室厚赋,兴建高堂台池,不理朝政,政令出乎私门,怎么能长久呢?"晏子同意这个观点,并认为姜氏齐国也兔子尾巴长不了了,早晚被田氏代替。

果然,晋顷公十二年(前514),六卿为了削弱公室力量,趁祁氏公族长祁盈与顷公关系不睦,祁盈家族内部发生"通室"的丑事——祁盈本来想按家法处理,杀掉淫乱者,但操作不当,反被抓住把柄——按照国法(范宣子之法)灭祁氏。公族的另一支羊舌氏也受到株连,被六卿连根拔除,祁氏和羊舌氏的封地被分为十县,韩宣子与赵简子、魏献子瓜分,派亲族子弟管理。

三家分晋,韩氏获得赵氏庇护

韩起死后,魏献子魏舒接班,执政六年。魏献子执政期间,发生了历史上非常著名的铸铁鼎、公开刑书事件。赵鞅在范献子（士鞅）和荀偃的指示下，将范宣子的刑书铸在铁鼎上，而魏舒竟然事后才得知。韩起死后，其子韩贞子（韩须）接掌家业，将居住地迁移到平阳（今山西临汾）。韩贞子卒，韩简子（韩不信）接任。这时，赵简子赵鞅跃上历史舞台，继续韩赵两家的友好事业。

魏舒卒，范献子接替正卿之位，执政凡七年。他打击异己，贪婪成性，范氏家族获得空前发展，富强于公室。范献子死后，智氏的智文子荀跞接正卿，中军将。荀跞当政时，赵鞅地位日隆，这得益于赵鞅在封地内的改革，如他的亩制比其他家族为大，租金低，吸引大批人前去播种，人丁兴旺。

范献子死后三年，晋定公十五年（前497），赵鞅怀疑赵氏支脉邯郸赵氏与范氏和中行氏勾结谋反，便将邯郸大夫赵午招到晋阳，囚禁并杀之，引起了晋国长达八年的内战。赵午之子赵稷据邯郸发动叛乱，获得范氏家主士吉射与中行氏家主中行寅（中行吴之子，荀氏）的支持，围攻赵氏大本营晋阳。正卿智跞也是个多谋善断的人物，知道如果让范氏和中行氏取胜，晋国就更无法收拾了，便以"范宣子之法"中的规定——率先挑起内乱者死——认定两家挑起内乱，报请晋定公后，联合魏侈（魏襄子）、韩不信，反击范氏、中行氏（智跞和中行氏是同姓一家，故不出兵。范氏和中行氏是亲戚，同盟，关系很复杂）。他们两家最终被消灭在卫。晋国的三军六卿格局，裁减为二军四卿。

公元前501年，赵鞅接替荀跞为执政卿，中军将，执政凡十七年。由于韩不信，魏侈与赵家世代友好，智氏根本没有话语权，赵鞅执政顺风顺水，用非凡的胆略剿灭盘踞在邯郸和朝歌的范氏、中行氏势力，恢复晋国霸权。

韩不信远远比不上韩起，他最多是个守成者，跟着赵鞅混事。韩不信卒，其子庄子接任，庄子卒，其子康子（韩虎）接任。

赵鞅卒（公元前476年），智瑶接任。智瑶是一个非常能干、忠诚的正卿，一直想继续赵鞅的事业，让晋国再次称霸诸侯。他想让士大夫贡献田土给国君，充实国库。韩虎和魏驹反复思量，各主动上缴一万亩田地，交给智瑶管理。可赵襄子（赵无恤）不肯缴纳。智瑶即命令韩、魏出兵攻击赵氏一族，赵氏退守晋阳城。围困三年，竟然没有攻破晋阳城，智瑶登高观察，发现晋阳低洼，若用汾河水倒灌，则不费吹灰之力即可攻克。

但关键时刻，赵无恤派使者暗中和韩虎、魏驹商议，如果赵氏被灭，韩魏的忌日为期不远。于是，三家决定联合，反击智瑶。他们趁夜派兵控制水坝，将水导入智瑶军营，水淹智瑶，内外夹攻，灭掉智氏。三家反而将智氏的土地瓜分。根据《战国策·韩策一》，韩国瓜分智瑶的地盘时，段规建议韩康子一定要分得成皋（今河南荥阳东北黄河边的关城）。成皋地理位置优越，通过它就能控制郑。

韩氏封侯，申不害得干韩昭侯

韩康子死后，子韩武子（？—前409，韩启章）立。此时的韩、赵、魏三家，虽无诸侯之名，但有诸侯之实。韩武子二年（前423），韩武子伐郑杀幽公。武子死，子韩虔立。韩虔与赵、魏三家进一步瓜分晋国土地，只留给晋公室两座城池。韩自平阳迁宜阳（今河南洛阳西南宜阳县），后迁阳翟[①]，进入中原地带。

韩虔大力向东拓展，以阳翟为中心，给郑施加压力。公元前408年，韩景侯伐郑，取雍丘。次年，郑在负黍（今河南登封西大金店镇南城子村）大败韩。

公元前403年，周威烈王被迫承认韩虔为诸侯，是为韩景侯。公元前400年，郑奋力反击，包围韩都阳翟。同年，韩景侯卒，其子列侯立。公元前397年，侠客聂政刺杀韩相侠累，朝野震动。公元前391年，秦兵发宜阳，战胜韩取六邑而去。公元前387年，韩列侯卒，子文侯立（是年魏文侯卒，商鞅次年出生）。公元前385年，韩伐郑，取阳城（今山西阳城县），接着伐宋，到达彭城（今山东滕州一带），抓了宋君。是年，申不害出生。公元前380年（韩文侯七年），韩伐齐，至桑丘（今山东济宁兖州区）。公元前378年（韩文侯九年），韩伐齐，至灵丘（今山西灵丘县，中山国）。公元前377年，韩文侯卒，其子

[①] 阳翟，今河南禹州市，处在嵩山之南。公元前636年，北方翟人（狄人）入据栎地，故得名阳翟。公元前408年，韩景侯将国都自平阳迁至阳翟。公元前375年，韩灭郑，将国都迁至新郑。仅五年，公元前370年，韩懿侯又将国都迁回阳翟。由此可见，韩国没有类似赵国晋阳的稳定基地。

第六章　申不害：以术治国存弱韩

韩哀侯（前377—前371年在位）立。

此时，铁制农具和畜力耕作已经非常普遍，农民对土壤有了进一步认识，有些地方一岁两熟，生产力有较大发展。韩处于天下之中，继承了故郑基业，有天然的商业基因，商业一时繁华。

此时，还有一件大事发生。公元前391年，齐国的田和自立为齐君。放逐齐康公于海岛，使食一城，以奉姜氏之祀。公元前386年（齐康公十九年），田和被周安王列为诸侯，姜姓齐国为田氏取代，田和正式称侯，仍沿用齐国名号，世称田齐。公元前379年，齐康公卒，田氏并其食邑，吕尚至此绝祀。原本是同姓一家，异姓诸侯使天下争端变味了，形同陌路，相互大打出手，毫无顾忌，战争的残酷性和规模都升级了，此为历史一大转变。

公元前376年（韩哀侯元年），三家彻底分晋。次年，韩哀侯灭郑，迁都新郑。公元前371年，韩哀侯被宰相韩严弑杀。其子韩懿侯（？—前363，在位十二年）继位[①]，竟然不为父报仇。大概是个儿皇帝，无能为力。公元前370年，韩受到郑的旧族攻打，又从新郑迁都阳翟。

因魏国的夺嫡事件，本来亲如一家的韩、赵、魏联盟破裂了。

> 惠王元年，初，武侯卒也，子䓨与公中缓争为太子。公孙颀自宋入赵，自赵入韩，谓韩懿侯曰："魏䓨与公中缓争为太子，君亦闻之乎？今魏䓨得王错，挟上党，固半国也。因而除之，破魏必矣，不可失也。"懿侯说，乃与赵成侯合军并兵以伐魏，战于浊泽，魏氏大败，魏君围。赵谓韩曰："除魏君，立公中缓，割地而退，我且利。"韩曰："不可。杀魏君，人必曰暴；割地而退，人必曰贪。不如两分之。魏分为两，不强于宋、卫，则我终无魏之患矣。"赵不听。韩不说，以其少卒夜去。（《史记·魏世家》）

[①]　据《史记》，韩懿侯元年是公元前370年，韩懿侯在位十二年。而据《竹书纪年》，周烈王二年（前374），"韩山坚贼其君哀侯"，这年是韩懿侯元年。

原来，魏公子䓨（魏惠王）和公子缓争夺大位。赵、韩参战，把公子魏䓨围住。赵想杀掉魏䓨，分割其地，扩地盘，让公子缓继位，这样对两国都有好处。韩则认为，把国君杀掉，分其地，不仁不义。不如将他们两个都立为国君，将魏一分为二，削弱之，如宋、卫，岂非更好？双方无法达成一致，韩乘夜退军。魏䓨由此怀恨在心，发誓报复。他大权在握，就进攻韩、赵，成为中原动荡、天下混战主因，历史进入了庞涓、孙膑表演的历史新阶段。公元前369年，魏出兵攻击韩，败之于马陵。

公元前363年，韩懿侯卒，子韩昭侯（名武）立。同年，韩、赵与魏在浍水开战，魏大胜，抓了赵国大将。此战的指挥官是公叔痤，即魏䓨的叔叔。第二年，他率军与秦战于少梁（今陕西韩城），大败被俘，秦献公将其放归（秦献公久居魏，与高层关系不错），不久即忧愤而死。他当宰相时，极力排挤吴起，使他不得不去楚国谋职。他在临终之际向魏惠王举荐了商鞅。魏惠王不听，放走了商鞅。一年后，商鞅离开魏国，去秦谋职。此时，申不害大约二十四岁，商鞅二十九岁。

韩昭侯在位时间长达三十年，韩国纵横捭阖，进入一个比较强盛的时期，这和申不害的贡献分不开。

韩国史的特征与对执政的影响

第一，韩立国得益于韩厥的阴功，他勤勤恳恳，一心正气，知恩图报。后世子孙虽然平庸，但也正是这个低调不张扬的作风，才使这个家族生存下来。范氏、中行氏之类的强族，誓不弯腰，刚强易折，家族早早地被屠戮殆尽。这种低调不张扬，也导致韩国始终比较弱小，与赵、魏不可比，占领的地盘不稳固，不断游移迁都。

第二，由于脱胎于晋国，在骨子里继承着晋国的"法治"基因，也承载着晋国兴衰存亡的历史经验教训。其中，魏文侯率先变法，重用李悝、吴起，西却秦，牢牢把控西河地区（黄河与渭河交汇处黄河以西到洛水），魏在武王和惠王的努力下，向东扩展，以大梁为中心，切入中原腹地。这不可避免地对韩国改革造成影响。在韩哀侯迁都新郑后，同样面临着严峻形势，郑世家旧族时刻要复国，驱逐韩氏之族。韩国进入陌生环境，也要和新郑的文化、法治环境求融合。郑国由于子产的治理，法治底子比较厚实，为韩走法家路线奠定了基础。

第三，三家分晋后，韩、赵、魏三个诸侯占领的地盘，不易治理。例如，韩统治区域在华山到阳翟的沿黄河的东西狭长地带，南是秦岭，北临黄河，中间有周天子都城洛阳，还有一大片区域在黄河北岸的"上党地区"，非常零散，都城继续在平阳（临汾）已不合适，被迫迁都到阳翟。

韩国的地缘政治枢纽根基不稳，魏和赵的控制区域也很凌乱。如魏武王时，魏国分为西部（安邑）和东部（大梁），中间不相连，还有悬隔崇山峻岭的"中山国"，碎片化更明显。这些地缘环境使他们不得不变法图强，方能获得生存空间。

赵国也面临同样的问题，赵敬侯（前386—前375年在位）将国都迁到邯郸（据《史记·赵世家》），兴建成两大区域，宫城区（行政中心）与大北城（商业中心）。此后数年相继对齐、魏、卫、中山等国用兵。意图争霸中原，抢地盘，并将南北连成一片，扩大地盘。一个诸侯国这么想，也许不会有问题，当两三个诸侯国都这样想的时候，就会激起战祸。两国争霸，牵动天下诸侯。因此，纵横家、阴谋家和思想家、军事家获得肥沃的生存土壤。法家者流，出将入相，是战国时代的主要推动力量。

第四，韩、赵、魏三家，本亲如兄弟，转眼成仇敌。韩、赵围困魏惠王即为弱魏，瓜分其地，却彻底得罪了魏惠王。魏惠王凭魏国强大的军事和经济力量大肆报复。因此，战国时期混乱的始作俑者就是三晋。三晋在中原地区的争夺，像旋涡一样，吸引周边诸侯国卷入，激起各国混战。混战产生觊觎的贪欲，引导更多的掠食者加入战团。

第五，晋国政治上有个传统——公族软弱，异姓卿相专权。时代变迁的大趋势是贵族衰落，平民地位提升，社会上涌现了一个庞大的自由平民阶层，教育也随之平民化。诸侯国内区域治理也逐步由分封制向郡县制转型，社会需要新的行政管理团队，管理分散的平民社会，向他们收租，将他们组织起来，形成军事力量，这便是适应郡县制需要的官僚队伍。同时，社会结构由初级社会（家庭为中心的伦理社会）向次级社会（陌生人群组成的社会）转变，异姓之间关系疏远，传统的家族治理模式和文化不再适应新的形势，更增加了社会管理方面的需求。建立健康科学的君臣关系，是新型官僚团队的枢纽，是治理国家的关键，是国家凝聚力团成的枢要。申不害就是这方面的实践家、思想家和探索者。

本章的主人公申不害及其辅佐的韩昭侯，处在整个历史进程的关键节点。各家大打出手，需要人才，申不害顺应时势，成为韩昭侯的左膀右臂。

二、申不害以"术"佐韩昭侯

申不害与韩昭侯的时间交集

公元前363年，韩昭侯即位。此时申不害约二十二岁。韩早已向东发展，公元前408年就到阳翟，比魏早了近四十年。韩为图谋中原，于韩哀侯二年（前375）迁都新郑，此时申不害大约十一岁。从出身上看，申不害的确是郑人，但《史记》说他是"故郑之贱臣"，新郑被灭时，他才九岁，还当不了官，如何称"贱臣"呢？大概是公元前370年，韩国将国都从新郑回迁到阳翟，是因为郑的旧家世族反对力量仍然强大，在周边活动，时刻想复国，韩国只能退却。新郑重归郑人手中，故称"故郑"。申不害在这里成长，当起芝麻小官，但这毕竟还是韩国的地盘。韩昭侯上台，再次将新郑摆平，故郑的官吏都要谋职求生存，申不害这才进入韩昭侯的法眼。钱穆据此推测，申不害年龄应该在六十岁至七十岁之间，即他的出生时间要在公元前400年之前，而不是公认的公元前385年，否则无法解释"故郑之贱臣"。只有等待新的出土文献了。

申不害受重用相韩，是在韩昭侯八年（前355）。他拜为宰相的次年，就发生了著名的"魏围邯郸""围魏救赵"的战事。韩昭侯二十二年（前341），申不害卒。四年后，韩昭侯卒。

申不害推行术法治国，韩昭侯心有灵犀，尽得精华。韩非子说，申不害"虽十使昭侯用术，而奸臣犹有所谲其词"，"十"虽然不是确数，但君臣就此频繁交流，则相当明显。

申不害用术

《战国策·韩策一》记载说：

> 魏之围邯郸也，申不害始合于韩王，然未知王之所欲也，恐言而未必中于王也。王问申子曰："吾谁与而可？"对曰："此安危之要，国家之大事也。臣请深惟而苦思之。"乃微谓赵卓、韩鼂曰："子皆国之辩士也，夫为人臣者，言可必用，尽忠而已矣。"二人各进议于王以事。申子微视王之所说以言语于王，王大说之。

原来，公元前354年，赵攻卫，想降服卫。卫本来朝魏，要改向亲赵，魏惠王闻听，万分恼火，即派大将庞涓率领魏武卒伐赵。一年时间不到，庞涓将邯郸围得水泄不通，赵危如累卵，危在旦夕。赵求救于韩，韩昭王不知是否出兵相助，就问计于申不害。申不害屁股还未坐稳，不知怎么回答是好，就说："事关国家生死存亡，请给我时间，容我深思熟虑，再禀报。"他变着法儿地暗示大臣赵卓、韩鼂说："先生们，你们是国家资政，言重语当，说话管事，国难当头，当竭尽忠诚，为国君分忧。"他俩信以为真，分别向韩王建议，一个力主助赵，一个极言助魏，各陈利害。申不害从旁偷偷观察韩王表情，揣摩喜好，摸透以后，才提出建议。韩王闻听，暗自叹服，心情大悦。此时，赵、齐联手，齐军大将田忌依孙膑围魏救赵之计，率精锐之师直捣空虚之城——大梁，庞涓无奈，只能弃邯郸回援。齐军在桂陵设伏，打败魏军，魏国力以削。

在事关国家命运的当口，申不害巧妙用"术"，稳固官位，融洽君臣关系。但是，若韩昭侯知道这是申不害的诡计，反而会伤害君臣关系。用术，必须信息不对称，否则就会失去效力，反而会弄巧成拙。这便是"术"的不利之处。

申不害对魏惠王下阴招

申不害相韩的次年（韩昭侯九年，公元前354年），魏惠王攻赵，围困邯郸，踌躇满志之际，申不害给他下了阴招。

在魏、赵之间，韩必须选边站。《战国策·韩策三》记载，申不害对韩昭侯说，我们应该放下架子，以拜见天子的礼节执圭拜见魏惠王，他必欣欣然，让天下人都知他比侔天子。天下诸侯必厌恶魏惠王而群起攻之，他必遭殃。到时候，天下诸侯都会来求我们，我们从中计划，可谋大利。

韩昭侯便去拜见魏惠王。按《竹书纪年》，公元前359年，魏惠王与郑釐侯（韩昭侯）在巫沙会盟。第二年，"郑釐侯来朝"。

申不害用术的地方还很多。他是"故郑之贱臣"，官位并不稳，并且有自卑心，所以时刻战战兢兢，如履薄冰。

《战国策·韩策一》记载，赵相大成午到韩拜访，私下对申不害说："您让韩王在赵推重我，请允许我让赵王在韩王面前推重您，如此这般，您就拥有了掌握两个韩国的权力，而我也如同掌握了两个赵国的大权。"

大成午敢这么说，肯定听到风言风语，或判断申不害有扩大自己的权力的企图。这恰恰表明，战国时期国君和大臣存在着猫和耗子的关系——君主控制臣僚的同时，臣僚也在想办法算计君主。申不害的术治，就是上级绳墨下级的方法和技巧。

韩昭侯也是术治高手

国君用术以驾驭臣子，是三晋发展历史使然，沉痛的教训使国君重视这个问题。晋史表明，国君名义权威大，实权却有限。权臣为所欲为，嚣张跋扈，国君不听，轻者给脸色，重者不理睬，更严重的直接弑君另立或自立。韩、赵、魏瓜分老东家本不光彩，要想让天下人才乖乖听话，肯定要耍点儿心思。申不害所言"明君使其臣并进辐辏"，是说英明的君主会让臣子像车轮辐条一样向国君聚拢，即权力在君，号令出于君。韩昭侯在申不害的影响下，也成了术治的行家里手。君臣互有发明，使术治在韩国的熔炉里趋于成熟。

《韩非子·内储说上》是"用术驾驭群臣，大臣打探消息"的诡谋案例集。第六部分多与韩昭侯有关。

其中一个故事说，韩昭侯的指甲盖掉了，他假装到处找，也发动内臣、近侍共同找。有人为了讨好他，就把指甲剪下奉上。其实，韩昭侯并没有掉指甲，他以此判断臣子是否诚实可靠。

还有一个故事说，某年春天，韩昭侯派人去县中巡视。这人返回后，韩昭侯问他："见到过什么？"使者答："好像没有什么异常。"韩昭侯说："即使没什么异常，也不可能什么都没有见过吧？"使者说："我看见县城南门外有小黄牛在大路左边啃庄稼。"韩昭侯对使者说："好，你从此闭嘴，不准泄露我问你的话。"韩昭侯下令说："春暖花开，正值禾苗生长时，法令明确禁止牛马入田啃青，但官员不作为，不少地方牛马到田中啃食。请立刻报数，有漏掉的罪加一等。"于是，都城东、西、北三面的官吏赶紧调查统计，报数上来。韩昭侯说："还有遗漏，必须补全。"官吏再去细查，才发现南门外的小黄牛在啃苗。官吏认为韩昭侯明察秋毫，足不出户而知天下事，再不敢阳奉阴违了。韩昭侯这一手，让臣子觉得国君在自己周边布置了很多眼线，稍不注意就会触犯国君的禁忌，也离间了臣子之间的关系，使他们相互猜忌，这更利于国君掌控局面。术治正是法家"尊君抑臣"的重要手段。

韩昭侯明察秋毫

内官相当于皇帝身边的人，整天陪同上司，上司的喜怒哀乐摸得透，故要控制内官,的确不易。皇帝常常被内官、近侍掌控甚至架空,成了傀儡。法家的"术治"有一套应对办法。《韩非子·内储说下·六微》就记载了几个故事。

韩昭侯时期,厨师上饭,肉汁中有生肝。韩昭侯召来厨师的助手,责骂他说:"你为什么把生肝放到我的肉汁中?"厨师的助手叩头认罪,说:"我私下想除掉主管大王膳食的家伙。"

韩昭侯洗澡,发现热水盆中有小石子。他问:"主管我洗澡的官员如果被免职的话,有继任的人选吗?"左右近侍回答:"有。"昭侯说:"叫他来。"备选人入见,韩昭侯怒责他说:"为什么在热水里放小石子?"这人回答:"主管大王您洗澡的官员被免,我就能够顶上,所以我在热水中放了小石子。"

韩昭侯时期,黍种的价格一度很高。韩昭侯派人检查粮仓,发现官吏盗窃了黍种,还卖掉了很多。

韩昭侯通过肉羹中有生肝,判断幕后有阴谋,审问之下,栽赃陷害者露出原形。热水盆中有小石子,扔掉不就可以了吗?但国君无小事,一丁点儿的小事都会有惊天阴谋。国君要不被牵着鼻子走,掌握主动权,就不得不见微知著,明察秋毫。

韩昭侯"小题大做"立威

君主管理控制臣僚,有刑和德两手。刑就是处罚和杀戮,德就是名誉赏赐。手下大臣没有不怕惩罚的,也没有不喜欢奖赏的。君主就要立法以禁奸,制令以庆赏。如此,君主就能消除官员的私欲,调动其积极性。禁奸之法是刑名,刑名就是言语和事实。官员口说承诺的,君主以言布令,都要落实责任,最后看办事效果,以评价功劳。说行不一,即是"奸行",必然受惩罚。韩昭侯的要求太苛刻,简直不近人情。

《韩非子·权柄二》记载,一次,韩昭侯喝酒醉了,和衣而睡。负责管理冠帽的"典冠"怕他受风寒,好心给他盖上被子。韩昭侯醒来发现身上盖着被子,就问怎么回事,得知是"典冠"做的,不但不感激,反而要治典衣、典冠的罪。韩昭侯认为，典衣负责盖被子却没有履职，是失职行为，典冠本来负责冠帽，非其责而行，同样越职越权。总之，责任和权力不相称，都有罪。

不经授权擅做者有罪，通过"小题大做"，韩昭侯给臣子立了威。

法度易行与否，在于君主一人

法律制定容易，执行难。执行之难，在于权力的任性。君主一言九鼎，私欲多而重，践踏法律，上行下效，则法律形同废纸。因此，国君要躬行坚守，不可任性。申不害通过简单几句话，点透了韩昭侯。

> 韩昭侯谓申子曰："法度甚不易行也。"申子曰："法者，见功而与赏，因能而受官。今君设法度而听左右之请，此所以难行也。"昭侯曰："吾自今以来知行法矣，寡人奚听矣？"一日，申子请仕其从兄官。昭侯曰："非所学于子也。听子之谒，败子之道乎？亡其用子之谒。"申子辟舍请罪。（《韩非子·外储说左上》）

申不害制定了法律制度，但执行起来难，韩昭侯感到法度不是一蹴而就的事，便对申不害说："法度说易行难啊！你分析一下是怎么回事。"

申不害说："法度，简单说，就是验明功劳而给予赏赐，依据才能而授予官职。现在君主设立了法度，却又听从近侍的请求，自己带头违反，所以，法度难以推行啊！"

韩昭侯说："我从今以后知道如何推行法度，如何听取意见了。"

让申不害意料不到的是，自己吃瘪了。原来，他教诲韩昭侯要遵纪守法，当他向韩昭侯私请，想委任他的堂兄做官时，韩昭侯回答说："你教给我不要听从近侍的请求，如果我答应你，可就出乎尔反乎尔了。真如此办，就破坏你的治国原则。对不起，我无法答应你的请求。"申不害诚惶诚恐地请求自罚。

《战国策·韩策一》对此做了演绎，标题就叫"申子请仕其从兄官"。韩昭侯说，你教我遵纪守法，循功劳，视次第，躬行不悖，不可法外开恩，咱可不能自己违反。申不害赶紧请罪，说："君主您掌握精髓了，臣恭喜您啊。"

慎赏罚，韩昭侯斤斤计较

用人方面严格按规定办事，赏罚方面，韩昭侯也是斤斤计较。

> 昭侯有弊裤，命藏之。侍者曰："君亦不仁者矣，不赐左右而藏之！"昭侯曰："吾闻明主爱一颦一笑，颦有为颦，笑有为笑。今裤岂特颦笑哉！吾必待有功者。"（《资治通鉴》）

韩昭侯有一条破裤子，命侍从收藏起来。侍从想要，就说："君主你怎么这么小气，俺看不出仁心厚德噢，竟连一条破裤子都舍不得赏赐鞍前马后、不分昼夜伺候你的左右随从，我们也不容易啊！"昭侯回答说："我听说，英明的君主一笑、一皱眉头，都有原因，不能平白无故地表现出来。这条破裤子可比一颦一笑贵重多了，我怎么能平白无故地赏赐给你呢？我收藏之，以待有功之人。"

连一条破裤子都这么不舍得，何况良田、大宅、美女、俸禄？要想得到，唯有立功。国君这么办，便能激发社会的斗志，特别是百姓的激情，要他们为改变自己的命运，奋勇争先，立功受禄。

申不害的术治，重点在于用人。一方面，择贤能而用，一把尺子量到底，不因人废法。如此建立和控制官僚团队按照君主的意见办事，不得僭越。另一方面，明赏罚，让执政团队和百姓明白，只要努力拼搏，就会有收获。君主专门为有功之人准备好高屋大宅、良田美人、家族荣耀。只要达到标准，国君应千金一掷如鸿毛。对官员的一打（管理和控制，明刑罚）一拉，建立激励机制，严格遵守。如此，才能系统提升国家实力，富国强兵。

申不害的认识比较到位，但做得最好的不是韩国，而是同时期商鞅领导的秦国，他制定了二十等级爵位制，激发了整个社会的活力。这大概和韩国当时的地缘形势和国君的志向有关。

三、申不害的术治思想

《申子》及其言论

据《史记》，申不害著有《申子》两篇，《汉书·艺文志》说有六篇，现佚。清代马国翰《玉函山房辑佚书》有《申子》辑本，是散言汇编。今存《群书治要》第三十六卷所引《大体篇》和一些佚文可供参考。《大体篇》是申不害思想的总纲要，旨在论述君臣关系，君主如何驾驭臣子，如何让臣子按照指令作为。

《大体篇》开宗明义，说大臣专权导致国破家亡，"是以明君使其臣，并进辐凑，莫得专君焉"。意思是，君主应该防止官员朋比结党，防止大臣专权，反而控制君主。应该让大臣"单线"向国君负责，像车轮的辐条一般，国君处于枢纽地位，将权力集中在自己手中。

接着分析说："明君如身，臣如手；君若号，臣如响。君设其本，臣操其末；君治其要，臣行其详；君操其柄，臣事其常。为人臣者，操契以责其名。"君主掌握根本，制定法令，官员负责执行，分工明确，根据工作业绩，对他们奖罚。君不得失其柄，君臣关系不能倒置，倒置则乱。

司马迁说申不害主刑名，《大体篇》对此做了论述："名者，天地之纲，圣人之符，则万物之情，无所逃之矣。故善为主者，倚于愚，立于不盈，设于不敢，藏于无事，窜端匿疏，示天下无为，是以近者亲之，远者怀之。示人有余者，人夺之；示人不足者，人与之。刚者折，危者覆，动者摇，静者安。名自正也，事自定也。是以有道者，自名而正之，随事而定之也。"

名，是事物的概念，概念确定，则职能、作用确定，万事万物的真实情貌呈现，无处遁逃。圣人用"名"定分天下，以建立天下秩序。善于治国者，只要确定名分，就可以无为而无不为。落实到执行层面，就是制定法令和规章制度，把握事物的常道，社会就会有序运行。所以，善于当君主的，大智若愚，装作什么也不知道，永远深藏若虚，好像无事可为。喜怒哀乐不外露，厌恶喜好不让臣子掌握，向天下展示自己无所事事。这样，近旁之人会主动亲附，疏远者也会挂念。当我们露富，别人就会谋夺。当我们示贫，别人就会救济。刚强者，易折；处危者，易覆；活动者，摇摆；虚静者，安全。名，能自主确定的，那么事也能自我制定。因此，掌握事物运动规律者，名分自定，事物也自然确定。

这段话充满辩证法思想，既有名家思想，也有道家思想，还有法家思想，比较难理解。举个简单的例子让读者深入理解"名"。

前文说，晋国六卿发展壮大，权力超过了国君，甚至控制、杀害国君，这就破坏了名分。六卿是有固定职责的，不能干超越名分的事，否则导致宫廷内乱甚至国家动荡。但六卿内斗不止，还架空晋君，最终驱逐晋君，瓜分其地，自立诸侯，就是名分全部乱套，天下也就自乱了。孔子论治理国家时说："其必也正名乎？""君君、臣臣、父父、子子"，各司其职，自然产生秩序。名，包含了事物的规律性。如，君臣父子是社会秩序。名正，则天下治顺；名倚，则天下倾乱。因此，圣人明君，非常重视名实之正。君主管理臣下，则以其名听之，以其名视之，以其名命之。名定，好像镜子擦拭明亮，能照万般美丑；秤杆设平，能称重万物。以此，圣人成就无为治国。简单地说，名就相当于职位、职责。有其名，则有其位。有其位，则有其职责。名在国家是社会秩序，在社会是公司组织。名学，相当于现在的社会组织学。

申不害还有很多言论，对君臣关系做出原则性定义。例如，他说："明君治国，而晦晦，而行行，而止止。三寸之机运而天下定，方寸之基正而天下治。一言正而天下定，一言倚而天下靡。"圣明君主治国，一定要隐藏本该隐藏的，执行该做的事，该禁止的一定要禁止。把握事物的根本，建立正确的执政根基，就能治定天下。重视言论，出言谨慎，言出而令行。这种说法，仍不出《大体篇》的原则规定。

再如，"君必有明法正义，若悬权衡以称轻重，所以一群臣也"，意思是圣明君主一定有明法正义，这好比用秤杆称轻重，目的是统一群臣的思想和行动。

可见，申不害发明正义的落脚点是"群臣"，而不是"庶民"。因此，他所谓的法令，不是为民着想，而是为君主控制朝政立论。

但他也对"明法审令"有鲜明主张，他说："尧之治也，盖明法审令而已。圣君任法而不任智，任数而不任说。黄帝之治天下，置法而不变，使民安乐其法也。"明法审令，相当于公开法律制度，申明君令。明君只依据法律，不会以聪明与否定赏罚。只依据任务完成情况、罪行轻重，而不依说教。治理天下，让百姓安乐的办法，就是保持法律的稳定性，不能朝令夕改。

总之，申不害的思想主刑名是非常明显的。但司马迁说其本于黄老之学，似乎与历史事实有出入。钱穆认为似有伪托之嫌，因为黄老之学之兴，后于申不害，当申不害之前，肯定不需虚无因应、变化无为之类的黄老道德学说。也就是说，申不害的思想比黄老道德学说早。不过，申不害有意无意地师法或者自我发明了类似老子的思想，完全是有可能的。

韩非子论申不害术治思想

对《申子》的研究，韩非子最为精准。《韩非子·定法》说：

> 今申不害言术而公孙鞅为法。术者，因任而授官，循名而责实，操杀生之柄，课群臣之能者也。此人主之所执也。法者，宪令著于官府，刑罚必于民心，赏存乎慎法，而罚加乎奸令者也。此臣之所师也。君无术则弊于上，臣无法则乱于下，此不可一无，皆帝王之具也。

申不害和商鞅几乎处在同一起跑线上，同时在韩、秦变法，魏靠着李悝、吴起打下的根底，运转良好，不需要再变法了。申不害的重点是术治，而商鞅是法治，思路不同，但皆为帝王的治理工具。

从文本看，术治有几个关键要素。

第一，因能而授官。按照人才能力和德行，授予官职，这是举贤任能的另一种表达。类似现在的公务员制度，凡任必考，凡迁必审，有章可循，有法可依。这是官僚团队的组建原则。

第二，循名而责实。名者，就是概念。就官员而言，就是自己的职位相对应的职责，应该做什么，不应该做什么，都有明文规定。不管谁在位，都要这么干。但干得如何，有无效果，就要结合业绩考评，以定奖罚升迁罢黜。话说得好听，承诺也很实在，可事情办得如何？如果没有业绩，官员不称职，轻者批评教育，重者撤职。此条是针对官僚团队立规矩。

第三，操杀生之柄，课群臣之能。君主一定要有杀生、考课的权力在手，对群臣有督责的权力，完成任务者奖赏，否则就施以惩罚。

上述三点，是君主应该掌握的原则和方法。因此，"术"是君主管理官僚团队的方法和技巧。

第四，商鞅的法治不同，它是人臣应掌握的权柄。君主制定法律并张榜公布，知晓天下，作为百姓日常行为准则。"刑罚必本乎民心"，一语中的，刑罚必须从百姓的欲求着眼，民心是法律的源泉和目的，彻底颠覆了贵族法律精神。官吏凭条文管辖域内事务，百姓之意愿通过君主之意志得到实现。赏赐时，一定要仔细对照法条，不得有误。刑罚一定要针对奸令、名实不副者。

那么，"术"和"法"，哪个更好？韩非子继续分析：

申不害，韩昭侯之佐也。韩者，晋之别国也。晋之故法未息，而韩之新法又生；先君之令未收，而后君之令又下。申不害不擅其法，不一其宪令，则奸多。故利在故法前令则道之，利在新法后令则道之，利在故新相反，前后相勃，则申不害虽十使昭侯用术，而奸臣犹有所谲其辞矣。故托万乘之劲韩，七十年而不至于霸王者，虽用术于上，法不勤饰于官之患也。公孙鞅之治秦也，设告相坐而责其实，连什伍而同其罪，赏厚而信，刑重而必。是以其民用力劳而不休，逐敌危而不却，故其国富而兵强；然而无术以知奸，则以其富强也资人臣而已矣。

申不害相韩，辅佐韩昭侯治国，显然继承了晋国的法律制度，旧法未去，又增制新法，并有子产之法的保留。前面君主发布的命令没有终止，新君命令又下达，新令和旧令同时存在，以致混乱不堪。申不害不擅长制定法律，不用心思统一法律制度，所以作奸犯科者多发。什么原因呢？如果采用故法旧令对自己有利，大家就遵守故法旧令，如果采用新法后令有利，大家则遵守新法令。新旧法令的利益有天壤之别，前后自相矛盾，奸臣总有巧诈之辞应对，上有政策，下有对策。

因此，韩非子认为，虽然韩国底子厚实，七十年竟不能称霸，原因在于统治集团上层用"术"，下层官吏无法可依，没办法实施有效管理。反观商鞅治秦，明法审令，把百姓纳入法律管理的框架，设什伍连坐，赏厚而信，百姓被动员起来，迸发出蓬勃的斗志，让国家快速富强。但商鞅不知用"术"，只知用"法"绳墨臣僚，以至于作法自毙。所以，明君圣主要两个方面都要抓，缺一不可。

申不害术治思想的时代背景

钱穆认为，申不害以"贱臣"得用，其所谓"术"，就是处处看君主的脸色行事，他传授给韩昭侯的一套，是不让臣子知道君主的喜怒哀乐，使臣子不得不各竭其诚，让君主量才器使，见功定赏。这和吴起、商鞅治国之道殊异。原因大概是当时社会游仕行走天下，各求为用于上，投上所好，以渔权钓势。君主不得不借助权术治理国家，和这些"陌生"的权臣周旋。吴起、商鞅在君主的充分信任、授权之下，竭诚尽忠，全心回报君主之用。而申不害用术，影响了天下，公孙衍、张仪、苏秦之类，凭权谋天下游说诸侯，勾兑私欲，相互借势以取重，要权于诸侯。因此，吴起、商鞅一变为申子，自申子又一变到公孙衍、张仪之流，是战国时代一升一降之大节目也。[①]

---

① 钱穆：《先秦诸子系年》，商务印书馆，2015年。

总之，申不害的治国理念，是用术于上，搞好上层关系，建立良好的政治生态，让君主能够驾驭臣僚，形成较强战斗力的团队。我国两千多年的封建专制，其核心就是君王的集权专制，就是驾驭臣子助其管制天下。申不害的这套办法本意很好，但奸究用之则是雕虫小技，造成一种不健康的社会心理。商鞅法治，两方面着手：一方面打造强有力的"官僚队伍""百姓之师"，不明白的事都去问官吏，以吏为师；另一方面动员基层的力量，上下涌流，形成合力，故能国富兵强。可惜，商鞅之法的着眼点是君王利益，社会创造了财富，到君王手中却得不到高效利用。

申不害术治思想的实践价值

《史记·老庄申韩列传》评价申不害："内修政教，外应诸侯，十五年。终申子之身，国治兵强，无侵韩者。"申不害的方法，绩效明显。魏强而威逼，秦欲东向，赵疯狂东进，采取速效方法治国理政，是很多君王的共同想法。申不害摸透了韩昭侯的心思，用"术"绳墨臣僚，建立高效的行政团队，集中世家大族的力量，快速地应对天下纷繁复杂的局面，同时防止大权旁落。

申不害相韩阶段，国治兵强，无侵韩者，是真的吗？王劲依《竹书纪年》说韩国"兵寇屡交"：公元前354年（梁惠王十六年），秦公子壮率师伐郑（韩），围攻焦城，焦城没有被攻破；次年，韩昭侯去中阳（今河南郑州东南），执圭朝拜梁惠王；又过一年，梁惠王依靠韩军于襄陵打败诸侯联军；公元前345年，韩在马陵被魏击败；公元前342年，魏将穰疵带领军队同韩将孔夜在梁赫（今河南开封西南）交战，韩军战败而逃。这表明申不害相韩阶段，主要对手是魏，韩长期被魏欺凌、削弱。《史记》所言，值得怀疑。

可是，申不害相韩十五年，精密谋划，巧妙应对天下动荡，无可置疑。他极力维护君权，保持政权稳定，避免韩更快衰落。韩昭侯和申不害因此获得了明君和贤臣的美誉。他和韩昭侯沾沾自喜于自己的小技巧，不花心思建立完整统一的法律体系，旧令、新令并存，百姓奸巧以趋利，所以韩不能快速强大。

韩宣王五年，申不害去世后六年，张仪相秦，凭借商鞅变法之威，东向扩张。韩居于天下之中的地理位置，是秦、楚、魏、齐等国逐鹿天下必经之地，秦兵锋所至，韩实难逃避。范雎相秦后，采取远交近攻计，率先伐韩并灭之。公元前230年，韩成为"战国七雄"第一个被灭的诸侯国，此时距离秦统一天下还有九年。

历史地看，申不害的术治思想有其合理内核，对后世君主执政影响很大。孙开泰认为，隋朝实行科举制度，运行有上千年，其思想基础就是申不害的"循功名，视次第"与"待有功者而赏"。[①]其实，术并非不好，李悝、吴起、商鞅都在用术，日常生活也在用术。商鞅徙木立信，就是一种术。吴起给士兵口吸脓疮，让父子两代人为君主卖命，"乞人之死"，也是术。但用术不当即成欺骗，如韩昭侯明知城外有黄牛啃苗，故作不知情，逼迫官吏去发现问题，以此让官吏知道君王法眼通天，无所不晓。法律制度很完善，也要有成本最低的执行方法。韩昭侯这一招成本最低，不然，他就要耗费钱财建立一套机制，整天考课官员，督责以实。术因其"欺骗性"，在战国时代才大行其道，让机诈权谋横行，从而变成了权术、阴谋的代名词。

---

① 孙开泰：《法家史话》，社会科学文献出版社，2011年。

第七章
慎到：道法合流的权势派宗师

《史记·孟子荀卿列传》记载："慎到，赵人。田骈、接子，齐人。环渊，楚人。皆学黄老道德之术，因发明序其指意。故慎到著十二论，环渊著上下篇，而田骈、接子皆有所论焉。"

慎到（约前350—约前275），尊称慎子，赵国邯郸人，齐宣王时长期讲学于稷下学宫，是稷下学派中最具影响力的学者之一。慎到与田骈、环渊、接子先后在稷下讲学论义，各有所长。慎到专攻黄老道德之术，韩非子认为他是法家"势派"的理论家和实践家。出土文献显示，慎到是楚顷襄王熊横（？—前263）的老师，给熊横出谋划策，并随入楚至终老。信史载慎到事迹阙如。笔者尽可能发掘可信文献，复原慎到的事功。

关于慎到的思想，荀子评论："尚法而无法，下修而好作，上则取听于上，下则取从于俗，终日言成文典，反紃察之，则偶然无所归宿，不可以经国定分；然而其持之有故，其言之成理，足以欺惑愚众。是慎到、田骈也。"（《荀子·非十二子》）意思是，慎到、田骈等人推崇法治，可内心不依法办事，卑视贤能，标新立异，上则听从君主，下则同流世俗，整天谈论制定礼义法典。但从正反两方面仔细分析其订立的法度典制，会发现辽阔悠远，无终极目标，不知到底要做什么。这不可以用来作为治理国家、确定名分的方略；可他们立论有根有据，论点又有条有理，足以欺骗蒙蔽愚民。

庄子也不留情面地说："公而不党，易而无私，决然无主，趣物而不两，不顾于虑，不谋于知，于物无择，与之俱往。古之道术有在于是者，彭蒙、田骈、慎到闻其风而悦之。齐万物以为首，曰：'天能覆之而不能载之，地能载之而不能覆之，大道能包之而不能辩之。'知万物皆有所可，有所不可。故曰：'选则不遍，教则不至，道则无遗者矣。'是故慎到弃知去己，而缘不得已。泠

第七章　慎到：道法合流的权势派宗师

汰于物，以为道理。"意思是，古代学术有一个思想流派，主张天下大道从来公而不党、易而无私，放散万物而不分离为二，不因人的思虑而增减，也不通过智慧多求，它存在于万事万物之中，不会有偏好，和万事万物共同进化。慎到和稷下学派的代表人物彭蒙、田骈听到而喜欢，以此为根据发展自己的学说。其首要主张是把万物视为大道运行的载体，并无差别。大道在皇天之下，而天不能承载，在大地之上，而大地不能覆盖，大道能包含万物但无法分辨。以此觉悟万事万物都有自己可以为也有不可以为的本性。是故，一旦选择一个性能或方向，就会失去另外的性能或方向，不能再包括全部性能。教育也不能传授全部的道理，唯有天下至道无所遗漏，遍及一切事相万法。因此，慎到主张绝圣去智，不承认独立不变的自性（无己），因为从道理上讲，天下没有独立不变、不依赖于他物而存在的事物。听任万事万物的如如自在运行，是他们这一思想学派最高的道理。

慎到的势治思想，由道德思想延伸而来，认为势是君臣关系、天下关系的大道。要想天下治理安定，势治当先。

一、慎到的人生轨迹

慎到与众多法家人物同时代

明代慎懋赏编《慎子内外篇》，辑录慎到传记："慎到者，赵之邯郸人也。慎到博识强记，于学无所不究。自孔子之卒，七十子之徒散游列国，或为卿相，或为士大夫，故卜子夏馆于西河，吴起、段干木、慎到之徒受业于其门，及门弟子者甚众。慎到与孟轲同时，皆通五经；轲长于《诗》，慎到长于《易》。"而《史记》说他是赵人，慎懋把他定位为邯郸人，其必有所本。

邯郸赵是赵氏的一个庶孽支脉，是赵盾（赵宣子）的堂兄弟赵穿的食邑，是小宗，与晋阳赵氏大宗同出。公元前497年，赵简子（赵鞅）想迁卫国进贡的五百户百姓到晋阳，赵氏旁系支脉邯郸赵午竟敢抗令，赵鞅囚禁并杀之。这赵午也不是一般人物，是中行寅的外甥，晋国两大实力集团范氏和中行氏因此联手讨伐晋阳赵氏，引燃长达八年的晋国内乱。范氏和中行氏最终失败，被从六卿队伍中抹去，六卿缩成四卿。后来，赵简子从荀跞手中接掌正卿大权，继续伐灭盘踞在朝歌和邯郸的范氏、中行氏和赵氏的势力，稳定局面，并邯郸入赵氏大宗。

赵无恤（赵襄子）接替赵鞅统领赵国，在位三十三年。其间，他拒不执行执政卿智瑶（智伯，荀瑶）向晋君奉献土地的命令，被韩、魏、智三家讨伐。最终，赵、韩、魏三家反而暗中勾结，偷袭反杀智氏，瓜分其地，三家益强。赵襄子死后，其长兄赵伯鲁之孙赵浣继位，是为赵献侯（？—前409），以中牟（今河南鹤壁山城区一带）为国都（公元前423年由晋阳迁入）。赵襄子之弟赵桓子赶跑赵献侯，立于代地，可赵桓子仅一年就呜呼哀哉了。赵人复迎赵献侯，赵献侯在位十五年。其子赵籍继位，是为赵烈侯（？—前400）。赵烈侯六年（前403），赵与韩、魏瓜分晋国地盘，被周天子承认，正式取得诸侯名分。赵烈侯在位九年，死后，其弟赵武公继位。赵武公在位十三年，死后，赵烈侯之子赵章继位，是为赵敬侯（？—前375）。

《史记·赵世家》记载："敬侯元年，武公子朝作乱，不克，出奔魏。赵始都邯郸。"公元前386年，国都从中牟迁到邯郸，表明武公子朝争位得到了魏武侯的公开支持，魏国介入赵国内乱，两国彻底决裂，标志着三晋蜜月期的结束。时魏国正盛，齐国、秦国、楚国也强大起来。

赵国迁都邯郸，一个重要原因是抢占中原地盘。原来，赵国主要在北经营，后来转到太行山南端和河南鹤壁一带，与卫国毗邻。卫国此时比较弱，地盘越来越小，赵国只有向东、北开拓，邯郸是最好的拓展之地。此时，燕国还比较弱。这次迁都，决定了战国时期七国争霸总基调。

赵敬侯卒，子赵种立，是为赵成侯。赵种即位的第二年，藏身在魏国的公子赵胜再次起兵作乱，谋夺大位，不克。魏、韩进入中原，抢食地盘，赵也不例外，赵成侯时期，攻城略地，大有斩获。《史记》记载："三年，太戊午（和申不害勾结，两边取重的人物）为相。伐卫，取乡邑七十三。魏败我蔺。四年，与秦战高安，败之。五年，伐齐于鄄。魏败我怀。攻郑，败之，以与韩，韩与我长子。六年，中山筑长城。伐魏，败狐泽，围魏惠王（都安邑）。七年，侵齐，至长城。与韩攻周。八年，与韩分周以为两。九年，与齐战阿下。十年，攻卫，取甄。十一年，秦攻魏，赵救之石阿。十二年，秦攻魏少梁，赵救之。十三年，秦献公使庶长国伐魏少梁，虏其太子、痤。魏败我浍，取皮牢。成侯与韩昭侯遇上党。十四年，与韩攻秦。十五年，助魏攻齐。"

这段记载显示，在赵成侯的主政下，赵国第一目标就是攻取卫国，卫国是个软柿子，软弱可欺。此时，商鞅大约二十五岁。赵与魏战，被打败，与秦战，获胜，伐齐东到鄄（今山东鄄城县）。赵和魏在怀地争斗，被打败。赵进攻郑，取胜，然后和韩做了交换。赵成侯六年，赵参与魏君位争夺战，将魏莹围困在安邑，由于和韩没有达成一致，放了魏莹，留下遗患。赵成侯在位期间，赵几乎每年都要打仗，这恰好表明，赵国进入中原地区后，既要保住原来的地盘，还要拓展新地盘，开拓生存空间。

面对抢食中原的赵国，再加上立嫡之辱，公元前354年，魏惠王派上将军庞涓攻打赵国，兵围赵国都城邯郸，并攻占之（公元前353年）。赵求救于齐、楚。齐威王遣田忌出兵。田忌采用孙膑谋，围魏救赵。公元前351年，赵、魏讲和，魏归还邯郸，以漳河为界河，划分地盘。一年后，赵成侯去世，太子赵语在争立战中取胜继位，是为赵肃侯（？—前326）。这一年，慎到出生在赵。所以说，慎到出生在邯郸的概率非常大。此时赵国东半部就是邯郸周边。与慎到有很大关系的另一个人物齐宣王田辟疆，也在同年出生。

从时间序列来看，慎到出生时（公元前350年），正值赵肃侯上位，齐国是齐威王掌权，秦国为秦孝公在位，楚国为楚宣王主掌。各国为了领土扩张，纷纷变法，天下争霸的形势越来越强。

前文提及晋国、魏国、韩国的历史演变，赵国的发家史，三晋地区（包括郑国、卫国）是历史上法家思想和人物的渊薮，赵简子（赵鞅）亲自操刀铸铁鼎，公布"范宣子之法"。而赵鞅在歼灭范氏、中行氏时，在铁之战中身先士卒，取得以少胜多的战绩，他的战前动员令就是后世吴起、商鞅重赏爵位制度的思想和实践基础。这场战斗中，卫庄公（蒯聩）也立了大功。因此，可以毫不夸张地说，法家之兴，在于三晋，地缘环境起着很大的作用。

从法家人物的生命历程看，商鞅约生于公元前395年，申不害约生于公元前385年，二人基本上生活在同一个时代。慎到晚他们三十年，此时各国争端越来越清晰，面对各诸侯国的矛盾和问题，三人走了不同的政治道路。商鞅主法治，得重于秦；申不害主张术治，调和君臣关系，如鱼得水于韩；慎到主势治，为君主集权、尊君卑臣奠定基础，不治而议论，以学问为主业。

商鞅被秦惠文王车裂（公元前338年），年寿不足五十。申不害亦不过五十岁（公元前337年）。慎到不求仕进，只想搞黄老道德之学，散论放言，悠游无穷，君王有问即答，不问不理，故能全其身而享七十六岁天年。

慎到的人生轨迹大体如下：赵国出生，青年时在赵国度过，深受以子夏为代表的西河学派的影响；中年游学于齐，成为稷下学派的代表人物；晚年因齐衰，或奔楚（楚顷襄王傅）、韩，终老于楚。但他的学术活动在齐，是可信的。

稷下学派的代表人物

战国学术的推动者，首推魏文侯。文侯与李悝师事子夏，子夏将儒家思想带入西河，为儒学西渐立下汗马功劳，也是儒学和三晋法家思想碰撞出绚烂火花的因缘推手。齐国稷下学宫是百家争鸣的舞台，庄子谓"道术为天下裂"，各家学术为天下安定和有序发展，各阐其说，书写了战国时期中国哲学、文化、历史等方面辉煌灿烂的华章。

稷下学派是理解慎到思想的钥匙。稷下指稷门之下，齐国都城有稷门，城西门。《史记·田齐世家集解》引用刘向《别录》说："齐有稷门，城门也。谈说之士，期会于稷下也。"稷门之外大概是社祭之所，"社稷"之谓也。

稷下学宫大概从田齐桓公（前400—前357）始兴。他在稷门外设立学宫，管吃管住，学术自由，逐渐吸引学者来此，并以列大夫尊崇之。此时，魏文侯揽士之风渐息，田氏刚刚窃取姜齐权柄，天下骂声盈耳。庄子说"窃钩者诛，窃国者诸侯"，讽刺田午之流。为装点门面，笼络贤士文人，减少反对面，田氏不惜血本。但真正有起色，还是在齐威王、齐宣王时，至齐湣王时又遽然衰落。齐襄王复国，生机稍复，但再难现昔日辉煌。

齐威王时有稷下先生之称。"邹忌即为齐相，稷下先生淳于髡（kūn）之属七十二人，皆轻邹忌，相与往见。"邹忌被拜相，众先生都前往考核他的能耐，可见那时学者众多，有学术地位者多达七十二人，其徒子徒孙便是海量了。齐宣王喜欢文学游说之士，邹衍、淳于髡、田骈、接子、慎到、环渊之徒大约七十六人，都授上大夫爵，俸禄优养。这些人不参与政事，不求仕进，终日以学者之名谈天说地，纵论天下，讥讽诸侯。天下才士蜂拥而至，高峰期多达上千人。这在古代是很盛大的场面。同时期与稷下学宫对应的是西方希腊雅典学院，也很隆盛，两者是轴心文明时代东西方学术殿堂，并行不悖地向前发展。

到了齐湣王后期，形势急转。《盐铁论·论儒》记载："及湣王奋二世之馀烈，南举楚、淮，北并巨宋，苞十二国。西摧三晋，却强秦，五国宾从。邹、鲁之君，泗上诸侯，皆入臣。矜功不休，百姓不堪。诸儒谏不从，各分散，慎到、捷子亡去，田骈如薛，而孙卿适楚。"齐湣王先辈给他打下良好的基础，他继承了政治遗产，推行强齐之政，诸侯各国莫不宾从。可他居功自傲，征战不休，百姓不堪忍受，再加上受双料间谍苏秦的蛊惑攻打宋国，被各诸侯国联手攻打。燕昭王委任大将乐毅横扫齐境，齐湣王仓皇逃至莒，为楚将淖齿所擒杀。稷下学宫的学者大难来临各自飞。慎到不知所终。田骈至薛，荀子至楚，获得栖身之所。

齐襄王时稷下复兴，荀子复为稷下先生，连续三届为学宫祭酒（相当于校长），是最高级别的"教授"。到了齐王建时，稷下学派复销声无闻。但邹衍、邹奭（shì）都被称为稷下先生，可见学制余迹仍存。

稷下之学，大概从齐桓公起步，历经齐威王、齐宣王、齐湣王和齐襄王，前后共五世，余音波及齐王建时，前后百余年。

稷下学宫学术自由，百家争鸣，学者喜欢议论政事，不忘忧天下。最早的淳于髡（事迹在《史记·滑稽列传》）乃至后期的荀子，初心莫不如此。稷下学者"不治而议论"，淳于髡带了个好头，这成为学宫的"学"风。故游于稷下者，称为学士，学道之人，资格老点儿的称先生，最尊贵的称"老师"，是可以学习师法的榜样。如淳于髡游于大梁，被梁惠王称为淳于先生。荀子初来乍到，就称"游学"，最后被称"老师"。

稷下学者来自四面八方，不拘一格。知名学者主要来自齐国，其次是赵、楚、宋、邹，有明显的地域性，以齐国学术为主，孔子的儒家思想自鲁到齐，与齐国的风格结合，形成独特的学术思想。

学者基本不用为衣食住行担忧，忧的应是没有思想，无著述。《史记·孟子荀卿列传》记载："自如淳于髡以下，皆命曰列大夫，为开第康庄之衢、高门大屋，尊崇之。"齐宣王也说："吾欲中国而授孟子室，养弟子以万钟。"

稷下设有讲坛，学者各抒己见，争论时政。《史记·孟子荀卿列传》记载："各著书言治乱之事以干世主，岂可胜道？"大家都写书立论以针砭时弊，以经世致用为务。以田齐建立学宫的宗旨看，这是对的。不然，他们不会花大价钱弄一些曲高和寡的空洞学问。纵然有形而上的探索，也会结合现实，发展系统的学说。黄老之学、道法家思想，就是其辉煌的写照。

稷下学派的代表人物，第一位是淳于髡。淳于髡相貌丑陋，但机智过人，总能于嬉笑怒骂间表达了自己的思想，起到讽谏的作用，深得君主的喜欢。而孟子推崇王道思想，对霸道大加挞伐，提出性本善论。还有彭蒙、宋妍、尹文、慎到、接子、季真、田骈、环渊、荀况、邹衍、邹奭、田巴、鲁仲连等。

慎到以黄老道德之术见长，本质上是法家，但又有儒家思想的底蕴，由老子道德思想转化而来，不脱黄老之术。在国家治理方面，慎到承继子夏的"势"论，尚道不尚贤，力主势治，君主执势而国治，政简易从，独成一格。

慎到是否做过鲁国的将军

《孟子·告子下》有这样一段记载。

鲁国君想让慎子做将军，孟子说："不教育就驱使百姓打仗，就是坑害百姓。坑害百姓者，在尧舜时代绝对不行。纵然一仗打败齐国，占领南阳，也万万使不得。"

慎子闻听，微愠："你这话太饶舌，我滑釐听不懂。"

孟子说："我摆明了说。古时天子土地纵横千里，不足千里，就不足以管待诸侯。诸侯之地纵横百里，不足百里，不足以奉守宗庙。当年周公被封在鲁，方圆百里，当时并非土地不广，是俭约百里而已。太公被封在齐，也是方圆百里，地并非不可拓展，也是出于俭约的缘故。如今鲁已有五个方圆百里之广，如果王道再兴，是应该削减鲁国之地，还是增广疆域？非战而把他国土地划给此国，仁者都不愿有所为，更何况用战争屠杀去求取得到呢？君子之侍奉君主，务要引君主正道而行，立志于爱民而已。"

据钱穆《先秦诸子系年》，此"滑釐"虽然姓"慎"，但并非慎到，而是鲁国人慎滑釐，与墨家代表人物禽滑釐也不是一个人。慎滑釐想带兵打仗，鲁国君也想任命他，但孟子试图阻止他，认为牺牲百姓生命，以不仁的方法，扩大鲁国疆界，实在不应该。但是不是真的被任命为将军，无从考证。

历史上关于慎到的记载，大多与史实不符，使用相关材料时要注意甄别。慎到以理论探索显名，其事功记载很少。事实证明，慎到的确是个理论研究专家，其出名少不了韩非子的大力推崇。

慎到是楚顷襄王的"傅"吗

太子的老师有两种：一种是教育知识文化的，叫"师"；另一种是分管德育言行的，称"傅"。《战国策·楚策》记载，慎到为楚顷襄王傅。

楚顷襄王就是熊横，楚怀王的嫡长子。因楚怀王瞎折腾，太子也吃尽了苦头。楚怀王为乞求秦援军，将太子质押于秦（公元前303年）。不料熊横在秦也不安分，和秦国大臣结怨私斗并杀之，为逃避责任，竟然偷偷逃回楚，得罪了秦。楚怀王慑于秦的威逼，转脸求援齐国，为此又将熊横交质于齐（公元前300年）。两年后，楚怀王被秦昭王以兄弟交好相会于武关为由，骗入秦境"羁押"，不让他返楚。楚一时无主，议立新君，最后通过外交计谋，熊横得以返国,立为国君,是为楚顷襄王。楚怀王可能在齐国给他聘请了一位"德行"高尚的老师。慎到被选中,则是熊横的造化。

慎到应该同时或者稍晚跟着熊横到了楚国。在楚国局势不明朗的情况下,慎到未必同时去,可作为"傅",跟随也是可以理解的。《战国策·楚策》记载了慎到辅助楚顷襄王制定攻守策略的事迹。

楚顷襄王做太子时,在齐做人质。怀王客死于秦,熊横向齐王告别返国。齐王不许:"你要给我割让东地五百里,我才放你回去;否则,坚决不放。"

熊横说:"让我咨询师傅吧!"

慎子计议后,回答说:"您答应吧!土地本为安身,因为爱地而不为父亲送葬,不合道义。献地对你有利啊。"太子便答应齐湣王东割地五百里。

熊横返楚即位为王。齐派使车五十辆来楚,索地五百里。

熊横求教慎子:"齐国派使臣来索取东地,如何是好?"

慎子说:"大王明天召见群臣,集体议论。"

上柱国子良来拜见楚王,说:"您金口玉言,既然亲口答应万乘之齐,如若反悔,则失信于诸侯,将来我们很难再和诸侯各国谈判结盟。应该先答应给齐国割让东地,再出兵攻打齐国。割地,是守信用;攻齐,表示不示弱。"

子良出,昭常觐见,出主意说:"绝对不能给。所谓万乘大国,是因地广田博。如果要割让东地五百里,几乎一半的土地,如此,楚虽有万乘之名,却无万乘之实了。坚决不能割。"

昭常出,景鲤拜见,说:"不能给。不过,咱大楚不可能独守东地,您既然亲口答应,而又反悔不割,失信于诸侯也不当。既然我大楚不单独守东地,某愿西去求援于秦。"

景鲤出,太子傅慎子进。楚王把三个大夫的意见和盘托出,慎子闻听,建议说:"咱们同时采纳三个意见。"

楚王面有不悦:"此话怎讲?"

慎子说:"请让我说清楚,您就明白了。先派上柱国子良带兵车五十辆,去齐进献东地;次日,即任命昭常为大司马,要他去守东地;再派景鲤带领战车五十辆，往西去秦求救。如此这般，土地可保无忧。"

子良到了齐国，齐国派军受地。昭常带军杀到，对齐使说："我是主管东地的大司马，要与东地共存亡，某已动员孩童到耳顺老人，共三十多万人参军，虽然我们的铠甲破旧，武器鲁钝，但愿奉陪到底。"

齐王对子良说："您来献地，昭常却来守地，这是怎么回事呢？"

子良回答说："我是受了敝国大王之命进献东地。昭常守卫东地，这是他假传王命，大王可去攻之。"

齐大举进攻昭常，还未到达东地边界，秦已派五十万大军进逼齐西境，说："你们扣押楚太子，不让回国，这是不讲仁道；又想抢夺楚东地五百里，这是不讲正义。你们如果收兵则罢，不然，我们等着决战一场。"

齐王惧怕万分，请子良速返国，两国讲和弭兵；又派人出使秦，声明不再攻楚，齐得解战祸。如此，楚不费一兵一卒，保全了东地和楚王的脸面。

慎子就是慎到。这个判断，有楚国大墓的证据：郭店一号楚墓的墓主人——东宫之师。

郭店楚墓一号墓的主人是谁

郭店墓地位于湖北省荆门市沙洋区四方乡郭店村一组，南距楚故都纪南城约九公里。受盗掘影响，1993年，国家组织专家对郭店楚墓一号墓进行了抢救性发掘，有惊人发现，出土楚文字竹简八百零四枚，其中有字简七百三十枚。均为先秦文献，共十六篇。其中道家文献两篇，分别为《太一生水》《老子》（甲、乙、丙）；儒家文献十四篇，《缁衣》《鲁穆公问子思》《穷达以时》《五行》《唐虞之道》《忠信之道》《成之闻之》《尊德义》《性自命出》《六德》《语丛一》《语丛二》《语丛三》《语丛四》。在十六篇文献中，除了《老子》《缁衣》见诸传世本，《五行》见诸长沙马王堆汉墓帛书，余皆先秦佚文，对研究楚文化及先秦时期的文献具有极为重要的价值。

墓主人是谁？一个上有铭文"东宫之杯"的漆耳环照进黑暗的历史。关于

"杯"的释读，李学勤释读为"师"，后来，学界认为释读为"师"比较妥帖。若以"东宫之师"释读，就非常有意思了。东宫是楚太子居处，太子的老师是谁？学者根据出土文物综合判定，该墓地形成于公元前300年前后的楚怀王时期。起初疑是屈原墓葬，因为屈原在《离骚》中也表达过做太子师的愿望。但屈原约于公元前278年在汨罗江投河自杀，尸骨是否找到都成问题，更别提从300公里外归葬楚国国都了。况且，这一年，秦将白起水淹郢而拔之，大败楚君，谁有工夫替被贬之人收尸归葬？学者普遍认为是慎到，原因如下。

第一，从人物关系看，非常吻合。当时东宫太子叫熊横，曾经为人质在齐国，接触到慎到自不待言。熊横回国继位（时怀王被留置在秦，公元前298年），慎到也随之入楚，辅佐熊横治国。

第二，从时间上看，慎到长寿，钱穆推测他于公元前275年去世，和墓葬的大体年代相距不远。若慎到在楚国活的时间不长，那么，熊横一定会厚葬他，以感谢老师的陪伴，这和葬品丰厚有很大关系。

第三，出土竹简非常符合慎到的研究范围和学问背景。慎到的理论建构在道家学说的基础上，出土有《老子》甲、乙、丙三本和《黄帝四经》，这明显是齐国黄老之术的经典。同时，儒家经典也很丰富，活脱脱一个齐法家思想的"文库"，横跨道、儒、黄老之术诸流派。

遵从钱穆关于慎到的生死年代推断，似乎慎到的卒年应提前若干年，至少要在白起拔郢之前，即公元前280年。从庄辛游说楚顷襄王的背景推测，公元前280年，襄王所宠幸倚仗者，早无慎到的影子，其卒年还应提前，即慎到的去世时间早于现在公认的公元前275年，应在公元前280年之前。

二、慎到思想的基础

田氏代齐催生黄老道德之术

理解慎到学术，必从黄老道德之术始。《慎子》存世的不少篇章与出土经典《黄帝四经》雷同或者相似。《黄帝四经·经法》里就有几段与《慎子》的《德立》《君人》诸篇几无差别。黄老道德之术在前，慎到法家思想在后，故理解黄老思想是打开慎到思想大门的钥匙，也是我们理解荀子、韩非子等法家人物思想的前提。

"黄"指黄帝，"老"指老子。黄老之术兴起于齐，是田氏齐国涂脂抹粉的需要。田氏齐国窃取姜氏齐国，需要从历史上找理论根据。

原来，（齐桓公十四年）陈国公子完为躲避陈国追杀，至齐避难。陈宣公谋立宠姬所生小儿，就把太子御寇杀掉。公子完和太子御寇关系甚密，害怕被株连，逃离故国。陈公子完在齐，低调做事，齐桓公想让他做官，他推辞不就。桓公把他封到"田"地食邑，得"田氏"（"田""陈"古音同）之名。田氏在齐国发展壮大，田桓子立了大功。

公元前545年，陈国公族田完的四世孙田桓子与鲍氏、栾氏、高氏合力消灭齐国执政大族庆氏。之后田氏联合鲍氏灭栾、高二氏。田桓子强硬对待齐国公族，"凡公子、公孙之无禄者，私分之邑"，对国人中"贫穷孤寡者，私与之粟"，取得公族与国人的支持。

齐景公时，公室腐败。田桓子之子田乞（田无宇子，即田僖子）用大斗借出、小斗回收，使"齐之民归之如流水"，封地之户口与实力大增，即"公弃其民，而归于田氏"。

公元前489年，齐景公卒，齐国公族国、高二氏立公子荼。田乞逐国、高二氏，另立公子阳生，自立为相。从此，田氏得以掌握齐国国政。

公元前481年，田乞之子田恒（田成子）杀齐简公与诸多公族，另立齐平公，进一步把持政权，又以"修公行赏"争取民心。

公元前391年，田成子四世孙田和废齐康公。

公元前386年，田和放逐齐康公于海上，自立为国君。同年，魏文侯出面说服周安王册命田和为齐侯。

公元前379年，齐康公卒，姜姓齐国绝祀。田氏仍以"齐"作为国号，史称"田齐"。

陈公子完的"陈"又是怎么回事？原来，周朝代商，分封天下，不忘旧族大德，黄帝、炎帝、尧、舜、禹等后代，都要分封地盘。舜的后人胡公满被封在陈（今河南周口市淮阳区），其后为"陈"氏，三代以后为"陈"姓。舜又是黄帝的后裔。舜在被选为尧的接班人前，尧为了考查他，让舜搬到妫水旁居住，所以舜的部分后代便以居住的这条河为姓，为"妫"氏。舜帝再向上追溯，其祖先是黄帝，尧、舜、禹、伯夷、皋陶、商汤等，皆黄帝之遗胤。姜姓的祖先是炎帝，神农氏。黄帝部族和炎帝部族发生战争火并，黄帝战胜了炎帝，子孙统称炎黄子孙。因此，田氏代姜齐是有正当理由的——黄帝之后取代炎帝之后，天经地义。

而老子怎么入其法眼呢？原来，老子姓李，是"楚之苦人也"，与孔子同时代。楚国的苦县，原是陈国地盘，楚灭陈后，县之。陈公子完和老子是同乡，推崇老子，是给田氏脸上贴金。上有所好，下必甚焉，稷下学者当了吹鼓手，恰好战国纷争，也需要理论支撑。黄老道德之学就在齐国发展壮大起来。

黄老道德之学在战国时期派上用场，除因田氏代齐，还有以下原因。

第一，贵族政治解体，平民社会到来，异姓才士出将入相。学而优则仕，大批出身微贱的人通过战争、学习、投机等进入社会上层，执掌国政，趁机打压公族，迫其退出历史舞台。因此，国君和臣僚之间就存在着控制和反控制的问题。若君主失去控制，政由大臣，那么，轻则失势，重则失权，严重者杀身灭族。而臣僚由于出身微贱，只有牢牢贴身君主，为君主所宠用，才能身显名高。大臣吹捧君主以求容，君主集权执势以御下，成为时代的需要。

第二，社会结构发生变革，臣是异姓臣，民是异姓民，士、农、工、商，三百六十行，各有所专、所求，纷繁复杂，天下如何治理？再简单地靠"礼"治，力不从心。原始的封建贵族统治封国，相对比较容易，只要"齐家"就能治理方城之内（国及城市内的家族人等），但是，随着大宗和小宗的不断分裂，庶孽日众，同姓之人也逐渐疏远不闻，形同陌路。社会变成了一个个相互独立的个体，要把他们团成一体，需要新手段（韩非子所谓的"柄"）。这个手段，就是"法"。李悝、商鞅开启了"法"的先河。

第三，那么，法是什么？老子道德之说派上了用场，法的思想源头就是"道"，道是万事万物的周流不息、自然运化的存在，人干预和不干预，它都在发挥作用。"人法地，地法天，天法道，道法自然"，人世间师法的对象就是道，道又是自然而然地运行。老子由此引出"无为而治"的思想，只要大家都依道运行，就不需要做什么事，天下自然会向预想的方向发展，君王就可以实现无为而治。因此，强调"鸡犬之声相闻，老死不相往来"，目的就是告诫君王不要兴师动众，不要为私欲驱动天下争土夺地，造成流血漂橹、横尸遍野。

但是，不让百姓相互交往、交易是不可能的，社会总要有人管理，这就是儒家入世思想要解决的问题。在这个问题上，儒家、道家合流，产生了法家思想。只要摸清了"社会"运行的规律，依社会规律行事，就简单了。用经济学的概念，叫"交易成本最低""管理效率最优"，以较少精力就能管理纷繁复杂的天下。孔子四处奔走，恢复周礼，但礼治到底衰落了，其徒子徒孙加入寻找治理方案的队伍，由儒入法，以道为理论依据，形成儒、道、法合流。申不害的"术"是君臣关系的规律，商鞅的"法"是社会和利益关系的规律，而慎到的"势"则是权力架构、运行的驱动规律。

黄老道德之术的思想特征

黄老道德之术，不是"黄帝+老子"的简单叠加，而是有深刻含义的学术思想。用黄帝名之，还有一层意思，即"权威性"，作为炎黄子孙，听从先祖之训，天经地义。

1973年长沙马王堆汉墓出土的帛书《黄帝四经》即是黄老道德之术的代表性著作，它原本已失传两千多年。《黄帝四经》包括《经法》《十大经》《称经》和《道原经》，是以道德、阴阳、易经、儒术、墨家等杂糅而成的治国安邦、经纬天下的治国方略文集。

老子的著作即《老子》，又称《道德经》，分为上下两册，八十一章。前三十七章为上篇道经，讲道之体，道之常；第三十八章以下属下篇德经，讲道之用。天下大道，可道不可道，无为而无不为，其说深奥玄妙难测。至今，我们也是知其大略，难能揣测得其精义。

黄老道德之术尊崇黄帝和老子的思想，兼采阴阳、儒、法、墨之论。黄老之术继承和发展了老子关于"道"的思想，认为"道"是客观必然性的存在，不管悟与不悟，它都客观存在并无时不在运行，主张"虚同为一，恒一而止""人皆用之，莫见其形"。

在社会政治领域，则依"道生法。法，引得失以绳而明曲直。执道，生法而弗敢犯"，主张"是非有，以法断之，虚静谨听，以法为符"，以法律为准绳，一断于法，君主就能做到"无为而治"，"省苛事，薄赋敛，毋夺民时"，"公正无私"，"恭俭朴素"，"贵柔守雌"，通过"无为"而达到"有为"。

那么，如何实现"无为"呢？当万事万物与道协同，与道共运化，则道处在寂然而显的状态（静），当两者不谐和，社会违道而行，则妄"动"，所谓"大道废，有仁义"，妄动则偏离正轨，法绳墨曲直以纠正之（刑罚）。因此，"法"是大道运行的绳墨尺度，丈量社会各类人等之作为与大道运行的和谐程度，"法"是大道的体现者和守护神。它是道家向法家转关进化的中间阶段，通过建立黄老道德之学，奠定法家的思想基础，这是齐法家称为"道法家"的原因。但这个"道"又掺入了儒家的思想和礼治秩序。

尤其要指出"德"与"法"的神秘关系。道家、儒家、墨家者流无不好言"德"。从字源上推理，"德"意味着"法"。"德"的甲骨文从"直""心"和"行"，最早的甲骨文寓意"用眼睛看街道走路"，后来加上"心"，意味着以内心丈量外在的行为走正路。可以说，"德"是用来丈量"道"的，是道之用，道的外显，即以个人内心的尺度自我丈量测度自己的行为是否合"道"，道是德之体，道德一体不二。道中有德，德中有道。而"公德"则是将个人的价值尺度外推，转化为社会大群的价值尺度，从而形成共性、共同遵守的行为规范。孔子的"仁"就是个人价值尺度和社会价值尺度的通约、交汇点。而"法"更进一步，在个人价值社会化前提下，完全外在于人，变成一种约定俗成的价值尺度，由外在的尺度直接判定个人行为的适当与否，成为一种看似强加，实际上遵法是个人利益最大化的实现方式。

"直""德"字形演化历程

历史地看，法是社会理性思考的产物。这种理性思考有两大来源。第一是历史事实和经验。社会发展到战国中期，经验已经足够为凭来梳理总结人类社会大群运行管理的规范。第二是理论探索的结晶。《道德经》就是当时理论探索的精华，超越人类社会、统摄万物的"道"被用来解释"法"不容怀疑的至高无上的源头。由此，实现了道生德、道生法、德法并举的治国理政理论建构。《黄帝四经》既有理论上的论证，也有历史事实的验证，互为根据，形成系统的以法治国理政思想。

黄老之术，是法家思想的理论基础。法家的先驱人物管仲、子产的思想基础是"礼治秩序"下的"法治"，理论基础并不深厚、牢靠。只有定性描述，没有理论公式。法家的创始人李悝虽著《法经》，也不重视理论建构工作，吴起、商鞅、申不害也是如此，他们只是从历史经验、故事、寓言中获得智慧，只是一味强调法治好，社会需要法治，用君权强制推行，用尽高压手段，百姓还不理解。有了黄老道德之术作为桥梁，实现了"法理论升华和自洽"，"法"是道的外显，尊法就是尊道，任于法，就是任于道，自然而化，君主、臣子、庶民都各自奉行，无为而无不为。这样，为法治提供了理论上的合理性和必然性。上升到"理信"的高度，社会各界从理论上认清其好处，法治推行的阻力顿然减轻。

黄老道德之术为战国时稷下学派发明，但其作为广为流传的社会思潮，兴在西汉，汉高祖刘邦定鼎天下，经汉惠帝吕后之乱，天下疲敝，经不起折腾。

汉文帝采纳"无为而治"的思想，与民休息，节俭薄用，让社会恢复生机与活力，"文景之治"即是黄老道德之学的硕果。但到汉武帝时，事一变而"罢黜百家，独尊儒术"，是他要有大作为，北逐匈奴于漠北。到东汉时，黄老之术与谶纬之说杂糅，演变出自然长生之道，赋能道教和养生之学的发展。

齐法家与黄老道德之术

齐法家的主要特点是道法融合。主要理论观点分布在《管子》的有关章节《法禁》《法法》《任法》《君臣上》《霸言》《禁藏》等。齐法家有两大思想基础：一是黄老道德之术，从"道"出发论证法治的必然性和合理性；二是儒家思想，从历史、天人关系、人伦秩序等角度论证法治的必要性、可行性和补充性。总之，齐法家既有理论又有实践理性的建构。而晋法家，如上所言，并无理论论证，只是在实践中总结，经验地认为法治是必由之路，所以借助君主的强力支持，强硬推行，如李悝、吴起、商鞅推动变法，莫不是强硬手腕开路，重刑轻赏。其取信的措施是通过"金钱开道"，有功必赏，说话算数。而齐法家由于有理论支撑，国家推行法律是自觉行为，用不着立信，潜移默化就推行开来了。

因此，齐法家与黄老道德之术关系密切，具体表现如下。

第一，法治思想的源头活水是黄老道德之术，齐法家吸收其理论滋养，落脚点在法治。黄老道德之术的理论源头是《道德经》，以言道为任，将道德思想用在社会家国治理方面，形成崭新的主张。第二，齐法家和黄老道术都是在田齐的土壤里孕育而来，代表了新兴君主、新兴地主的利益诉求。在现代人的意识里，"地主"是个贬义词，其实它是中性词。在土地私有制社会，农民就是"地主"，土地是主要生产资料。地主有大小之分，有权力勾兑、垄断的不同。新兴地主包括新君主、异姓卿、大夫、士、战功奖励封地者、自耕农，土地都是他们通过耕作、打仗得来的。他们对土地的感情和封建贵族不同。

三、慎到思想的特征：尚法与势治

慎到是法家思想家，见解深邃博远，见诸著述之中。《史记》言其有《十二论》，《汉书·艺文志》法家类著录《慎子》四十二篇。可惜，现仅存有《威德》《因循》《民杂》《德立》《君人》五篇，《群书治要》存《知忠》《君臣》两篇，清朝时，钱熙祚合编为七篇，刻入《守山阁丛书》。此外，还有佚文数十条，近代出土慎到佚篇《慎子曰恭俭》。通过这些文献，对照《黄帝四经》的有关篇章，我们得窥慎到的思想大略。

博采众长的理论源泉

慎到法家思想是众源汇于一川，博采众长，成"势"派宗师。慎到所言"粹白之裘，非一狐之腋"，形容其理论来源甚为恰当。

第一，慎到出生在赵国，自然会受以赵国为首的晋法家思想影响，尤其吸收子夏西河学派思想，曾参、田子方、段干木、魏文侯、李悝均对西河学派有贡献，或为其学生悟解治理之道。

第二，齐文化思想和环境熏染。例如，田齐需要黄老道德之术以论证代姜氏而立的合理、合法性。这相当于把中原地区的文化精髓导入齐国，在齐国生根开花结果。晋法家缺乏这个方向转化的动量。

第三，稷下学子的百家争鸣激起思想的火花，成燎原之势。例如，管仲治国思想、鲁国正宗儒家思想（孔子、孟子）、墨家思想代表了周代文化的精髓，积极用世，治平社会是共同的理想，是法家思想的源头活水。彭蒙、田骈、环渊是慎到同时代人物，共同建构了齐法家思想。

庄子评价慎到的哲学思想

《庄子·天下篇》是一篇古代思想学派的概论，其中关于慎到的思想主张着墨甚多，用语精到。

第一，认为天下大道，公而不党，易而无私，道是天下公器，不为任何人私有。不论喜欢与否，见与不见，它都存在并刚健运行。稷下学派，有几个代表人物，彭蒙、田骈与慎到持论相似。

第二，在思想行为上，平等地看待万物，无偏好与偏私，依理而不存主见。无用心于思虑，不以智巧谋取，不凝滞偏择于外物，随顺自然，与物同化。他们把平等地对待外物置于首位，主张对万物有所选择则必不能周延概全，有教则有所不教，只有按照齐等的规范与尺度测度万物，才能无所遗漏。

第三，慎到弃智绝巧，不固执己见，也无必然的规律存心，而把任外物幻变之道作为疏导事物的方术。自身怠惰不正无以为能却讥笑他人崇尚贤能，自身放纵不羁没有德行却讥笑他人尊重圣哲。因此，慎到主张尚道，尚法，不尚贤。弃智绝巧，大智若愚。大凡没有感知的物类，就不会有自身忧患，无心计筹算的牵累，动静之际毫不背离客观事理。

"人莫不自为"的人性论

慎到主张君主有立法、变法、司法、执法之权。立法的出发点是"道"，道即基于"人有自私心"的人性论。《慎子·因循》说：

> 天道，因则大，化则细。因也者，因人之情也。人莫不自为也，化而使之为我，则莫可得而用矣。是故先王见不受禄者不臣，禄不厚者，不与入难。人不得其所以自为也，则上不取用焉。故用人之自为，不用人之为我，则莫不可得而用矣。此之谓因。

天地之道，遵循它，就可成就大事，违背它，事业就会萎缩。所谓遵循，就是遵循人之性情。人人都有为己谋利之性，概莫能外。若其改变态度，装扮为毫无私欲，这样的人千万别任用。因此，先圣王不用不取俸禄者；俸禄不厚者，不让他们承担艰难困苦的工作。人得不到自己行动的利益，不知道自己想要什么，那么，上级就不要任用他们。因此，君主要善于利用人的自私心，因势利导。

这种"人莫不自为"的人性论，正是当时以封建土地私有制为基础的新兴地主阶级私有观念的反映。因为封建的宗亲关系纽带逐渐瓦解，代之以新型的君臣、君民关系，无偿奉献成为不可能，利益是天然纽带，无利益则无纽带。法律、行政应跟上时代发展步伐，"因人之情"立法、司法和执法，国家方能长治久安。

尚法不尚贤

慎到尚法，"治国无其法则乱"，坚决主张法治。要贯彻执行法治，就必须尊君，《慎子·佚文》说："法之功，莫大使私不行；君之功，莫大使民不争。今立法而行私，是私与法争，其乱甚于无法；立君而尊贤，是贤与君争，其乱甚于无君。故有道之国，法立则私议不行，君立则贤者不尊。民一于君，事断于法，是国之大道也。"

这段话的含义非常丰富。

第一，天地立法、立君首要目标是调整个人和集体的利益关系，管控私心私行，平息民争。法律是判断的标准，而国君是裁判者和执法者。所以，慎到说："法非从天下，非从地出，发于人间，合乎人心而已。治水者，茨防决塞，九州四海，相似如一，学之于水，不学之于禹也。"法虽师法"道"，此道在人心，不离人心觉。立法，要从百姓的思想出发，因民之情，不从"君王"的私意。恰似学治水，要研究河流大川运动的规律，而不是研究大禹的私心。这是因为，天地立君的目的是为民不为君，立君是为百姓的利益服务的。

第二，法和君本质上是为公不为私，至公无私。法、君是天道自然运行的体现，不为私人、私心所专有，是为大群共同利益而生成和存在。"法者，所以齐天下之动，至公大定之制也。"法的主要作用是整齐统一天下万事万物的运行，以天下为大公，进而实现长治久安的目的。

至于天下立君的目的，《慎子·威德》强调说："古者，立天子而贵之者，非利于一人也。曰：天下无一贵，则理无由通，通理以为天下也。故立天子以为天下，非为天子也。立国君以为国，非立国君以为君也。立官长以为官，非立官以为长也。"这里，立君的目的是"通理天下"，不是为君主而君主，通过"贵君"，让天下通于一理，上下顺畅。各个阶层官职所立，非为私人，而是为公义。如此，法便建立在"至公"的基础上。

第三，如果立法、执法充斥私意，则国必乱。这条原则适用于君主、臣子以至庶民。得到有效治理的国家，法律起作用，则自私的想法断绝。君主能有效发挥作用，则贤人就不会得到尊崇。法律的实行与私意是抵牾、不相容的，慎到说："我喜可抑，我忿可窒，我法不可离也；骨肉可刑，亲戚可灭，至法不可阙也。"就是要做到"以死守法"。

第四，百姓要统一听从国君的指挥，国家大事小情一律以法律为准绳裁断，这才是治国的大道理。国君是执法者，也要受法律的约束。要求"民一于君"的主要理由是"君之功莫大使民不争"。为了尊君，慎到反对与国君分庭抗礼的贵族，也反对儒、墨的尊贤、尚贤，认为"多贤不可以多君，无贤不可以无君"，主张"君立则贤者不尊""立君而尊贤，是贤与君争，其乱甚于无君"。

对于慎到"不尚贤"要有客观的认识。他生活的时代，不少贤者成为国君的掘墓人，或者弑君自立，或者废君窃国自成诸侯，或者威逼君主以求利，"不尚贤"之论是对君主说，不要指望贤人治国，要君主亲力亲为，鞠躬尽瘁，充分发挥作用。慎到尊君，认为"多贤不可以多君，无贤不可以无君"，尽管天下贤人多，但国君不可以多有，一个足矣。即使天下没有贤人，也不能无君，无君则乱。因此，只要有国君在，天下就有治理安定的可能，而无国君，群龙无首，即使贤人再多，也无助于拨乱反正，实现治平。荀子不认同此说，批评慎到"蔽于法而不知贤"，指他一味强调法的作用，而对贤人实在不了解。贤人是道德高尚、忠于职守的能人，是国君的左膀右臂，治乱理政之臣。

慎到不尚贤，但尚能。贤主要是道德品质高尚者，能指技术类官僚，治世之能臣。慎到所处的时代，贤并不重要，重要的是能解决问题，攻城拔寨，攻坚克难的人才，不论起于什么阶层，都会得到擢用。这大概非常符合战国时代的争霸需要。

第五，"民一于君"在法律上的表现，是只有国君才有权立法和变法，各级官吏只能"以死守法"，严格遵守和执行君主的法令。一般百姓则必须"以力役法"，受法令的役使。慎到说："故治国无其法则乱，守法而不变则衰。有法而行私，谓之不法。以力役法者，百姓也；以死守法者，有司也；以道变法者，君长也。"在君主具体执法的过程中，慎到提倡法治，做到公平执法，反对人治。主张立法要为公，反对立法为私。用他的话说，就是"官不私亲，法不遗爱，上下无事，唯法所在"。

联想到商鞅的"改法为律"，以"律"的形式规定社会生活的方方面面，诸产得宜，皆有法式。那么，官僚就好像执行的机器，无所谓贤，只需照本宣科，比照规定做就可以了，所以要求官僚和庶民有能，但不必贤。战国群雄中，只有秦国做到了这一点，故能一统天下。

君主的人才观

《民杂》篇表达了这样一种观念，百姓各有所长，各有所专，林林总总，各方面的人才都有。君主必须充分利用，而不可有偏私偏爱，或者设计一种特别的方法排斥一部分。当君主可用之人越多，越能彰显君主的伟大，关键时这些人若都能为君主所用，则可以成就丰功伟业。一句话，君主必须不拘一格用人才。这点非常类似齐国孟尝君，他养士不拘一格，只要有特长，连鸡鸣狗盗之徒也照单全收，果然关键时刻派上用场。慎到说："盖廊庙之材，盖非一枝之木，粹白之裘，盖非一狐之皮。治乱安危，存亡荣辱之施，非一人之力也。"一个国家的强大，治乱，需要共同智谋与奉献。

但人才有贤不肖、忠奸、德能之分，在《知忠》篇，慎到详细剖析了"忠"，他据历史事实认为，治世、乱世均有忠臣。但忠臣未必能确保君主不身败名裂,有些忠臣恰恰是依靠君主的身败名裂换来的,或者因为忠心耿耿而对君主造成伤害。他说:"孝子不生慈父之家,忠臣不生明君之下。"明君以贤能为准任用人才,举事得当,无违于事,察选贤良,贤能各得其所,忠于本职,故不彰显其忠。而昏君胡为乱作,以己之邪戾,彰显臣僚之正气,忠臣出也。

其实,慎到对"忠"的认识,恰恰和他的主张有矛盾处。"忠"的本义是忠于职守,也就是认真履行岗位职责(不是忠君),尽己所能做好本职工作,这和其"定分"和"位势"思想并无矛盾。历史上很多忠臣,包括他自己列举的伍子胥、王子比干等,落得身首异处的可悲下场,是因为国君对自己本职工作的"不忠",不忠于天下之民而任私,骄奢淫逸,脱离了国君的本质要求,将私欲强加到国君名位上。所以,他所谓的"知忠"其实是不识"忠"也,故荀子说他"蔽于法而不知贤"。

主张法家"势"的思想

慎到是"势治"宗师,那么,什么是势?

第一,"势"的本义及其延伸。从字面意思,势,上"执"下"力","执力"就是掌握、贯彻力量的意思。若高山上的巨石,虽不动但吓人,一旦摇动滚落,则爆发无穷力量。高山之石内在含有一种力量,物理学称之为"势能",它的大小由相对位置决定。换句话说,位置是"势"能大小的决定力量。用在国家政权框架方面,国君、臣子,根据各自官位获得势能。国君高高在上,虽然寂静无为,看似不动,其实威势强大,一旦发动,则有雷霆万钧之力。各级官员,身在其位,对下层官吏,也有威势,如此层层传导,形成行政管理体制,确保执政队伍运转有序高效。法,由于直接为天道转化,高高在上,操运在国君手中,故具有最高的"势"能。

慎到关于"势"的描述,也非常形象。《慎子·威德》有言:"故腾蛇游雾,飞龙乘云,云罢雾霁,与蚯蚓同,则失其所乘也。故贤而屈于不肖者,权轻也,不肖而服于贤者,位尊也。尧为匹夫,不能使其邻家,至南面而王,则令行禁止。由此观之，贤不足以服不肖，而势位足以屈贤矣。"蛇能在雾中游动，龙在云中穿行，是因为有所依托。依托不存，则与蚯蚓无异。贤能之人服从于无能之辈，是因为无能之辈的地位尊贵。尧帝如果是普通百姓，命令邻居也难。可为天子之尊，万人之上，则令行禁止，号令天下无不从命。由此观之，贤能之人不足以臣服不肖之辈，可势位高者足于让贤能屈从。

　　第二，兔子的所有权——定分与天下安定之法。慎到有一个著名比喻。在熙熙攘攘的集市上，一只兔子跑跳，会有一百人追赶并想抓住它，不是一百人想平分兔子，而是这只兔子无主，谁抓住就是谁的。尧帝费尽心力也无法平息乱局。而在集市上，兔满集市，再野蛮的行人也不敢看两眼，更无人敢拿，因为兔子已有归属。为了平息争来夺去的无序状态，就必须确定名分，明定兔子的所有权。治理天下没有别的高招，定分而已也（《吕氏春秋·慎势》）。

　　定分，就是确立行为主体的权利和义务，明确事物的"形（刑）名"，确定事物的概念、用途、功能、外观。例如，君君、臣臣、父父、子子，各定其位，其职、其能。再如，通过法律形势确定官员的官职和权力，建立法度，依法办事，就不会混乱，天下就能得到有效治理。

　　法律制度框架一旦建立，定分已明，那么，"势"自然形成。国君在上，卿在下，士次之，庶民再次之，各有所执掌，各安其位，各不相侵，则天下大治。用形象的比喻，"势"就好像足球队的"队形"，各安其位，就是"保持队形不变"，锋线队员负责进攻，中场队员攻防结合，后场队员防守为务，教练员负责调兵遣将，临阵指挥。这其中，"定分"是关键。

　　第三，任数，确定权势大小。"势"含有数量关系的意思。"数"是用来测度"势"的各种指标的集合，从各种不同方面表现"势"的力量，从而判定事物未来的走势。《吕氏春秋·慎势》："失之乎数，求之乎信，疑。失之乎势，求之乎国，危。吞舟之鱼，陆处则不胜蝼蚁。权钧则不能相使，势等则不能相并，治乱齐则不能相正，故小大、轻重、少多、治乱不可不察，此祸福之门也。"如果国君在数量对比方面失势，想用忠信挽救国家，则非常不可靠。丢失了"权势"，再求救于国人相助，则相当危险。吞舟之鱼在陆地上不胜蝼蚁，是因为缺少了天然的依靠。权势相当的国家不能相互任使，势均力敌的则难以共事，治乱方法相似则无法相互纠正。因此，国家的小大、轻重、少多、治乱是国之大事，祸福之门，不可不详察。

第四，势集中体现在君民、君臣关系方面。国君之势，来自天道，天道来自世间百姓，天作君、作师，是为民而起，为民所谋，非为私家。慎到认为，国君的权势来自百姓的襄助，国君可调动使用的臣下百姓越多，经济、军事实力越强，则国君权势就越大，称为"太上"，居于至高无上的地位统御万民，则无不服。国君和大臣，权势不可共享，君权不可轻易相授，要保持君权的"独享性"，天下不可有两主，国不可有二君。

第五，根据慎到的论述，法立而势成，势是立法的自然结果。因为法是因人之性和天之性，百姓需要领导通天下一理，则自然授权给他无上的地位，立官以执政，也必然赋予相应权势。所以，势不外于法，在法之内。是法授权给各级官僚的立法权、司法权和执法权。势则主要表现在执法方面，也就是行政权力的支配和被支配地位的安排，核心则是君臣关系。

国君如何利用权势驾驭臣下

君臣之间，存在领导和被领导的关系，国君如何驾驭领导臣下，推行自己的主张呢？慎到在这方面用心颇勤刻深。

慎到认为："君臣之道，臣事事而君无事。君逸乐而臣任劳。臣尽智力以善其事，而君无与焉。仰成而已。故事无不治。"（《慎子·民杂》）国君应无为而治，通过法律制度和权威，让臣下多做事，而自己少做。国君一定要将事让臣下去做，如果自己主动做事，臣下则省心安逸。领导臣下，如果处处自己积极主动，那么臣下不敢和国君相争，袖手旁观，隐藏自己的技能。一旦有过错，国君反而为臣下笑话责难。这是逆乱之道。实际上，国君的智能未必高于众人，想代替臣下把事做完，怎么可能做到呢？纵然国君拥有最高的智能，一人包揽天下事，日久就会精疲力竭，不胜其扰。因此，国君做事而臣下不干事，则君臣易位，称为"倒逆"。所以，一定要保持君臣之"势"不能倒置易位。君安逸而臣任劳，才是正确的"势"。

"君无事，臣事事"有什么样的技巧和方法？慎到制定了几个办法。

第一，用最公平的方法分配财产和奖赏。国君只是制定办法，立公去私，消除人为干预。让分得财物的人不论多少，都无法抱怨，找不到发泄的对象。例如，用抽签、抓阄的方法分配，用蓍草和占卜的方式做出判断，这样，无人会提出反对意见。明君动事分功一定要靠智慧，丝毫不能马虎。确定奖赏、分配财产必须由法确定。各安其位，各尽其能，士不得兼官，工不得兼事，一切按照能力大小分配任务，根据任务完成情况确定奖赏。这样，奖赏恰如其分，不会有人过多或者过少，而引起争执。《慎子·君人》专门讲定分止争的方法。国君如果舍弃法律而靠人治，诛杀、奖赏、任用、迁罢皆决于国君一人，则很难实现公平公正，很多人为了获得更多而投君所好，若能成功，则同功不同赏，同罪不同罚，乱由此生发。众人分马用抽签，分田用抓阄的办法，就是堵塞私怨。国君一断于法，同功同赏，同罪同罚，则无私怨，天下自然安定。

第二，国君要大智若愚，尽可能装作什么都不知道，一切交给法律定夺。《慎子·君臣》有论说，国君不应多听，而应按照法条和工作完成结果考评得失而定奖罚。无法律凭据的话，充耳不闻。没有法条根据的劳动，不得图谋功勋之奖。无功劳的亲人，不得任用为官。官职不得私授亲人，法律不得有所偏爱。上下各安其位，是法律存在的意义。

四、慎到法学理论的创新性发展

慎到虽无亮眼事功，足迹泯然于典籍，但他作为稷下学派的代表人物，不官不仕，在法学理论上有深入探索，对我国的法治思想贡献甚大。

第一，慎到的法基于人有自私欲望的人性论，提出法律应因循人情事理，用以调整社会各阶层的利益，管控私心，立天下之大公，定分止争，使天下通于一理。慎到对法的功能定义更趋理性，也更接近法的精神。

第二，慎到基于黄老道德之术和诸子之论，兼收并蓄，论证法理，首次将法建立在坚实的理论基础上，弥补了李悝、商鞅、吴起等法家人物在理论论证方面的不足。他们认为变法一定有效果，但为何变，如何立法，并没有深入的探讨和研究。由于缺乏理论支撑，他们推行法治靠强力压制，逼迫百姓就范。如商鞅实行法治三年才有效果，此前百姓抵触情绪很重，商鞅不得不强硬推行。慎到基于老子的道德学说，认为法是道的表现，道是人世间的有序运行规律的集合，本质上符合百姓的利益。从而，立法、执法、变法、守法等皆是"道"的客观要求。从君主到庶民，概莫能外，民一于君，事一断于法，是社会安定有序的必要条件。这样，慎到的尚法，社会各阶层都觉得有道理，符合自己的利益，推行难度自然就低。

第三，慎到主张法治，摈弃"人治"，尊君不是为了君王，而是为了天下苍生。天下立君，非为君一人，而为天下人，立天下之大公，弃天下之私。既然如此，国君在法治体系之中，不在之外。国君也必须遵守法律，践行法治而非人治。他明确指出人治的弊端，君主以个人喜好统御天下，则天下非但不能平安，反而会乱上加乱。因为，国君主动废弃法治，则上行下效，很快就会让法律成为摆设。上下私欲膨胀，各擅己利，则纷争并起，天下安稳，岂可得乎？君主带头践行法治，一断于法，则天下一理，赏罚平等公允，则臣下无所争执，则可定争息乱。这样，他建立了"法治"的理论闭环，形成说服力较强的理论体系。因此，从理论层面，慎到抬高国君，尊君卑臣，但其真实目的是"卑君"，把国君当作天下安稳环节中的一环。可惜，在历史长河里，"尊君"被反复强化，而把国君视为治国一个环节的定位模糊化，以至于定义法家为专制集权摇旗呐喊，从而掩盖了法家思想的实质。

第四，发展了法家的"势治"思想。势，是有法律体系决定的权势、权威。表现在君主、臣下、庶民在法律关系中的地位高下，地位高者"势大"。权势大者驱使、任用权势低者。权势，是法律确定的责权利的组合形态，由相关的概念、名分等决定。势治，本质上是行政执法能力建设，通过权势的层层传导，促进各级官员完成法律和君主交给的任务。若无权势，君主难以驱使臣下工作，则事难成。

第五，慎到的人人皆有私欲的人性论，将法家思想推进一大步。法家的人性论主张"性本恶"，儒家则主张"性本善"，慎到的思想显然居于中间阶段，是性本善向性本恶的过渡性概念。基于此，他提出因人情而制法的思想，顺人情执法，则万事易行。他主张任用"能人"，而非贤人。能人，在法律规定的框架内完成工作即可，不需要高尚的道德修养。贤人多有，则国君难安。忠臣多有，则世无明君。慎到不尚贤，不用忠臣的思想，和商鞅、吴起等老一辈法家明显不同，显示其在法律作用的认识上，更进一步。

慎到的"势治"思想为后来的法家实践家范雎、李斯、秦始皇、秦二世所用，也被韩非子用来尊君抑臣，主张威权专制，越来越极端化。法家思想随着秦帝国的灭亡声名扫地。究其缘由，慎到的"势治"思想在于"法"之内，受到法的规范，而后世的法家人物将"势"独立于法之外，成为君王的治国权柄术，君王的权力脱离了法律框架，突出了权力的任性。如此，行政领导权践踏和摧残了法治基础，相当于表面上是法家，实际上是"法家之贼"，抽离了法治的基础，葬送了使自己强大的法治基础，还以法家的形象名显，故曰贼。慎到的势治思想有错，错不在他，而在法家之贼。他们暗淡了法家的荣光，使相当长时间法家抬不起头。其实，《黄帝四经·称经》早已发出警告："刑伤威。弛欲伤法。无随伤道。数举三者，有身弗能保，何国能守？"秦始皇统一天下之后，严刑峻法，私欲膨胀，不遵道法，穷奢极欲，杀伐过度，以致身家、天下、皇极陡然倾颓。

慎到在理论上认识很深刻，但在现实生活中不能免俗，很难跨越时代环境的制约。回到本章开头荀子对慎到的评价可以看出，慎到的法家思想有进步，但不完善，不完善处在于人人"道德性"的平等并非是人格、人权上的平等，而法治的社会基础必须是公民人格和人权的平等。自然法基础存在与人群社会的不平等，造成法律并不能有效贯彻，"尚法"实际执行的结果却是"无法"。不过，作为法治思想家，慎到有理论创新，是值得深入研究的。

第八章
李斯：崇尚『老鼠哲学』的实践派

李斯（？—前208），字通古，上蔡人，被誉为法家的实践家，官至秦帝国丞相，是儒家思想家荀况（约前333—前236）的学生，韩非子的师弟。

李斯的人生充满戏剧性和悲剧性。他从间巷布衣到仓库小吏，见老鼠之卑贱而悟人生之玄妙。他师从荀况，游走诸侯，辞师入秦以求用，爬升至客卿高位，受《逐客令》之祸被逐。危急时刻，他以《谏逐客书》上书秦君，扭转了大秦命运和自己命运，进入秦始皇的决策核心，助力秦始皇扫平天下，统一六国。秦帝国废封建，行郡县，统一文字，统一度量衡，车同轨，书同文，行同伦，为中华文明的统一发展贡献甚伟。可惜，李斯晚年私虑太深，上书行督责之术，一再失误，为赵高所诬，戮死于市，祸连三族，令人扼腕。

文学评论家刘勰欣赏李斯的文学才华，认为他的文章堪为师法。曾国藩从李斯等人身上看到做人做事的艺术："古来如李斯、曹操、董卓、杨素，其智力皆横绝一世，而其祸败亦迥异寻常。近世如陆、何、萧、陈亦皆予知自雄，而俱不保其终。故吾辈在自修处求强则可，在胜人处求强则不可。"明代思想家王夫之说："秦政、李斯以破封建为万世罪，而贾谊以诸侯王之大为汉痛哭，亦何以异于孤秦。"

本书第三章论及法家与儒家关系时，提到子夏与曾参的对话。子夏高兴地对曾子说："我最近长胖了。"曾子不明白什么意思。子夏说："以前，我出则以先王之道为荣，入则倾慕荣华富贵，两者在内心打仗，难决胜负，弄得我形体憔悴。现在，在我心里，先王之道取胜，吃饱喝足，终日安乐，所以，我心宽就体胖了。"自胜谓之强，战胜自己才是真强大。子夏的徒子徒孙却未必有此自胜境界。子夏在西河授教，李悝、吴起、商鞅、申不害、慎到、李斯、韩非子相继迈入法家的殿堂，游走在儒、法之间。韩非子和李斯是荀况的学生，

第八章　李斯：崇尚"老鼠哲学"的实践派

而荀况又是思孟学派的正宗嫡脉，结合历史发展提出性本恶之说，建立帝王之术。可惜，能自胜者太少了。内心虽装着先王之道，往往在决定天下走向的紧要关头，先王之义败，而荣华富贵胜。李斯便是其中的典型。荣华富贵是私欲，先王之道乃大公。按法家理论家慎到的思想推演，违天道者，天必罚之，说的不就是李斯这样的人吗？

一、秦国因变法而强

公元前338年，商鞅被秦公族子弟多怨，被诬反，走投无路。刚上位的秦惠文王将他车裂，安抚秦国公室。可商鞅之法不但未废，还得以完善，乃因秦人尝到了甜头。秦惠文王时，重用合纵派的公孙衍和连横派的张仪（？—前309），以连横之计破合纵之策，东破山东六国之合兵，向东夺取河西之地，然后继续东向拓展，蚕食魏、韩地盘。西北方向攻打义渠，取城二十五。司马错伐蜀得胜（公元前361年），稳定大后方，其地成为粮食基地。东南攻楚，取汉中地六百里，形成战略攻势。

秦惠王在位二十八年，前十四年为诸侯，第十四年才敢称王。子武王荡继位。武王身高体壮，孔武好战。在政治上，设置丞相，驱逐张仪，结盟魏国，联越制楚。在军事上，攻拔宜阳，设置三川郡，平定蜀乱。在经济上，修改封疆之制，更修田律，疏通河道，筑堤修桥。秦武王四年（前307），武王举兵亲窥周室，与力士孟说在周天子眼皮子底下比赛，举"龙文赤鼎"，大鼎脱手，砸断胫骨，气绝而亡，时年二十三岁，谥号为烈（悼）。

异母弟嬴稷即位，是为秦昭襄王（前325—前251，前306年立）。嬴稷继位时方十九岁，在位长达五十六年，为秦统一天下奠定了坚实的基础。昭襄王母为芈月，称宣太后。母子二人本质押在燕，因芈月同母弟魏冉和芈戎是秦军中的高级将领，嬴稷得以回国继位。嬴稷继位初，宣太后当权执政，舅舅魏冉、芈戎处理军政。秦先后战胜三晋、齐国、楚国，攻取魏国河东郡和南阳郡、楚国黔中郡和郢都（今湖北江陵）。昭襄王其实很幸运，继位四十一年才亲政。其母宣太后和义渠君相好，甚至生下儿子，但关键时刻宣太后诱杀义渠君，伐灭义渠（周赧王四十三年，公元前272年），设北地郡，治义渠（今甘肃宁县西北）。至此，秦有上郡、陇西、北地，筑长城以拒胡，消除北方威胁。昭襄王用魏人范雎为相（应侯），罢宣太后、魏冉大权，在军事上以白起为帅，执行远交近攻战略，这致使战争空前惨烈。起初秦起兵攻打诸侯国，不取其地，只求其财，撤兵后什么也捞不到（其实钱财都到了魏冉等老臣手中），范雎建议夺取土地，攻杀敌人。所以，秦与偏远诸侯国结交友好，全力攻打近邻诸侯，取其地，杀其民，尽占之。秦昭襄王借口赵国"截和"韩献上党之地，冒险发动长平之战，败赵。后又攻陷东周王都洛邑，俘虏周赧王，迁九鼎咸阳，结束了周朝八百年统治，奠定了秦国统一天下的基础。

东方诸侯国不想坐以待毙，决计联手反击，在魏信陵君魏无忌的率领下，叩关攻秦，秦国败绩，不得已请和，将安国君之子异人（又名子楚，秦始皇之父）质押在赵（异人之母为夏姬，不受宠）。秦战略收缩在函谷关以西。但此时东方诸侯国的国力已很难恢复。据梁启超先生考证，战国时期，各诸侯国战死达两百万人，仅白起率军杀人就占一半。这么多的人被杀（不算受伤），对于生产力落后的各国，实在难以承受。

秦昭襄王卒，子孝文王嬴柱继位，又称安国君。秦昭襄王熬死了悼太子，公元前265年，立嬴柱为太子，嬴柱十四年后才得立。嬴柱为父亲发丧，除丧三天后也一命呜呼，立异人为太子。

秦庄襄王（前281—前247）继位，任吕不韦为丞相辅政。此时，秦国从战争中恢复力量，又开始了新一轮的对外战争。秦将蒙骜（？—前240）伐韩，韩被迫割让成皋、巩等战略要地。秦国切断了韩国黄河南北的联络，使韩国彻底失去河北土地。秦国的地界延伸至大梁，初置三川郡（今河南洛阳东北三河交界地带）。

秦庄襄王二年（前248）和秦庄襄王三年（前247），庄襄王连续命令蒙骜攻打赵国，取太原（今山西太原）、榆次（今山西晋中榆次区）、新城（今山西朔州市朔城区西南）、狼孟（今山西阳曲县东北）等三十七座城池，设立太原郡。赵失去大半土地。蒙骜又攻取魏国高都（今山西晋城东北）和汲（今河南卫辉西南）。

东方诸侯国不联手奋力反击，魏信陵君再次合纵，联合燕、赵、韩、魏、楚（齐王建鉴于国力弱，不参加伐秦），在黄河以南击败秦军，蒙骜败退。联军乘胜追击至函谷关，秦军闭关不出。

秦庄襄王在位四年卒，子嬴政继位。嬴政荡平东方诸侯，统一了天下。

秦国经过商鞅变法的洗礼，逐步强盛，经过六代人的努力，基本具备了统一天下的雄厚实力。秦始皇在吕不韦、李斯等一大批文臣武将的辅佐下，统一了战乱不休的天下，建立了中国历史上第一个庞大的帝国。

二、儒者李斯变身法家

"老鼠哲学"

《史记·李斯列传》记载："李斯者，楚上蔡人也。年少时，为郡小吏，见吏舍厕中鼠食不絜，近人犬，数惊恐之。斯入仓，观仓中鼠，食积粟，居大庑之下，不见人犬之忧。于是李斯乃叹曰：'人之贤不肖譬如鼠矣，在所自处耳！'"

李斯出生于今河南驻马店上蔡县芦岗乡李四楼村，现村南有李斯墓。上蔡为蔡叔度封地，古蔡国地盘。蔡国位于诸侯国中最南，西接于楚，更南则为蛮荒之地。蔡国受楚欺压，迁都新蔡，再迁州来（下蔡）。上蔡的地盘是淮河流域的一部分，属于黄淮海平原的组成部分，南北纵贯千里，平畴沃野，气候属于北温带和亚热带气候区的过渡地带，温暖湿润，四季分明，是非常理想的农耕文明发祥地。此地东北方向八十公里，即是华夏文明的始祖伏羲氏发祥地。李斯时代，上蔡已经为楚国属地。

李斯生活在天下动荡的环境中。据张中义《李斯集辑注年表》，李斯出生于公元前280年（周赧王三十五年、秦昭王二十七年、楚顷襄王十九年）。此时，秦从西方蜀地东攻楚，取黔中（今湖南怀化以南），楚国献汉北（今丹江口市以东汉江以北区域）和上庸（今湖北竹山县西南）予秦。公元前278年，秦将白起攻取楚都鄢郢（今湖北荆州以北纪南城），楚被迫迁都至陈，称陈郢（今河南淮阳），楚行政管辖区域由西转向淮北流域。李斯就在楚国兵败、丧地千里的环境中读书，生子，带着孩子出蔡东门，牵黄犬，逐狡兔。

李斯当了小吏，出入官舍茅厕，常见到茅厕里的老鼠吃肮脏的食物，与粪便恶臭混杂一处。每逢有人或狗走来，老鼠就吓得仓皇逃跑。后来，李斯走进粮仓，看到粮仓中的老鼠吃的是囤积的粟米，住在大屋之下，体硕身肥，根本不担心人或狗惊扰，优哉游哉。李斯叹息道："一个人有出息还是没出息，就如同老鼠一样，由他所处的地方决定。"

慎到的势治理论，认为权威来源于位置和环境。位置和环境分为两方面：空间位置（区位）和时间位置（时机）。前者是"形"，后者乃"势"，两者巧妙组合，构成"形势"。势蕴含着力量，力量塑造着形，形又蕴藏着新的力量。不论贤与不肖，被放在位置上，都会获得相应的权力和升迁的力量。君主就是要把握势，驾驭臣下。官员要审时度势，瞅准升迁的机会。李斯获此感悟时，未必有势治思想，但他获得了出将入相的捷径———一切从实用主义出发，为获得地位，一切皆可抛。这便是李斯闻名千古的"老鼠哲学"。

因此，李斯舍家撇业，拜儒学宗师荀子为师，向荀子学习帝王之术。从其二儿子（中子）的年龄推断，此时李斯大约二十八岁。

李斯和荀子、韩非子的人生际遇

荀子（荀况，又称荀卿、孙卿），约公元前333年生于赵国，其先辈为晋国荀息。荀氏在晋国发展史上留下了浓墨重彩的一笔，有荀林父、荀䓨、荀瑶（智氏），人才济济，出将入相。荀子十五岁游学齐稷下学宫，约十八岁入燕，对燕王哙禅让其丞相子之颇有微词（这与他从齐来，齐不认可禅让事，故发兵攻燕的史实暗合）。他自燕返齐，在稷下学宫学习，与淳于髡、邹忌、孟子、田骈、慎到等老一代的稷下学者比，他是小字辈。

第八章　李斯：崇尚"老鼠哲学"的实践派

齐湣王灭宋，得罪诸侯各国。燕昭王派大将乐毅从北部掠地齐国，横扫齐地，势若卷席，齐湣王逃走避难莒，被楚将淖齿杀死。稷下学人四散而走，或死或亡，荀子避之楚（公元前284年，时年约四十九岁）约六年。慎到此时仍活着，楚顷襄王也在世。五年后，齐国田单在即墨城凭火牛阵反击，燕军大溃，齐得以恢复失地，迎立齐襄王复国。稷下学宫得以恢复，修列士大夫之缺，荀子返齐，再入稷下学宫（前279—前275年）。这时，荀子大约五十四岁，首次被选为祭酒（学宫首席学者）。后来，荀子被人嫉妒谗陷，奔燕国做学术访问。公元前277年至公元前266年，齐国政治气候好转，荀子第二次出稷下学宫任祭酒。公元前265年，齐襄王去世，荀子受谗。

公元前264年至公元前263年，齐王建初立，荀子应邀观政于秦，考察秦之政治、军事、自然形势及民情风俗。秦昭襄王和应侯范雎召见，荀子以强国之道说之（见《荀子·强国》和《儒效》两篇）。秦昭襄王方喜战伐，荀子终不见用，返回齐国，第三次出任稷下学宫祭酒，继续推进百家争鸣事业。各国学子云集稷下。荀子劝说齐相田单，遭到王后和乱臣贪吏之嫉恨，被迫离齐。由此判断，李斯和韩非子师从荀子，大约就是荀子第三次担任稷下学宫祭酒之时。

楚考烈王七年（前256），楚灭鲁。荀子离齐抵楚。公元前255年，楚春申君黄歇任荀子为兰陵令。兰陵即山东兰陵县，春申君为令尹（相当于宰相），兰陵为其封地。荀子当了兰陵令，有人在春申君面前进谗："汤以七十里，文王以百里。孙卿，贤者也，今与之百里地，楚其危乎？"春申君信谗，辞谢荀卿。荀子带弟子李斯、陈嚣回赵国，韩非子辞别老师，回韩国效力。

公元前252年，荀子回赵，被拜为上卿，与临武君议兵于赵孝成王前，李斯参与讨论，被荀子批评见解浅薄。时李斯三十二岁，师从荀子已有十年。

公元前251年，有客谓春申君曰："伊尹去夏入殷，殷王而夏亡。管仲去鲁入齐，鲁弱齐强。夫贤者之所在，君尊国安。今孙卿，天下贤人，所去之国，其不安乎？"（《荀子》）春申君便使人请荀子于赵。

公元前250年至公元前239年，荀子自赵回兰陵，复任兰陵令。在兰陵令任上，他积极实践自己的政治主张：对内"强本而节用"，大力发展农业，厉行节约，改革吏治；对外实行和平外交，与齐为善。

楚考烈王十六年（前247），李斯"从荀卿学帝王之术"已成，楚王不足事，而六国皆弱，无可为建功者，遂辞别老师西入秦。时李斯三十七岁。李斯至秦，初为秦相吕不韦舍人。荀子则继续在兰陵设坛讲学，有陈嚣、张苍、毛亨、浮丘伯等弟子。张苍为秦汉时代的文学家和政治家。浮丘伯有个学生叫刘交，是汉高祖刘邦的弟弟。

公元前238年，楚考烈王卒，春申君为李园所害。荀子罢官，两年后去世，享年九十六岁。有记载说，荀子听说韩非子被害，不吃不喝。钱穆认为，这种说法是"损"李斯之作，并非史实。若采信之，荀子会活到一百多岁。

荀子的思想

荀子是春秋战国时期最后一位儒学大师，被称为儒家的正宗嫡脉。孔子为追求自己的理想，与不符合其仁学标准的诸侯君主合作，一心创造一个理想国，实现"天道（道统）和政道（道统）"的完美统一。曾子、子思、孟子不停求索。时代的脚步不停，百家争鸣，诸子思想来往激荡，荀子进一步提出系统的天命观、人性论、王道政治思想和君主论，试图治平天下。李斯和韩非子力图将老师的思想付诸实践。苏轼在《荀卿论》中说："荀卿明王道，述礼乐，而李斯以其学乱天下。"

李斯真的是以荀子的学问乱天下吗？先来看看荀子思想的旨要。

第一，借鉴道家思想对"道"的理解，形成自然主义的天命观，认为"天命"就是自然规律、自然法则运动、发生作用的综合表现，如种子发芽、开花、结果，是种子内在的命运在自动发生作用，不假外力，从而引申出"天行有常"论。荀子说："天行有常，不为尧存，不为桀亡。应之以治则吉，应之以乱则凶。"殷商西周时期，"天""天命"被当作人格神看待。到了孔子，人格神色彩被淡化，天命被视为盲目的主宰力。其弟子和后学则力图使"仁德""心性""天命"得以贯通，如"天命谓之性，率性谓之道，修道谓之教。

道也者，须臾不可离也"，使"仁德""心性"的追求获得存在的依据。他又将"天""天命""天道"义理化、价值化，但是天和人心德性的逻辑关系仍然不清晰。荀子的自然主义天命观，并不是沿着过去的思路论证天命和人伦关系，建立清晰的理论，而是为了"天人相分论"奠定基础。

第二，天人相分论与制天命而用之思想。天人合一思想认为天命和人伦遵循同样的逻辑规律，人道乃天道的下贯，两者是一体，不可分割的。可荀子认为人是万物之灵，有智慧，社会大群之组织有其独特性，自然界和人类各有自己的规律和职分。其《礼论》说："天能生物，不能辨物，地能载人，不能治人。"其《天论》说："天有其时，地有其才，人有其治。"天道不能干预人道，天归天，人归人，故言天人相分不言合。治乱吉凶，在人而不在天。从而引申出"制天命以用之"的思想，与其迷信天的权威，不如利用它服务于人。强调人在自然面前的主观能动性，主张"治天命""裁万物""骋能而化之"，认识天道就是为了能够支配天道而宰制自然。

以此思路，人治自有规律，无天法可依，人可以发现利用自然规律为人服务，如此，就将人类社会的主观能动性突显出来，将主宰自己命运的人格神主牌位清除掉，符合当时平民社会蔚然而起的形势。既然人格神不存，现实的主宰者自然非帝王莫属。帝王在社会治理中的作用被突显，其"帝王之术"的思想基础昭然也。可以说，荀子的天人相分论适应了社会变革的形势，将既往适应贵族为主体的礼制文化（天子），向管理包含庶民黎首、官僚集团和贵族等组成的复杂社会的文化转化，即天命文化向世俗文化转化，帝王的存在不是上天的命令，而是复杂社会管理的需要。柳宗元在《封建论》中也提出类似观点：社会制度的形成不是圣人的意志，而是社会实践发展、人群管理的需要。

第三，性恶论推论隆礼重法。孔子没有说"性"之善恶，孟子则提出并论证"人之初，性本善"，主张"性善论"。荀子认为孟子迂阔远于事情，辩才天下无双，王道理想也很丰满，可现实很骨感，持之以游说诸侯，却叫好不叫座，不受诸侯王待见。

荀子旗帜鲜明地提出"性恶论"（《荀子·性恶》），认为"人性"乃人的自然本性,"生之所以然者",生下来就"饥而欲饱,寒而欲暖,劳而欲休,生而有好利焉""生而有疾恶焉""生而有耳目之欲,有好色焉",这是自然生物本能和心理特征,外显为"私欲",在人群中,私欲应该有边界,这个边界就是礼义道德规范和法律约束。若"从人之性,顺人之情,必出于争夺,合于犯纷乱理而归于暴"。人性既然天生"性恶",那么,怎么才能根除它呢?方法是,后天的教化和学习,能压抑人的恶性,后天的学习滋养得以充实增强善性。但"礼义道德""刑罚、法制"之类自然不可缺少。孟子说,人皆可以为尧舜,是因为人本来就是善的,而荀子论证"涂之人可以为禹"是由于人是有灵性的,可以判断善恶是非,做出理性的判断和行为,趋利避害。

其实,性恶论对儒家并无太大的妨碍,其意义在于奠定礼乐教化、法治思想的人性论依据,绕过这道弯,礼义、教化、法治思想有了根据,社会治理层面多了工具和手段,比单纯的"仁义礼智信"丰富多了。多出来的工具和手段,或教或政或法,操之在"帝王"手中,从而引申出"隆礼重法"思想。

第四,"名分使群"的社会起源说。比上述理论更进一步,荀子从社会组织、社会结构角度论证"礼义法度"的必要性。《荀子·富国》曰:"离居不相待则穷,群而无分则争。穷者患也,争者祸也。救患除祸,则莫若明分使群矣。"荀子认为,人生而有欲;人们的欲求相同,但欲多而物寡,社会的物资不能满足人的欲求;如果人们之间没有尊卑贵贱的分别,就必然发生争夺,导致混乱。解决这一矛盾的办法,就是"明分",通过制定礼义,给人们规定出一定的"度量分界",以调节人们的欲求,做到"贵贱有等,长幼有差,贫富轻重皆有称",使人们各得其所,组成群体。他认为,人与动物的区别在于"人能群",即人能组织社会,有丰富的社会生活和社会实践,通过劳动分工提高生产力和生活水平。而人的社会生活之顺利进行,则在于"分"。"分"即是建立社会等级,从事不同的社会分工,将社会协同为一个统一的整体,以面对自然、战胜自然;进而,"分"也有建立所有权制度的含义,各项财产都有归属,有主人,确定所有权之后,争执自然消解。法家的商鞅、慎到都非常重视"定分",从所有权、形名角度给予理论解释。荀子从社会群体生活、生产实践，独辟蹊径而发论，认为"分"是组织社会的根本法则。而"分莫大于礼"，礼教因此被称为名教，名定则含有礼定。圣人设立名教，治礼作乐，将社会分为上下有序的等级，以平息基于物欲的争斗。"分"的标准就在于"礼义"，即伦理道德和礼法制度。从这个角度说，其理论体系与时俱进，对儒家思想做了符合时代环境的新解释，提出"隆礼重法"思想，使之焕发新生机。

在国家政治治理层面，荀子重视"礼"用。礼本为"大公""使群"，以大公规范"私欲"，从而使群体的利益最大化，个人利益随之最大化，个别人的私欲得到限制，而绝大多数人从中受益。为确保"大公"的绝对实现，"礼"在个人、群体的道德规范失效的情况下，自然要诉诸一种强制性制度——法。

荀子常有"礼法并称"之说，有"礼法之枢要""礼法之大分"的提法。在荀子那里，礼是介于义和法之间的一个范畴。在义礼并称时，礼多是指道德。在礼和法并称时，礼多指制度。荀子说礼是法之大分时，既是指礼为立法的原则，又是指礼作为原则的道德立场。法的制定和形式不纯属利益分配问题，还有一个道义问题；法的一律化打破了贵族和平民的界限，使一切人平等。但是礼的持守却仍然使得有教养者不至于沉落。荀子可以说是顾及现实的利欲追求和必要性而又坚持道德理想，力求在二者之间保持平衡的思想家。

荀子提出"隆礼尊贤而王，重法爱民而霸"，重礼而治者，为王道思想，重法而治者为霸道思想。孟子偏重于礼义仁政，只是社会大群管理的一个手段，重法，则是强制手段。两者必须并行，才是完整的"帝王之术"。

第五，法后王，与时俱进的治国思想。社会在进步，治理政策也应该与时俱进，法家就是在迎合时代变迁中脱颖而出的，具有鲜明的"不法先王"的传统，与儒家正统思想张口"圣王"闭口"先王"形成鲜明对比。荀子在提出"性本恶"与正统儒家思想对抗后，抱持一种"进化论"史观，认为社会不断进步，提出了厚今薄古的"法后王"说，也就是向最新近、最理想的"君主、帝王"学习治理之术。他认为"先王"的时代久远，事迹简略难考，治理方式不如近世的后王可靠，他认为"欲观圣王之迹，则于其粲然者矣，后王是也"（《荀子·非相》），即"法先王"必须通过"法后王"的途径才能实现。他主张"法后王",又提倡继承"先王之道",意在为封建统治阶级寻求理想的人格榜样。荀子对子思、孟子的"先王"观瞧不起,指责说:"略法先王而足乱世,术缪杂学,不知法后王而一制度。"(《儒效》)

第六,荀子的帝王之术,实为儒家的法家化——主旨宗趣还是儒家的,通过荀子的重新解释,一变为法家思想、工具。孟子不见用,而荀子周游列国,弟子出将入相,位极人臣,是这一转进的成就。

例如,荀子所倡本性恶,受到商鞅"人天生好利"思想的影响。商鞅认为"民之于利,若水之就下也"(《商君书·君臣》),再如"民之性,饥而求食,劳而求快,苦则求乐,辱则求荣,生则计利,死则虑名"(《商君书·算地》)。商鞅用"好利恶害",提出"刑罚"的必要性。而荀子用好利恶害,推崇"礼法并用"思想。再如"定分"思想,法家用"市逐狡兔"说明确定名分的重要性,而荀子另辟蹊径,通过解释社会人群的组织方式,认为"名分使群"的必要性。孔、孟等主张"礼义"并用,荀子根据战国末期的特征,援法入礼,将"法"视为"礼"的一部分,或者说,将"礼"中的强制性的规范约束部分"刑罚"独立出来,以"法"综括之,提出礼法并用的思想。这就符合帝王治理国家,征战天下的需求。例如,《荀子·成相》说:"治之经,礼与刑,君子以修百姓宁。明德慎罚,国家既治四海平。"在礼和法的重要性上,荀子毕竟是儒家宗师,强调礼的作用。《荀子·王制》说:"礼义者,治之始也。"《荀子·劝学》说:"礼者,法之大分,类之纲纪也。"与前辈儒家不同,荀子好言刑罚,强调其在社会治理中的作用在于"禁奸"。《荀子·正论》说:"夫德不称位,能不称官,赏不当功,罚不当罪,不祥莫大焉。昔者武王伐有商,诛纣,断其首,县之赤旆。夫征暴诛悍,治之盛也。杀人者死,伤人者刑,是百王之所同也,未有知其所由来者也。刑称罪则治,不称罪则乱。故治则刑重,乱则刑轻,犯治之罪固重,犯乱之罪固轻也。"显然是将严格赏罚作为圣王治国的手段之一。《荀子·正名》说:"夫民易一以道而不可与共故,故明君临之以势,道之以道,申之以命,章之以论,禁之以刑。故其民之化道也如神,辨势恶用矣哉?今圣王没,天下乱,奸言起,君子无势以临之,无刑以禁之,故辨说也。"在治世，天下太平，君主治道明，明法申令，刑罚中，则民不争论，不辩说，无奸言惑语祸乱天下。可在乱世，治理无数，君主失去权势，刑罚不用，则异端邪说蜂起，妖言惑众者纷纭。

这些立论大约都能在《管子》《商君书》《慎子》中找到原型，主张非常相似，表明荀子继承和发展了法家思想，一方面改造了儒家，以切合世情，另一方面对法家思想做了新的解读，强化了儒家思想的重要性，形成了较为系统的"帝王之术"。李斯将荀子的思想直接付诸实践，韩非子则进一步深化，提出完整的法家思想体系。

李斯辞别荀子

话说李斯学成，决计行走天下以建功立业。他在荀子面前分析天下大势，决定西去秦国奔前程，图谋宏图大业：

"斯闻得时无怠，今万乘方争时，游者主事。今秦王欲吞天下，称帝而治，此布衣驰骛之时而游说者之秋也。处卑贱之位而计不为者，此禽鹿视肉，人面而能强行者耳。故诟莫大于卑贱，而悲莫甚于穷困。久处卑贱之位，困苦之地，非世而恶利，自托于无为，此非士之情也。故斯将西说秦王矣。"

李斯认为，君子应该抓住时机，积极进取，建功立业，显名天下，晋级荣华富贵，钟鸣鼎食以享受人生。现在秦王意欲吞并天下，真的是布衣庶民奋发有为的绝佳机会，岂容错过？身为布衣，不抓住时机，好比禽兽视肉，明明觊觎梦求，却装成人面慈容，虚伪矫饰，真非君子道行。耻辱最大莫过于卑贱，最大悲哀莫过于贫穷。长期处于卑贱和贫困，却还要非世而恶利，标谤无为，终日无为，此非士子真本性。故向老师请辞，西游说秦王以求见用。

荀子给李斯提供了什么建议，没有记载。荀子去秦国考察后，对秦国的评价很好，大概李斯读过老师的《强国》《儒效》《富国》等文，也听过老师关于秦国的介绍，知道秦国缺少"儒者"。荀子对李斯去秦国估计不会反对，李斯跟随他走南闯北十多年，该学的都学了，衣食无忧毕竟不是掌握"帝王之术"的弟子的目标。但《荀子·议兵》中有一个细节，可以作为师徒学问境界的见证，亦可作为李斯在秦重大决策时的镜子。

李斯问孙卿子曰："秦四世有胜，兵强海内，威行诸侯，非以仁义为之也，以便从事而已。"

孙卿子曰："非女所知也。女所谓便者，不便之便也；吾所谓仁义者，大便之便也。彼仁义者，所以修政者也，政修则民亲其上，乐其君，而轻为之死。故曰：凡在于君，将率末事也。秦四世有胜，諰諰然常恐天下之一合而轧己也，此所谓末世之兵，未有本统也。故汤之放桀也，非其逐之鸣条之时也；武王之诛纣也，非以甲子之朝而后胜之也。皆前行素修也，此所谓仁义之兵也。今女不求之于本而索之于末，此世之所以乱也。"

荀子高唱"仁义王道，以兵革保证仁义之必行"，可李斯并不感冒，举秦国的例子说，秦四代君主（孝公、惠王、武王、昭王）强盛，战无不胜，兵强海内，威行诸侯，并不是靠仁义。秘诀无他，根据当时的情况，便宜行事罢了，管它仁义与否，成事就行。

荀子劈头盖脸地批评他说："我所言兵事，并非你所能理解的低层次。你所说的'便'，是不便的情况下的权宜之计，我所说的是'大便之便'。在社会良性运行的情况下，再采取灵活措施应对的方法。仁义是用来修理政务的，政治清明，则百姓亲上，乐于君主，愿意为君主而战死。所以，在国君这个层面上，将率兵事，要排在末位。秦虽有四世之胜，但唯恐天下联合起来倾轧自己。他们兴兵，是末世之兵，衰乱之道，原因在于没有仁义之大本统领其魂。你要明白，商汤流放桀的原因，并非产生在驱逐他到鸣条这件事上。武王诛杀纣王，也并非率甲兵战胜他。其中原因，皆是他们仁义修行的结果，发的是仁义之兵，讨伐不义。现在，你求天下之安稳，不从根本上着手，而是从末端的兵事上着眼，是本末倒置，这是人世间混乱不堪的主要原因。"

这段对话大约发生在秦昭襄王去世之前（公元前251年），李斯应对秦国青睐有加，但荀子坚持对秦国的看法，"仁义不施，乱天下之道"。李斯的小便之便，乃以兵事为主，仁义为次，此乃乱国之道。荀子的大便之便，乃以仁义之政令统领兵事，安国之道。其实，圣人论事，一眼看穿万世之变，李斯在秦国的所作所为，就在两者之间摇摆。李斯在关键问题上采取小便之便，秦帝国猝然而起，又轰然而倒，与其立国之道有莫大关系。

李斯西去秦，应该在公元前247年底或公元前246年初。秦将蒙骜攻城略地、占尽优势时，李斯做出判断，要到秦国谋职。他到了秦国，蒙骜败退，庄襄王刚刚驾崩，继位的是嬴政，此时才十三岁，朝廷大权都掌握在吕不韦手中。时李斯大约三十七岁。不出一年，韩国间谍郑国的事发，李斯以客卿身份被驱逐。

从舍人到客卿，李斯连升三级

李斯入秦，被丞相吕不韦录用为舍人。舍人是贵族的门客。但是，此时李斯已经三十七岁，且为荀子的高足，吕不韦定会如获至宝，将他放在身边刻意栽培使用。李斯的舍人身份，类似今天的"御用秘书"，主要工作是起草报告，修律立。有学者认为李斯参与了《吕氏春秋》的编撰工作。不久，李斯被提拔为郎官。郎，从"良"而生，是贤能人才拔擢到君主皇帝身边的近侍官，类似贴身秘书。从吕不韦的红人，转进到国君的秘书，李斯得以有进谏嬴政的机会。

此时，秦已吞并了巴郡、蜀郡和汉中，跨过宛县占据了楚国的郢都（今湖北荆州北纪南城），设置南郡；往北收取了上郡（今陕西绥德县、富县一带）以东，占据了河东（汾河下游黄河以东区域）、太原和上党郡；往东进逼荥阳，灭掉西周、东周，设置三川郡（黄河、伊河、洛河交界区域，治所洛阳）。吕不韦为相国，封十万户，封号文信侯。秦招揽宾客游士，想借此吞并天下。

李斯抓住机会，游说嬴政："平庸者往往失时，而成大功者在于能抓住机会奋力执行。昔穆公虽称霸天下，但终没能东进吞并山东六国，何也？诸侯人多兵强，周德未衰，因此五霸交替兴起，相继推尊周室。自孝公以来，周室卑微，诸侯相兼，关东化为六国，秦国乘胜奴役诸侯已历六代。今诸侯服从秦就如同郡县服从朝廷。以秦之强，大王之明，就像扫除灶上灰尘，足以扫平诸侯，成就帝业，使天下统一，这是万世难逢的最好时机。倘若现在懈怠而不抓紧，等到诸侯复强，立合纵盟约，虽有黄帝之贤，也不可得也。"

嬴政见书信之卓见，立即提拔李斯为长史。长史，战国末年秦已置，如丞相、国尉和御史大夫的属官中都有长史。这大概是吕不韦身边的幕僚长，负责出谋划策。

李斯暗中遣谋士带着金玉珍宝游说各国。对各国著名人物，能金钱收买的就不惜重金收买，不能收买的则利剑刺杀之，秦王随之派良将攻打。

李斯被任命为客卿。古代天子诸侯才设三卿，最多六卿。秦有客卿之官，请其他诸侯国的人来秦国做官，其位为卿（爵位为左庶长，爵位排名第十），而以客礼待之。商鞅入秦，爵位也是左庶长，也是"客"。

从舍人到郎，从郎到长史，从长史到客卿，李斯凭着良好的辩才和雄文，官阶蹿升。具体什么时间当上客卿，无从考证。但在嬴政十年下《逐客令》时，李斯的职位不低于客卿。

嬴政十年：郑国渠与《谏逐客书》

嬴政十三岁登基，并没有掌握实权，军政大权都在"仲父"吕不韦手中。庄襄王承诺，如果回国能立为嫡子继位，将分秦一半给吕不韦。吕不韦是事实上的国君，努力为秦帝国打拼，打得韩、赵和魏无还手之力。范雎为秦昭襄王相时，就制定了远交近攻战略，东和齐、燕，而对近邻诸侯全力讨伐。韩处在秦东出的咽喉地带，伐韩是秦绕不过的坎儿，经过多次战争，韩基本无力支撑。此时，韩惠王想出了歪招，疲秦之计跃然而出。

据《汉书·沟恤志》记载，公元前246年，嬴政即位，韩惠王派遣水利工程师郑国混入外交使团，向秦献计修建引泾水入洛水的宏大灌溉工程，解决秦民的吃饭问题。表面上为大秦谋划，实为疲秦，使其无力东伐。吕不韦也想用大工程显示治国能力，便倾尽人力物力，一干就是十年。

始皇九年（前238），嬴政二十二岁，加冠，带剑，举行成人礼，将全面接管吕不韦的权力执政。有人感到了巨大的威胁，想取而代之，此人就是长信侯嫪毐。

史载，嫪毐得赵太后（赵姬，嬴政生母，吕不韦姬，异人妻）喜欢，为长期和赵太后合欢，以太监身份进宫，在做阉割手术时作假，是"假太监"。嫪毐与深居宫中的赵太后生了两个儿子（秦始皇的同母弟），野心膨胀，想夺秦国大权，兵变失败被擒，车裂以徇。其两子被戮。其舍人徒众，或杀或流，作鸟兽散。嫪毐犯案，与吕不韦有关。赵太后是吕不韦的小姬，只是让给了异人为妾，生子赵政（嬴政）。嫪毐入宫是吕不韦的抽身之计。大案一经审理，真相大白，吕不韦被罢免丞相职，外迁封地。

与此同时，郑国修渠接近尾声，其间谍身份也暴露了。秦国上下决议要杀郑国，郑国说："当初是韩王叫我来做间谍的，我不否认。但水渠之修，不过为韩延数岁之命，为秦却建万世之功。"嬴政认为言之有理，让郑国继续主持这项工程，不久告竣。该工程西引泾河之水蜿蜒东流，东西绵延三百余公里，两岸灌溉十余公里，通过大水漫灌方式，形成一百一十五万亩良田，亩产一钟，秦国因此大富。由于是郑国设计和主持施工的，故称郑国渠。一个强国，必须有强大的基础设施支撑，秦国逐渐积累了自己的能量。唐人周昙作诗《春秋战国门·韩惠王》讽刺韩惠王：

韩惠开渠止暴秦，营田万顷饱秦人。
何殊般肉供羸兽，兽壮安知不害身。

秦国内部尤其是公族大臣开始担忧，若客卿长期把持朝政，秦国还是"嬴家"天下吗？朝议的结果是对非秦人身份的客卿不分贵贱，一律驱逐出境，永不复用。

据统计，自秦惠文王四年（前334）设相一职，根据《六国年表》，秦武王二年（前310）才有"丞相"称谓。秦至秦二世亡国的一百二十八年中，有二十四人担任过丞相，其中十六人为客卿。而从秦穆公开始到秦始皇统一天下，秦军对外作战一百三十次，除去国君参加和无名姓记载的，大约有八十次，而客卿带兵打仗竟然有五十六次之多。但是，秦国公族大臣对客卿没有好感，这些客卿抢夺位置，极力排挤本地贵族，商鞅、张仪、范雎皆如此。

宗室大臣抓住间谍之事，施压嬴政，说："诸侯各国来投奔秦国的人，大都不过是为他们的国君到秦国游说离间罢了，都是不怀好意的间谍。恳请大王把诸侯各国的宾客一律驱逐出境。"嬴政大肆搜捕客卿，决定全部驱逐出境，李斯当然也在驱逐之列。

眼看事业蒸蒸日上，地位日隆，一个间谍就击碎了他出将入相的春秋大梦，李斯怎么也想不通。要离开秦国的时候，他思虑再三，上书最后一搏，于是，千古雄文《谏逐客书》横空出世了。太史公照录于《史记·李斯列传》：

臣闻吏议逐客，窃以为过矣。昔缪公求士，西取由余于戎，东得百里奚于宛，迎蹇叔于宋，来丕豹、公孙支于晋。此五子者，不产于秦，而缪公用之，并国二十，遂霸西戎。孝公用商鞅之法，移风易俗，民以殷盛，国以富强，百姓乐用，诸侯亲服，获楚、魏之师，举地千里，至今治强。惠王用张仪之计，拔三川之地，西并巴、蜀，北收上郡，南取汉中，包九夷，制鄢、郢，东据成皋之险，割膏腴之壤，遂散六国之从，使之西面事秦，功施到今。昭王得范雎，废穰侯，逐华阳，强公室，杜私门，蚕食诸侯，使秦成帝业。此四君者，皆以客之功。由此观之，客何负于秦哉！向使四君却客而不内，疏士而不用，是使国无富利之实，而秦无强大之名也。

今陛下致昆山之玉，有随、和之宝，垂明月之珠，服太阿之剑，乘纤离之马，建翠凤之旗，树灵鼍之鼓。此数宝者，秦不生一焉，而陛下说之，何也？必秦国之所生然后可，则是夜光之璧不饰朝廷，犀象之器不为玩好，郑、卫之女不充后宫，而骏良駃騠不实外厩，江南金锡不为用，西蜀丹青不为采。所以饰后宫，充下陈，娱心意，说耳目者，必出于秦然后可，则是宛珠之簪，傅玑之珥，阿缟之衣，锦绣之饰不进于前，而随俗雅化佳冶窈窕赵女不立于侧也。夫击瓮叩缶弹筝搏髀，而歌呼呜呜快耳者，真秦之声也；郑、卫《桑间》《昭虞》《武象》者，异国之乐也。今弃击瓮叩缶而就郑、卫，退弹筝而取《昭虞》，若是者何也？快意当前，适观而已矣。今取人则不然。不问可否，不论曲直，非秦者去，为客者逐。然则是所重者在乎色乐珠玉，而所轻者在乎人民也。此非所以跨海内制诸侯之术也。

臣闻地广者粟多，国大者人众，兵强则士勇。是以泰山不让土壤，故能成其大；河海不择细流，故能就其深；王者不却众庶，故能明其德。是以地无四方，民无异国，四时充美，鬼神降福，此五帝三王之所以无敌也。今乃弃黔首以资敌国，却宾客以业诸侯，使天下之士退而不敢西向，裹足不入秦，此所谓"藉寇兵而赍盗粮"者也。夫物不产于秦，可宝者多；士不产于秦，而愿忠者众。今逐客以资敌国，损民以益雠，内自虚而外树怨于诸侯，求国无危，不可得也。

李斯从多个方面论证客卿对秦帝国发展壮大的贡献，外来资源对秦帝国发展的作用，由此证明《逐客令》之过。全文展现了李斯的实用主义法家思想，不分内外，不别贵贱，一切以实际功效为标准。刚刚掌握大权的嬴政读罢李斯奏表，不免废书而叹，于是下令废《逐客令》，恢复李斯官职。

李斯杀同门韩非子

始皇十年（前237），李斯逃过一劫，建议全力攻韩，以此威吓其他诸侯。

此时魏人尉缭子①入秦，秦王采纳其计，重金收买东方诸侯大臣，不听者杀之，秦王日常以平等礼节见尉缭子，同吃同穿，亲如兄弟。但尉缭子并不买账，反而说："秦王，高鼻梁，大眼睛，老鹰的胸脯，豺狼声，缺乏仁德，而有虎狼之心，穷困时易谦以下人，得志时也会轻易食人。我本布衣，他见我却总是那样谦下。若秦王取天下之心得以实现，天下则为其奴隶了。我不能跟他久交。"他想逃走，被嬴政发觉并劝止，还任命他为秦国尉。

李斯开始执掌大权，官至廷尉。廷尉，秦时设置，为九卿之一，掌刑狱，秦汉至北齐主管司法的最高官吏。廷尉的字面意思是皇宫内卫部队的军事长官，怎么是掌管司法的呢？据章太炎研究，商鞅变法的一大革新就是"改法为律"，"律"本来是指音律，古代打仗击鼓进军，鸣金收兵，也是"律"，律是用来衡量声音节律、轻柔、和缓等方面的指标。司法官就用军队的一套管理模式，审断刑狱，这便是廷尉的来历。

反观韩国，几经折腾，已经弱不禁风了。韩王安（？—前226）于公元前239年接下烂摊子，闻秦军之风则丧胆。韩非子屡次上书，献富国强兵之策，却无回应。韩非子一腔热血无处挥洒。韩非子口吃，将精力用在理论研究上，上下考稽，顺流探源，汇治乱之条贯，集法家之大成，建构了超过老师荀子的帝王专制理论体系。

也不知道什么途径，韩非子的论文《孤愤》《五蠹》传到了秦王手中。秦王一边读，一边赞不绝口，感慨地说："我要是能见到文章作者，跟他交游谈心，死而无怨无悔！"

李斯自豪地说："文章作者叫韩非，是韩国公子，当年跟我同师荀卿。"

秦王说："真的吗？传我的命令，马上发兵攻取韩，拿韩非子来见！"

韩王安平时不用韩非子，仓皇无助之时才想起他。他派遣韩非子使秦，以图生存之机。公元前234年，韩非子以韩国求和使者的身份至秦。秦王大喜，准备重用。但是，李斯和姚贾都在背后诋毁韩非子。

---

① 尉缭子，姓名不详。尉是"国尉"的转借。有《尉缭子》兵法传世。

第八章　李斯：崇尚"老鼠哲学"的实践派

《战国策·秦策·第五》记载，燕、赵、吴、楚等四国联军将要攻秦。姚贾临危受命，出使诸侯。嬴政拨给他战车一百辆、黄金一千斤，他携带着信物，破了四国攻秦的谋略，分别跟四国缔结盟约。姚贾向秦王复命后，秦王封给他一千户城邑，任命他为上卿。韩非子私下对秦王说："姚贾拿着珍珠重宝，出使南方在吴、楚活动，出使北方在燕、代之间游说，总共三四年之久，然而四国盟约未必可靠，我国府库中的珍宝却被挥霍用尽。由此看来，姚贾是利用王权和国宝，在国外私自结交诸侯，希望大王明察。况且，姚贾原是魏都大梁守门人的儿子，曾在魏杀人越货，后在赵做官不力被放逐。大王重用这种人担任外交使臣，共谋大事，绝非鼓励群臣上策。"这话传到姚贾的耳朵里，姚贾恨之。

姚贾用忠心说辞打动了嬴政："现在臣虽然忠于大王，可是大王并不了解，假如我不让四国归服秦王，还能让其归服谁呢？假使我不忠于大王，四国之王还怎么能信任我呢？夏桀听信谗言杀死忠臣，终致身死国亡。如今大王若听信谗言，真的就没有忠臣了。况且大王您用人的长处和才能，不问出身，自古英雄莫问出处。您千万别听信谗言杀忠臣啊！"形势急转，嬴政欲除掉韩非子。

李斯自知水平不如韩非子，便对秦王说："韩非，是韩国公子。现在大王意欲吞并诸侯，他最终先为韩谋，后为大秦，此乃人之常情啊。您不任用他为官，长期留他在身边行走，然后再让他返韩，这不是给自己找麻烦吗？不如编排理由杀之，以绝后患。"

秦王认为如此处理甚好，指令司法官抓韩非子下狱审问。正是李斯负责此事，他急于置韩非子于死地，就派人送了毒药给韩非子，逼他自杀。韩非子不想死，仍想找机会辩说论理，但始终不得见秦王。等到秦王后悔，急派人赦免韩非子时，韩非子已死。

关于韩非子之死，有人说这是秦王想杀韩非子，借刀杀人。不管怎么样，李斯杀害同门，留下了千古骂名。这就是法家的实用主义在作祟，一切以当下功利为目标，将道义抛到九霄云外。

一人之下，万人之上

强秦之军以摧枯拉朽之势，追亡逐北，先后消灭韩（公元前230年）、魏（公元前225）、楚（公元前223年）、燕（公元前222年）、赵（公元前222年）和齐（公元前221年），于公元前221年统一天下，建立中国历史上第一个统一的帝国。废封建，行郡县，天下为一，收集天下兵器，聚集到咸阳，熔化之后铸成大钟，十二铜人，每个重达十二万斤，放置在宫廷，以示天下太平，永不复起战争。统一法令和度量衡标准。统一车辆两轮间的宽度。书写以隶书为准。领土东到大海和朝鲜，西到临洮、羌中，南到北向户，往北据守黄河作为要塞。沿阴山往东一直到达辽东郡。

此时，李斯仍为廷尉。不久，丞相王绾去世，李斯升任左丞相，住进丞相府。李斯位极人臣，一人之下，万人之上。儿媳都是公主，女儿也嫁帝王之家，一时门庭若市，地位极盛。

李斯长子名李由，被任用为三川守。三川即以洛阳为中心的黄河、伊河、洛河汇流地带。李由请假回咸阳，李斯家中设宴，文武百官拜贺。门前车马数以千计，李斯慨然长叹道："哎呀！我听荀卿说过'事情不要搞得过了头'。我原是上蔡平民，街巷百姓，始皇帝不了解我人微才疏，拔至高位。如今我位极人臣，富贵荣华至极。盛极而衰，天之道啊。我李斯今天尊崇若此，还不知道将来埋骨何处！"后来，李斯被赵高以勾结匪盗的名义诬陷，主要事由是李由所在的三川郡匪盗纵横出没（其实是陈胜、吴广等的起义军），李由无法守住。

三、李斯的思想推动法家走向极端

李斯对秦帝国的建立有不朽功勋，但也在秦帝国的速亡过程中推波助澜。儒者李斯，执行法家思想越来越极端。为讨好秦二世胡亥，他建议严酷的"督责之术"，吏治刻深，转变为残害百姓和官员的工具。赵高有私图大位之心，极意谮害。信奉"老鼠哲学"的李斯最终被老鼠赵高五刑腰斩于市。

李斯的这些作为，与秦帝国的法家思想土壤难以分开，是法家思想工具化的重要推手。结果，滔天巨浪回潮，反噬了李斯。

秦始皇的"法家"表现

有人将秦始皇列为法家人物，是符合历史事实的。他太复杂，是千古帝王，本书不将他与法家人物并列，但其法家思想和行为有明显的极端化特色。

第一，思想上，秦始皇是法家无疑，可与韩非子神游，精神共往来。他读到韩非子的论文《孤愤》《五蠹》，非常兴奋。韩非子到秦，两人促膝长谈，恰似当年秦孝公对待商鞅。只是李斯和姚贾从中作梗，让他不敢大胆使用韩非子，但他又不愿放走韩非子。

第二，从铁腕铲除嫪毐叛乱，解除吕不韦丞相职，驱逐流放其党羽看，秦始皇具有威权主义思想。威权、威势，是申不害、韩非法家思想的支柱之一。从李斯《谏逐客书》被采纳来看，秦始皇为大秦江山，还是能做出实用性的判断，一切从实际情况出发，不受宗族势力羁绊，独立做出决策，与昔时秦孝公、秦惠王、秦昭襄王的做法类似。

第三，秦始皇议立帝号，改旧布新，积极变革，与荀子"法后王"思想相通。秦刚统一天下，秦始皇就命令丞相、御史说："现在如果不更改名号，就无法显扬我的功业，有序传给后代。请商议帝号。"丞相王绾、御史大夫冯劫、廷尉李斯说："从前，五帝疆域纵横千里，其外围分布有侯服、夷服等诸侯国。他们潜滋暗长，势力坐大，或朝或否，天子难以控制。现在您兴正义之师，讨伐四方残贼之人，平定天下，设置郡县，统一法令，此乃亘古不曾有的宏业，五帝比不上。我们恭谨地跟博士们商议，得出结论：'古代有天皇、有地皇、有泰皇，泰皇最尊贵。'我们这些臣子冒死建议尊号，大王称为'泰皇'。发教令称'制书'，下命令称'诏书'，天子自称'朕'。"秦王说："去掉'泰'字，留下'皇'字，采用上古'帝'的位号，称为'皇帝'，其他从博士议。"又下令说："我听说上古有号无谥，中古有号，死后根据生前品行事迹议封谥号。这就是儿子议论父亲，臣子议论君主，非常无意义，我不取这种做法。从今以后，废除谥法。从我开始称'始皇帝'，后代顺数而称，二世、三世直到万世，传之无穷。"议立帝号，是对旧制度的大变革，显示秦始皇积极变革、锐意进取的一面。这是法家的标签式特征。

第四，秦始皇按"五行"生克、终始循环原理，确定秦尊"水德"。以此规定国家的典章制度，例如，以十月为一年之始。群臣朝见拜贺，都在十月初一这一天。衣服、符节和旗帜的装饰都崇尚黑色。水德属阴，而《易》卦中表示阴的符号阴爻叫作"元"，就把数目以十为终极，改成以六为终极，所以符节和御史所戴的法冠都规定为六寸，车宽为六尺，六尺为一步，一辆车配六匹马。河水（黄河）改名"德水"，以此表示水德的开始。刚毅严厉，一切事情依法律定，刻薄而不讲仁爱、恩惠、和善、情义，这样才符合五德中水主阴的命数。据此，法令极为严酷，犯法者长久不能得到宽赦。水德甫定，秦帝国的立国精神就确定了：严刑峻法，刻薄寡恩，不讲仁爱、恩惠、和善和情义。管仲谓礼义廉耻是国之四维，故水德大定，埋下了秦帝国垮塌的最大地雷。

第五，秦始皇之治天下，威权主义越来越强烈，焚书坑儒是最突出的表现。焚书，旨在杜绝言论自由，法出一口，政出一门，皇帝专权，莫敢违抗。坑儒之事，本为秦始皇权力极端化所造成，方术士本来投其所好，弄巧成拙，承诺不能兑现。坑杀四百六十多人，影响远远超出事实本身，以讹传讹，造成秦始皇坑杀儒生的恶名。前文论及申不害势治思想时，指出权势来源于法，不在法之外。秦律虽多，但无法管住任性的权力在法之外胡作非为。

在这样的法治环境中，再有权势的儒者（如李斯、扶苏）也弥补不了秦帝国立国精神的缺陷。李斯在儒、法之间摇摆，关键时刻，"老鼠哲学"战胜了一切道德理想，使秦帝国在玩弄法家思想的道路上走向崩溃。

李斯的革命思想：废封建，行郡县

确定帝号和水德治国之后，丞相王绾在为秦始皇贺寿时提出一个决定中国两千多年政治制度的大问题：封建和郡县，孰是孰非？他主张在郡县的基础上，分封子弟功臣以镇抚偏远地区。他说："诸侯刚刚被打败，燕国、齐国、楚国地处偏远，不设王就无法镇抚一方。请封立各位皇子为王，望皇上恩准。"秦始皇交给群臣商议，群臣皆认为建议好。秦帝国早已实行郡县制，每征服一个地方就设立郡县，派遣官员镇守。如三川郡，让李斯之子李由守卫，并没有分封给子弟、亲戚，以建立稳固的天下管控体系。但这个体系，对秦王室而言，总有隐忧，一旦天下反，无同姓诸侯相救，帝国很快分崩离析。

廷尉李斯坚决反对，说："周文、武王分封子弟和同姓亲属很多（天下七十一个诸侯国，姬姓诸侯五十三个），可后代逐渐疏远了，互相攻击，如同仇人。诸侯彼此征伐，天子也无力阻止。现在天下全赖您的神灵之威获得统一，都划为郡县以治。对于皇子功臣，以公赋税重重赏赐，即能享受尊荣，也易控制。让天下无邪异之心才是安宁天下的治本之策，设置诸侯没有好处。"

秦始皇一锤定音，说："以前，天下人都苦于争战无休无止，就是因为有那些诸侯王，你方唱罢我登场，连年战祸。现在我倚仗祖宗的神灵，天下刚刚安定，又立诸侯，无异于挑起战争却幻想安宁太平，岂不是很困惑吗？廷尉说得对。"于是，他把天下分为三十六郡，每郡都设置守、尉、监。

秦始皇的很多思想，可能与其痛苦经历有关。其父是质子，娶赵姬而生子，吕不韦上下串通才让他继位。其弟弟成蟜被委任将军，率军出兵在外，竟然叛变投赵。燕太子丹不顾年少友情（两人同在赵国做人质，少时交好），派荆轲行刺他。因此，秦始皇对宫廷内斗、家族倾轧有着天生的恐惧。另外，诸侯国子弑父，臣弑君，父子相残的事太多，他不想历史重演，只想采取一种全新的制度，翻开历史新的一页。

法家的特色就是变，先王之法未必是，今人之法未必非，始终抱持一种进化论的思想，认为一代更比一代强。而儒家学人言必称先王、尧舜，代表着理想政治。但是，一个社会，特别是类似年轻的秦帝国，刚刚建立，各项制度、人心都未能统一，就贸然实行全新的制度，会存在极大的风险，因此，笔者认为，"速废封建，行郡县"是秦帝国轰然倒塌的重要原因，分析如下。

周之封建,"封建亲戚以藩屏周",实际上是小邦周猝然获得天下,面对庞大的殷商遗民,不得不推行的以亲戚血缘为纽带的管控天下的政治手段。周公制礼作乐,旨在紧密宗法血缘纽带,通过爵位的等级化和定名分,维护王朝统治和天下安宁。从法家"定分"角度分析,封建,本质上是确定天下所有权归属和占有权、使用权及其授权机制。"溥天之下,莫非王土。率土之滨,莫非王臣",天下归周天子所有,通过分封,诸侯拥有"百里范围"的占有权和使用权。起初,周天子实力强,诸侯国君力量弱小,能在蛮夷戎狄包围的环境中站稳脚跟就很不容易。当诸侯站稳脚跟,实力壮大,则进入霸政时代,政由方伯,齐桓公"九合诸侯,一匡天下",帮助周天子管控天下秩序,则天下的所有权和使用权成了大问题。那么,谁说了算?拳头!天下进入战国,探索新的定分方法,郡县制登上历史舞台。晋国和秦国走法家治国的路线,在郡县制方面走在前面。

秦始皇和李斯大胆采用郡县的"定分"方法,皇帝是天下的所有权人,唯皇帝一人说了算(帝王专制制度),其他不论官职大小,全部是"打工仔",土地的使用权也是皇帝的。"皇帝"是个文武全才,这套体系还说得过去,天下还有主人,类似公司还有董事长。如果皇帝突然病故,或者是个庸才,所有权人把控不住,执政官员便乘势就便,参与瓜分天下,各自为战,形成军阀割据,像盘子突然被摔碎了,那么,天下又得重新确定所有权人,把盘子重新拼接起来。"王侯将相,宁有种乎?"是针对君权的绝对权力即是天下的所有权、占有权和使用权的高度统一而言,谁有本事谋取君位,谁就瞬间获得普天之下的所有权。谁能巴结到皇帝,皇帝大笔一挥,两唇相碰,谁就有三辈子的荣华富贵。由此不难理解,赵高,一个宦官,通过精心设计和宫廷斗争,就能杀死二世而欲自立。这表明帝王专制的软肋,在于皇帝一人(家)。

从秦帝国轰然倒塌的整个过程看,所有权人形同虚设(秦始皇暴崩,传位诏书被赵高和李斯篡改,太子扶苏被矫诏杀死,二世胡亥被架空,不理朝政,最后被赵高弑杀)是最大的原因。若局部采取封建制,可能尚不至于秦宗室公族毫无作为。

第八章　李斯：崇尚"老鼠哲学"的实践派

焚书与坑儒：荀子的原罪

秦帝国立国精神的缺陷之一——文化专制，在焚书事件中再次表露。这么说有点委屈了秦始皇，他统一天下，设立博士官制度，历史记载的博士就有七十位之多，朝议廷论时，他们都积极发表意见。

始皇三十四年（前213），秦始皇在咸阳宫设宴招待群臣，"封建"的问题又被提出来，距离上次研究"封建"过去了八年。

朝堂上，齐人淳于越劝谏道："我听说殷商和周朝统治达一千多年，分封子弟及功臣作为膀臂辅翼。而现在陛下虽统一天下，但子弟还是平民百姓，一旦出现了田常、六卿夺权篡位的祸患，在朝中又无辅佐之臣，靠谁来相救呢？事不法古而能长治久安的，我还没听说过。现在周青臣等人又当面阿谀奉承以误导您，绝非忠臣。"

秦始皇把这个议题交由李斯决断。李斯是反对"封建"的，秦始皇委派给李斯，实际是反对此项动议。李斯发挥其高级写手论辩的才华，上书：

> 古者天下散乱，莫能相一，是以诸侯并作，语皆道古以害今，饰虚言以乱实，人善其所私学，以非上所建立。今陛下并有天下，别白黑而定一尊；而私学乃相与非法教之制，闻令下，即各以其私学议之，入则心非，出则巷议，非主以为名，异趣以为高，率群下以造谤。如此不禁，则主势降乎上，党与成乎下。禁之便。臣请诸有文学诗书百家语者，蠲除去之。令到满三十日弗去，黥为城旦。所不去者，医药卜筮种树之书。若有欲学者，以吏为师。（《史记·始皇本纪》）

意思是，古时候，天下像一盘散沙，无法统一，所以诸侯并起。论者皆道古以害今，花言巧语以扰乱社会，学者自夸私学以否定政策法令。今陛下统一天下，辨别黑白而尊崇一家之说；社会人等各以私学讥讽皇朝法令。他们每闻听朝廷令下，各以私学论头评足，极尽批评之能事。在家则心中不满，出门则街论巷议，批评君主以博取美名，唱异端邪说以标榜见识，甚至带领众庶制诽造谤。长此以往，不加禁止，则君主威势荡然无存，结党营私风起。所以，一定要严禁此类行为，便于国家治理大政方针之落实。我请求把人们收藏的《诗》《书》和诸子百家的著作，都荡然扫除，片简不准私留。命令下达三十天之后，若还有人不遵行，判处黥刑并罚筑城苦役。不在清除之列者，为医药、占卜、种植等类书籍。若有想学习法令的，向各级官吏学习。

显然，李斯将斗争的对象和范围扩大到了文化层面。李斯请示大烧诗书、诸子百家著作，秦始皇竟然准奏。这是法家的反智主义在作祟，百姓不需要知识，只要按照法律规定做，不懂就问官员，官员如果不懂，则以刑律法办。修明法制，制定律令，商鞅为始作俑者，李斯则是实践家。

李斯之师荀子观秦政，一针见血地指出，强秦之不足是缺乏儒者，应"节威反文"。秦始皇一统天下，确有收敛，这可从秦始皇巡游天下的碑刻中管窥一斑。但在关键问题上还是法家那一套，秦帝国好像是一部法律机器，人人都是法律框架中的螺丝钉，儒者自然缺少生存空间，文化失去活力。

秦本就乏儒者，可秦始皇于公元前212年，又在上面踏上一只脚——坑儒，一次坑杀了四百六十名儒生（方术士）。

《史记·始皇本纪》记载，侯生、卢生一起商量说："始皇为人，天性粗暴凶狠，自以为是，他出身诸侯，兼并天下，诸事称心，为所欲为，认为从古到今没人比得上他。他专门任用治狱的官吏，狱吏都受到亲近和宠幸。博士虽然也有七十人，但只不过是虚设充数的人员。丞相和大臣都只是接受已经决定的命令，倚仗皇上办事。皇上喜欢用重刑、杀戮显示威严，官员都怕获罪，都想保住禄位，所以没有人敢真正竭诚尽忠。皇上难闻己过，日愈骄横。大臣担心害怕，专事欺骗，屈从讨好。秦法规定，一个方士不能兼两种方术，若方术不能应验，就要处死。然而，通过星象云气以测吉凶者多达三百人，都是良士，由于害怕获罪，就得避讳奉承，不敢纠正、直言其过错。天下事无论大小皆决于上，他甚至称量记载公文的竹简重量，日夜都有定额，阅读达不到定额，就不能休息。他贪权若此，咱们不能为他去找仙药。逃跑为妙。"

第八章　李斯：崇尚"老鼠哲学"的实践派

秦始皇闻听他们逃跑，勃然大怒："这帮畜生，我先前查收天下所有无用之书，焚之一炬。然后征召大批文章博学和方术之士，振兴太平。方士想炼造仙丹，觅奇药，我也听信并资助之。今听韩众逃跑不还报。徐市①等人花费以万计，毫无所获，而谋利、互相告发的消息传到我耳朵里。我尊重侯生等人，赏赐优厚，如今竟诽谤我，加重我无德的坏名声。我派人去查问人在咸阳者，有的竟妖言惑众，扰乱民心。"于是，他指令御史审查，这些人被告发连坐。共四百六十多人被全部活埋，布告天下，惩戒后人。

史书中没有关于李斯和坑儒关系的记载，但《史记》说"下御史"审断。李斯是廷尉，升任丞相，不可能不参与此事的审理决策。

李斯在焚书一案中留下医书、卜筮之书，并不涉及占星观象。秦始皇坑儒，将李斯留下的遗产也斩草除根了，大秦帝国一步一步地在沉沦。

另外，从侯生、卢生的对话中也可以看出秦律的严谨和苛刻。例如，每天看多少文书、奏章，都要称重。秦始皇更是以身作则，率先垂范。

焚书是李斯发起的，他应当承担主要责任。细察之，李斯焚书，与荀子、韩非子脱不了干系。从李斯之行为与《荀子·解蔽篇》和《荀子·非十二子》中可以发现，荀子对诸子百家思想不感冒，认为各家言之成理，但皆不可用于治世。

《荀子·非十二子》开篇即说："假今之世，饰邪说，文奸言，以枭乱天下，矞宇嵬琐，使天下混然不知是非治乱之所存者有人矣。"邪说奸言，枭乱天下，罪名很大。其中又说："今夫仁人也，将何务哉？上则法舜、禹之制，下则法仲尼、子弓之义，以务息十二子之说。如是则天下之害除，仁人之事毕，圣王之迹著矣。"荀子将十二子之说定义为天下之害、仁人的对立面。因此，要君主师法舜、禹之制，百姓师法孔子、子弓之义，以此停息十二子之说。子弓大概是孔子《易传》的传承人。联想到后来董仲舒谏言罢黜百家，独

---

① 徐市，又称徐福，传秦始皇听信他，给他八百童男、八百童女坐船往东瀛求取长生不老药。这些人不知所终。后有传说，这些人漂泊到日本，成为日本人的祖先之一，无信证。但东瀛求药，有史载，应不虚。

尊儒术，好像两者心有灵犀。

《荀子·解蔽篇》开宗明义："凡人之患，蔽于一曲，而暗于大理。治则复经，两疑则惑矣，天下无二道，圣人无两心。今诸侯异政，百家异说，则必或是或非，或治或乱。乱国之君，乱家之人，此其诚心莫不求正而以自为也……德道之人，乱国之君非之上，乱家之人非之下，岂不哀哉！"这些用词句式，与李斯给秦始皇的上书非常相似。荀子继续说："夫道者，体常而尽变，一隅不足以举之。曲知之人，观于道之一隅而未之能识也，故以为足而饰之，内以自乱，外以惑人，上以蔽下，下以蔽上，此蔽塞之祸也。"从一个角度解读"道"，都会不能穷尽事物的道理，但各家学者以鳞爪豹斑为天下大道，由此蒙蔽君主，欺骗百姓，实乃蔽塞之祸的源头。两相比较，可窥李斯已得老师真传，活学活用，但扩大化到焚书，将儒家经典全部烧掉，则违背了荀子教言。

苏轼在《荀卿论》中将李斯的罪过统统推给荀子：

> 彼李斯者，独能奋而不顾，楚烧夫子之六经，烹灭三代之诸侯，破坏周公之井田，此亦必有所恃者矣。彼见其师历诋天下之贤人，以自是其愚，以为古先圣王皆无足法者。不知荀卿特以快一时之论，而荀卿亦不知其祸之至于此也。

> 其父杀人报仇，其子必且行劫。荀卿明王道，述礼乐，而李斯以其学乱天下，其高谈异论有以激之也。孔、孟之论，未尝异也，而天下卒无有及者。苟天下果无有及者，则尚安以求异为哉！

苏轼说，荀子图一时之快高论天下，而不知遗祸之烈达到如此地步。大概是李斯受到老师的系统治理理论和帝王之学的激发启迪，才做出如此大胆的决定。当然，李斯的言论，也有《韩非子·五蠹》中贬低儒者、私学的内容，也师宗于荀子，此处不展开。

《礼记》是儒家经典，内有四十八卷，《王制》位列其中。《荀子》中也有一篇《王制》。儒家经典记载，对待作奸犯科、违法犯罪、妖言惑众的人等，

犯了四种"必杀之罪","王者"也毫不手软,这也是恢复礼之精神的本质要求。《礼记·王制》记载:

> 凡作刑罚,轻无赦。刑者佣也,佣者成也,一成而不可变,故君子尽心焉。析言破律,乱名改作,执左道以乱政,杀。作淫声、异服、奇技、奇器以疑众,杀。行伪而坚,言伪而辩,学非而博,顺非而泽,以疑众,杀。假于鬼神、时日、卜筮以疑众,杀。此四诛者,不以听。凡执禁以齐众,不赦过。

《礼记·王制》里说,到了最后判刑的时刻,就是再轻的罪也不会得到赦免。但是,当秦始皇的屠刀挥向术士时,我认为他是暴君,大概因为他决狱断案靠的是刑讯逼供,导致学士、儒生被连坐,不少人因此冤死。

沙丘之谋:"老鼠哲学"摧毁秦帝国根基

转眼到了始皇三十七年(前210)。这年十月癸丑日,秦始皇开始了统一天下后的第五次外出巡游。左丞相李斯陪同,右丞相冯去疾留守。少子胡亥想伴游天下,得准。十一月,他们走到云梦,在九嶷山遥祭虞舜,然后乘船沿长江而下,观览籍柯,渡过海渚,经过丹阳,到达钱塘江。浙江边水波凶险,就向西走一百二十里,择狭窄处渡江。登上会稽山,祭祀大禹,遥望南海。在那里刻石立碑,颂扬秦之功德。后一路沿海北上,抵荣成、之罘、莱州,过平原津(今山东平原县西南五十里,古黄河渡口)回返。

在平原津,秦始皇患病,自知病重,写信给太子扶苏,盖上御印,说:"回咸阳来参加丧事,咸阳安葬。"信已封好,存放在中车府令赵高兼掌印玺事务处,没有交使者发。七月丙寅日,始皇暴毙于沙丘平台。沙丘,在今河北邢台广宗县大平台村南。商纣王、赵武灵王在此建有别宫,但都困在此处。

秦帝国的命运落在赵高和李斯之手。赵高手中拿着传国玉玺和皇帝遗诏,要谋立胡亥继位。胡亥是秦始皇诸子中年龄最小者，闻听赵高要立他，不信。他认为父亲选择扶苏回葬咸阳，扶苏继位是天理。

赵高说："现在天下之权，在你、我和丞相三人之手，请你考虑。控制大臣和做臣子、统治人和被人统治，不可同日而语啊！"

胡亥说："废除兄长是不义，奉诏而不遵是不孝，本人才疏学浅，勉强依靠别人之功，是无能啊。这三项忤逆天道，天下不服，身殆倾危，社稷江山就不属于我家了。这样干，确实不行。"

赵高接着说："我听说汤、武杀主，天下称义，不以为不忠，卫君杀父而卫人称赞其德，孔子不为不孝。因此，干大事者不在乎细枝末节，在大是大非当前不必辞让，各有便宜应对方式。若顾小而忘大，必贻害无穷。狐疑犹豫，后必有悔。果断而勇敢，鬼神也都会避让。请你顺从天命。"

胡亥说："父亲还未安葬，就这么干，怎好意思跟丞相说呢？"

赵高说："时间紧急，筹划都来不及，你把任务交给我。"

赵高是何等人呢？据《史记·蒙恬列传》，赵高是赵姓远亲（秦始皇早称赵正），与秦始皇是远亲（嬴姓和赵姓拥有共同的祖先），有兄弟数人。其母因犯罪受刑，在官府设置的手工作坊做工服刑，世世卑贱。但赵高成为阉人，入得皇城，得以潜心研究学问。他认真研究秦律，颇通狱法，书法一流，就被提拔为中车府令。车府令是掌管皇帝车马、印玺的官职。"中"指自由进出后宫的阉宦，后来称为"太监"。赵高与胡亥私下交好，传授审判案件的技能。赵高犯有大罪，秦王指令蒙毅依法治罪。蒙毅不敢枉法裁决，依律赵高当死，除其宦籍。秦始皇却认为赵高办事厚道踏实，赦之，复其官爵。

赵高说服了胡亥，转身就去做李斯的工作。没有百倍之利，谁会冒杀头危险？由此可见，赵高跟随秦始皇鞍前马后二十余年，已修炼成人精。他们的对话十分精彩，照录如下：

高乃谓丞相斯曰："上崩，赐长子书，与丧会咸阳而立为嗣。书未行，今上崩，未有知者也。所赐长子书及符玺皆在胡亥所，定太子在君侯与高之口耳。事将何如？"斯曰："安得亡国之言。此非人臣所当议也！"

高曰："君侯自料能孰与蒙恬？功高孰与蒙恬？谋远不失孰与蒙恬？无怨于天下孰与蒙恬？长子旧而信之孰与蒙恬？"斯曰："此五者皆不及蒙恬，而君责之何深也？"

高曰："高固内官之厮役也，幸得以刀笔之文进入秦宫，管事二十余年，未尝见秦免罢丞相功臣有封及二世者也，卒皆以诛亡。皇帝二十余子，皆君之所知。长子刚毅而武勇，信人而奋士，即位必用蒙恬为丞相，君侯终不怀通侯之印归於乡里，明矣。高受诏教习胡亥，使学以法事数年矣，未尝见过失。慈仁笃厚，轻财重士，辩於心而讷於口，尽礼敬士，秦之诸子未有及此者，可以为嗣。君计而定之。"斯曰："君其反位！斯奉主之诏，听天之命，何虑之可定也？"

高曰："安可危也，危可安也。安危不定，何以贵圣？"斯曰："斯，上蔡间巷布衣也，上幸擢为丞相，封为通侯，子孙皆至尊位重禄者，故将以存亡安危属臣也。岂可负哉？夫忠臣不避死而庶几，孝子不勤劳而见危，人臣各守其职而已矣。君其勿复言，将令斯得罪。"

高曰："盖闻圣人迁徙无常，就变而从时，见末而知本，观指而睹归。物固有之，安得常法哉！方今天下之权命悬于胡亥，高能得志焉。且夫从外制中谓之惑，从下制上谓之贼。故秋霜降者草花落，水摇动者万物作，此必然之效也。君何见之晚？"斯曰："吾闻晋易太子，三世不安；齐桓兄弟争位，身死为戮；纣杀亲戚，不听谏者，国为丘墟，遂危社稷：三者逆天，宗庙不血食。斯其犹人哉，安足为谋！"

高曰："上下合同，可以长久；中外若一，事无表里。君听臣之计，即长有封侯，世世称孤，必有乔松之寿，孔、墨之智。今释此而不从，祸及子孙，足以为寒心。善者因祸为福，君何处焉？"

斯乃仰天而叹，垂泪太息曰："嗟乎！独遭乱世，既以不能死，安托命哉！"於是斯乃听高。

高乃报胡亥曰："臣请奉太子之明命以报丞相，丞相斯敢不奉令！"

两人对话，前后一共六个回合，就将立场顽固、信奉儒家思想的丞相李斯说服。第一回合，他开宗明义："立谁由我们说了算，立谁？"李斯反驳说："怎么能说亡国之言？这难道是人臣议论的事？大逆不道，请你闭嘴。"

第二回合，赵高拿蒙恬和李斯比较，说出蒙恬能力、功劳、深谋远虑、美誉、与扶苏的关系五个长处，问李斯是否能比。李斯认为自己不如蒙恬，反驳赵高说："这五个方面都无法和蒙恬相比，你为何这么深刻地指责批评我？"

第三回合，赵高以自身二十多年的皇宫经历谈对帝国的看法，说："凡当丞相的，几乎没有好下场。太子刚毅而武勇，信人而奋士，继位后必然用蒙恬做丞相，您想怀通侯之印返归乡里，几乎不可能。胡亥就不同了，他慈仁笃厚，轻财重士，辩于心而讷于口，尽礼敬士，精通法典，在我的教育下日日精进，是个难得的帝王苗子。请丞相您筹划确定他继位吧！"李斯说："你干该干的，不要乱来，我李斯只执行皇帝遗诏，听天由命，有什么可虑定的呢？"

第四回合，赵高仍不放弃。他说："安可变为危，危可变为安，安危不定，怎么能说您英明呢？"李斯说："我本来就是一个布衣，闾巷之人，幸得皇上提拔，封为通侯，位极人臣，社稷安危委托于我，当思报效。忠臣不因怕死而苟且从事，孝子不因过分操劳而损害健康，做臣子的各守各的职分而已。请您不要再说了，不要让我李斯也跟着犯罪。"

第五回合，赵高转为吓唬威胁李斯，说胡亥承继大位已定。赵高说："我听说圣人并不循规蹈矩，而是适应变化，顺从潮流，见毫末而预知根本，观动向即能预见归向。现如今天下之权和命操之在胡亥之手，我赵高能猜出他的心志。如果我们硬性扰乱他的布局，就是反叛啊。所以秋霜一降花草随之凋落，冰消雪化就万物更生，这是自然界必然的结果。您怎么连这些都没看到呢？"显然，赵高想造成既成事实，逼迫李斯就范。李斯说："我听说晋换太子，三代不安；齐桓公兄弟争夺，兄被戮异国；商纣杀亲，不听臣谏，都城被夷为废墟，社稷倾覆；事违天意，所以才落得宗庙不得血食。我李斯还是人啊，怎么能参与这些阴谋呢！"李斯软化了立场，转而用历史事实表明自己不愿意参与政变的态度。

第六回合，赵高关键时刻拿出撒手锏——利益交换。他说："咱们齐心协力，内外配合如一，密不透风，绝对能办好，还有咱们摆不平的事吗？您听我之计，就会长保封侯，并永世相传，一定有仙人王子乔、赤松子之寿，孔、墨之智。若弃此机会而不听我好言相劝，一定会祸及子孙！善于为人处世、相机而动的人是能够转祸为福的，您想怎么办呢？"李斯仰天长叹，挥泪叹息道："哎呀！偏偏遭逢乱世，既然已经不能以死尽忠了，将向何处寄托我的命运呢！"李斯依了赵高。赵高向胡亥报告，竟然说："我奉太子的圣明命令去，李斯敢不听。"三人密谋，篡改遗诏，编造理由，发书戍边修长城的扶苏和蒙恬，皆赐死。扶苏接到诏书，以忠孝之心自杀。蒙恬虽疑，但在使者的逼迫下也自杀了。

沙丘之谋充分反映了赵高和李斯法家功利主义的阴暗面。李斯以儒家自居，从开始坚决反对，到后来在利益面前逐步倒退，在确保官位和家族安全的前提下，低下了高昂的头。"老鼠哲学"充分显示了威力。这表明李斯心理矛盾的一面，此后种种应对方式和行为都体现了他内心的矛盾性。

从督责天下看李斯的法家思想

公元前210年，时年二十岁的胡亥即位，是为秦二世。胡亥想着无为而治，拱手而天下安。他把心思说给赵高听。

赵高说："你的兄弟姐妹（胡亥排行第十八）都怀疑你继位有猫腻，大臣也不信始皇帝能传位给你，这些隐患不除，你怎么能有心思享受？"

二世曰："为之奈何？"赵高曰："严法而刻刑，令有罪者相坐诛，至收族，灭大臣而远骨肉；贫者富之，贱者贵之。尽除去先帝之故臣，更置陛下之所亲信者近之。此则阴德归陛下，害除而奸谋塞，群臣莫不被润泽，蒙厚德，陛下则高枕肆志宠乐矣。计莫出于此。"二世然高之言，乃更为法律。于是群臣诸公子有罪，辄下高，令鞫治之。杀大臣蒙毅等，公

子十二人僇死咸阳市，十公主磔死于杜，财物入于县官，相连坐者不可胜数。(《史记·李斯列传》)

杀死兄弟姐妹和旧族势力，将先帝功臣也清除出队伍，全部换上自己人，这些人根基浅，都会听从您的召唤，方可高枕无忧。结果，十二个公子被杀在咸阳集市，十个公主被肢解，财物被没收。如此，嬴氏公族势力基本归零，二世无兄弟姐妹可依靠。秦始皇由于不封儿子亲戚，这些人家业不大，势力不强，毫无还手之力。但若他们存世，秦帝国也不至于那么快灭亡。

赵高在宫中闲着无事，博闻强记，学习律令十多年，是法律专家。他们修改法律，以法杀人，是对法家思想的无情戕害。所以，有学者认为，法律本无错，是奸人利用了法律，达到自己的罪恶目的。

此时，秦二世在动用七十万刑徒罪犯穿治骊山秦始皇陵后，又启动了阿房宫工程，修直道和驰道，赋税繁重，民甚苦之。法律越来越严，犯刑蹈法者络绎于道，官员有功者戮，位高者贬，亲族连坐，人人自危，存心叛乱者日众。据统计，当时秦国人口两千多万，而被征用戍边、造宫观、驰道的人数将近三百万，举国动员，流徙无处。秦法严酷无情，轻者肢残，重者夺命，激起沸腾民怨。秦二世即位第二年，陈胜、吴广在大泽乡（今安徽宿州）起义，进占陈地，号称张楚。随后各地豪杰并起，自称王侯，东方一时大乱，风起云涌，一路向西攻打。李斯长子把守的三川郡首当其冲。但起义军声势浩大，攻势猛烈，一时三川郡混乱不堪。这成了李由、李斯的心病。

李斯多次找机会进谏，惹烦了胡亥，进谏不成，反招来一番责备。

胡亥说："韩非子说，尧帝、夏禹治理天下太辛苦，吃下等人的饭，走遍天下，大腿无肌肉，小腿无毛发，手脚长老茧，这样治理天下，辛苦若此，有何意义？太愚蠢了！而贤者治天下，只是举天下以足己之欲望罢了，这是把统治天下看得无上尊贵的原因。人们所说的贤明之人，一定能安定天下、治理万民，倘若连给自己捞好处都不会，又怎么能治理天下呢！所以我才想恣心广欲，永远享有天下而无祸患。这该怎么办呢？"大概意思是，李斯，你别劝我

第八章　李斯：崇尚"老鼠哲学"的实践派

了，道理我都懂，老子就是跟着韩非子学的。你得给我想办法，实现我的愿望！

一个七十五岁的老臣，宿儒硕勋，被一个年轻皇帝训斥，引用韩非子（语出《五蠹》）、墨家的言语，论说出一套人不为己天诛地灭的话，标榜自己要做一个贤明君主，尽情享受天下。这让李斯情何以堪。此时君臣之间是相互厌恶的。胡亥瞧不起李斯，在大是大非面前低头弯腰。李斯更瞧不起胡亥，听信阉宦赵高胡说八道，诛杀兄弟姊妹。

此时，恰逢朝廷命使者追查三川郡被寇不能阻挡之事，牵扯李由。李斯考虑举家老小，低下了高昂的头，上《行督责书》以阿曲求荣于秦二世。《行督责书》是李斯流传于世的罕见作品，体现了他对法家思想的认识，是法家极端化发展的最高峰。兹引录如下：

> 夫贤主者，必且能全道而行督责之术者也，督责之，则臣不敢不竭能以徇其主矣。此臣主之分定，上下之义明，则天下贤不肖莫敢不尽心竭任以徇其君矣。是故主独制于天下而无所制也。能穷乐之极矣，贤明之主也，可不察焉！
>
> 故申子曰"有天下而不恣睢，命之曰以天下为桎梏"者，无他焉，不能督责，而顾以其身劳于天下之民，若尧、禹然，故谓之"桎梏"也。夫不能修申、韩之明术，行督责之道，专以天下自适也，而徒务苦形劳神，以身徇百姓，则是黔首之役，非畜天下者也，何足贵哉！夫以人徇己，则己贵而人贱；以己徇人，则己贱而人贵。故徇人者贱，而人所徇者贵，自古及今，未有不然者也。凡古之所为尊贤者，为其贵也；而所为恶不肖者，为其贱也。而尧、禹以身徇天下者也，因随而尊之，则亦失所为尊贤之心矣，夫可谓大缪矣。谓之为"桎梏"，不亦宜乎？不能督责之过也。
>
> 故韩子曰"慈母有败子而严家无格虏"者，何也？则能罚之加焉必也。故商君法，刑弃灰于道者。夫弃灰，薄罪也，而被刑，重罚也。彼唯明主为能深督轻罪。夫罪轻且督深，而况有重罪乎？故民不敢犯也。是故韩子

曰"布帛寻常,庸人不释,铄金百溢,盗跖不搏"者,非庸人之心重,寻常之利深,而盗跖之欲浅也;又不以盗跖之行,为轻百镒之重也。搏必随手刑,则盗跖不搏百镒;而罚不必行也,则庸人不释寻常。是故城高五丈,而楼季不轻犯也;泰山之高百仞,而跛牧其上。夫楼季也而难五丈之限,岂跛也而易百仞之高哉?峭堑之势异也。明主圣王之所以能久处尊位,长执重势,而独擅天下之利者,非有异道也,能独断而审督责,必深罚,故天下不敢犯也。今不务所以不犯,而事慈母之所以败子也,则亦不察于圣人之论矣。夫不能行圣人之术,则舍为天下役何事哉?可不哀邪!

且夫俭节仁义之人立于朝,则荒肆之乐辍矣;谏说论理之臣间于侧,则流漫之志诎矣;烈士死节之行显于世,则淫康之虞废矣。故明主能外此三者,而独操主术以制听从之臣,而修其明法,故身尊而势重也。凡贤主者,必将能拂世磨俗,而废其所恶,立其所欲,故生则有尊重之势,死则有贤明之谥也。是以明君独断,故权不在臣也。然后能灭仁义之涂,掩驰说之口,困烈士之行,塞聪掩明,内独视听,故外不可倾以仁义烈士之行,而内不可夺以谏说忿争之辩。故能荦然独行恣睢之心而莫之敢逆。若此然后可谓能明申、韩之术,而修商君之法。法修术明而天下乱者,未之闻也。故曰"王道约而易操"也。唯明主为能行之。若此则谓督责之诚,则臣无邪,臣无邪则天下安,天下安则主严尊,主严尊则督责必,督责必则所求得,所求得则国家富,国家富则君乐丰。故督责之术设,则所欲无不得矣。群臣百姓救过不给,何变之敢图?若此则帝道备,而可谓能明君臣之术矣。虽申、韩复生,不能加也。

全篇通读,大体思想评述如下。

第一,李斯不再讲法、势,开宗明义讲术,也就是帝王对权臣的考课任用。他说,督责之义明,那么臣下就是竭智尽忠听从君主调遣,君主就能够凭一人之力控制天下而不受天下人的制约。如此,才能享尽天下快乐,成为天下贤明君主,不能不深察细究。这从侧面反映李斯思想已然降格屈就,同时也显现天下形势，高层官员人人自危，下层官员迁流不居，或盗或匪，闻风而靡解，已经很难控制了。李斯借用申不害的术治理论，实现胡亥的"无为清净之治"，以满足他举天下为一人所享有的目的。赵高给胡亥出主意，废杀大臣亲族，李斯也出主意督责臣下，让胡亥享受人间快乐。这两位大臣各怀鬼胎，以饰私心。将胡亥架空，脱离君主本职，则天下失其主人，乱局自然难免。

第二，督责，帝王解除"桎梏"的有效手段。什么是"桎梏"？若尧舜大禹，整天奔波操劳，不知享受，反以天下为帝王个人的枷锁镣铐，不得自由。胡亥责备李斯，表达自己不想被天下缠缚，想享有天下之至乐，李斯投其所好，引用商鞅、申、韩之论，认为督责之术是帝王控制天下最好的办法——君王无为，臣下有为，达到无为而治的理想境界。其实，无为而治并不是要君主什么事都不干，督责的本质是"因能而授官"，君主总得负责考课选拔人才，制定国家治理大政方针，考察民情、因情而变政改治，承当监督责任，独制天下，得操天下之权柄吧？胡亥听了李斯和赵高的理论，什么事都不管。大臣成了事实上的君主，名义上不篡位，实际上已经具有了篡位的所有条件。惜乎，胡亥不悟也。

第三，李斯借用几个案例证明督责的效用。他引韩非子之论说"慈母有败子而严家无格虏"。妈妈心肠好则出败家子，家风严厉则无悍奴敢隶，下人不敢乱作。他又引用韩非子之言："布帛寻常，庸人不释，铄金百溢，盗跖不搏者，非庸人之心重，寻常之利深，而盗跖之欲浅也；又不以盗跖之行，为轻百镒之重也。搏必随手刑，则盗跖不搏百镒；而罚不必行也，则庸人不释寻常。"旨在表明，平常人存布帛，不舍得撒手，而面对千斤黄金，盗跖也不敢夺取。原因不在于平常百姓私心重，而盗跖欲望低。也不是盗跖有修养高尚，视百镒黄金如粪土，而在于伸手必被捉，轻者剁手，重者腰斩，刑罚一定会加诸身。李斯为此引申说，明主圣王能久处尊位，长执重势，而独擅天下之利者，非有异道也，能独断而审督责，必深罚，故天下不敢犯也。他推导出胡亥期望的结果——只要下令督责，严刑峻法，深沟高垒，天下即可无虞。

第四，李斯接着兜售势治理论，虽然没有提慎到，但君独执权而不与人共享，就是势治的核心思想。天下定于一尊，法令皆出于一口，明法申令，布告天下，则君尊势重，明君独断，势重则臣子必听必行。如此，圣君明主才能消灭满嘴仁义道德之治论，掩蔽游士说客的淫词虚言，束缚死节烈义之行，塞掩聪明智慧，自己内心独视独听，明如镜，如此明主才能随心所欲，放心纵志，无人敢忤逆。这样，就把君主权力绝对化，圈在高墙大院之内，而能治天下。但圣君明主被掩蔽起来，与天下隔离，还是天下之君吗？李斯引申、韩之论，看似合理，但容易培养懒政昏庸的君王。类似荀子所说，从一隅而摘论，剽窃申韩章句，而不及其余，则成邪说歧道了。秦始皇阅韩非子书而高兴，整体上吸收了韩非子的思想，所以他亲力亲为，不将天下之权柄授予他人。胡亥名义上专权，实际行为上授权给大臣打理，这是权力绝对化下的任性胡为。所以，李斯不知申、韩，亦不真正懂胡亥。

第五，李斯的督责之术，将重点放在君臣之间，妄图通过督责之法，驱动臣僚，管控天下，君主垂手而治。但其中缺最关键的要素——百姓。君主和百姓之间的关系没有论及，李斯不知天下之本、权术根源在于天下之民，而非宫廷政变。秦二世通过政变上位，但非天下之选。他们将此视为当然，以此立论，为君王独制独享天下，献督责之术，天下之民，不反奈何？

秦二世胡亥阅后，深然之。有像李斯这样的大臣做理论上的修饰装点，那就可以大胆地玩耍了。为此，天下督责刻深，刑徒遍地，天下怨声载道，而胡亥享乐逍遥。此时，赵高作为郎中令，杀人无数，自知危险。他害怕有官员告御状，忽悠秦二世不上朝听事，不和朝臣接触，所有奏章觐见皆由自己安排。天下之权皆出于赵高，丞相李斯自然心知肚明，由此引出李斯和赵高的互相谮害——李斯成了失败者。

李斯与赵高相互谮陷

据《史记·李斯列传》，赵高野心篡位，筹划残害李斯的阴谋。他听说李斯有表上奏，便对李斯说："最近，关东群盗多发，皇上又增税调人修建阿房宫，聚敛狗马，日日享乐。我想进谏，可惜地位低贱。这是您的本分事，您为何不进谏呢？"

李斯说："唉，是我的责任，我早就想进言。可惜，皇上不上朝，深居宫中，想和皇上说，可惜找不到时机。"

赵高说："你真的想见，我给你想办法通融安排。"

赵高趁胡亥燕乐时告诉李斯快来进谏，结果每次都碰壁，连续三次下来，把胡亥惹烦了："丞相这是什么意思？我平常闲时很多，他不来，每当我消遣时就来，这是瞧不起我，还是认为我鄙陋低级？"

赵高趁机诋毁李斯说："皇上如此想就错了。沙丘谋划，丞相参与，立了大功啊。您称帝了，可他什么也没捞到，地位、身份都不得提高。他实际想裂地而王啊。还有，你不问臣，臣不敢说啊。他儿子李由当三川郡守，陈胜、吴广纵横其间，如入无人之境，守城将士不肯追打。我听说他们文书往来，不审详细，没敢跟您说啊。丞相在宫外，大权在握，重于陛下。"赵高欲言又止，似有所藏。胡亥害怕了，赶紧派人去三川郡调查是否有勾结反贼之事。

李斯急着面见胡亥，但胡亥在外。他就修书一封，对赵高大肆抨击：

> 臣闻之，臣疑其君，无不危国；妾疑其夫，无不危家。今有大臣于陛下擅利擅害，与陛下无异，此甚不便。昔者司城子罕相宋，身行刑罚，以威行之，期年遂劫其君。田常为简公臣，爵列无敌于国，私家之富与公家均，布惠施德，下得百姓，上得群臣，阴取齐国，杀宰予于庭，即弑简公于朝，遂有齐国。此天下所明知也。今高有邪佚之志，危反之行，如子罕相宋也；私家之富，若田氏之于齐也。兼行田常、子罕之逆道而劫陛下之威信，其志若韩玘为韩安相也。陛下不图，臣恐其为变也。

李斯说赵高有异志，想篡位自立，并列举宋国司城子罕、齐国田常、韩国韩玘等人，以说明赵高的邪佚之志。

不料，胡亥毫不领情，执迷不悟，将李斯召来面谈，为赵高说情开脱。他说，赵高不是那样的人，我太了解他，况且我年纪轻轻父亲去世，您又年高操劳,除了赵高,我靠谁呢?赵高下知人情,上能适朕,你就别怀疑他了。

李斯说:"绝非如此。赵高原来是贱人,出身卑贱。无识于理,贪欲无厌,求利不止,列势次主,求欲无穷,老臣所以说危殆。不加紧处置,危险啊!"

胡亥怕李斯杀赵高,便将两人谈话的内容泄露给赵高。赵高反潜说:"现在,丞相所担忧的唯独我赵高了。我死,丞相就可以学田常了。"

恰巧,东方豪杰并起,贼势大盛。章邯建议释放骊山之徒役,经过简单训练,发往前线,攻打叛军。战局很快扭转。可是,后勤补给任务繁重,继续阿房宫和骊山建造,造成非常沉重的负担,帝国财力不能支。右丞相冯去疾、大将军冯劫、左丞相李斯共同上书,说盗贼多发,是因为赋税重,徭役太多,百姓无法生存,请求停建这两个宏伟工程,减轻徭役赋税。胡亥非常生气,指责他们上对不起先人,下不能尽忠,应该为天下乱局承担责任,上以此将他们逮捕下狱,并追究其他罪过[①]。右丞相冯去疾及其子冯劫认为将相不受辱,便自杀明志。李斯自觉功劳高,无反心,心存侥幸,无意自杀。

胡亥把李斯案交由赵高审理:"交由郎中令查办李斯通敌之事。"

李斯在监狱中,仰天长叹说:"哎呀!可悲啊,可悲!不道之君,怎么能给他谋划呢!从前,桀杀关龙逢,纣杀王子比干,吴王夫差杀伍子胥,这三个臣子,难道不忠吗?然而,也免不了被杀死,身死而所忠诚的君王也被杀,没有好下场。我智慧赶不上他们三个,二世胡亥之无道却超过桀、纣、夫差,我以忠贞而死,死得值了。二世之治是乱国之道啊,去年刚刚杀掉兄弟而自立,杀忠臣而贵贱人,建设阿房之宫,赋敛天下。不是我不劝谏啊,他不听我的话啊。古代圣王,饮食有节,车器有数,宫室有度,出令造事,增加费用不从百姓身上搜刮,所以能实现长久治安。令行逆于昆弟,不顾其咎;侵杀忠臣,不思其殃;大为宫室,厚赋天下,不爱其费。这三样他都做了,天下不听其号令。现在造反大军已经占有天下一半,而他还如在睡梦中,不明不白呢。让贱

---

① 胡亥在《史记·李斯列传》中指责李斯的话,与《史记·始皇本纪》中指责冯去疾、冯劫和李斯的话相似,推测二世指责李斯在先,上督责书,然后赵高短李斯,接着三人上书,胡亥罢免其官,交御史治罪。

人赵高辅佐，我一定会见到贼寇踏平咸阳，麋鹿登堂入室，在庙堂之上游走。"

胡亥以谋反的罪状责治李斯与其子李由，并收捕宗族宾客。赵高逮着机会严刑拷打，李斯七十五岁了，被屈打成招。李斯不愿自杀了断。庆幸的是，他有机会上书自辩，自夸功劳，寄望胡亥幡然悔悟。

李斯上书所写，名为"罪证"，实是表功。他说，二世胡亥你看看我对秦做了多大的贡献。攻破六国，统一天下，是罪一。北逐胡、貉，南定北越，罪证二。尊重大臣，隆盛其爵位，巩固亲善关系，罪证三。立社稷，修宗庙，以彰明皇上贤明，罪证四。统一度量衡、文字，布告天下，树立秦国威名，罪证五。修建通达天下的驰道，建立巡游宫室，以表明皇上之得意，罪证六。放宽刑罚，减少赋税，以使皇上得万民拥戴，百姓心中想念皇上，死也不能忘却，罪证七。这么多罪，我的确早就该死。您有幸凭能力才有今天。请陛下明察。

李斯的信落到赵高之手，赵高让小吏弃而不奏。赵高派门客十多人假扮成御史、谒者、侍中，轮流审问李斯。每逢李斯以实作答，赵高就让人拷打，直到他说假话。胡亥派人去验证李斯口供，李斯还以为和从前一样，不敢再改口供。赵高把判决书呈上，胡亥非常高兴，竟然说："多亏赵高，我差点被丞相出卖。"与此同时，胡亥的使者到达三川调查李由时，项梁已将他杀死。使者返回，李斯已被交付狱吏看押。本来使者可以证明李由没有谋反，可赵高编造了李由谋反的罪状。

秦二世二年（前208）七月，李斯依法被判处五刑，合并执行，腰斩于咸阳街市。李斯与次子被押解上刑场，他回头对儿子说："我想和你再牵着黄狗出上蔡东门追逐狡兔，还能办吗？"父子相对痛哭。李斯三族家人一同被处决。

李斯从故乡的"老鼠哲学"开始，又梦回故乡，牵黄犬出东门逐狡兔，一生波澜壮阔。他悲壮地在梦想中回到给他快乐的故乡，叶落归根。后人推测，今上蔡的李斯墓大概是衣冠冢，李斯具五刑，腰斩于市，谁敢给他收拾尸骨？大概两年后，秦帝国覆灭，才有后人从坟茔中收拾其遗骨迁葬故乡。

李斯既死，胡亥任赵高为丞相，天下更乱，大将在外打拼，朝内不善，恐怕被诛杀，纷纷投降义军。公元前207年，秦二世胡亥被丞相赵高弑杀，以平民身份埋葬。胡亥德不配位，杀兄害亲，逐良灭功，二十四岁即死，罪有应得。赵高以指鹿为马立威，恐吓群臣，弑君夺玺自立，怎奈群臣不受，仓促间谋立胡亥兄之子子婴。子婴知赵高勾结项羽以求王秦地，与子弟密谋，待赵高来请上朝杀之，诛其三族。赵高以卑贱之身，刑余之人，得宠隆位，梦以宫中诡计密谋，手无尺寸金戈，更无疆场功勋，算计天下神器，愚蠢至极，莫此为甚。天下明器，其能以三寸不烂之舌谋得也？四十六天后，沛公刘邦攻破武关，入咸阳，子婴奉玺请降。待霸王项羽入咸阳，子婴及其亲族被杀，阿房宫焚之一炬，时钟定格在公元前206年。

传国玉玺乃秦始皇命李斯用和氏璧雕刻而成，篆刻"受命于天，既寿永昌"。昔秦昭襄王强索于赵而不得。公元前228年，破赵，得和氏璧，秦始皇得以完成曾祖父未竟的事业。

四、余论

李斯以闾阎历诸侯，入事秦，因以瑕衅，以辅始皇，卒成帝业，斯为三公，可谓尊用矣。斯知六艺之归，不务明政以补主上之缺，持爵禄之重，阿顺苟合，严威酷刑，听高邪说，废适立庶。诸侯已畔，斯乃欲谏争，不亦末乎！人皆以斯极忠而被五刑死，察其本，乃与俗议之异。不然，斯之功且与周、召列矣。（《史记·李斯列传》）

太史公司马迁说，李斯明知道"六艺"（礼、乐、射、御、书、术）的旨要与目的，却不务于明政以填补皇帝的过失。他曲意逢迎，推行严威酷刑，听信赵高邪说，废掉太子，立一个不靠谱的年轻人。东方已经大乱，豪杰纷起，他居然还想谏诤。人们都以为李斯忠心耿耿，为他鸣冤叫屈。我不以为然。李斯如果不这样做，其功劳将和周公、召公并列了。

李斯怎么做，才能和周、召并列呢？《史记·李斯列传》已经表明了司马迁的态度。李斯没有遵从儒学的基本精神，在大是大非面前，先王之义败，荣华富贵的私欲胜,废嫡立庶,从根本上改变了王朝的立国精神,用了不该用的人,以致以后反复谏诤、督责,都是在修补,无益于大体。

如果李斯拥立公子扶苏,情况大为不同。扶苏本质是儒者,偃武兴文,故被发往边疆戍边,监督并协助蒙恬。蒙恬是蒙武之子,蒙骜之孙,蒙毅之兄,三世忠烈。蒙恬拥有三十万大军,秦始皇让扶苏协助蒙恬,是有意栽培。李斯、赵高和胡亥矫诏下扶苏。扶苏为人仁爱,对蒙恬说:"父亲命儿子死去,还要请示什么?"他立刻自杀而死。扶苏如此人品,如果继位,对李斯不会安排得太差(李斯已经七十四岁)。扶苏得蒙恬辅佐,天下再安稳十年,大秦帝国就截然不同了。秦帝国已经建立了完备的法律制度,该制度运行良好(从扶苏、蒙恬等人被杀看出令必行)。如果加上儒家思想,宽政薄敛,仁厚爱民,休养生息的政策,十年之后再对外征伐,则秦帝国对周边的统一将会完成。

李斯一念之差,葬送了秦帝国的统治,还让富国强兵的法家治国思想污名化,以至于后来法家思想只能在"独尊儒术"的庇荫下生存,让中国在"阳儒阴法"的思想范式中颠簸了两千年。

第九章
韩非子：法家思想的集大成者

从管仲一路走来，经过四百多年的砥砺跋涉，艰辛探索，到了战国末期，与李斯同时代的法家人物，荀子的学生，诸子百家中的最后一位大师，李斯的师兄韩非子来到了世间。

韩非子（约前280—前233），新郑（今河南新郑）人，是韩桓惠王之子。与李斯不同，韩非子口吃，不善言谈，主要用功于著书立说。其思想深邃，对后世影响深远，是长达两千多年的帝王专制思想、中央集权国家理论的奠基人。韩非子将老子的辩证法、朴素唯物主义与法思想熔于一炉，集商鞅之"法"、申不害之"术"和慎到之"势"等理论于一体，形成完整综合的法家思想，集法家思想之大成。其著作《韩非子》，辑录论文五十五篇，十万余字，足见内容之丰富。其论、行文、构思，在先秦诸子散文中独树一帜，寓言、历史典故、经典诗词信手拈来，用典精到，寓意深刻。其思想呈现唯物主义与效用主义思想，积极倡导君主专制，旨在为专制君主富国强兵、宰制天下而出谋划策。

《史记·老子韩非子列传》将韩非子的思想归本于道家，认为其清静无为而自化，又说韩非子喜刑名法术之学，又师从荀子，对儒家思想非常精通，所以是先秦思想的集大成者。

秦始皇读韩非子的《五蠹》《孤愤》，发出感慨："嗟乎，寡人得见此人与之游，死不恨矣！"

吊诡的是，韩非子写了雄文《说难》《孤愤》，诉说游说之难，自己却死于秦始皇、李斯之手。韩非子虽死，李斯仍奉韩非子之言为圭臬，动辄拿韩非子之语当遮羞布。

司马光于《资治通鉴》中说："臣闻君子亲其亲以及人之亲，爱其国以及

第九章　韩非子：法家思想的集大成者

八之国，是以功大名美而享有百福也。今非为秦画谋，而首欲覆其宗国，以售其言，罪固不容于死矣，乌足愍哉！"司马光不认同韩非子的做法，认为他为秦国出谋划策，却攻击母国韩国，不值得同情，不是真君子。

毛泽东在读《史记·老子韩非子列传》时批注道："韩非子师从于荀子，战国时期法家的代表人物，他提出的'法治、术治、势治'三者合一的封建君王统治术，对后世影响很大。"[1]

当今之世，依法治国的思想深入人心，法家思想在中华民族的复兴中再次发挥着重要作用。从古人的智慧中汲取丰富营养，是我们义不容辞之责任。

一、韩非子的国事和家事

孱弱而又倒霉的韩国

公元前375年，韩灭郑，进占新郑，据为国都。故郑地处中原，在群雄逐鹿的形势下，始终难安，纵有子产富国强兵，交好诸侯，也逃脱不了墙头草、受气包的历史宿命，力量时振时削，终难富强自存。子产死后，郑国衰弱难振。韩、赵、魏分家，韩自西向东，一路掩杀，败郑，占其地盘。

从郑桓公到郑庄公，郑国始终是周天子的近亲，比鲁、齐、晋、卫等大诸侯国关系近。所以，郑国的立国精神里有一种仁义君子的底色。在地缘争霸方面，郑国载着王家道义，总是缩手缩脚。因此，春秋小霸王郑庄公没有为郑国的长治久安留下多少地缘优势。郑庄公伐许，本来完全可以据为己有，却找了很多冠冕堂皇的理由让许国大夫百里继承之。表面上看，此举安定了郑国边疆，其实是放弃了边疆。后来，楚国强大，许国即为楚国所吞并。立国精神萎靡，只为寻找栖身之地，后世子孙必受其累。郑国如此，韩国亦如此。

因此，地处中原的诸侯国的日子，注定不好过。郑国难立，韩国也是外甥

---

[1]　唐汉：《毛泽东历史笔记解析》，红旗出版社，1998年，第57页。

打灯笼——照旧（舅）。中原地带处在东西南北各个方向力量的交汇处，一方力量发动，全局震荡，中央地带无法置身事外。韩取郑二十年后，韩昭侯继位，用申不害为相，力图振兴韩国。申不害推行术治，"因能而授官，循名而责实，操杀生之柄而课群臣之能"，主张君主无为，臣子有为，督责控制臣下。申不害之治，让韩国安生了十五年，但他死后，韩国仍在秦、楚、魏、赵、齐等国的夹缝里生存，一会儿连横，一会儿合纵，南交则北伐，东盟则西攻，不交则挨打。这就是地缘给韩国带来的悲哀。

韩宣惠王五年（前328），连横家张仪入秦为相，挤走合纵家公孙衍，构建了秦国和东方六国的战略对垒格局。战国进入了更加血腥的阶段，韩国首当其冲。

韩宣惠王十六年（前317），秦在脩鱼败韩，在浊泽活捉韩将宦、申差。危难时刻，韩相公仲侈出谋划策，向韩宣惠王建议说："各国联合抗秦不靠谱，指望不上。据我观察，秦早就想伐楚，大王您不如假张仪之手与秦国讲和，白送给秦一城池，准备好甲士战车，和秦联合伐楚。如此这般，一石二鸟，既解韩国危局，又能消除南方威胁，秦、楚相斗，两败俱伤，咱们坐山观虎斗，威胁自消。"韩宣惠王派遣公仲侈与秦结盟伐楚。

楚怀王招来陈轸寻求对策。陈轸与张仪皆为纵横家，是冤家对头。陈轸建议楚怀王说："烂招啊！对付他们，易如反掌。只要我们加强边境警戒，对外发兵声称救韩，命令战车布满道路，派遣使臣带大队车马、钱币，表示挺韩的决心，对韩宣惠王说：'我们虽弱小，已倾尽所有军队助韩。希望您大展对付秦国的决心，双方携手，倾尽全力抗秦。'"

韩宣惠王听闻，制止公仲侈使秦。公仲侈非常恼火，说："哪能这么干呢？秦是真攻打，楚是虚情假意地救援，不会出力的。如果靠楚国的救援虚招，而与强秦绝交，就等着贻笑天下的那一天吧。再说，楚并非咱们的兄弟之国，楚只是在闻听秦、韩想联兵攻伐时才发兵援韩，一定是陈轸这小子出的鬼点子。我韩国已将合兵伐楚的计划通报给秦，若反悔不去，是欺骗秦王啊！轻信楚国谋臣而欺骗强秦，我想大王必定后悔。"

然而，韩宣惠王坚决与秦绝交。秦王大怒，增兵攻韩，两国交战，楚援始终不来救韩。韩宣惠王十九年（前314），秦军大破韩岸门（今河南许昌市西北），韩将太子仓质押于秦，双方才握手言和。

公元前313年，楚人耍弄人的伎俩被张仪采用，反用于楚，大利。张仪为破齐、楚联手，亲使楚，答应以六百里商於之地交换楚、齐绝交，昏头昏脑的楚怀王应诺。等到楚与齐绝交，去秦要割地时，张仪竟说只给六里，是自己的封地太小，秦王的土地他可无权奉送。

楚怀王一气之下，联魏攻秦。公元前312年，韩与秦联手，在丹阳（今河南淅川县丹水和淅水交汇处）一战中杀死八万楚国军士，活捉楚将屈匄。胜仗刚打完，韩桓惠王卒，太子仓即位，是为韩襄王。

韩襄王四年（前308），韩襄王与秦武王在临晋（今山西临猗县临晋镇）会见。秋，秦国派甘茂进攻韩国的宜阳（今河南洛阳西南）。韩襄王五年，秦攻下宜阳，斩杀韩军六万。韩襄王六年，秦国把武遂还给韩国。韩襄王九年，秦国再度攻取韩国的武遂。韩襄王十年，韩国太子婴朝见秦王后回国。韩襄王十一年，秦军攻韩，占领了穰邑。韩国和秦国进攻楚国，打败楚将唐昧。这段时间，秦国视韩国为软柿子，想打就打，想联合就联合。

与此同时，韩公室为争夺王位大打出手。太子婴猝死，公子咎与在楚为质的公子虮虱争立。围绕公子虮虱的回国问题，韩、秦的大臣精明算计，合演了一场超级智力游戏。公子虮虱终不得放归。公子咎被立为太子。

韩襄王十四年（前298），韩联合齐、魏进攻秦，至函谷关，就地安营扎寨，阻止秦东出。公元前296年，秦将河外之地和武遂还给韩，实行战略收缩。韩襄王卒，太子咎即位，是为韩釐王。

公元前293年（周赧王二十二年、韩釐王三年），伊阙（今河南洛阳龙门）之战打响。魏派公孙喜率领韩、东周和魏军队攻秦，秦将左更白起抓住联军的弱点，突击魏军，然后集中兵力击韩军，大败联军，杀死二十四万军士，虏杀公孙喜。韩、魏两国精锐丧失殆尽，被迫割地求和。白起因战功卓著升任国尉。同年，白起率兵北渡黄河，夺取魏安邑（今山西运城夏县西北）以东到乾河的大片土地。

秦随后以摧枯拉朽之势，打残韩、魏，公元前291年至公元前289年。秦先后攻取韩宛城（今河南南阳宛城区）、叶（今河南叶县南）、邓（今河南孟州市西），夺取魏轵（今河南济源东南）、河雍（今河南孟州市西）、蒲阪（今山西永济市北）、皮氏（今山西河津市西）、河内郡大小城池六十一座，彻底扫平秦军东进通道。韩将武遂地带的二百里土地奉送予秦。公元前283年，秦在夏山打败韩。公元前281年，韩釐王与秦昭襄王在西周相会，助秦攻齐。齐国战败，齐湣王逃亡。公元前279年，韩王与秦王在两国之间相会。此时，韩国已经被打得无还手之力。

公元前273年，韩釐王去世，子韩然继位，是为桓惠王。公元前272年，韩兴兵伐燕（南燕），想捞点儿好处。此时，秦国大权在秦昭襄王母宣太后和舅舅魏冉手中，秦昭襄王还未亲政。险被魏丞相魏齐打死的谋士范雎入秦，说服秦昭襄王，获得重用，助秦昭襄王亲政，献远交近攻之策，以掠夺附近诸侯的土地，对偏远的国家则以威胁利诱的手段建立盟友关系。

公元前264年，秦昭襄王命武安君白起攻取韩国陉城（今山西临汾曲沃县东北）等九座城邑，斩杀韩军五万人。次年，白起又率军封锁南阳太行山道（黄河北岸，太行山南端的东西狭长地带），截断了韩国南北联系。公元前262年，白起再攻伐韩野王城（今河南沁阳），切断了上党郡同韩国本土的联系。上党郡守冯亭投机取巧，奉地降赵，面对无本买卖，赵国君臣权衡再三，最终依平原君赵胜的计策，火中取栗，决定接受冯敬献地。这惹恼了强秦，引发秦、赵之间著名的长平之战。秦国坑杀四十万赵国降卒，赵国国力顿时削弱。公元前256年，秦攻占韩的阳城、负黍。公元前249年，秦军攻占韩国的成皋（今河南荥阳西北）、荥阳。公元前247年，秦军完全攻占韩国的上党地区。公元前244年，秦军攻取韩国十三座城。

韩非子为韩桓惠王之子，大概从他记事时起，韩一直动被挨打，尤其是长平之战时，他大约十八岁，带给他的刺激更大。

公元前239年，韩桓惠王卒，韩王安继位。公元前234年，秦攻韩，韩形势危急，派韩非子使国，秦扣留韩非子并杀之。此时，秦已经从南、北、西三面对韩都形成了攻击阵势。

韩王安九年（前230），韩王安为秦军所俘，韩地尽归秦，秦置颍川郡。此时距离韩非子被杀仅三年光阴。

本书一直强调地缘生存环境对国家生存的重要性。郑桓公决定在三川之地落脚，注定其家族四面受敌。郑国后来向新郑方向转移，进入中原。三家分晋中，韩从陕西华山向东，基本沿着郑国的迁移路线，逐步代替郑，终在中原立足。天下之中，和平时期是天下通衢，南来北往，商贾云集，一派繁荣；而群雄逐鹿时，则难逃被逐鹿的命运。富国强兵的法家人物奋发图强，让国家财富得到积累，但经不起轮番消耗，国君权力则经不起权臣和敌人折腾。所以，韩非子这样的法家人物，出现是自然，失败也是必然，天命也。

二、集大成的韩非子法家思想

韩非子法家思想的时代背景

与西周"封建"体系有所不同的"郡县"体系基本成形。西周"封建"以血缘关系为纽带，形成天下一统局面。起初，天下所有权归天子，诸侯只有占有权、使用权和收益权。但进入春秋时期，尤其是战国时期，天子的所有权虚化，土地、百姓、附庸的所有权归诸侯，诸侯国君成为"潜在的天子"，天下失其鹿，群雄逐之。诸侯纷纷富国强兵，对内加强管制，实施农战策略，对外扩张地盘。随着诸侯国开疆拓土，卿大夫权力日隆，不断蚕食君权，甚至取而代之，成为新的产权人。卿大夫又自立形成诸侯之下的新诸侯，各种力量交合纵横，形成十分复杂的关系图谱。

社会成员构成也发生巨大变化，推动了贵族政治向官僚政治的转变。与封建伴生的井田制逐步解体，奴隶得到解放，随着各诸侯国新赋税制度和军爵制度的实行，大量军功贵族、爵位封赏和大量自由农民（自耕农）、工商业者出现，跃上历史舞台，成为社会财富的中坚力量。贵族政治式微，这就产生了对官僚统治集团的社会需求。一方面，国君和封建贵族、公室的矛盾激化，国君有强烈的冲动摆脱、贬抑甚至打压贵族集团，剥夺其特权。另一方面，国君在排除贵族行政管理权之后，必须借助异姓贤能官僚集团之手，实现对全国上下的有效管理。封建制解体，郡县制初行，国君客观需要大量的行政管理人员对郡县有效管理，还要激励百姓投入农战。所以，法家对国君的地位看得非常高，故产生了尊君卑臣之思想。

如何有效管理新生的异姓官僚集团，是战国时期各个诸侯国面临的共同问题。大家都在实践的基础上摸索前进。商鞅之法，治民，治官，治贵族；申不害的术治思想，任人唯贤，因任而授官，即是国君对官僚集团管理的方术，重在治官，大概和郑国、晋国和韩国变化较快有很大关系。

天下归一，是大势所趋，学术思想归于一统，也势在必行。正如李斯辞别荀子所言，秦国具备争权天下、统一六合的能力，结束春秋战国以降的纷争。孟子在回答梁惠王时说："天下定于一。"天下必须再次归一个君王统治，才能定分息争，使天下复归太平。为此，各诸侯国国君要么想办法自保，要么想办法争第一，做天下的领导者。这种社会共识一旦形成，便加重了各诸侯国之间的合纵连横、倾轧颠覆。诸侯国迫切需要在激烈的竞争中获得系统理论的滋养和指导。仁人志士、诸子百家各唱其说，以干诸侯，在丰富的社会实践中得到检验。战国末期，学说思想优劣已经被证实证伪，为韩非子法家思想之集大成奠定了坚实的基础。

战国末期，理论发展和历史事实之积累足够丰富，使韩非子能进一步发展各家学说，总结历史经验，上升为理论认识（经），形成庞大的思想体系。从理论源头而言，韩非子本于老子道德思想，吸收了黄老之术，又精于儒家、墨家等显学，对于富国强兵的法家思想更清楚。韩非子又是一个历史学家，其作品绝大部分以历史事实为根据提出解决问题的思路和理论，这是孔子著《春秋》以史为经的延续和发展。例如，《韩非子》中的"内外储说"六篇，每篇皆以"经"开头，再列举历史事实（说），凡列二百三十一则，每则都是一个历史故事作注。韩非子的写作是为君王服务,历史故事皆有所本,可信度高。

韩非子的天道观

韩非子是先秦诸子中最后一位大师,其思想来源复杂多样,儒家、道家、墨家思想,皆为其思考之凭依。最切近者,是黄老道术、法家思想和他老师的性恶论思想,而此又归本于《道德经》。

韩非子天道观思想以《道德经》为基础,集中体现在《韩非子·解老》《韩非子·喻老》两篇文献中。解者,解析也;老者,老子也。这是对《道德经》章句哲理的阐释,例如何谓"道""天""理""慈、俭、不敢为天下先"。喻者,比喻、举例之谓也,对照历史事实,证实老子之言真实不妄。从理论和历史实践证明《道德经》章句是坚实可靠的论断,法家治国思想体系就顺理成章地具有科学性和真理性。遵行不悖,便是遵循天道,与自然同运化,永远立于不败之地。兹举几例,以管窥一斑。

> 道者,万物之所然也,万理之所稽也。理者,成物之文也;道者,万物之所以成也。故曰:道,理之考也。物有理,不可以相薄;物有理不可以相薄,故理之为物之制。万物各异理而道尽。稽万物之理,故不得不化;不得不化,故无常操。无常操,是以死生气禀焉,万智斟酌焉,万事废兴焉。(《韩非子·解老》)

道是什么呢?韩非子说,道是成就万物的本因,是万理构成的根源。理是成就万物的外在表现,道则是成就万物的本因。因此,道是理的参照,所有理必须以道为根据,参考道而形成。万物各有其理,彼此不会相侵,故理成为万物形成的宰制力量。例如,行人有行人的交通规章,机动车有机动车的规章,各自成理,不相冲突。种瓜得瓜,种豆得豆,各有其生成的理,不相侵扰,不可能"种瓜得豆"。万物之理各自不同,而道完全集中了万物之理，所以道不能不随具体事物发生变化，下贯而为理。道不得不发生变化，故无固定规则。无固定规则，因而存亡之气由道赋予，一切智慧由道发授，万事废兴由道决定。

  道，与尧舜俱智，与接舆俱狂，与桀、纣俱灭，与汤、武俱昌。以为近乎，游于四极；以为远乎，常在吾侧；以为暗乎，其光昭昭；以为明乎，其物冥冥。而功成天地，和化雷霆，宇内之物。恃之以成。凡道之情，不制不形，柔弱随时，与理相应。万物得之以死，得之以生；万事得之以败，得之以成。道譬诸若水，溺者多饮之即死，渴者适饮之即生。譬之若剑戟，愚人以行忿则祸生，圣人以诛暴则福成。故得之以死，得之以生，得之以败，得之以成。（《韩非子·解老》）

万物皆有道，道不远人，近及于身，远在四极，无处无物不在道的统御之下。天有道则高，地有道则藏，日月得道则光照四方，一年四季得道则御制天气变化，轩辕黄帝得道以统治天下，圣人得道则成丽文华章。道的功用可大了，万事万物莫不由道而生，而存，而亡，而变，随化万端。

理是什么呢？韩非子认为，作为概念的理，就是指万物的方圆、短长、粗细、坚脆之分别。理定，才可获知规律。可人们总结确定的"理"仍有存亡、生死和盛衰之变。既然万物有存亡，忽生忽死、先盛后衰之变，无法称永恒。永恒，是指先天地而存、后天地而不亡，跨越一切时间和空间的"东西"。永恒，就是无变，无定。无定理，不处固定场所，因此无法说明和琢磨。圣人观察到永恒规律的玄虚，依据永恒规律的普遍作用，勉强把它命名为"道"，然后才能够加以论说。所以《老子》说："道可道，非常道。"

韩非子通过对道、理关系的解释，建立了天道观思想。他认为天下万物不在道之外，而在道之内，只要遵道顺理，则万物可成，可形，可统御。圣人不需要做太多的事，只要遵道而行，则可实现无为而治。理随事物而变，各有其理，是可以变化的，由此为韩非子的社会进化论提供了哲学依据。

在认识论方面，韩非子也独树一帜，提出了"参验"之说，所谓参，即多方比较，辩证认识，获得事物的真实道理。验，用实验证——实践是检验真理的唯一标准。例如，《韩非子·解老》将各种说法相互参验，上升至理论。《韩非子·喻老》则用历史和现实结合，验证君臣、政治得失，证明老子之言真实不虚。《韩非子·显学》举例说，宝剑是否锋利，只凭金属的颜色，铸剑高手也很难判断，但如果用它来宰杀牲畜，很容易就检验出来。以此，法家人物提出"循名责实"，以确定官员的职位、职责、任务、工作承诺，对官员是否称职做出评定。

《道德经》有"人法地，地法天，天法道，道法自然"的名言，可以看作"道生法"的渊薮。人类社会运行的所有规律、规则、定理，都是从道而来。这是"法"形而上的理论依据。如果道真实不虚，法也是真实有效的措施。

韩非子的社会发生学与进化论

荀子从社会发生学提出"名分使群"，通过定名分，社会成员各就其位，各司其职，各得其所，各乐其生，通过隆礼重法维持社会生产和生活秩序的健康有序运行。韩非子继承老师的社会发生学论，进一步提出社会进化论。

他将社会发展划分为上古、中古、近古和当世四个阶段。上古之世，人们靠自然界的供给就能获得衣食满足，采摘渔猎，兽皮而衣，鸡犬之声相闻，老死不相往来，不会起争执。有巢氏、燧人氏通过筑巢、生火烧烤食物摆脱大自然折磨，社会逐步从蒙昧走向文明。中古之世，以尧舜禹为代表，天下大水[①]，而大禹的父亲鲧和大禹为治理洪水疏导江河。近古之世，夏桀、商纣暴乱，而商汤和周武王征伐之，使天下太平安详，各乐其乐，各美其美。现在，社会进步了，如果现在还有钻木取火、筑巢而居者，一定会被鲧、禹耻笑；如果在殷

[①] 地理学家、地质专家通过碳14测定石钟乳沉积，推测此时水量很大。参见陈莎等：气候环境驱动下的中国北方早期社会历史时空演进及其机制，《地理学报》，第72卷，第9期。

商、西周时还在疏通江河治理水患的，一定会被汤、武笑话。同样的道理，如果今天还有人赞美尧、舜、汤、武、禹的先王之道的，一定会被新圣王笑话。

韩非子举例说明，上古竞于道德，如周文王行仁义而王天下，而徐偃王行仁义被楚所灭而丧国，因此，仁义用于古不可用于今，世异则事异。当舜之时，有苗不服，禹将伐之，舜却说："不可。积德不厚而贸然动武，非统治天下之道。"便修道德政教三年，跳起盾牌和大斧之舞，有苗氏才心服口服。到了共工氏与颛顼高阳氏打仗的时候，拿短武器者会被敌人击中，铠甲不坚固者会伤及身体，人人相互残杀，毫不手软，表明拿着盾牌和大斧跳舞的德政方法只能用于古代而不能用于当世。因此，上古竞于道德，中世逐于智谋，当今争于气力，用强力、权力说话。齐将攻打鲁，鲁让子贡出使交涉。齐国人说："先生，你的说法的确高妙，合情合理，可我要的是土地，不是你的仁义道德。"齐国直接打到离鲁国国都十里之处，划界而分。因此，徐偃王推行仁义而徐亡，子贡机智善辩智而鲁削地割壤。仁义辩智，是不可保佑国家的。

韩非子继承了老师的"法后王"思想。自荀子上推一代，法家重要代表人物商鞅就强调："治世不一道，便国不法古。"韩非子在《韩非子·五蠹》中进一步提出"不期修古，不法常可"，主张"世异则事异"，"事异则备变"，认为历史不断向前发展，一代更比一代强，今人必胜古人，人们应该按照社会现实不断改进，勇于变革，不必遵循古代的传统。韩非子形象地以宋人守株待兔的故事加以说明。

> 宋人有耕者。田中有株。兔走触株，折颈而死。因释其耒而守株，冀复得兔。兔不可复得，而身为宋国笑。今欲以先王之政，治当世之民，皆守株之类也。（《韩非子·五蠹》）

宋国农夫耕田，遇到兔子撞到树上，其脖子撞折而死。农夫得兔，非常高兴，他就不再耕田，整天守在树旁，希望再得一只兔子。最终，农夫傻等好久也不得，被宋人耻笑。韩非子说，当今那些靠先王之政令，治理当世之民的人，与守株待兔无别。

韩非子还有朴素的唯物论思想，认为社会进步的重要原因是人口增多，私欲膨胀，物质资源相对贫乏。他在《韩非子·五蠹》中论证说，一家有五子，每子养育五子，如此爷爷还活着，人口就增加二十四倍，按古代的育龄推测，不过五十年就如此增加，"是以人民众而货财寡，事力劳而供养薄，故民争，虽倍赏累罚而不免于乱"。劳动越来越辛苦，得到的反而越来越少，百姓就起争执，虽加倍赏赐，加重处罚，也难平息混乱。他进一步说，尧、舜禅让天下，并非情操高尚，是因为古时天子职位好比监狱，整天吃不好，穿不暖，手上长满老茧，小腿肚子的毛发都被磨光了，用瓦罐吃饭，野菜充饥，太辛苦了，恨不能早早让位。现在就不同，当天子的自然不必说，即使当个县令、县尉，一朝当官，三辈子享福，谁都想赖在位子上，使劲往上爬。谁不想投机钻营，获得高官厚禄呢？因此，"轻辞天子，非高也，势薄也；重争士橐，非下也，权重也。故圣人议多少、论薄厚为之政。故罚薄不为慈，诛严不为戾，称俗而行也。故事因于世，而备适于事"。圣明君主应该按照财富多寡、赏赐厚薄制定政策，处罚轻不代表仁慈，严厉诛杀也不代表苛刻。行事要根据当世的情况来定，制定法律条文要符合基本规律。

韩非子把社会现象同经济条件联系起来，并提出改革变法的政治主张，他是中国历史上第一个提出"人民众而货财寡"会带来社会问题的思想家。

韩非子的朴素辩证法

辩证法，就是关于事物矛盾的运动、发展、变化的一般规律的认识方法，认为事物处在不断运动、变化和发展之中，发展变化是由于事物内部矛盾斗争所引起，旧矛盾消解，形成统一，又生发蕴含着新矛盾，新矛盾的对立斗争，促进事物的发展，形成新的统一，如此不断演变。针对事物的不断发展变化性质，韩非子指出，"定理有存亡，有生死，有盛衰"，"物之一存一亡，乍死乍生，初盛而后衰者，不可为常"（《韩非子·解老》）。他在中国哲学史上第一次提出了"矛盾"的概念。据此，毛泽东进一步论证，建立了"矛盾论"的辩证法思想体系。

> 楚人有鬻楯与矛者，誉之曰："吾楯之坚，莫能陷也。"又誉其矛曰："吾矛之利，于物无不陷也。"或曰："以子之矛陷子之楯，何如？"其人弗能应也。夫不可陷之楯与无不陷之矛，不可同世而立。（《韩非子·难一》）

《韩非子·难一》说，后人为夸赞舜的贤明德行，就举例说舜所到之处，无不兴旺、平安、祥和。韩非子就此发问，如此夸奖舜，不是在批评尧吗？要么是尧帝执政效果不行，要么是人们对舜帝过誉了，不可能两者同时成立。韩非子举了个例子。楚国人同时卖自己的矛和盾，首先夸盾坚固，说无矛能攻破，然后夸自己的矛，无盾不可破。有人说，用你的矛刺你的盾，会怎么样呢？这个人立马哑口无言。无不破之矛和无不能抵之盾，不能同时成立。他批评舜帝躬亲以德，一年教化一个地方，三年才三个地方，行政效率太低，远不如用统一法令速效，容易治理天下。

换言之，矛盾双方虽然不能同时存在，但可以在不同的地方、不同的人那里表现出来。比如，有好人，有坏人；有孝子，也有不孝子孙；有和平之地，也有混乱之处。但不可能同时同地存在。"夫冰炭不同器而久，寒暑不兼时而至，杂反之学不两立而治。"冰和炭火分开放置才能长久，寒暑不能同时到来，奇谈怪论、反动思想不能并立，才能实现天下大治。据此，韩非子提出矛盾双方统一的方法就是："法令制于上，一断于法，王子犯法与民同罪。"社会不同人等，按照法律衡量，达标的过关，不达标的自律，不能自律者刑罚伺候。如此，社会管理效率会大幅度提高。显然，这种思想和战国末期纷乱的天下形势、社会状态有关，是献给帝王将相的苦口良药。

韩非子继承了老子《道德经》相对主义的辩证方法，这可是中国哲学精华。任何事物的精神、功效，必须从矛盾的对方觉察，并在否定对方后，得以升华。如"道可道，非常道，名可名，非常名""上德不德，是以有德""无为而无不为""大言稀声，大象无形"，从"无"的一面反观"有"，从"有"的一面反观"无"，有无相对，有无统一，在否定对方的同时得到价值和精神的升华。兹列举韩非子《韩非子·解老》中的章句以明辨：

> 所以贵无为无思为虚者，谓其意所无制也。夫无术者，故以无为无思为虚也。夫故以无为无思为虚者，其意常不忘虚，是制于为虚也。虚者，谓其意无所制也。今制于为虚，是不虚也。虚者之无为也，不以无为为有常。不以无为为有常则虚，虚则德盛，德盛之谓上德，故曰："上德无为而无不为也。"

虚，并不是真虚，是德盛的表现。看着这个人好像很"虚""无为"，其实不是俗人所言的"虚"与"无为"。他们是道德充盈的君子，是积极有为者，如国君干臣子的工作，虽劳而不能称功。君主应该干自己该干的事，如建立法度、考课群臣、执掌赏罚。可惜，这个哲学高度太高了，很少有人能理解。秦二世胡亥以"无为"为常，认为什么事都不干就是君主应该干的事。韩非子通过辩证法论证法治思想的合理性，算是让"道德之说"进一步向实践靠拢了。

韩非子的性恶论

韩非子根据战国末期的纷乱倾轧，又进一步发展了荀子的性本恶主张。他认为，君臣之间完全是一种利益关系，不存在孔子说的"君使臣以礼，臣事君以忠"，双方都是为了追求利益走到一起，一旦利益不能达成，便一拍两散，甚至相互杀伐。韩非子在《韩非子·外储说右下》中说，依法治国则强，放任纵容则弱乱。君主要用赏罚手段，而非凭仁慈爱臣的好心肠。臣民有功就加官晋爵，有罪就惩罚和诛杀。臣下明白这个道理，就要鞠躬尽瘁死而后已，别靠忠心耿耿之类不靠谱的道德说教。国君只有彻底明白"不仁"，臣子彻底了悟"不忠"的道理，才可以称为"王"者了。

为证明人的自私自利性，韩非子在《韩非子·六反》中举极端的例子说，父母生孩子完全为私利，不是仁义慈爱心肠。生了男孩儿就高兴庆祝，生了女孩儿就郁闷，甚至杀之。同样都是亲骨肉，结果完全不同。因为养男孩儿有好处，养女孩儿赔钱。做父母的就如此算计，为了利益什么都能干得出，何况无血缘者呢？在利益面前，不存在仁义忠信。圣明君主治理国家靠的是"法术"，只有"赏罚"才能调动"自私"者。否则，谁听大道理而愿意赴汤蹈火？危难时，用奖赏激励百姓上阵，用刑罚逼迫百姓卖命。太平时，则用法令将百姓禁锢在岗位上，以法为教，以吏为师，老老实实地像牛马一样劳作。

韩非子的思想建立在君臣利益矛盾的基础上，认为君臣之间矛盾尖锐，难以调和。所以，他提出很多防奸、防弑的招数。《韩非子·备内》描述了君臣之间、君主家庭内部之间可怕的矛盾。"人主之患在于信人，信人，则制于人。人臣之于其君，非有骨肉之亲也，缚于势而不得不事也。故为人臣者，窥觇其君心也，无须臾之休，而人主怠傲处上，此世所以有劫君杀主也。"君主最大的祸患在于轻信人，轻信人则受制于人。人臣和君主没有骨肉之亲，只是碍于威势不得不事君。人臣时时揣摩君主心理，不可轻心大意，若君主懈怠傲慢，很容易被臣僚暗算。君主也不能太信任后宫妻妾，奸臣容易通过妻妾勾结乱法，成就私欲。妻儿尚且不可信，何况其他人？君臣、家庭成员相互提防，伦理道德规则阙如，只剩刑赏了。

韩非子的思想是法家思想极端化的顶峰，他排除了礼义忠信在治国理政上的积极作用，攻乎异端，遗患不小。当然，他是针对当时尔虞我诈的社会形势提出的解决方案，针对性强。

韩非子的术治思想

前文提及，术治实际上是国君与贵族、公室，国君与大臣之间关系的处理艺术。国君的权力来源于家族继承，家族通过分封产生贵族，但这些贵族又时时掣肘国君，限制国君权力，国君为了掌控权力，必须和贵族们斗，在斗争中,贵族政治逐渐弱化。与此同时,官僚政治跃上历史舞台。国君与官僚的关系,和国君与贵族的关系,虽有不同,但在权力的相互掣肘上有相似性。过去,国君要防范贵族篡位,现在,国君既要防止异姓大臣篡位,还要督促他们依法行政,高效管理社会。围绕这些问题,法家的术治派提出种种解决方案。韩非子总结历史经验,提出系统的术治方法。包括刑名术、用人术、听言术、无为术和治奸术[①]等。

第一,刑名术。《韩非子·二柄》开宗明义:

> 明主之所导制其臣者,二柄而已矣。二柄者,刑德也。何谓刑德?曰:杀戮之谓刑,庆赏之谓德。为人臣者畏诛罚而利庆赏,故人主自用其刑德,则群臣畏其威而归其利矣。

意思是,英明的君主领导控制群臣,手段不过两个:刑德。刑,就是杀戮,德就是表扬、赏赐。臣子莫不害怕杀戮而喜欢表扬赏赐,那么,君主用它们,群臣就会慑于威势,为获得私利而认真工作。可有些高官奸臣,自己憎恶者,就欺骗君主严加处罚,对自己喜欢者,则游说君主表彰奖励。结果,下臣都不听君主而听命于大臣了,君主就丧失了权柄。他形象地比喻说,老虎能慑服狗,是因为有尖牙利爪。若把它们让给狗,狗就能反过来慑服老虎了。历史上有很多惨痛的例子,如齐国田常用赏赐的办法笼络人心,然后把齐简公杀掉。而宋国司城子罕让宋君负责赏赐,宋君当好人,他自己负责刑罚,当恶人。结果,宋君被杀,子罕上位。赏赐和刑罚两者都很重要。

那么,如何具体运用刑德?赏罚的原则是什么?韩非子继承了申不害的刑名术,深入论述说:

> 人主将欲禁奸,则审合刑名者,言异事也。为人臣者陈而言,君以其

---

① 时显群:《法家依法治国思想研究》,人民出版社,2010年。

言授之事，专以其事责其功。功当其事，事当其言，则赏；功不当其事，事不当其言，则罚。故群臣其言大而功小者则罚，非罚小功也，罚功不当名也；群臣其言小而功大者亦罚，非不说于大功也，以为不当名也。害甚于有大功，故罚。(《韩非子·二柄》)

君主要想禁止奸邪，就要审核刑名，循名而责实。臣下发表施政纲领，履职承诺，君主据此授予相应的职事，专就其职责考评工作功效。功效符合职事，职事符合承诺，就赏；否则，就罚。所以，群臣言大功小的要罚；这不是要罚小功，而是要罚言行不符。群臣言小功大的也要罚，并非厌恶大功，而是因为言行不符的危害超过功劳。

韩非子对于国君掌握刑德大权，还有更神秘的绝招——君主切莫暴露爱好（情）。不然，君主爱好一旦被群臣把握，就失去刑德的威力，甚至被群臣利用，反受其害。韩非子列举经验教训说："此其故何也？人君以情借臣之患也。人臣之情非必能爱其君也，为重利之故也。今人主不掩其情，不匿其端，而使人臣有缘以侵其主，则群臣为子之、田常不难矣。故曰：'去好去恶，群臣见素。群臣见素，则大君大蔽矣。'"人臣内心不一定真正爱戴君主，其看中的是利益而已。如果君主不掩藏其心思欲望，也不掩饰其办事的目的，就给了人臣侵害君主之机。那么，人臣易成子之、田常之人了。君主一定要掩藏自己的好恶，群臣好像面对一张白纸，什么也不知道，那么才是最高水平的国君。

第二，用人术。韩非子的用人标准和老师荀况不同，荀况就是要用贤良之才。韩非子认为贤良并不能保证有效治理国家，依靠法律制度，任用赏罚，中等人才就行。他心目中的贤才，是"能事之臣"，能干事的人才，不怕有私心和欲望，只要能完成任务，就是好样的。君主只要讲究诚信，及时兑现赏罚即可。

《韩非子·说疑》说："明主不羞其卑贱也，以其能为可以明法便国利民，从而举之，身安名尊。"不问出身，唯能是举，封官晋爵即可为明主所用。

《韩非子·人主》中说："明主者，推功而爵禄，称能而官事，所举者必有贤，所用者必有能，贤能之士进，则私门之请止矣。"在韩非子的用人标准里，才能是第一位的，道德品质基本不考虑，因为人性本恶，靠不住。他也反对托关系，走后门，安排工作。

韩非子也并非不重视"臣下"之德，其所谓德才兼备之"德"，是臣下对君主的忠诚与绝对服从。韩非子因此被诟病，被认为是为封建专制张目。其实，古今中外，领导者任用忠诚于自己的人才，是铁一般的原则。

在选人用人的方法上，韩非子主张"明主使法择人，不自举也；使法量功，不自度也"（《韩非子·有度》）。人事任免都是公开透明的，贤能者用，功高者进，如此君主就可以事省而功多。这大概是科举制度的本源，现代公务员选拔也遵循这样的原则。

韩非子强调"任人以事"，把人用在干事上，不设虚位，让他们吃空饷。他告诫君主，任用"辩智修洁"之士必须有手段和技巧，不然会反为其所害。

韩非子反对官员兼职：

> 人臣皆宜其能，胜其官，轻其任，而莫怀余力于心，莫负兼官之责于君。故内无伏怨之乱，外无马服之患。明君使事不相干，故莫讼；使士不兼官，故技长；使人不同功，故莫争。争讼止，技长立，则强弱不觳力，冰炭不合形，天下莫得相伤，治之至也。（《韩非子·用人》）

臣子应发挥才能以胜任官职、完成任务为目标，不要留有余力，不要承担兼职任务。圣明君主安排官员职事，不得相互干扰，不得兼职，交叉重叠，各擅专职专长，以免推诿和争吵。人们由此不能相互伤害，是治世的最高境界。

第三，无为术。无为并不是不作为，而是通过法律制度，威势御下，让群臣多做事，而君主少干事。其本质是强调法、术、势三者综合运用，减轻君主的工作强度。《韩非子·外储说右下》说："圣人不亲细民，明主不躬小事。"细民和小事，都是官吏要去躬亲的，圣人明主不可越位。不然，有一万只手、两万只脚、三万只眼睛也管不过来。

韩非子据此提出"因物以治物""因人以知人"，依靠其他条件（物、人），委托授权，分权管理，发挥集体智慧和力量，则"形体不劳而事治，智虑不用而奸得"（《韩非子·难三》），自己不辛苦而能成事，不用智谋考虑能得到臣下的奸情，多么好的办法！《韩非子·主道》则一语道破其中的奥秘："明君无为于上，而群臣竦惧乎下。"君主凭仗威势，由不得臣子不尊奉命令干事，整天提心吊胆，就怕被抓住把柄。如此，自己反而清闲无事可干。《韩非子·八经》中说："与其用一人，不如用一国，故智力敌而群物胜。揣中则私劳，不中则任过。下君尽己之能，中君尽人之力，上君尽人之智。"群策群力，举国用之，则智慧多，物用足。如果自己揣摩，决策对了则万事大吉，错了则自己承担所有过错。所以，下等君主发挥自己的才能，中等君主发挥别人的力量，上等君主则充分发挥利用别人的智慧。

第四，察奸、防奸、治奸术。所谓"奸"，就是为私利背叛君主指令，做与君主利益相反的事情。春秋战国，"奸情"甚至发展到"窃国弑君"的程度，君主莫不昼夜难眠，寝不安席。韩非子想君主之所想，忧君主之所忧，设计了很多的防奸、治奸手段。

韩非子首先提示君主说，不要轻易相信任何人。为什么呢？因为嫡长子继承制，嫡妻、爱妾甚至亲生儿子都在算计君主。更何况那些和君主没有血缘关系的"异姓人"呢？从外国来的"客卿"、游士、侠客之类，无利不起早，只要有利，什么事都能干得出来，凭什么要充分信任呢？

"奸情"可能在哪些地方发生？《韩非子·八奸》指出有八种情况："凡人臣之所道成奸者有八术：一曰同床，二曰在旁，三曰父兄，四曰养殃，五曰民萌，六曰流行，七曰威强，八曰四方。"同床，是指妻子、妃妾、美人之类，与臣子勾结，寻机向君主提出要求。在旁，是指侏儒倡优，亲信、侍臣、宠宦。父兄，指君主的叔伯兄弟、大臣廷吏，可以左右君主的决策，以勾结外患。养殃，修饰宫室台池，喜欢打扮倩女狗马来赏心悦目，这些挥霍国家财富，而无实际用处。民萌，是指臣子施惠百姓，获得美名，功高盖主，君主还蒙在鼓里。流行，是指臣子雇佣能言善辩者，出言华美，辞句流利，诱导以利，恐吓以祸害，编造言辞以损害君主。威强，是指任用豪侠，组织武装力量，听者利之，不听者刺之，形成对抗君主的权力集团。四方，是指面对来自外国的政治、经济和军事压力，大臣引导外来力量干涉国内政局，向君主施加压力，逼迫让步，从让步中获得好处，提高地位。

针对这些奸情，怎么办？韩非子说：

> 明主之为官职爵禄也，所以进贤材劝有功也。故曰：贤材者处厚禄任大官；功大者有尊爵受重赏。官贤者量其能，赋禄者称其功。是以贤者不诬能以事其主，有功者乐进其业，故事成功立。

显然，韩非子建议国君远小人，亲贤臣，任用贤能之士，通过考核业绩控制臣下乱为胡作，还是上面说的法家一套理论。

那么，如何觉察群臣的奸情？韩非子提出检验标准"利害相反"，也就是看谁在事情中受益，谁在其中受害，最终受益者必然有"奸情"。具体来说，就是"国害则省其利者，臣害则察其反者"（《韩非子·内储说下·六微》）。国家受害，则要反思谁从中受益，大臣受害，则要省察他的利益对手是谁。

韩非子如何设法防奸、治奸呢？他总结了历史经验，提出如下办法：

> 参言以知其诚，易视以改其泽，执见以得非常。一用以务近习，重言以惧远使。举往以悉其前，即迩以知其内，疏置以知其外。握明以问所暗，诡使以绝黩泄。倒言以尝所疑，论反以得阴奸。设谏以纲独为，举错以观奸动。明说以诱避过，卑适以观直谄。宣闻以通未见，作斗以散朋党。深一以警众心，泄异以易其虑。似类则合其参，陈过则明其固。知辟罪以止威，阴使时循以省衰。渐更以离通比。下约以侵其上。（《韩非子·八经》）

意思是，分析臣子言论，以测度其忠诚；多角度观察臣下以了解其表现；根据目睹以了解臣下反常行为。专职任用近臣务必使之全身心工作；反复强调禁令，使外交使者畏惧。通过列举往事知悉臣下往事，留用身边以了解臣下内情，外派以探知臣下在外关系。通过明面信息探问幕后情况，利用诈谋轨迹任用臣下以杜绝侮慢不恭；正话反说来探测疑惑，从反面入手了解奸邪行为；设谏官以纠正臣子独断专行，列举臣下过错，打草惊蛇，以观察动静。公开说明，使臣下避免犯错；谦恭下士，核查臣下是不是说真话。公布已经审查清楚的奸情以彰明奸情行为，促使奸人内斗而团伙自行瓦解。深入挖掘事情真相，使众人得以警戒；故意泄露多种方案，使坏人改变企图。类似的情况要通过检验查明真相；列举臣下过失，要指明其根本毛病。知臣罪过必加以刑罚，以禁止其威势；暗中派督查人员巡行各地，以便了解官员忠诚度。逐步调换官员以离散相互勾结的奸党。君主和臣下秘密约定以便让其越级告发直接领导。

第五，韩非子的听言术。言，言论，包括外交辞令、政策建议，履职承诺、社情民意等。面对纷至沓来的各种言论，君主该怎么取舍呢？

《韩非之·外储说左上》说："今世之谈也，皆道辩说文辞之言，人主览其文而忘有用。墨子之说，传先王之道，论圣人之言，以宣告人。若辩其辞，则恐人怀其文，忘其直，以文害用也。"对于言辞，我们不能只信用其美，更要关注其实际功用，不能忘记其真实价值。所以，韩非子说："夫良药苦于口，而智者劝而饮之，知其入而已己疾也。忠言拂于耳，而明主听之，知其可以致功也。"治病之药虽苦，智者喝下，忠言逆耳，不中听，但利于工作，君主也要听，以成就事功。

那么，各方信息很多，听谁的呢？韩非子的建议是"众端参观"，兼听则明的意思。《韩非子·内储说上》："观听不参，则诚不闻；听有门户，则诚壅塞。"目睹与耳听，如果不相互参验对照，就不会得到实情。如果有门户之见，偏听偏信，那么，实情就会被壅塞在君主视听之外。君主应多方面验证臣下的言行，不能"听有门户"。听信一人之辞，君主就很容易被蒙蔽。韩非子用"三人成虎"加以证明。这个例子大家都知道，我们另选"侏儒梦见灶"说明。

弥子瑕得卫灵公宠爱，得以专权独断。一个侏儒得见卫灵公，说："我的梦应验了。"卫灵公问："什么梦应验啦？"侏儒回答说："我梦见了灶，大概是要见到您了。"卫灵公非常生气地说："我听说将见君王的人会梦见太阳，为何您要见到我却梦见了灶呢?"侏儒说:"阳光普照天下,无物可以遮挡得住;君王明察力能洞察天下,无人能蒙蔽住。所以,您说得没错,将要见到君王的人会梦见太阳。可您看那'灶',一人在灶门口烤火,就遮住了您的光亮。这么看,我梦见灶不也是可以说得过去吗?"这个故事表明,不能偏听偏信,不能有门户之见。

排除门户之见,就要广泛听取意见,从不同角度获得实情。韩非子进一步要求君王逐一听言。他举齐宣王、齐湣王"滥竽充数"的故事说明,群听,众口一词,则易生奸情,逐一听竽,则滥竽充数者不会充斥朝廷。根据术治思想,一一听言,就是分开考核,将官员的承诺和工作业绩挂钩,并根据考核结果奖罚。

听言,对于国君而言,是技术活,还是心理活,要和进言者斗智斗勇。

> 听言之道,溶若甚醉。唇乎齿乎,吾不为始乎;齿乎唇乎,愈惛惛乎。彼自离之,吾因以知之;是非辐凑,上不与构。虚静无为,道之情也;参伍比物,事之形也。(《韩非子·扬权》)

韩非子建议,听言时要深藏不露,不露声色,不显爱憎喜好,虚静以听。要装糊涂,群臣议论纷纷,也不要先开口说话。一旦进言者察言观色,知道君主的心理,就会投其所好,荧惑其心,信息就失真了。官员条分缕析,从中加以了解;是非一起集中,君主并不卷入。虚静无为是规律的固有属性,交叉联结,是事物的本来面貌。

韩非子的势治思想

慎到的势治思想来源于黄老形名之术,认为"势"是道的自然延伸,君主在其位,就自然获得了"势",制度体系本身就决定了"势",如嫡长子继承制,君主的嫡妻生嫡子,自然获得王位继承权,其他庶孽公子,即使比嫡子年长贤能，也无法以太子继位。因此，"势"具有民本的特性，有先古遗风。

韩非子的势治则截然不同了，他认为是"人设之势"，按照现实需要呈现的一整套制度设计。可韩非子的"势"走向了极端化，将权力极大地赋予君主，让君主把握威势。其威势，始终含有威慑的味道，只要使用，就含有一股阴森的杀气。好像君主始终握着利剑，背后有牢具、法官，有张牙舞爪的千军万马。

《韩非子·人主》中说："万乘之主、千乘之君所以制天下而征诸侯者，以其威势也。威势者，人主之筋力也。"威势是万乘之王、千乘之君宰制天下，征讨诸侯的凭借，好像马的筋力可以让马至千里之外。如果将威势委托大臣，大臣就会擅权作威，以挟持群臣，君主就会被架空。这好比虎豹失去爪牙，落入平原，优势全部丧失，落下被人围猎的凄惨命运。因此，那些丧失威势的君主，都是愚人。

韩非子的"势"，总的基础是威势，以暴力为基础。但也来自"法""术"。类似管仲、商鞅和慎到的思想，法自身就设定了威势，在不同的官位就有不同的权势。而君主的术也能产生恐怖、震慑的威势，给人以无形的压力，使人惊恐，不得不听君主的命令。

韩非子集法、术、势于一体的法家思想

李悝最早推出法治，富国强兵，尽地力之教。商鞅重法，慎到重势，申不害重术，各秉其说，以助治天下。韩非子时，如何治国争霸，天下该想的办法都想到了，问题几乎全部呈现，他穷究人事物理，探察人心精微，提出了将三者结合、循环互补的综合治国思想。简言之，法是指用法律制度驾驭全社会，形成合力，以富国强兵。势则指君主统御臣下的权势，君主要独掌大权，通过循名责实任用官员，建立高效的行政管理团队。术则是指君主驾驭群臣、掌握政权、推行法令的策略和手段。法和术不可分割，法和势也相互补充。术和势也相互支持。总之，只有三者同时推行，辩证施治，才是治理正道。

先说"法和术"的关系。韩非子在《韩非子·定法》中说:

人不食,十日则死;大寒之隆,不衣亦死。谓之衣食孰急于人,则是不可一无也,皆养生之具也。今申不害言术而公孙鞅为法。术者,因任而授官,循名而责实,操杀生之柄,课群臣之能者也。此人主之所执也。法者,宪令著于官府,刑罚必于民心,赏存乎慎法,而罚加乎奸令者也。此臣之所师也。君无术则弊于上,臣无法则乱于下,此不可一无,皆帝王之具也。

法和术,像衣和食一样,都是人生存所需要的必需品,一日不吃则饿,十日不吃则亡,缺一不可。术,是人主①独家执掌的权术,根据人的能力大小委派职务,按照职务考核工作业绩,君主掌握刑赏的权力,让群臣按照君主的要求干事,这属于政权运用的技巧。法,必须向社会公开,张榜公布,让百姓家喻户晓,以百姓人心为依据制定刑罚,奖赏则严格按照法条办理,对于那些不按命令执行者,一定要惩罚,百官必须掌握并严格遵守、执行。术,主要是君主来治理行政团队的,君无术则被壅蔽,像聋瞎一样,被官员欺骗。而官吏如果没有法,则会乱套。术为人主管官员,官员执法以管理百姓,形成有效的国家管理机制。可以说,术,是调和人主和臣僚之间关系的原则和方法,是政治领导学。法,则是官僚治民的手段。这样,国君治官,官员治民,各有一套理论体系。

那么术和法,各有什么缺点?韩非子以秦为例说,若像秦昭襄王那样,帝王不用术,则会被大臣蒙蔽。昭襄王派兵攻城略地,获得战利品,可都被大臣中饱私囊(魏冉、范雎、甘茂等得封),昭襄王白忙活。后来,昭襄王懂得利弊,大胆起用范雎,将损公自肥的大臣革职罢免,秦才强大起来。如果天下

---

① 韩非子好用"人主"代替君主,表示一种绝对服从关系,好像臣民都是君主的私有财产一般,生杀予夺皆在君主一人。本书中多用"君主""国君",比韩非子的人主温柔不少。

无法，或者张冠李戴，则官不得其任，民不得其用，资源错配，就全乱套。所以，法和术都不是最理想的解决方案，都有缺点，只有共同使用，才比较完美。

《韩非子·定法》谈到申不害治韩时，指出："晋之故法未息，而韩之新法又生；先君之令未收，而后君之令又下。申不害不擅其法，不一其宪令，则奸多。"韩王耍弄权术，官员无法可依，治不了百姓，好像缺一条腿。

至于势治和法治，韩非子主张势治必须以法治为基础。势治的祖师爷慎到说，龙蛇因云雾而升腾，所以知君主必须靠"势"以治国。无威势，尧舜不能治三家。有威势，桀纣也能统万国。有人据此问：只凭"势"就可以治国吗？韩非子认为，并不见得。龙蛇可以腾云驾雾，蚯蚓却不能行，何也？是因为"才美，才薄"不同。"夫势者，非能必使贤者用已，而不肖者不用已也。贤者用之则天下治，不肖者用之则天下乱。"（《韩非子·难势》）势有缺点，不能保证贤能者永远执政，也不能有效排除昏乱者上位。势，"便治而利乱"，是方便国家治理，同时加速国家败乱。势，在某些情况下为虎添翼以食人，但用不好也会反噬自身，加速灭亡。那些主张单凭"势"可以治天下者，智虑浅薄。任用贤人，执势以治国，才如尧舜，使天下大治。

韩非子进一步补充论证道："夫势者，名一而变无数者也。势必于自然，则无为言于势矣。吾所为言势者，言人之所设也。"（《韩非子·难势》）权势，名称虽一而有无数变化。这样的势必本于自然而获得（如自然继承王位，由道而产生的自然之势），如此定义，则无讨论的必要了。

韩非子所说的"势"，是"人设之势"，人为设计的权势。势治排斥贤能，贤治排斥势治，两者不可共存，只有寻求折中。人们通过协商设计权势架构，取两者之利，祛两者之害。我们可以理解为，人设之势就是"法律令"规定的权力架构。如此，权势未必由尧舜之类的圣人执掌，用中等人才即可治理天下。在两千多年中，"人"也不是百姓，而是真正掌握"威势"的"人主"。皇帝之家说了算，导致势治总是在统治集团内部转悠，形成独特的宫廷博弈文化，而政治治理水平历数千年，没有多少进步。

据"人设之势"的思想，韩非子指出："抱法处势则治，背法去势则乱。今废势背法而待尧、舜，尧、舜至乃治，是千世乱而一治也。抱法处势而待桀、纣，桀、纣至乃乱，是千世治而一乱也。"（《韩非子·难势》）意思是，掌握法度、据有权势可使天下太平，背离法度、丢掉权势就会使天下混乱，法、势不可两失。假如废势背法，专等尧、舜一样的人开国家太平，那么就会千世混乱，才有一世太平。抱法处势，纵使桀、纣当政，使天下陷入混乱，最差也不过"千世太平，一世混乱"。两种情况皆非最佳，最佳方法即用中等人才，依靠法律制度办事，才能摆脱治乱循环。我国国家治理能力现代化就要朝这个方向努力。将势治导入法治的笼子里，形成良性的政治生态。

关于势治和术治的关系，韩非子也有深刻见解。《韩非子·外储说右上》："国者，君之车也；势者，君之马也。""夫不处势以禁诛擅爱之臣，而必德厚以与天下齐行以争民，是皆不乘君之车，为因马之利，释车而下走者也。"君主应该借靠权势，处罚诛杀那些肆意施舍以赢民心的大臣（术），以防大权旁落，失去君位。根据韩非子的其他论述，大体可以这样理解：权势必须靠"权术"保护和使用。

法、术、势三者必须综合运用，君主才能无为而治。《韩非子·有度》说，君主日理万机，拼死拼活也管不了多少事，想了解民情，还受到百官的蒙蔽壅塞，最好的办法是"舍己能而因法数（术），审赏罚"。坚守治国关键，则法律简略，违法犯禁者少。群臣不敢虚辞饰非。这是君主势治并以法术的功效。

韩非子论帝王专制

君主集权，"帝王专制"是法、术、势思想的必然产物。韩非子继承了荀子帝王之学思想，进一步理论化、系统化，主张建立统一的中央集权的专制政体，成为帝王专制主义的拥趸和倡导者。

很多人骂儒家董仲舒主张三纲五常，其实，把这个问题说得最明白的是韩非子。孔子说"君君、臣臣、父父、子子",是从名实相符的角度,各司其职,各安其位,并不存在谁领导谁的问题。孟子进而提出"父子有亲,君臣有义,夫妇有别,长幼有序,朋友有信"的"五伦"道德规范,皆在伦理方面立说,政治伦理是家庭伦理的映射。韩非子则在君臣领导关系上立说,强调服从的绝对性。他在《韩非子·忠孝》中说:"臣事君,子事父,妻事夫,三者顺则天下治,三者逆则天下乱,此天下之常道也。"韩非子肯定了臣、子、妻对君、父、夫的从属关系,并把三者的顺逆看成是天下治乱的"常道"。这就有了三"纲"的基本内容。韩非子"法""术""势"的政治主张,更是进一步强化了帝王专制主义思想。这个顺从关系暗含着双方关系的"去亲情化"和"法制化",在听令、执政方面无私情,必须依法办理。显然,董仲舒的思想从韩非子而来,并加以改造,形成新说。

集权,是指立法权、执法权和行政权集于君主、帝王一身,且权力不可外借相分。如果外借相分,一国二主,轻者乱国,重者灭身。如果分权,合力很难达成,国力自然削弱。《韩非子·扬权》中说"事在四方,要在中央;圣人执要,四方来效",国家大权,要集于君主一人,君主必须有权有势,才能治理天下。《韩非子·人主》中说"万乘之主,千乘之君,所以制天下而征诸侯者,以其威势也",君主应该使用各种手段清除世袭的奴隶主贵族,"散其党""夺其辅"以建立君主的绝对权威。《韩非子·显学》主张选拔一批经过实践锻炼的封建官吏,"宰相必起于州部,猛将必发于卒伍",以平民替代贵族,接受君主的直接领导。韩非子还主张改革和实行法治,要求"废先王之教"(《韩非子·问田》),"以法为教,以吏为师"(《韩非子·五蠹》)。《韩非子·有度》强调"法不阿贵""刑过不避大臣,赏善不遗匹夫"。如此,将平民和天子之间的障碍统统打翻在地,功高,职大,在君主集权体制下,都是鸿毛。

请注意,我们说的"君主"与韩非子说的"人主",是有很大差别的。"人主"就是法家的集权意义下的君主,首先是臣僚的主人,拥有对臣僚的绝对控制权。"君主"则没有强调这层关系。

韩非子的经济思想

韩非子说:"长袖善舞,多钱善贾。"(《韩非子·五蠹》)物质条件越好越容易取得功效。国家安定强盛,谋事就容易成功;国家衰弱混乱,计策就难以实现。没有强大的经济基础和稳定的国内政局,无法取胜。在韩非子的眼中,国家要富强,外战要打胜,必须靠农民和战士,"富国以农,拒敌恃卒"(《韩非子·五蠹》),寓兵于农,是最关键的一招。如何增加农民数量,提高其从事农业的积极性,如何将他们派往战场,是历代法家人物重点考虑的问题。

韩非子将农业视为"本",商、游士、儒之类均在"末",本立而道生。本不强,则国不固。在《韩非子·亡征》中,韩非子认为,如果从事农业的人生活困难,获得的好处不如从事工商业者、游侠、智辩者,那么,该国家离灭亡不远了。

韩非子说:"夫明王治国之政,使其商工游食之民少而名卑,以寡趣本务而趋末作。"(《韩非子·五蠹》)治国之道,总原则是尽量减少工商业者和游手好闲者,降其名,贱其职,逼迫其务农耕、力稼穑,多产粮食和棉麻。坚决斩断买官鬻爵的黑手。如果向君主近侍行贿托情之风流行,官爵可买卖,让工商业者得利,声名高隆,让投机取巧、非法获利的活动畅通,商人因此增加,商人搜刮财富高过农民数倍,获得的地位远超从事耕战之民,那么,刚正不阿者将更少,商人将更多。国力减弱,怎可能在诸侯争霸中长袖善舞呢?

为此,韩非子提出"重赏"的思想,让从事农业者获得实实在在的好处。他提出"薄赋敛""轻徭役"的思想。如果负担重,辛苦一年所获尚不得温饱,农民就会逃避,归入私门,成为豪门贵族的门下,私门就变成暴力统治集团,如此,私门盛而国君式微,是乱国之道。只有让农民乐于耕战,成为国君的贴心人,才是正道。

在《韩非子·六反》中,韩非子无情批判了六种奸诈虚伪,无益于国家却受到社会赞美的人,热情赞美了六种努力耕战,有益于国家却受到社会诋毁的人,指出"故名赏在乎私恶当罪之民,而毁害在乎公善宜赏之士,索国之富强，不可得也"。如果名利奖赏给"私恶当罪之民"，而毁害由"公善宜赏之民"承担，国家富强就是痴心妄想。韩非子得出结论："故明主之治国也，适其时事以致财物，论其税赋以均贫富，厚其爵禄以尽贤能，重其刑罚以禁奸邪，使民以力得富，以事致贵，以过受罪，以功致赏，而不念慈惠之赐，此帝王之政也。"意思是，奖罚分明，通过赋税的设定，均贫富，不能让部分人财货太足而造乱，也不可让百姓太贫而犯险。韩非子继承了法家的"赏罚手段，均贫富思想"并进一步发展，上升到了社会治理、富国强兵的高度。

三、韩非子之死，谁之过

前文提及李斯害死韩非子的经过，以阐明李斯的实用主义"老鼠哲学"。仔细阅读《韩非子》文本，我们发现，韩非子之死，是死在自己设计的法家理论圈套中，这个圈套竟然是法家思想极端化发展的副产品。李斯确实杀害同门韩非子，韩非子自己也有不可推卸的责任。

韩非子学说预示悲惨结局

战国时期，受学而优则仕思想的影响，游士满天飞，他们到处钻营，寻找官位，以求世代之富足。母国不用，或者家乡受难，便远走他国，贡智献慧，求用于诸侯国君，闻达于天下。吴起、商鞅、张仪、苏秦、田文、陈轸、范雎、蔡泽等，皆是游说之士，在异国他乡获得重用，出将入相，这激励了更多的人四处游走，在诸侯国君之间摇唇鼓舌，以干爵禄。韩非子研究这些案例，发微其源流，著《韩非子·孤愤》《韩非子·说难》，建构了游说之学，学问之精到，登峰造极。司马迁有感于韩非子对游说理解如此深刻，却因游说被杀，唏嘘赞叹，不惜笔墨，在《史记·韩非列传》中全文照录《韩非子·说难》，足见太史公对此文的欣赏。《韩非子·说难》就是讲"说客、客卿"对人主献计策时遇到的种种疑难情况，借以发泄牢骚。

第九章　韩非子：法家思想的集大成者

《韩非子·说难》开篇即言，游说之难，不在智能不足、语不达意、谋略不够和无胆献计，而难在所言未必符合对方心意，若不了解游说对象心理，所言未必为对象喜欢。例如，对象爱美名，你却进说以厚利；对象名义上喜欢美名，实际上爱财，你却进说以美名。这样就会被表面上录用而实际上疏远。以厚利进说，就会被暗地采纳而表面疏远。这是地地道道的心理学，对付智商绝顶的国君帝王，要竭尽智虑才成。

游说还充满危险，弄不好的话，身死族灭。

> 事以密成，语以泄败。未必其身泄之也，而语及所匿之事，如此者身危。彼显有所出事，而乃以成他故，说者不徒知所出而已矣，又知其所以为，如此者身危。夫异事而当，知者揣之外而得之，事泄于外，必以为己也，如此者身危。周泽未渥也，而语极知，说行而有功，则德忘；说不行而有败，则见疑，如此者身危。贵人有过端，而说者明言礼义以挑其恶，如此者身危。贵人或得计而欲自以为功，说者与知焉，如此者身危。强以其所不能为，止以其所不能已，如此者身危。（《韩非子·说难》）

意思说，进说者所献之计被泄密，未必是本人所为，可言谈中触及君主的隐秘，就会身处险境。君主阳为此事，可内心想借此成他事，进说者对君主的伎俩洞若观火，了然于心，如此就会身处危险。进说者筹划非常之事并且符合君主心意，反而被智者从外部迹象上猜透而泄密，会被君主误是进说者所为，就会身处危险。君主恩泽未厚，进说者倾囊献计，若主张付诸实施并成功，进说者的功德就会被忘得一干二净；主张行不通而失败，就会被君主怀疑，进说者就会身处危险。君主有过错，进说者倡言礼义、挑其毛病，就会身处危险。君主有时计谋得当而想自以为功，进说者同知此计，如此就会身遭危险。勉强君主去做其所不能，强迫君主停止其所不愿，如此就会身处危险。

韩非子这些判断，的确有先见之明。例如，李斯见诛，与秦二世泄露李斯的谏言给赵高有关。韩非子被杀，和秦始皇泄露两人谈话给姚贾有关。进说、游说既难又充满危险,但巨大的利益诱惑让进说者冒险一试。韩非子明知进言危险,仍然如飞蛾投火,出使秦国,献计秦王,是智是愚?

韩非子决心为行法术而向死

《韩非子·问田》记载了韩非子和堂谿公的对话,表明了韩非子为行法术、利百姓而立下必死之心。

堂谿公听了韩非子主张的法术之利,谆谆告诫:懂得服礼辞让,是全身之术。修身自好,戒除聪明智慧,可以事事顺心。先生您建立法术之说,设计考课官员之术,是危及自身、招致杀身之祸的险招啊!怎么证明我所言不虚呢?你曾说,楚不用吴起而削乱,秦行商鞅法而富强。他们的理论非常好,然而吴起被肢解,商鞅被车裂,是因为生不逢时,不遇明主罹祸难。既然遇明主不可知,祸患自无法摆脱,可又舍顺意之路,走危险的歧路,说心里话,先生真不该这么做啊!

而对堂谿公一番好意,韩非子回答:

> 明先生之言矣。夫治天下之柄,齐民萌之度,甚未易处也。然所以废先王之教,而行贱臣之所取者,窃以为立法术,设度数,所以利民萌便众庶之道也。故不惮乱主暗上之患祸,而必思以齐民萌之资利者,仁智之行也。惮乱主暗上之患祸,而避乎死亡之害,知明而不见民萌之资夫科身者,贪鄙之为也。臣不忍向贪鄙之为,不敢伤仁智之行。先王有幸臣之意,然有大伤臣之实。

大意是,先生心意我心领了,我知道,治理天下,统一百姓的法度,真的不容易。但要废除先王的礼义教化,实行我的法术主张,是因为我抱定了立法术、设规章对百姓有利。我不怕"乱主暗上"之祸,坚持用法度来造福百姓,是因为这是仁爱明智。害怕"乱主暗上"之祸患,逃避死亡之危、只明哲保身而不见民众之利,那是贪生而卑鄙之为。先生,我不愿选择贪生而卑鄙的这条道,不敢毁坏仁爱明智的这条路。您有爱护我之心,却有大大伤害我之实。"乱主暗上"可有两种解释,一是君主本身就昏庸无知,被蒙蔽而不知实情,二是手下大臣祸乱宫廷,蒙蔽国君,以行自私,甚至窃国自立。换言之,韩非子要同时和两种人斗——国君和国君乱法行私的近臣,不可谓不悲壮。"惮乱主暗上之患祸,而避乎死亡之害,知明夫身而不见民萌之资利者,贪鄙之为也"表明,韩非子已立下向死而行的决心,为利百姓行法术于天下,甘愿燃烧自己。

　　还有更多的证据。韩非子在《韩非子·孤愤》中比较"当涂之人"和"智法之士"之异同,认为两者水火不容,不可并立于朝。"当涂之人"指位高权重、胆大妄为的高官、近臣。"智法之士"是指有智慧,明法术,懂得如何治国者。"智法之士"得用,"当涂之人"则亡。两者斗争,"智法之士"自然不占上风。韩非子认为,"智法之士"和君主关系疏远,势单力薄,人微言轻,新人新面孔,处处和君主的意见相左。"当涂之人"亲近君主,官高禄重,掌握国家大权,江湖手段老辣,与君主同好恶。如此比较,"智法之士"肯定无法取胜,怎么能不危险呢?对那些能以过错陷害的,用公法诛杀。无法找到瑕疵的,则派刺客暗杀。那些掌握法术之要而违逆君主的,要么死于法官刀下,要么被私剑暗杀。当今君主不审察实情,不按功劳大小而赏赐爵禄,任意诛杀,法术之士怎能冒生命危险进说呢?奸邪之臣怎么会放弃到手的利益而后退呢?在《韩非子·孤愤》中,韩非把君主和大臣分离开来,认为两者利益不同,同床异梦,根本不可能结成利益同盟。"当涂之人"几乎是君主的敌人,必须处处设防,不然大权旁落,君主连身家性命都保不住。

　　试想,心怀此等君臣关系的韩非子到了虎狼之秦。秦始皇非常欣赏他,岂非让"当涂之人"人心惶惶,寝食难安?若韩非子得势,李斯、姚贾还有好日子过吗?韩非子无形之中把自己塑造成了"当涂之人"的对头。他怎么能不知道身处险境呢?李斯若读过他的书,会作何感想?后来,韩非子上书《存韩》,和李斯意见相左,想离间秦始皇和李斯之关系,李斯能不恼火吗?

韩非子学说有恶化君臣关系的味道

韩非子从性本恶出发，将君臣关系定义为利益关系，对所谓忠诚、公利、大义都不承认，只承认群臣出于私欲才听命于君主，为私欲才不得不听从君主使唤。对秦始皇、李斯、姚贾等人，都是极大的刺激。

例如，韩非子在秦始皇面前谮害姚贾，理由就是姚贾花着秦始皇的银子，游走东方诸侯国长达四年，整日花天酒地，非常风光。这些银子并非用以异国行贿将相高官，实际上都被姚贾贪污，分明是谋私，这哪里是为秦王办事呢？况且他发掘姚贾的陈年旧事，说他原来是魏国大梁城的守门人，出身卑微，因为贪污被逐，怎能信任他这样的人呢？这事被秦始皇透露给姚贾，姚贾作何感想？姚贾肯定会绞尽脑汁置韩非子于死地。

韩非子的学说充满挑拨君臣关系、踏着别人肩膀往上爬的可怕念头。他在乎君王赏识，却建议君主不要轻信臣子，要严格限制臣子行为。那么，如果君主比较英明，或者充分信任臣僚，就会认为韩非子在挑拨离间而疏远他。如果君主昏庸，以韩非子说教为然，那么臣僚就会危险。这样，君臣相互防范，一旦相互通气，韩非子离间的伎俩暴露，他就非常危险了。总之，韩非子两边算计，就怕两边泄密，让他现原形。《史记·老子韩非列传》说"李斯、姚贾害之"，可以理解为"李斯、姚贾以韩非子为祸害"，有韩非子，就没有李斯和姚贾。双方到了你死我活的地步，这也就不难理解为何李斯毒杀他了。

《韩非子·存韩》透出的杀机

汉代刘向认为《韩非子·初见秦》出自张仪之手。学者从多个角度考释，认为是蔡泽所为。但《韩非子·存韩》无疑是其大作。韩非子上书秦王，言韩已经臣服秦国三十多年，建议秦取天下不要先灭韩，而要存韩，利用之，破除东方诸侯的合纵，聚力攻赵，然后魏、楚，吓阻齐，最后并吞韩，也不过交换文书的举手之劳。其中最关键的一句话是："今日臣窃闻贵臣之计，举兵将伐韩。"意思是说，我已通过某些渠道听说，您的"贵臣"建议举兵伐韩，此议欠妥，说"均如贵臣之计，则秦必为天下兵质矣"，秦国必然被天下兵祸加身。这么说，抬高自己的主张，贬低别人的建议，能不把秦王手下重臣得罪吗？

更戏剧性的一幕出现了，韩非子的上书被秦王交给李斯议处。韩非子背后说"贵臣"之议不可的话，被秦王堂而皇之地泄露给其对手。韩非子在《韩非子·孤愤》中最怕的泄密之事发生了。试想，如果举兵伐韩之策出自李斯，他闻听老同学背后下刀子，该多么害怕啊！

李斯则发挥才能，驳斥韩非之议不靠谱、不可信，这样，师兄弟之间干起来了。李斯说"韩国根本不可信"，他说"秦之有韩，若人之有腹心之病也，虚处则然，若居湿地，著而不去，以极走，则发矣。夫韩虽臣于秦，未尝不为秦病，今若有卒报之事，韩不可信也"。秦如果不伐残韩吞并之，反与交好，然后取天下，就好像心脏、肚子有毛病，静坐时无感，如果快步跑，病症就暴发了。韩臣服于秦，是因为秦施加压力所致，并非心服。如果突发大事而秦弱，韩真的不可信啊！由此可见，韩非子和李斯两人简直是华山论剑，高手过招，三句话就能搞定统一天下的秦王。

李斯最后反谮韩非子，说：

> 非之来也，未必不以其能存韩也为重于韩也。辩说属辞，饰非诈谋，以钓利于秦，而以韩利窥陛下。夫秦、韩之交亲，则非重矣，此自便之计也。臣视非之言，文其淫说靡辩，才甚。臣恐陛下淫非之辩而听其盗心，因不详察事情。

意思是，韩非子出使大秦，未必不是想通过存韩而得重于韩。韩非子论辩进言极尽狡辩，黑白颠倒，以是为非，以非为是，辩才无双，其目的是来秦捞取好处，以韩利益窥探陛下真心。秦、韩关系亲善，韩非地位就会提升，这是他为己算计的计谋。我李斯真担心陛下受韩非辩说的迷惑而听从其盗心，因而不详察事物实情，从而决策出现失误。

李斯否定了韩非子，又说了一堆坏话，还提出了举兵伐韩的方案。大意是，我们派遣军队出东郡，不说伐韩，也不说伐赵，邀请韩王来秦扣留之，与韩做交易。然后观察其他诸侯的动静，枪打出头鸟。我们以无为，震慑东方诸侯的有为。这是李斯根据韩非子的建议，对原来的方案做了进化性优化，建议得到了秦王批准，廷尉李斯被委派使韩。

李斯使韩，没有见到韩王安，大概韩王安不想见，因为无话可说，或者有话不便说。李斯遗书一封，历数秦韩交好，后又交恶，相互征伐，皆是奸臣计谋不周的缘故。你不召见，我就要返秦，两国绝交，韩国可就没有好果子吃了，天下无卖后悔药的，请大王仔细考虑我的建议，云云。

回顾这段过节，旨在呈现韩非子和李斯的矛盾恩怨。其实，两国交兵，各为其主，亦为自身谋。两人都是荀子的学生，抱持性恶论思想，人不为己，天诛地灭。那么，就看看谁笑到最后了。

秦王后悔晚矣

李斯和韩非子不可两存，《史记·老子韩非列传》记载：

> 李斯、姚贾害之，毁之曰："韩非，韩之诸公子也。今王欲并诸侯，非终为韩不为秦，此人之情也。今王不用，久留而归之，此自遗患也，不如以过法诛之。"秦王以为然，下吏治非。李斯使人遗非药，使自杀。韩非欲自陈，不得见。秦王后悔之，使人赦之，非已死矣。

李斯未见韩王，扫兴而归，感觉秦、韩必有一战，问题非常严重。大概此时，李斯又对韩非子的去留发表意见。韩非子毕竟是韩国公子，口口声声大王长大王短，最终目的还是为了韩国。现在您不重用，让他返回去，无疑放虎归山，不如找个理由将他杀掉为好。

秦王同意交给司吏审判。李斯掌管狱讼，韩非子自然凶多吉少。韩非子还存幻想，想获得召见。李斯怎么还能让他去见秦王呢？紧要关头，秦王好像良心发现，后悔了。韩非子并没有犯错，就这么杀掉天才人物，实在可惜。况且，秦王未必就信得过李斯等人。他也想大臣之间制衡，自己好掌控群臣。更有可能，他和韩非子看法一致，将来统一天下，要靠韩非子这样的人才。既然李斯能用，韩非子为何不能用？可能出于多种原因，秦王想赦免韩非子。当使者去监狱下达赦免令时，韩非子已被毒杀。

赵高对付李斯的招数，与李斯对付韩非子的招数大同小异。两者皆凭君主偏信，蒙蔽君主，暗中把坏事做绝。李斯陷害韩非子时，没有想到还有赵高在后头等着。当然，韩非子的死很悲壮，也很坦然，他是为理想奋斗而死。可李斯的死，大概很凄婉、悲伤。他劳碌辛苦一生，为大秦统一天下立下汗马功劳，却混得身死族灭的下场。

法家人物的一个共同特点是尊君抑臣，依靠君主的权威督责臣下，不自觉就成了"当涂之人"，成为其他官员的眼中钉、肉中刺，一旦所依靠的君王身死，自身失去依靠，便在大臣的复仇声势下，要么被逐，要么被杀。这是个人命运和家国命运的吊诡之处。悲乎！

尾声 秦帝国崩溃与法家思想的关系

我们来简单分析秦帝国崩溃与法家思想的关系，认清秦帝国崩溃的真正原因，并且通过分析原因为法家思想正名。

一、秦帝国建立了完善的法律制度

自商鞅以《法经》为根据，在秦变法，改法为律，建立秦律，到秦始皇统一天下之时，大秦帝国已经建立了完善的法律体系。虽然历史文献记载秦律很完善，汉唐法律制度皆以此为根据，但直到1975年12月，在湖北省云梦县睡虎地11号秦墓中出土大量竹简，才让我们真切领略到它的完备和博大，几乎涉及政治、经济、文化、家庭、司法、医学的各个方面。

该批竹简称为"睡虎地秦墓竹简"，又称睡虎地秦简、云梦秦简。竹简长23.1～27.8厘米，宽0.5～0.8厘米，共1155枚，内文为墨书秦隶，是介于篆书向隶书转变的标志。

据考证，墓主人是一名叫"喜"的官吏，生于秦昭王四十五年（前262）。秦王政元年，年仅十七岁的"喜"，登记名籍为秦国服徭役，历任安陆御史、安陆令史、鄢令史、治狱鄢等与刑法有关的低级官吏。他在秦王政三年、秦王政四年和秦王政十三年，三次从军，参加过多次战斗，到过秦国多地，亡于任上。"喜"经历了始皇亲政到统一天下的全过程，是大秦帝国崛起的见证人。竹简中有《编年纪》记载其一生和大秦最辉煌的时段。

竹简记载法律方面的内容较多，与其司法实践分不开。"喜"初任县令史，即县令属下小吏，参与"治狱"。墓葬竹简法条，是他生前从事法律活动而抄录的有关法律文书。他主要抄录行政管理与"治狱"方面的律令条文，记录刑事、经济、民事和官吏管理的法律条文,其中有当时魏国"赘婿"的法条。

"睡虎地秦墓竹简"经分类整理,主要有十部分内容:

刑事方面的,有《道律》《捕亡律》《捕盗律》《法律答问》等。

行政管理和官员任免方面的,有《置吏律》《除吏律》《除弟子律》《效律》《内史杂律》《传食律》《行书律》《属帮律》《游士律》《司空律》等。

经济管理方面的,有《垦草律》《田律》《厩苑律》《牛羊课》《仓律》《藏律》《傅律》《金布律》《关市律》《徭律》《公车司马猎律》等。

军事方面的,有《军爵律》《中劳律》《戍律》《敦表律》等。

司法行政和刑狱方面的,有《尉杂律》《捕盗律》《封诊式》等。

手工业行政管理方面的,有《工律》《工人程》《均工律》《司空律》等。

秦简记载的秦律形式,主要有:

律:自商鞅时改"法"为律。

令(制、诏):制是皇帝对某事的批定,"制"作为法律时称为"令"。

式:指法律文书。程式,调查、勘验、审讯法律文书的具体程式,还包括执法人员行政管理制度,如竹简记载的"为吏之道"。

法律答问:相当于司法解释,由政府置吏制定,具有法律效力。

廷行事:"廷"即廷尉,相当于法官,"事"是判例。廷行事指可缓行的判决成例。

一个低级法官的抄写记录,如此丰富地展现了秦律的一角,可以想象,秦始皇统一天下时,秦国就已经有了一整套法律制度,其法律思想、法律典章和法律实践已经非常完善了。

这可以从秦始皇巡游天下,留在各地的碑刻文字中窥见端倪。

始皇二十八年(前219),秦始皇东巡登、封泰山,禅梁父,立石碑以歌颂功德,有言曰:"皇帝临位,作制明法,臣下修饬","治道运行,诸产得宜,皆有法式"。琅邪碑刻有言曰"维二十八年(前219),皇帝作始。端平法度,万物之纪。以明人事,合同父子。圣智仁义,显白道理……皇帝之德,存定四极。诛乱除害,兴利致福。节事以时,诸产繁殖。黔首安宁,不用兵革。六亲相保，终无寇贼，骧欣奉教，尽之法式"。

始皇二十九年（前218），秦始皇东临之罘，刻石立碑，辞有："大圣作始，建定法度，显著纲纪。外教诸侯，光施文惠，明以义理。"

始皇三十七年（前210），再次巡视东方，南到会稽，祭奠大禹，立石刻碑，有辞曰："秦圣临国，始定刑名，显陈旧章。初平法式，审别职任，以立恒常……运理群物，考验事实，各载其名。贵贱并通，善否陈前，靡有隐情。饰省宣义，有子而嫁，倍死不贞。防隔内外，禁止淫佚，男女洁诚。夫为寄豭，杀之无罪，男秉义程。妻为逃嫁，子不得母，咸化廉清……皆尊度轨，和安敦勉，莫不顺令……"

从这些碑文看，法律制度是秦始皇及其群臣最为自豪的功德，认为建立法度各有法式，各行各业都有法律制度可遵循，是立秦并天下最为关键的抓手。

秦始皇的执政纲领深受韩非子的影响，李斯是韩非子的同学，对其精神肯定有很深的理解，这表明秦廷决策中枢对法家思想是充分认可的，承认它在攻取天下、安邦治国方面的重要价值和积极意义。那么，秦帝国为何轰然倒塌？

二、学界探讨秦帝国轰然倒塌的原因

秦帝国在法家思想的指导下，发展壮大，一统天下，却仅仅十五年就轰然倒塌，是何原因？法家思想亡秦之说甚为流行。

最早提出这个论断的，是西汉思想家陆贾，他在《新语·道基》说："秦二世尚刑而亡。"《汉书·艺文志·诸子略》说："法家一断于法，赏罚分明，此其所长也。但法家无教化，去仁爱，专任刑法而以致治，至于伤害至亲，伤恩薄厚。"《史记·太史公自序》中，司马谈也持类似观点："法家不别亲疏，不殊贵贱，一断于法，则亲亲尊尊之恩绝也，可以行一时之计，不可常用也。"法家有优点，也有缺点，短期内优势明显，时间长了，优势消失，劣势彰明。这是秦帝国速亡的根本原因。

张国华、饶鑫贤合著的《中国法律思想史纲》说："以秦始皇嬴政为代表的秦统治者，继承自商鞅变法以来，特别是经过韩非子总结过的先秦法家思想的传统，兼采阴阳五行学说，建立了以法家思想为指导的专制统治。以法为教，以吏为师，把以往法家的重刑主义政策推向极端……最终，使这个统一的封建王朝只存在了十几年，便被陈胜、吴广领导的农民起义推翻。"

程燎原撰文说，沈家本和章太炎认为秦亡的原因是"用法之过"，而非"法之过"[1]，商鞅等法家主张重刑主义，以刑去刑，是据三秦民风彪悍的形势不得不采取的严厉手段。商鞅重刑还有一因，商鞅变法并无法理学理论支撑，无法让百姓从"道理"上相信，没有成例，直接在全国推广。为此，商鞅徙木立信，让百姓相信政府有言必诺。稍晚，稷下学派主张黄老道德之学，经过慎到的系统化发展，才建立了道法思想，法律有理论基础，推行就无太大障碍了。但由于社会结构和治理方式的变化，君臣关系成为主要矛盾，申不害的术治思想得以发展，韩非子进一步提出系统的"法、术、势"综合理论。

对于秦崩的原因，更有从制度层面寻找根据的。笔者曾撰文《速废封建，行郡县是秦速亡的根本原因》，认为如果秦始皇不坚决废封建、行郡县，而是分封若干个儿子到偏远之地，特别是广阔的关东区域，齐鲁燕楚吴越，作为中央政权的"备胎"，怎么也轮不到胡亥继位。若扶苏继位，不论他年寿多少，至少在当时情况下，秦帝国不会这么容易倒塌。

总之，主流看法认为用法极端是秦帝国轰然倒塌的根本原因，相当于否定了法家治国思想的积极作用。那么，法家思想极端化的根本原因又是什么？

三、善始而不能善终的秦始皇

历史发展有前因，有后果。秦崩亡的种子，早在秦始皇时代就种下了。

秦始皇统一天下前和统一天下后的十余年，励精图治，夙兴夜寐，治定功成，涤荡海内，天下安定，抚育黔首，福贵苍生，使大秦帝国呈现欣欣向荣局

---

[1] 程燎原：晚清新法家的法治主义，《中国法学》，2008年第五期。

面。但繁荣的背后，也制造了很多隐忧祸患。

第一，秦始皇建立了集权专制制度，废封建，行郡县，将亲族子弟废为庶民，只供给衣食，并不封疆授权，则加重了秦始皇"孤家寡人"的地位。天下所有权归于一人，令出于一口。口衔天宪，六合之内，皇帝之土。那么，只需换掉"皇帝"一人，不就获得天下所有权了吗？（项羽、刘邦都有取而代之的想法）纵然不能换掉，能摆布皇帝，不就相当于控制天下了吗？所以，古代政治的一大景观就是"宫斗"，谁能搞定皇帝，谁就能获得天下所有权，至少是天下的使用权、占有权。这是集权专制的一大危险。中国历史上，秦始皇是第一个吃螃蟹者，危险自不待言。

第二，在这个制度下，秦始皇不得不鞠躬尽瘁，直到把身体累垮，暴毙沙丘。他到底有多拼命？泰山碑刻曰："皇帝躬圣，既平天下，不懈于治。夙兴夜寐，建设长利，专隆教诲。训经宣达，远近毕理，咸承圣志。"秦始皇简直是个工作狂。按《史记·始皇本纪》，天下之事大小皆决于上。他阅批奏章上表，通宵达旦，甚至给自己定阅读批奏量，用秤、石计量，达不到定额，就不休息。韩非子说，国君应该治官、不治民，凭一人之智力无法管理天下之民，必须借助官员的力量。天下如此之大，单就任命、考课、督责天下官员一项，也非小事。秦始皇短命，盖与此有关。

除此，还有巡察天下之重任。东方原诸侯国的地盘无亲族子弟的辅弼力量据有，也无如西周那样在洛阳设立陪都，东方的稳定全靠东巡吓阻震慑。他巡察天下前后共五次。旅途颠簸，还时常遭到贼寇的惊扰。最后一次巡守，竟然暴崩。秦始皇虽立有遗诏，但被近臣赵高和李斯联手背叛，小儿子胡亥竟然成为皇帝。这是秦帝国崩塌的一大关键。

第三，秦始皇执政后期，治国路线和行政风格发生了重大转折。《乐书》有言："王者功成作乐，治定制礼。其功大者其乐备，其治辨者其礼具。"秦统一天下，本意是偃武修文，广施仁德。可外示仁义道德，内用狱吏，严刑峻法以立威。博士口称先王之法，满口仁义道德，虽人数众多，在秦始皇眼中，都不过是聋子耳朵——摆设。及至焚书坑儒之事爆发，长子扶苏劝谏说，天下初定，远方百姓都还没有心服口服。学者们都诵法孔子，仁义理智信，现在用严刑治罪，恐怕天下难安。秦始皇闻听，非但不改，反将扶苏发配到北方不毛荒凉之地，监督蒙恬修筑长城。即是说，他和臣子本意是想建立仁义社会，竟然跑偏了，仍然在重刑主义的道路上狂奔。这是后来赵高和李斯矫诏立庶不立嫡得以成奸的重要原因之一。

第四，秦始皇后期，随着年龄增大，为求长生不老，到处求神仙，慕真人，听从邪妄之说，耗费巨额钱财。他又大修宫观，隐迹遁形，以求得真人真面目。事败泄，他便严刑拷打，连坐追究，造成文化浩劫。韩非子反复告诫，君主不能表露喜怒哀乐，一旦表露，必受臣子算计而生奸情，奸情一旦败露，失败者不仅仅是臣子，君主亦名声扫地，权位就潜藏极大风险。

第五，靡费国家力量，继续举兵征讨，建设庞大工程。秦始皇平定天下后，就想北击匈奴，乘势解除北方威胁，三十万大军枕戈待旦于北疆，并发民力修长城。兴兵南伐百越，修灵渠，又耗费巨万。同时迁徙六国富豪到咸阳，社会财富空前蒸发折腾掉，很多富豪因此家破人亡。同时，又征发民力穿治骊山，修驰道，在他治下，天下总是处在动荡不安之中。从他在巡察过程中多次遇险，为盗贼劫掠，可见一斑。

《史记·始皇本纪》引西汉贾谊《过秦论》，道出秦始皇执政短祚真相，也是对上面分析的总结：

> 秦王怀贪鄙之心，行自奋之智，不信功臣，不亲士民，废王道而立私权，禁文书而酷刑法，先诈力而后仁义，以暴虐为天下始。夫并兼者高诈力，安定者贵顺权，此言取与守不同术也。秦离战国而王天下，其道不易，其政不改，是其所以取之守之者无异也。孤独而有之，故其亡可立而待也。借使秦王计上世之事，并殷周之迹，以制御其政，后虽有淫骄之主而未有倾危之患也。故三王之建天下，名号显美，功业长久。

四、沙丘之谋，斩断了秦立国的根基

沙丘之谋不再赘述。这里强调几点。

第一，胡亥继位动摇了秦帝国的国本。按韩非子理论，国君是国之枢纽，所有力量的辐辏之处，其安危事关全局。秦始皇建立专制制度，权力更加集中，皇帝一人之变，则天下变。不论封建制还是郡县制，皇帝变动都会发生利益大洗牌。秦始皇本传诏让扶苏继位，被赵高和李斯篡改，小儿子胡亥得立。表面上，新旧皇帝和大臣实现了平稳交接，实际上动摇了嫡长子继承制国本，打开了利益集团冲突的潘多拉魔盒。

第二，胡亥是没有执政历练的公子哥，跟着赵高学些法律制度，对法家的精神理解片面而肤浅，根本不得法家真传，谈不上法家治国。从他继位后的种种表现来看，他毫无执政经验，却有纨绔子弟的做派，寄身祖先阴德，斗鸡走马，骄奢淫逸，无心政务，带头违反法家思想。

第三，胡亥即位，使秦王朝丧失重大历史机缘——在法家治理的框架中，脱胎出文治治国路线。秦始皇早已搭好了儒家思想治国的桥梁，也有人文治国的理想，并且选定了有儒者风范的长子扶苏继位。若扶苏有文臣武将辅弼，天下大治局面本可期待。或说，汉高祖刘邦之后的文景之治，应该早在扶苏执政时代就开始了。但在赵高、李斯的矫诏下，扶苏自杀，儒家思想治国的设计终于成为梦幻泡影。

《史记·始皇本纪》引贾谊《过秦论》曰：

> 二世不行此术，而重之以无道：坏宗庙与民，更始作阿房之宫；繁刑严诛，吏治刻深，赏罚不当，赋敛无度，天下多事，吏弗能纪；百姓困穷，而主弗收恤。然后奸伪并起，而上下相遁；蒙罪者众，刑戮相望于道，而天下苦之。自君卿以下至于众庶，人怀自危之心，亲处穷苦之实，咸不安其位，故易动也。是以陈涉不用汤、武之贤，不借公侯之尊，奋臂于大泽，而天下响应者，其民危也。故先王，见始终之变，知存亡之由，

是以牧民之道，务在安之而已。天下虽有逆行之臣，必无响应之助矣。故曰："安民可与行义，而危民易与为非"，此之谓也。贵为天子，富有天下，身不免于戮者，正倾非也。是二世之过也。

因此，秦二世执政方针和手段出了系统性问题，各种举措失当，不但不纠正父亲之过，反而变本加厉，错上加错。从法家治国角度看，他是怎么做到"繁刑严诛、吏治刻深、赏罚无度"的呢？

五、胡亥对法家思想理解片面

胡亥对法家思想，特别是韩非子的治国理政思想理解片面，根本谈不上什么法家治国，与法家思想更是相去十万八千里。

第一，法家之立，爱民为本。《商君书·开塞》说："此吾以杀刑之返于德，而义合于暴也。"在商鞅的心目中，重刑严法不是目的，是返乎道德仁义的手段，本心存有儒家理想。韩非子也说："圣人之治民，度于本，不从其欲，期于利民而已。故其与之刑，非所以恶民也，爱之本也。"刑罚是爱民利民的表现，非残众害民也。他进一步为重刑思想辩护，《六反》篇说："今轻刑罚，民不易之。犯而不诛，是驱国而去之腴；犯而诛之，是为民设陷也。是故轻罪者，民之坯也。是以轻罪之为民道也，非乱国也，则设民陷，此则可谓伤民也。"这里，他提出轻罪伤民的思想，落脚点还是"爱民"，刑罚不过是手段而已。

胡亥根本不知民生之多艰，何谈爱惜民命？将严刑视为手段，本非爱民，而是集权专制，为自己穷奢极欲涂脂抹粉。在最关键处，赵高竟然为谋杀胡亥而枉法。李斯在国大乱时重点考虑身家性命。至于天下如何治理，他没有提出治本之策，反而提出督责书，犹如抱薪救火，薪不尽，火不灭。

第二，胡亥口口声声引用《韩非子》言语，其实，他对韩非子的法、术、势综合思想缺乏理解，即使理解，也不执行。例如，韩非子说，君主统御臣子要紧握刑赏大权不放，在任何情况下不可委人代行。可胡亥偏信赵高之言，自己身居禁宫，沉湎酒色，不上朝听政，不面见大臣，只靠文书往来，将权力交给赵高玩弄，以致事皆决于赵高。相当于失去了宰制天下群臣的权力。虎失其爪，则为狗欺！秦二世不久就被赵高派人诛杀，反而应验了韩非子的话。

胡亥对韩非子的法家思想理解肤浅，另一例是对《五蠹》的荒唐理解。有段话的大意是，尧、舜、禹禅让天下，是因为天子太辛劳，吃不饱，穿不暖，天下奔走，圣王之位就像监狱，禅让就是从监狱里跑出来，所以禅让易。这是因为当天子实在无利可捞，无福气可享。时至今日，情况则完全不同，一年县令，三年不愁吃，三年县令，整个家族鸡犬升天，利益太大，谁也不愿意放弃官位爵禄。所以，古今异制，是利益差别所致。治理天下，就应该根据新情况，以赏罚为抓手，调动臣子积极性。

可胡亥面对劳苦功高的左、右丞相李斯和冯去疾，引用这段话的目的让人震惊：寡人不想如尧舜禹那么辛苦，想躺在祖先的功劳簿上吃香的，喝辣的，尽情享受。你们好好给我看守天下，给我创造享受的环境和条件，别动不动来烦我。在他眼里，"无为而无不为"，就是自己什么事也不干，全部委托给大臣们打理，干不好就依法依规惩处。这和慎到、韩非子设计的"势治"思想截然不同，也和秦始皇对韩非子思想的理解相去甚远。

第三，胡亥在掌控大臣方面，偏听偏信，听出于一口，言听于一人，信据于一曲，根本不理解韩非子"忠言逆耳，良药苦口"的为政之要。胡亥毫无执政经验，寄大权于赵高一人。他失权于上，赵高弄权于下，很快就被架空。虽然李斯发现赵高奸情，上书提醒注意防范，胡亥不但不悟，反而责怪李斯挑拨离间，故意泄密给赵高，行保护之实。韩非子《说难》中说："夫事以密成，语以泄败。未必其身泄之也，而语及所匿之事，如此者身危。"可不是惊醒之言吗？韩非子因秦始皇泄密被杀，李斯也因此不能幸免，胡亥因为泄密遭殃，最后赵高也不能幸免。因此，很多人认为秦帝国灭亡罪在法家，其实，和法家思想无半毛钱关系，反而违背了法家的教诲。

第四，胡亥在"防奸"方面，根本不听从法家的教诲，完全被蒙蔽。胡亥继位二年，天下即乱，群臣纷纷上表，商议对策，胡亥应对不周，难以招架。

此时，他又听从赵高的蛊惑之说：上朝听证，会见短于大臣，会丧失皇帝威严，不如拱闭禁中，不再上朝听政，让群臣报奏章上书，如此群臣就不敢胡说八道了。胡亥深然之，结果，群臣顿然无主，连李斯也很难见胡亥。赵高则来回传递文书，议决事项，合己意则通秉，不中己意者则留置不通，如此，天下权力全部落入赵高之手。

这些做法，至少符合《韩非子·八奸》中的两奸"在旁""养殃"。"在旁"是指优笑侏儒，左右近习，对君主唯唯诺诺者、善于察言观色、揣摩君主心理者，处处为君主着想，君主没有想到的他反而做到了。这些人好像商量好的，同因应，共进退，说法相同，旨在把控、动摇君主之心意。臣子以金玉玩好贿赂君主，在外帮行不轨。"养殃"则是君主喜欢宫室台池、子女狗马。臣子则投其所好，尽民力以美宫室台池，重赋敛以饰子女狗马，以娱其主而乱其心、纵其欲，而树私利其间。

秦帝国崩塌的"用法之过"说，似乎也站不住脚。因为，胡亥根本不懂法家思想，何谈用法？更谈不上"过"。

六、法律被曲解为杀人弄权的工具

胡亥听从赵高之计，打击异己。《史记·始皇本纪》记载：

> 二世乃遵用赵高，申法令。乃阴与赵高谋曰："大臣不服，官吏尚强，及诸公子必与我争，为之奈何？"高曰："臣固愿言而未敢也。先帝之大臣，皆天下累世名贵人也，积功劳世以相传久矣。今高素小贱，陛下幸称举，令在上位，管中事。大臣鞅鞅，特以貌从臣，其心实不服。今上出，不因此时案郡县守尉有罪者诛之，上以振威天下，下以除去上生平所不可者。今时不师文而决于武力，愿陛下遂从时毋疑，即群臣不及谋。明主收举余民，贱者贵之，贫者富之，远者近之，则上下集而国安矣。"二世曰："善。"乃行诛大臣及诸公子，以罪过连逮少近官三郎，无得立者，而六公

子戮死于杜。公子将闾昆弟三人囚于内宫，议其罪独后……昆弟三人皆流涕拔剑自杀。宗室振恐。群臣谏者以为诽谤，大吏持禄取容，黔首振恐。

《史记·李斯列传》载：

赵高曰："严法而刻刑，令有罪者相坐诛，至收族，灭大臣而远骨肉；贫者富之，贱者贵之。尽除去先帝之故臣，更置陛下之所亲信者近之。此则阴德归陛下，害除而奸谋塞，群臣莫不被润泽，蒙厚德，陛下则高枕肆志宠乐矣。计莫出于此。"二世然高之言，乃更为法律。于是群臣诸公子有罪，辄下高，令鞫治之。杀大臣蒙毅等，公子十二人僇死咸阳市，十公主矺死于杜，财物入于县官，相连坐者不可胜数。

上述两段记载，似乎是在不同的场景下发生的，但说的是同样的内容，赵高献计策大同小异。第二段比第一段更露骨，赤裸裸地用法律为工具杀人。首先申明法令，三令五申之后，再行下一步动作。他们的法令，肯定比以前更严厉，是"萝卜坑"法律，按照整人、杀人的意图，量身定制之法。这大概是李斯给秦始皇建议杀韩非子的技巧，"过法杀人"。

他们要诛杀的是什么人呢？一句话，谁碍眼，谁不听话，谁有威胁，就杀谁。疏远骨肉，诛杀先帝功臣，公族、庶族、世家大族，地方守疆卫国之臣，三种郎官、亲信一个也不能漏网。找个理由，捏个罪名，严刑拷打，屈打成招，连坐互告，最终灭族。例如，将闾三兄弟百般辩解，仍被逼自杀。公子高为保全家族性命，主动认罪为先帝陪葬，方保家族姓名。胡亥竟然说，认罪也太快了。好像公子高真的有罪。赵高说：大臣整天害怕被诛杀，哪有闲工夫谋反呢？这样的恐怖执政，造成宗室振恐，群臣害怕，进谏说成诽谤，只能持禄以求阿容。天下百姓以为天塌了下来，惶恐不安。

那么，他们要用什么人呢？"近者远之，远者近之，贫者富之，贱者贵之。"贫穷者，让他有吃有喝，高堂大屋，妻妾成群，谁不乖乖听话？卑贱者，高官厚禄，谁不为你赴汤蹈火？远臣无根基，没有朋比结党造反的力量，容易驾驭！所谓自己人，就是赵高选拔的，不听话者不进举。结果，赵高敢于"指鹿为马"，一试朝中威信。

按照法家的术治思想和秦律，无军功者不赐爵，无官位者不受禄，将军必须提拔自卒伍，宰相出于州县，任人唯贤，君王不得自举，举人任用必须遵守任免制度，提拔必须以业绩为凭。赵高的计谋，完全颠覆了法家的术治、法治思想。

因此，胡亥在赵高的蛊惑下，强奸法律，以法律为工具打压异己，建立唯我独尊的恐怖政权集团。在这个意义上，秦帝国崩溃并非"用法之过"，根本不是用法，而是强奸法律，以法律为幌子杀人。

七、李斯的《行督责书》，在秦帝国的棺材盖上又钉一枚钉子

术治是指"因任而授官，循名以责实，操生杀之柄，以课群臣之能"，是正常的官员管理制度。但如果动机不良，术治、势治就会被阴谋家利用，成为整人弄权的工具。

李斯为掩盖儿子李由任三川郡守失职的隐情，求阿容于二世，上《行督责书》，建议秦二世按申、韩之法，笃行督责，以绳墨臣下，宰制百姓。他说：

> 督责之，则臣不敢不竭能以徇其主矣。此臣主之分定，上下之义明，则天下贤不肖莫敢不尽力竭任以徇其君也。是故主独制于天下而无所制也，能穷乐至极矣。贤明之主也，不可不察焉！（《史记·李斯列传》）

李斯的落脚点是贤主（注意，他不言圣王，大概认为胡亥不够格）要让臣下听命，竭尽全力，必须行督责之术，如此，才能独制天下而不受天下制，随心所欲才可尽享天下快乐、荣华富贵。天下不再是桎梏，而是天堂了。李斯接着说，督责术的关键是"必赏，必罚，重罚"，以刑去刑。例如，商鞅之法规

定，将草灰扔在道路上，是小罪（教育、罚款），但要受刑，大罪伺候之。只有明主才明白深责重罪的妙用，轻罪重罚，则民不敢犯。李斯得出结论：

> 法修术明而天下乱者，未之闻也。故曰"王道约而易操"也。唯明主为能行之。若此则谓督责之诚，则臣无邪，臣无邪则天下安，天下安则主严尊，主严尊则督责必，督责必则所求得，所求得则国家富，国家富则君乐丰。故督责之术设，则所欲无不得矣。群臣百姓救过不给，何变之敢图？若此则帝道备，而可谓能明君臣之术矣。（《史记·李斯列传》）

法制完备而御臣之术明确，天下定会太平，故说，王道非常简单，容易实行，只有明主才知道怎么办。一定要坚持不懈地实行督责，展现决心和毅力，如此大臣才不敢生邪心歹意。大臣遵纪守法，则天下安定，君主就会被尊崇，君尊则督责一定能推行开。督责术推行，则国家富裕，君主自然快乐无比，予取予求，皆能得意。群臣、百姓避免错误，更改失误还来不及，哪有心思搞变乱？只有如此，才是皇帝治理天下之道，算得上对君臣之术心领神会了。

李斯在东方动荡、盗贼蜂起之时，给秦二世上《行督责书》，被视为法家极端化的标志性事件。秦二世按照李斯的建议大兴督责术，结果呢？"税民深者为明吏"，对百姓加重税，上缴国库多的就是好官。"杀人众者为忠臣"，杀人越多越是忠臣。道路上的行人有一半受过刑，被刑受罚而死的人堆积在集市上，越来越多，秦帝国成为人间炼狱。这是法家思想被广为诟病的原始证据。

督责之术将李斯和秦二世送进了囹圄。秦二世身居宫中，君臣不得相见。李斯不久也被处在"桎梏"中的秦二世投入囹圄。李斯上《行督责书》本为求利，被赵高半路"截和"，秦二世和李斯皆成了赵高"囹圄"的犯人。

八、秦二世胡亥德不配位

秦二世胡亥的继位是天上掉下的馅儿饼。所谓儿卖爷田不心疼，他挥霍八代人打下的江山，毫不心疼。他刚上台就对赵高说："人生在世，犹如驾驭六马战车过墙缝，太快了，我既然占有天下，想极尽耳目之所好，穷心志之所乐，以安宗庙而乐万姓，常有天下，终吾年寿，这样的想法可不可以？"

秦二世胡亥作为帝王，德不配位。赵高的主意更是不伦。具体分析如下。

第一，秦二世胡亥枉法裁决，不爱惜群臣，尤其是功勋之臣。法家思想家设立法律制度，是用来安民平天下的，赵高则用法律杀人，严刑逼供，相互告发连坐，大量诛杀亲族功臣。法家思想不是秦亡的罪魁祸首，但被奸人利用，成为政治斗争的工具。

第二，秦二世胡亥不爱惜财力民力。在法令诛法日益刻深、人人自危欲反的情况下，他启动了庞大的阿房宫工程，修建驰道，整理道路，赋敛愈加繁重，戍边徭役无停无息。在这种情况下，陈胜、吴广起义爆发。李斯几次想面奏秦二世竟不得见，反被斥责："朕身体欠安，哪有心思治理天下？朕想恣志广欲，长久享受天下，而免除祸害，怎么办呢？"李斯为了保住官位、爵禄和全家人的性命，忍辱上《行督责书》，在赵高以刑剪除功臣子弟的基础上，增加压顶的泰山。

第三，秦二世胡亥不信李斯，信赵高，案治李斯并诛之，推倒了秦帝国最后一道忠诚的保护墙。他不辨治国大道，不分轻重，是亡国必然。赵高身世卑贱，宦居深宫，无卒武之任，无州郡之练，岂可依靠？在天下大乱的情况下，肯定要用能臣。李斯也是沙丘之谋的主谋，对秦二世胡亥有天大的恩情，即使赵高靠边站，也无关大体。故说秦二世胡亥不知治国之要。

李斯被套上刑具押入大牢之时，仰天叹息：

> 嗟乎！悲夫！不道之君，何可为计哉！昔者桀杀关龙逢，纣杀王子比干，吴王夫差杀伍子胥。此三臣者，岂不忠哉，然而不免于死，身死而所忠者非也。今吾智不及三子，而二世之无道过于桀、纣、夫差，吾以忠死，宜矣。且二世之治岂不乱哉！日者夷其兄弟而自立也，杀忠臣而贵贱人，作为阿房之宫，赋敛天下。吾非不谏也，而不吾听也。凡古圣王，饮

食有节，车器有数，宫室有度，出令造事，加费而无益于民利者禁，故能长久治安。令行逆于昆弟，不顾其咎；侵杀忠臣，不思其殃；大为宫室，厚赋天下，不爱其费：三者已行，天下不听。今反者已有天下之半矣，而心尚未寤也，而以赵高为佐，吾必见寇至咸阳，麋鹿游于朝也。(《史记·李斯列传》)

李斯这段话，有如下几个意思：

第一，我李斯忠心耿耿，可惜忠非其人。秦二世胡亥的暴虐超过桀纣，吴王夫差，可我的智能赶不上他们，只能自认倒霉。

第二，秦二世胡亥治国简直是胡来乱搞。不久前诛杀老兄而自立，又杀害忠良，重用贫贱人等，修建阿房宫，对天下百姓横征暴敛。并非我不劝谏，而是他不听逆耳忠言。

第三，秦二世胡亥治国不按章法，为一己之私而乱法逾制。古代圣王饮食都有节制，车马器物有定量，宫殿都有度，颁布命令和办事情，增加费用而不利于百姓的一律禁止，所以能长治久安。胡亥对兄弟施以反常悖理的残暴手段，不考虑灾祸；他迫害、杀戮忠臣，也不考虑会有灾殃；他大力修筑宫殿，加重对天下百姓的税收，不吝惜钱财。这三个措施实行，天下民怨沸腾。

第四，危险迫在眉睫，秦二世胡亥继续任用赵高辅佐。现在造反者已占过半天下，可胡亥仍未觉悟，居然继续任用赵高，我一定会看到盗贼攻进咸阳，朝廷变为麋鹿嬉游之所的那一天。

看看历代法家人物，哪一个人会教人这么治理国家？秦帝国崩亡，不是法家思想的错，恰恰是不依法家思想治国造成的恶果。

后 记

自从下决定写这本书到写成,将近两年,其间有断续,但还是坚持下来,日夜萦绕于怀,将晚上的时光和闲暇用来写作。本书写成,能让自己与古人先贤神游往来,也能让读者回望先秦时代法家人物的精神面貌,做一整体性观察,知来龙,明去脉,鉴往知来,明白中华民族抟成之不易,更好地走自己的路,建立正确的治国方略,让前行的路更加平顺,共享太平之美好。

法家思想是治世理政的学问和实践,在因应社会变革中走在前面,探索天下有效治理的道路。但不论如何变化,道路如何,效果如何,其思想宗旨都是为了治平天下,富国强兵。这是值得肯定的一面。一些法家人物采用的手段、方法和步骤有偏颇甚至失误,但不能据此全盘否定法家的价值。回望历史,汲取经验教训,以规避其谬误,利用其优点,是依法治国战略深入实施过程尤要注意的。

理论上,我们对法家的认识尚有很多需要深探细敲,树立正确、自信的文化史观,自本民族发展历史中认识自身,是关键一项。例如,法家本质上是儒家之一脉,将治平天下作为使命,治平的本质是"定分止争",并非西方地缘政治所主的"生存空间竞争",从生物学意义定义地缘格局。统一天下,是为天下太平,并非从种族主义出发,以别人的损失为自己的所得。如此,才能对祖先有一种同情的理解。另外,随着出土文献增多,我们对春秋战国时期的认识不断清晰和深化,对法家思想形成的环境的认识也越来越细致,如此,我们逐步构建起较为清晰的知识和思想图谱,形成完整的脉络,那么，我们对先秦法家思想和人物的理解就越来越全面。通过学科交叉和思想碰撞，可以不断开拓新的解释域，使法家思想更加丰满。

写完第九章，我猛然意识到，中国发展历史的每一次跌宕，都与周边环境的变迁关系甚密。在政治上，总是存在"法古"和"法今"的摇摆。法家是"法后王"，强调历史进化，可在环境的压力下，内部的"法古"思想泛滥，从而导致"法今"力量弱化，社会发展往回荡漾，致使几千年进步有限。因此，我们在对历史有清晰了解的情况下，应该树立一种自信，要有一种一往无前的勇气，冲破重重障碍，打破历史的魔咒。在大是大非面前，全社会要有定力，切不可有所动摇。

我还是要对读者说几句心里话。把握法家治国思想的精髓，有助于我们避免人生的风险，达致愉快的人生。很多人不明白依法治国的精神，总以为法律是可以"买通""忽悠""说和"的玩物，放松对自己的要求，或者为自己的私利寻找摆脱法律规范的借口，这样就会因此触碰法律高压线，深陷牢狱。法家思想的本质就是"限制私利"或"反用私利以治国"，如果想用"公器"或"摆脱公器"牟取私利，就触犯了最根本的原则。

在依法治国的环境下，我们每个人的命运取决于和法律规范的和谐程度，法律就好比是"水"，我们好比是"鱼"，若离水而生，无异于鱼跳上干陆，何异于死？连帝王将相都免不了身败名裂，何况大江之鲫？望读者慎之戒之。

本书成形，与老同学刘祚臣的激励分不开，他总是鼓励我将想法变成文字，以分享自己的思想，认为这是人生的乐事。我要感谢妻子、女儿的理解，虽然少了陪伴她们的欢乐，但拿到本书时，我想，她们还是会理解我的。我要感谢武树臣先生，他作为法律史学方面的专家，于百忙之中通读全书，为本书作序。其实我只和他有一面之缘，他鼓励后学之情，昭然也。还要感谢现代出版社的张霆，他为本书的思路、定位提出了很多有价值的意见，并对我的写作展现了同情之理解。

总之，感谢所有对本书出版有贡献的好心人。没有你们的支持，就没有本书的出版。